经济金融系列教材

JINGJI JINRONG XILIE JIAOCAI

政府财政统计学

GOVERNMENT FINANCE STATISTICS

主　编　杜金富　阮健弘　张文红
副主编　段琪斐　徐云松

中国金融出版社

责任编辑：丁　芊
责任校对：刘　明
责任印制：丁淮宾

图书在版编目（CIP）数据

政府财政统计学/杜金富等主编. —北京：中国金融出版社，2021.7
经济金融系列教材
ISBN 978 – 7 – 5220 – 1242 – 1

Ⅰ.①政… Ⅱ.①杜… Ⅲ.①国家行政机关—财政—经济统计—高等教育—教材　Ⅳ.①F810

中国版本图书馆 CIP 数据核字（2021）第 139488 号

政府财政统计学
ZHENGFU CAIZHENG TONGJIXUE

出版
发行　中国金融出版社

社址　北京市丰台区益泽路 2 号
市场开发部　（010）66024766，63805472，63439533（传真）
网 上 书 店　www.cfph.cn
　　　　　　（010）66024766，63372837（传真）
读者服务部　（010）66070833，62568380
邮编　100071
经销　新华书店
印刷　河北松源印刷有限公司
尺寸　185 毫米×260 毫米
印张　24.5
字数　459 千
版次　2021 年 11 月第 1 版
印次　2021 年 11 月第 1 次印刷
定价　60.00 元
ISBN 978 – 7 – 5220 – 1242 – 1
如出现印装错误本社负责调换　联系电话（010）63263947

本项目受北京语言大学一流学科团队支持计划资助（Supported by Discipline Team Support Program of Beijing Language and Culture University）（项目编号：GF201904）

经济金融系列教材编委会

主　任：杜金富　倪海东

副主任：宋晓玲　祁大伟　叶龙森

委　员：杜美杰　徐晓飞　张爱玲
　　　　王　岚　于　菁

总　序

随着经济全球化和金融自由化的深入发展，对人才的需求越来越大，对人才素质的要求越来越高。尽快为我国培养一支高素质的人才队伍，适应新的国际发展和竞争的要求，成为我们当前的主要任务。专业人才培养本科教育是关键，为此北京语言大学商学院组织有关专家学者编写了一整套大学经济金融专业基础教学教材。

本套教材涵盖了政治经济学、宏观经济学、微观经济学、财政学、会计学、金融学、统计学、计量经济学等基础理论教材和经济金融专业教材。全套教材由相关领域的专家学者执笔编写而成，具有以下特点：一是按照教育部本科教学要求，满足经济金融专业学生本科学习需要，全面介绍基础知识，并根据经济金融最新发展，对有关知识进行了拓展和扩充，使学生在熟悉和掌握经济金融基本理论知识的同时，能够了解本专业最新理论和发展动态；二是根据本科、研究生的教学特点，教材知识难度适中，并且具有针对性，主要是解决学生打牢基础知识的问题；三是理论与实践相结合，国内发展现状与国际发展现状相结合，既介绍最新经济金融理论，又介绍实务部门最新业务发展，使得学生熟悉和了解本专业最新理论和实践动态；四是本套教材力图做到语言通俗易懂，由浅入深地介绍基本理论知识和各种数理模型以及相关研究分析方法，使学生易学易懂。

本套教材从国内国外经典教材和相关专业最新研究成果获得许多有益经验和参考。我们将在相关高校教材内容的基础上，进一步形成具有特色的教材体系。本套教材编写的主要目的是供经济金融专业本科生、研究生学习使用，但对于相关岗位在职人员的学习也将会有极大的帮助。

本书如有不足之处，诚恳地感谢各位专家学者及学习使用者批评指正。

杜金富
2019 年 5 月

前　言

《政府财政统计学》自2008年出版以来，得到了高校和实务部门的积极响应。2014年国际货币基金组织修订了《政府财政统计手册》，近十年来我国财政改革不断深入，根据教学的需要，我们组织教学和实务部门工作人员对《政府财政统计学》进行了修订。

本书的修订与编写框架由北京语言大学商学院、经济研究院院长杜金富与中国人民银行调统司司长阮健弘、副司长张文红共同拟定提出，经编写组集体讨论确定后分工编写。杜金富、阮健弘、张文红担任本书主编；段琪斐、徐云松担任本书副主编。本书编写分工如下：第一章、第二章、第四章、第十二章、第十五章由杜金富撰写；第三章、第十一章由徐云松撰写；第五章、第六章由段琪斐撰写；第七章、第八章由高慧颖、刘安撰写；第九章由计茜、刘子瑞撰写；第十章由张文红、计茜、范奇撰写；第十三章由刘珂、肖立伟、王晟撰写；第十四章由刘珂、李鑫、董文华撰写；第十六章由刘珂、马冰、韩睿玺、周恬撰写。全书由阮健弘、张文红总纂。

北京语言大学商学院程瑶博士、张欣怡博士对本书进行了审读，安喆做了大量校对工作，在此向她们表示感谢！

编者
2021年6月

目 录 Contents

第一章 绪论 ··· 1
  第一节 政府财政统计的概念 ·· 1
  第二节 政府财政统计的框架 ·· 6
  第三节 政府财政统计的地位和作用 ···································· 13

第二章 机构单位和部门 ··· 19
  第一节 机构单位 ·· 19
  第二节 广义政府部门 ·· 28
  第三节 公共部门 ·· 34

第三章 存量、流量和核算规则 ·· 41
  第一节 存量与流量 ··· 41
  第二节 记账方法与记录时间 ··· 44
  第三节 估值 ·· 47
  第四节 汇总、合并、轧差 ··· 49

第四章 政府财政统计分析框架 ·· 53
  第一节 政府财政统计体系组织框架的构成 ························· 53
  第二节 政府运营情况表 ··· 56
  第三节 现金来源与使用表及其他经济流量表 ······················ 62
  第四节 资产负债表和财政政策的其他综合性指标 ················ 65

第五章 收入 ··· 69
  第一节 收入概述 ·· 69
  第二节 税收收入 ·· 73

第三节　非税收入 …… 85

第六章　费用 …… 96
第一节　费用概述 …… 96
第二节　费用的经济分类 …… 99
第三节　政府支出的职能分类 …… 113

第七章　资产负债表 …… 130
第一节　资产负债表概述 …… 130
第二节　非金融资产的分类 …… 136
第三节　金融资产和负债的分类 …… 145
第四节　净值和备忘项目 …… 155

第八章　非金融资产的交易 …… 159
第一节　非金融资产交易的核算 …… 159
第二节　非金融资产交易的分类 …… 162

第九章　金融资产和负债的交易 …… 171
第一节　金融资产和负债交易的核算 …… 171
第二节　金融资产和负债交易的分类 …… 177

第十章　其他经济流量 …… 202
第一节　其他经济流量概述 …… 202
第二节　持有收益 …… 206
第三节　资产数量的其他变化 …… 214

第十一章　政府财政统计分析 …… 222
第一节　政府财政收支平衡的分析 …… 222
第二节　政府财政收入的分析 …… 230
第三节　政府财政支出的分析 …… 234

第十二章　中国政府财政统计概述 …… 243
第一节　中国政府财政统计范围 …… 243
第二节　中国政府财政统计的基本框架 …… 247
第三节　中国政府财政统计的基本规定 …… 255

第十三章 中国政府财政收入 ········ 258
- 第一节 中国政府财政收入的范围及分类 ········ 258
- 第二节 税收收入 ········ 264
- 第三节 税收以外的财政收入 ········ 277
- 第四节 预算法中对财政收入的分类 ········ 287

第十四章 中国政府财政支出 ········ 291
- 第一节 中国政府财政支出的范围及分类 ········ 291
- 第二节 中国政府财政支出的功能分类 ········ 301
- 第三节 中国政府财政支出的经济分类 ········ 308
- 第四节 中国政府财政支出的交叉分类 ········ 312

第十五章 中国政府资产负债表 ········ 316
- 第一节 狭义政府资产负债表 ········ 316
- 第二节 事业单位资产负债表 ········ 324
- 第三节 政府控制非营利组织资产负债表 ········ 330
- 第四节 广义政府资产负债表 ········ 335

第十六章 中国财政统计分析 ········ 339
- 第一节 中国财政收支平衡分析 ········ 339
- 第二节 中国财政收入分析 ········ 349
- 第三节 中国财政支出分析 ········ 356
- 第四节 中国财政政策分析 ········ 363

参考文献 ········ 376

第一章 绪 论

本章主要介绍政府财政统计的概念、统计框架以及与宏观经济统计的关系，以期对政府财政统计有一个概要的了解。

第一节 政府财政统计的概念

要弄清政府财政统计的概念，首先需要明确财政、国家、政府、公共部门等概念的基本含义。

一、统计中的政府财政含义

财政是伴随国家的出现而产生的，是国家或政府为满足社会公共的需要，以国家或政府为主体对一部分社会产品进行的集中分配。

(一) 财政的起源

财政是人类社会发展到一定阶段的产物。人类社会之初，人们过着原始群居的生活，靠猎取天然物只能维持起码的生存条件，不可能有剩余产品。没有剩余产品，就没有私有制，没有阶级，没有阶级统治的机关——国家，也就没有为维护国家职能所需要的财政。

到原始社会末期，由于社会生产力的发展，开始有了剩余产品。这时，就出现了私有制，进而产生了两个根本对立的阶级：奴隶主阶级和奴隶阶级。阶级利益的冲突必然引起被剥削者、被压迫者的反抗。奴隶主阶级为了维护自己的统治，就要掌握一种拥有暴力的工具，于是国家就产生了。国家为了维持其存在和执行的职能，就要建立专门的机构，就要有一批脱离生产的专职人员参与管理，就要消费一定的物质资料，就要从社会产品分配中强制地、无偿地分配一部分社会产品以满足国家的需要。这样，在社会产品分配领域中，就出现了国家凭借政治权力的分配。这种以国家为主体、凭借国家政治权力参与社会产品的分配，就是国家财政。

由于财政的产生与国家和社会经济的发展有着密切联系，因此财政也必然随着社会经济和国家的发展而发展。从历史的发展来看，人类社会经历了原始社会、奴隶社会、封建社会、资本主义社会、社会主义社会五种社会形态。除原始社会以外，其余各种不同社会形态的国家都有与之相适应的国家财政。

（二）财政的定义

简单地说，财政就是以国家或政府为主体的经济或分配活动。具体地说，国家或政府为了满足社会公共需要，以国家或政府为主体对一部分社会产品进行集中性分配。

1. 财政分配的主体是国家或政府

财政分配是由国家或政府来组织的，国家或政府在财政分配中处于主体地位。这是因为国家或政府是财政分配的前提。财政收入的取得、财政支出项目的安排及规模的大小、财政收入的来源及使用的渠道，都是由国家或政府来支配和决定的。

2. 财政分配的对象主要是社会剩余产品

社会产品价值主要由三个部分组成：一是生产资料的补偿价值；二是劳动力再生产价值；三是剩余产品价值。显然，作为国家集中性分配的对象，只能是剩余产品或主要是剩余产品价值。从实践来看，财政收入既不是社会产品价值的全部，也不是剩余产品价值的全部，而是既包括剩余产品，也包括个人的劳动报酬收入，有时还包括固定资产折旧。但是从理论上来看，能够作为财政分配对象的主要是剩余产品价值。

3. 财政分配的目的是保证国家或政府履行其职能，满足社会公共需要

国家之所以要取得收入和安排支出，就在于国家或政府的存在和履行其职能的需要。财政满足国家或政府自身职能的需要，与满足社会公共需要是相一致的。社会公共需要是指向社会提供安全、秩序、公民基本权利和经济发展的社会条件等方面的需要。与私人需要相比，公共需要具有下列特征：一是总体性。公共需要是对总体而言的，是总体成员的共同需要。二是公用性和不可分割性。为满足社会公共需要提供的产品和服务的消费具有不可分割性，即这些产品和服务是向社会公众共同提供的，而不是向某个人或某些社会成员提供的；是社会公众共同享用的，而不是某个人或某些社会成员享用的。三是不对称性。享用满足私人需要的产品和服务遵循等价交换原则，而享用满足社会公共需要的产品和服务不遵循等价交换原则。

（三）财政的基本特征

从财政起源上考察，财政是伴随着国家的产生而产生的。基于财政这一经济行为产生的事实，它具有以下特征。

1. 财政的公共性

自国家产生以来，社会事务就划分为"公办"和"私办"两类事务。由国家或政府来办的事务是"公办事务"，即"公事"；由私人自己来办的事务是"私办事务"，即"私事"。财政是为国家或政府执行其职能提供财力的，属于公事，自然具有公共性。财政的公共性不是在市场条件下才存在的，它的产生一开始就是国家或政府执行某种社会职能的需要。财政的公共性是指财政在一定程度上为满足社会公共需要而服务的性质。社会公共需要涵盖的范围颇广，包括国家或政府执行其职能或执行某些社会职能的需要，如行政、国防、文化教育、卫生保健、生态环境保护的需要，也包括基础设施、基础产业和风险产业投资的需要。从广义上讲，社会公共需要还包括为了调节市场经济运行而采取各种措施和各项政策措施提供的服务等。

2. 财政的强制性和无偿性

财政的强制性是指财政这种经济行为是凭借国家的政治权力，通过法律法规来实施的。与市场等价交换不同，政府对企业和个人征税或收取费用并不是遵循自愿原则，而是采取强制的方式。在这里，无论纳税人或缴费者是否自愿，只要发生了应税行为或缴费行为，他们必须纳税和缴费。同样，财政支出也具有强制性的特征，因为公共支出不能按某一单位或某一公民的意见作出决策，在财政支出规模和用途的安排中，需要通过一定的政治程序作出决策并依法强制实施。财政的无偿性是指政府依法获得财政收入时，不需要对纳税人付出任何代价，也无须偿还。

（四）国家、政府和公共部门

前面我们在定义财政时，一直把国家和政府等同起来。实际上，国家与政府并不完全相同。政府的职能正在发生变化，与此相适应，财政的职能也转变为主要满足社会公共的需要和稳定经济，进而衍生出公共部门。

国家与政府的关系是，国家包含着政府，政府是国家的组成部分，一个国家可能有多级政府。

（1）国家是一个抽象的名词，它由政府、领土、居民、经济总量等要素构成。我们谈到某个国家时，都要涉及这个国家的政体，即国家的政治体制、国家所处的地理位置和范围、该国的居民人口等。只有这样才会对该国家有一个全面的认识。

（2）这里谈的政府是广义政府。一国政府由公共当局及其机构构成，它们是通过政治程序设立的实体，在领土范围内，行使立法、司法和行政的权力。这与国会负责立法、司法部门负责执法和政府负责行政的"三权分立"的政体的政府不同。从政府的职能来看，除行使立法、司法和行政的权力外，还要履行公共管理职能，包括对一国经济进行管理和调节。这种对经济进行管理和调节的职能可能会由具有部分公共管理职能的非营利组织来承担。我们把这些非营利组织视同政府，包括在广义政府内。

（3）公共部门是由广义政府和公共公司所组成。这是从政府提供公共产品的角度来定义的。有些公共产品是由广义政府提供的，有些是由政府控制的公共公司提供的。

（五）统计中政府财政的含义

统计中的政府财政，既包括狭义政府，主要指以国家或政府为主体对一部分社会产品进行集中性分配；也包括广义政府履行公共管理职能，对一部分社会产品进行的集中性分配，还包括公共部门提供公共产品所进行的分配。

二、政府财政统计的主要内容

政府财政统计是对政府履行职责所引起的财政运行过程及结果所进行的描述。这里我们主要介绍狭义政府财政统计。

（一）政府财政运行的统计

政府财政运行是围绕政府履行其职责展开的运作过程。政府财政运行的过程可分为四个方面，即财政收入、财政支出（财政支出与财政费用是有区别的，我们在第六章将做介绍）、平衡财政收支、政府间分配。这四个方面并不是截然分开的，如财政支出可能是在财政收入不足的情况下已经实施，平衡财政收支可能是在财政收入不足以支付财政支出的情况下展开的，政府间的分配有可能是在财政收支过程中实现的。

1. 财政收入

财政收入是政府为履行其职责满足财政支出的需要，凭借权力从微观主体所取得的一切收入。政府取得财政收入的权力主要有两种：一是经济（财产）权力，如政府掌控的财产权的收入，如国有企业取得的收入；二是政治权力，如税收及政府的多项收缴费等。财政收入是财政支出的基础和保证，也是政府优化资源配置、公平社会分配、调节经济运行和维护社会稳定的重要手段。

财政收入的形式有税收、社会缴款（包括政府收费）、赠与和其他收入。税收是政府凭借公共权力对社会资源的一种强制、无偿的固定占有。社会缴款是政府强制或缴款者自愿缴纳的社会保障收入。赠与是从另一政府或国际组织得到的非强制性的资本性转移。其他收入是指除上述收入之外的政府的财政收入。更广义地理解，发挥政府职能的非营利组织的收入以及公共公司的收入也列为财政收入的范围。

国际准则中的财政收入的内容，我们将在第五章做详细介绍。

2. 财政支出

财政支出是政府为实现其职能所发生的财政资金的耗费。财政支出是政府职能的集中体现，政府每项职能的实现都会有相应的支出，都会在财政支出中有所体现。同时，财政支出也是政府存在的经济基础，任何政府只有在财政资金的支持下才能存在下去。财政支出的用途通常包括政府机构运作支出、国防建设、社会福利、公共产品支出等。

国际准则中的财政支出的内容，我们将在第六章和第八章做详细介绍。

3. 政府间分配

政府间分配是平衡政府间或不同层次政府间的分配，如中央政府与地方政府等之间的分配。政府间分配主要表现为财政收入的划分和财政支出的转移支付。财政收入的划分是指在财政收入中不同层次政府各占多大比例或可获得哪些收入。例如，有些税收的收入，不同层次政府各按一定比例分配，或不同层次政府各有哪些税种的收入。财政支出的转移支付是平衡政府间或不同层次政府间为实现宏观调控、保证不同地区政府施政能力和居民享受的社会公共福利基本平衡而在政府间调配财力的一种形式，如各种形式的补贴等。

4. 平衡财政收支

在财政运行过程中，财政收支是不断发生的，且收支数量会不断发生变化。对财政收入和支出的数量关系，可能会出现三种情况：一是财政收入大于财政支出，出现结余；二是财政支出大于财政收入，出现赤字；三是财政收入等于财政支出，出现收支平衡。从理论上讲，财政收支平衡是最佳状态。但在实际运行中，财政收支不平衡，特别是出现赤字是一种常态。因此，政府需要通过实施财政政策等来平衡财政收支。平衡赤字的途径主要有四个方面：一是向国外借款或动用外汇储备；二是向国内银行借款；三是向国内中央银行借款；四是向国内企业和个人借款。

政府财政资金运行统计也是政府财政流量统计。流量是期间的发生额，如某段时间，财政收入累计收入多少，财政支出累计支出多少，融通资金累计额是多少等，政府财政统计既要对这些流量总量进行计量，也要对这些流量结构进行分析。

(二) 政府财政资金运行结果统计

政府财政资金运行结果形成政府的资产负债：政府运行需要对办公场所等进行投入，形成固定资产；生产待销售或对战略性物资储存形成库存；还有贵重物品和非生产资产等；财政收入与支出形成金融资产与负债。对政府资产负债统计就是对政府财政运行结果统计。

政府财政统计对财政收入、财政支出、平衡财政收支和政府间分配四个方面的反映，使我们对政府财政运行的全过程和各环节得以把握；对财政运行四个方面各构成的反映，使我们对政府财政运行全过程及各环节的构成得以了解；对财政运行流量及存量的反映，可以对政府财政运行的规模及存量得以把握。政府财政统计是财政资金运行过程及结果所进行的描述。

第二节 政府财政统计的框架

政府财政统计的框架是指政府财政统计体系的涵盖范围，流量、存量与会计准则，基本分类，组织和表述方法。

一、政府财政统计体系的涵盖范围

政府财政统计体系的涵盖范围是指政府财政统计对象的构成。政府财政统计体系涵盖对政府财政活动具有重大影响的所有实体。确定政府财政统计体系涵盖范围需要考虑两个方面的问题：（1）收集数据的可行性；（2）统计单位包括在政府财政统计体系中的范围。

关于第一个问题，政府财政统计体系采用的统计单位是机构单位。因为这类单位有权拥有资产、产生负债、从事经济活动并与其他实体进行交易。统计这类单位的数据可以从所编制的一整套账户的会计记录中获得。另一种方法就是向经济中的所有单位收集统计数据，但只包括那些与财政活动直接相关的统计数据。但这种方法难以根据收集的数据编制政府资产负债表并准确解释资产负债的变化，而且实际上也不太可能将其财政活动与正常的商业活动区分。

关于第二个问题，本书采用国际货币基金组织《2014年政府财政统计手册》所确定的两个主要概念：广义政府部门和公共部门。广义政府部门是指主要从事非市场性活动的所有居民机构单位。公共部门包括广义政府部门的所有单位和所有公共公司。

（一）广义政府部门

广义政府包括所有政府单位和所有由政府单位控制并由政府单位提供融资的非市场非营利机构。

1. 政府单位

政府单位又称狭义政府，是将履行政府功能作为主要活动的机构单位。也就是说，它们对一定区域内的其他机构单位具有立法、司法和行政权力；承担向社会或各个住户按非市场性条件提供商品和服务的责任；进行转移支付，以便对收入和财富进行再分配；直接或间接地主要通过税收和来自其他部门的其他强制性转移来为其活动筹集资金。所有政府单位都是广义政府部门的一部分。

政府部门具体又由履行政府功能的实体所组成，即政府部门的分部门。政府部门的分部门通常包括财政部、教育部、司法部、劳动保障部等多个部、委、局、办、厅实体。它们各自履行政府某些方面的功能和职责。不同国家政府设置的部、委、局、办、厅等实体不仅数量不同，而且每个部、委、局、办、厅所履行的政府功能和职责分工也不完全相同。

政府部门又分为不同的层次，也是政府部门的分部门，如中央政府、省（州）政府、市政府、县政府、乡镇政府等。不同国家政府在处理不同层次政府间的关系，特别是处理分配关系上也就是财政体制是不一样的。联邦制国家的政府与集权制国家的政府在处理分配关系上存在着显著的差别。

2. 政府单位控制的非市场非营利机构

由政府单位控制的非市场非营利机构在法律上是非政府实体，但是它们实行政府政策，并且实际上是政府的一部分。政府可选择利用非营利机构而不是政府机构来实行某些政府政策，因为非营利机构可以被看作是超然的、客观的，并且不受政治压力的影响。例如，医疗卫生、安全、环境和教育领域的研究与开发以及标准的制定和维持，这就是非营利机构可以比政府机构更为有效的领域。

当一个政府单位有能力决定非市场非营利机构的一般政策或项目时，它就控制该非营利机构。一个政府单位可以通过有权任命非营利机构的管理官员，或通过财务手段决定非营利机构的一般政策或项目。由供应经费所提供的控制程度取决于这些资金的时间安排和附带的限制条件以及融资的数额。当一个非营利机构的营运资金的主要部分由一个政府单位提供时，它就是政府的一部分。

（二）公共部门

公共部门包括广义政府部门和政府控制的实体。广义政府部门我们在前面已经做了介绍。政府控制的实体又称公共公司，主要从事商业活动。

公共财政分析人员传统上主要利用财政统计来分析公共部门的规模，公共部门对总需求、总投资和总储蓄的贡献，财政活动对经济的影响，税收负担，关税保护以及社会保障体系，等等。此外，分析人员对减贫支出的有效性、财政政策的可持续性、债务净额、净财富以及对政府的或有债权等越来越感兴趣。然而，要实现这些分析目标，往往要求利用公共部门的统计数据，而不是广义政府部门的统计数据。公共公司可以以各种方式执行政府的财政政策，对这些公司的财政活动进行分析往往需要有关全部活动的统计数据，而不是有关具体交易的孤立的统计数据。即使只编制广义政府部门的统计数据，也需要有关公共公司的一些信息，以便反映广义政府部门单位在公共公司持有的股权的规模及其他变化情况。

公共公司通常分为四类：（1）非金融公共公司，是由广义政府部门单位控制的所有居民非金融公司；（2）非货币金融公共公司，是由广义政府部门单位控制的,除中央银行和其他公共存款公司外的所有居民金融公司,它们的主要活动是金融中介,拥有存款或作为存款的近似替代的金融工具形式的负债;(3)除中央银行以外的货币公共公司,是由广义政府部门单位控制的除中央银行以外的所有居民存款公司;(4)中央银行,包括中央银行本身、发行完全由外汇储备支持的国内货币的货币当局,以及作为单独的机构单位并主要从事中央银行活动的其他政府关联机构。

从上述分类和广义政府部门的分部门出发,可以确定公共部门的其他分部门:(1)非金融公共部门——广义政府部门加非金融公共公司;(2)非货币公共部门——非金融公共公司、非货币金融公共公司和广义政府部门;(3)中央政府公共部门——中央政府分部门加由中央政府控制的公共公司。

有关政府财政统计体系涵盖范围的国际准则的详细内容我们将在第二章中介绍。

二、流量、存量与会计准则

流量、存量与会计准则主要介绍统计数据收集和核算遵循的基本规则。

（一）流量与存量

流量是各单位在会计期间内经济业务的发生额。存量是指一个单位在某时点持有的资产和负债以及该单位的净值（等于总资产减总负债）。

流量和存量之间的关系：

$$期初存量 \pm 期间流量 = 期末存量$$

所有流量都划分为交易和其他经济流量。交易是两个单位之间相互作用,建立在双方协议的基础上。交易包括收入、费用、获得的非金融资产净额、获得的金融资产净额或产生的负债净额。产生收入和费用的交易导致净值的变化。其他类型的交易只是资产和资产间、负债和负债间或资产和负债间的等价交换。

其他经济流量包括价格变化以及影响资产和负债持有额的各种经济事件,如债务注销和灾难损失等。

存量主要包括广义政府部门或公共部门在特定时间拥有的金融和非金融资产存有量、以负债形式出现的其他单位对这些资产的所有者的债权的存有量以及该部门的净值（等于资产总额减去负债总额）。

（二）会计准则

会计准则包括会计制度类型、记录流量的时间、定值、流量和存量的轧差、合并、汇总。

1. 会计制度类型

会计制度一般采用复式记账记录流量。在复式记账制度中,每一流量产生两笔等值的分录，传统上称为借方分录和贷方分录。借方是资产的增加、负债的减少或净值的减少。贷方是资产的减少、负债的增加或净值的增加。收入分录代表净值的增加，作为贷方记录。相反，费用分录代表净值的减少，作为借方记录。资产负债表反映一个单位或部门的资产、负债和净值的存量。资产负债表和会计的基本恒等式是资产的价值总额等于负债的价值总额加净值。

2. 记录流量的时间

流量一经确认，必须确定其发生的时间，以及汇编在某一会计期内全部流量的结果。一般可根据四种制度确定记录时间：权责发生制、到期支付制、承诺制和现金收付制。通常采用权责发生制，权责发生制是在事件发生时，不论是否收到或支付现金，还是应收到或应支付现金，都要进行记录。

3. 定值

定值记录的是经济流量和存量按什么价值记录的问题。流量按实际交换或可以交换的现金数额定值。存量按资产负债表日的现价定值。

4. 流量和存量的轧差

许多类别的流量和存量可以按总额表示，也可以按净额表示。按净额表示的一个项目等于一组流量或存量之和减去另一组流量或存量之和。例如，全部税收收入可以按总额表示为多计的全部税收总额，也可以按净额表示为税收总额减去退税额。

5. 合并

合并是取消属于同一部门或分部门的机构单位之间的所有债权人或债务人之间的关系的相加。

6. 汇总

汇总是同一部门或分部门的机构单位之间的所有债权人或债务人之间的关系的相加。

流量、存量与会计国际准则这部分内容我们将在第三章中详细介绍。

三、基本分类

政府财政统计是对政府财政运作过程的构成、流量和存量的统计，这既需要对运作主体进行分类——机构单位和机构部门的分类；也需要对流量进行分类——交易和其他经济流量的分类；还需要对存量进行分类——金融资产和负债的分类、非金融资产的分类。对每一类别还要进行详细分类，如交易又分为收入、费用、金融资产交易和非金融资产交易；其他经济流量又分为"非金融资产及金融资产和负债的持有收益或损失""非金融资产及金融资产和负债数量的其他变化"等。这里我们只做简单的基本分类介绍，详细分类的内容将在以后各章中介绍。

（一）机构单位和机构部门的分类

政府财政统计首先要对财政运作主体进行分类。在财政运作中，拥有资产和承担负债并能独立从事经济活动和其他实体进行交易的经济实体被称为机构单位。机构单位是一个微观的概念，要实现政府财政统计的宏观核算要求，还需要对机构单位进行分类，即把经济目标、功能和行为相同的机构单位归入一个部门，即机构部门。因此，政府财政统计对财政运作主体的分类就是对机构部门进行分类。

机构单位分为常住单位与非常住单位或居民与非居民。常住单位是指在一国的经济领土内具有经济利益中心的机构单位。而在非经济领土或虽在经济领土但不具有经济利益中心的机构单位，是非常住单位。外国驻我国的使馆、领馆和国际机构在我国的办事机构等，就是我国的非常住单位。

常住单位一般分为非金融性公司、金融性公司、广义政府、住户和为住户服务的非营利机构五个部门。

非金融性公司或准公司是指为市场生产商品或服务目的而成立的法律实体或企业。它一般又进一步划分为三个次部门：（1）公共非金融性公司；（2）非金融性私人公司；（3）外国控制的非金融性公司。

金融性公司是指主要从事金融中介或相关辅助性金融活动的公司或准公司。它一般又进一步划分为九个次部门：（1）中央银行；（2）中央银行外的其他存款性公司；（3）货币市场基金；（4）非货币市场投资基金；（5）保险公司和养老基金以外的其他金融中介机构；（6）金融辅助机构；（7）专属金融机构和贷款人；（8）保险公司；（9）养老基金。在政府财政统计中，出于分析的需要，一般将金融性公司分为三个子部门：（1）中央银行；（2）除中央银行外的其他存款性公司；（3）其他金融性公司。

广义政府是通过政治程序建立，在特定领域对其他机构单位拥有立法、司法或行政权力的独特的法人实体，又分为中央政府和地方政府。

住户是指共享同样的生活设施、集中部分或全部收入和财产并共同消费一些商品或服务的小群体。住户也包括非法人的企业。住户部门可以根据住户的类型或其他的标准划分为若干子部门。为住户服务的非营利机构是为生产商品或服务而成立的法人或社会实体。它不是建立控制和资助其单位的收入提供者，可分为由政府单位控制的非营利机构和其他非营利机构。

在机构部门的分类中，所有非常住单位放在一起，组成一个部门，称为国外部门。对于国外部门来说，并不是统计它的所有资产和负债的流量和存量，而是仅仅反映它与常住国机构单位间的交易活动。

通过上述机构单位划分，部门可以归纳为非金融性公司、金融性公司、广义政府、住户、为住户服务的非营利机构、国外。

有关机构单位与部门分类的国际准则的内容，我们将在第二章详细介绍。

(二) 金融资产和负债的分类

金融工具或金融负债或金融资产，这三者只是从不同角度来定义金融交易对象的。这里用金融资产来定义。金融资产是具有金融债权、货币黄金、国际货币基金组织分配的特别提款权、公司股票和金融衍生产品等形式的资产。它依据其流动性及描述交易关系形式的法律特征等标准进行分类。

金融性公司的金融资产和负债通常分为货币黄金和特别提款权，通货和存款，债务证券，贷款，股权和投资基金份额，保险、养老金和标准化担保计划，金融衍生工具和雇员股票期权，其他应收/应付账款。

(1) 货币黄金和特别提款权是货币当局持有的专有资产。

(2) 通货和存款是金融性公司的负债。

(3) 债务证券是一种作为债务证明的可转让工具，包括票据、债券、中期票据、大额可转让存单、商业票据、公司债券、资产支持证券以及通常在金融市场上进行交易的类似工具。

(4) 贷款是债权人将资金贷给债务人的一种金融资产。

(5) 股权和投资基金份额是持有者对公司或发行单位的资产公司剩余价值索取权的所有工具和记录，具体分为所有者出资、留存利润、普通及特殊准备金以及定值调整。定值调整是资产和负债的市场价值（或公平价值）发生变化而进行的调整。

股权和投资基金股份的显著特征是持有者对发行单位的资产有剩余索取权。股权代表机构单位持有者的资金。与债务不同，股权持有者通常没有获得预定数额或按固定公式计算的数额的权利。投资基金股份是投资在其他资产上的一种集体投资，在金融中介里有特殊作用。

(6) 保险、养老金和标准化担保计划都是金融机构进行财富调节或收入再分配的形式。再分配可能发生在同一时期各机构单位之间，或同一机构单位不同时期之间，或这两种情况的结合。参与计划的单位向计划缴款，并在同期或后期领取保险金（或得到补偿）。参与者持有资金，而保险公司代表它们将这些资金进行投资。保险、养老金和标准化担保计划适用的准备金有五种：非寿险专门准备金、寿险和年金权益、养老金权益、养老金经理人的养老金债权和标准化担保代偿准备金。

(7) 金融衍生工具和雇员股票期权。金融衍生工具是与特定金融工具、指标或商品挂钩的金融工具。它分为远期合约和期权合约两大类。雇员股票期权是雇主与雇员在某日（授权日）签订的一种协议，根据协议，在未来约定时间（含权日）或紧接着的一段时间（行权期）内，雇员能以约定价格（执行价格）购买约定数量的雇主股票。

（8）其他应收/应付账款包括商业信贷、预收款或预付款及其他应收应付款等。这些款项属于垫付或预付性质的过渡资金，不属于真正意义上的融资款项。金融资产分类的国际准则的详细内容我们将在第七章和第九章中介绍。

（三）非金融资产的分类

非金融资产分为固定资产、库存、贵重物品和非生产资产。

（1）固定资产是指在一年以上的时间里反复或连续用于生产过程的生产资产。固定资产交易是指通过购买、出售、易货交易或转移获得或处置资产。

（2）库存是指为了出售、用于生产或以后的其他用途而持有的商品存量。

（3）贵重物品是生产资产，主要不是用于生产或消费，而是作为价值储蓄持有。

（4）非生产资产是生产过程所需要的资产，但它们本身不是生产出来的，如土地、地下资产和某些无形资产。非金融资产分类的国际准则的详细内容，我们将在第七章和第八章中介绍。

（四）收入和支出的分类

1. 收入的分类

收入包括税收、社会缴款、赠与和其他收入。

（1）税收是广义政府部门得到的强制收入，包括与提供服务成本完全没有比例关系的收费，但不包括强制性的社会缴款、罚金和罚款。

（2）社会缴款包括社会保障计划收入和提供除退休福利外的其他福利的雇主社会保险计划的收入。对雇主退休计划的缴款不作为社会缴款处理。

（3）赠与是指政府单位从其他居民政府单位、非居民政府单位或国际组织那里得到的非强制性经常性转移或资本转移。

（4）其他收入是指上述三项以外的所有收入。

收入分类的国际准则的详细内容，我们将在第五章中介绍。

2. 支出的分类

支出既可按经济分类，也可按职能分类，这里只按经济分类，主要类别：雇员报酬、商品和服务的使用、固定资本消耗、利息、补贴、赠与、社会福利和其他费用。

（1）雇员报酬是支付给雇员现金或实物报酬。除了工资和薪金，雇员报酬还包括广义政府单位代表其雇员进行的社会保险缴款。

（2）商品和服务的使用是广义政府部门为用于生产过程或再出售而购买的商品

和服务的总额减这些商品和服务存货后的变化。

（3）固定资本消耗是报告期内因物理损耗，正常淘汰和正常意外损坏而造成的固定资产存量价值的下降。

（4）利息是债务人因使用另一单位的资金而产生的费用。

（5）补贴是政府单位为补偿企业损失而支付的经常性转移。

（6）赠与是非强制性的，支付给另一广义政府或国际组织的现金或实物转移。

（7）社会福利是对住户的经常性转移。

（8）其他费用包括没有划入其他类别的所有费用。

支出分类的国际准则的详细内容，我们将在第六章中介绍。

四、政府财政统计体系的组织和表述方法

政府财政统计是对财政运行流量和存量的统计。流量包括交易和其他经济流量。对"交易"的统计通过编制"政府运营情况表"来反映。对"其他经济流量"通过编制"其他经济流量表"来反映。财政运行的存量通过编制"资产负债表"来反映。此外，还编制"现金来源与使用表"，以便提供有关流动性信息。

"政府运营情况表"反映以下交易情况：收入、费用和获得的非金融资产净额；获得的金融资产净额以及产生的负债净额。

"其他经济流量表"反映的不是由政府交易带来的对政府净值的影响，而是资产、负债和净值的价值或数量变化。

"资产负债表"反映会计期末资产和负债的存量，包括净值。

"现金来源和使用表"反映运营活动、非金融资产交易和融资活动产生或吸收的现金总量。

政府财政统计的组织和表述方法的国际准则的详细内容，我们将在第四章中介绍。

第三节　政府财政统计的地位和作用

政府财政统计是宏观经济统计的重要组成部分，在国民经济统计与分析中发挥着重要作用。

一、政府财政统计是宏观经济统计的重要组成部分

国民经济核算是宏观经济统计的核心，而国民经济核算是通过编制国民经济账

户体系来实现的。要说明政府财政统计在宏观经济统计中的地位和作用，就需要了解国民经济账户体系的基本内容。

（一）国民经济账户体系

国民经济账户体系由一套逻辑严密、协调一致而完整的，并且是按国际惯例建立起来的综合经济账户、资产负债表和其他表式所组成。

1. 国民经济账户体系由综合经济账户、资产负债表和其他表式所组成

国民经济账户体系首先是一个综合经济账户和资产负债表体系。账户体系或按描述国民经济运行中的生产、收入分配、消费到投资的循环环节设置，如生产账户、收入分配和使用账户、资本账户、金融账户等；或按描述经济中的机构部门设置，如非金融公司账户、金融公司账户、政府部门（财政部门）账户、住户部门账户、为住户服务的非营利机构账户和国外部门账户等。如果说综合经济账户侧重描述经济流量，那么资产负债表则侧重描述经济存量。各机构单位和部门都可编辑相应的资产负债表，以描述其经济存量。正是这些众多的账户和资产负债表所组成的综合经济账户和资产负债表全面、系统地描述了宏观经济运行的过程和结果，才有可能使我们对宏观经济变化的解释更加全面。

2. 国民经济账户和资产负债表体系是按国际惯例建立起来的

国民经济账户和资产负债表在描述经济运行时，可能会涉及如下主要问题：

（1）交易的主体（买卖者是谁）；

（2）交易的对象（买卖的是什么及其性质）；

（3）交易的流量及存量（买卖的规模及存量）；

（4）交易核算（如何记账和核算）。

例如，一笔交易发生，首先要涉及卖者和买者。在经济社会中，买卖者众多，把众多的卖者和买者进行分类，才有利于宏观经济的核算和分析。国民经济账户体系（SNA）把这种分类称为机构部门的分类，即买卖者分为非金融公司、金融公司、政府部门、住户、为住户服务的非营利机构和国外部门。其次，要涉及交易的对象。这里涉及交易的是什么及其性质。从交易的性质上看，涉及什么可以算交易、什么不算交易，即什么可以描述、什么不可以描述，比如政府单位或非营利机构免费向住户或社会集体提供的所有服务是否属于生产或消费的范围，即是否纳入交易范围；从交易的是什么上来看，交易的卖者最初来源于生产部门，买者为最终消费部门，为详细分析产业及消费品的构成情况，需要对生产部门和消费品进行分类。SNA 对此分类：全部经济活动的国际标准产业分类（ISIC）、主产品分类（CPC）、按用途划分的个人消费分类（COICOP）；若交易涉及金融公司，其金融交易工具 SNA 划分为：货币黄金和特别提款权、通货和存款、债务证券、贷款、股权和投资基金份额、

保险、养老金和标准化担保计划、金融衍生工具和雇员股票期权、其他应收/应付账款。最后，交易涉及如何计价、核算、记账和在账户上和资产负债表上反映其交易规模和存量。SNA 对流量、存量和核算规则做了原则阐述。根据上述 SNA 概念、定义分类和核算原则，按国际惯例建立起来了综合经济账户和资产负债表。

3. 国民经济账户体系是一套逻辑严密、协调一致而完整的综合经济账户和资产负债表体系

国民经济账户体系围绕着一套与一定时期内发生的不同类型的经济活动相联系的、相互关联的流量账户序列，以及记录机构单位和部门在该时期期初、期末持有的资产负债存量的资产负债表组成。每个账户涉及一种特定的活动，如生产或收入的形成、收入分配再分配或使用。每个账户设有一个平衡项使账户平衡。平衡项为账户两方记录的总来源与总使用之间的差额。一个账户的平衡项转为下一个账户的第一项，从而使账户序列形成一个环环相扣的整体。如生产账户的平衡项为"增加值"，它成为收入分配账户来源方的第一项；收入分配账户的平衡项是"可支配收入"，它成为收入使用账户来源方的第一项；收入使用账户的平衡项是"储蓄"，它成为资本账户来源方的第一项；资本账户的平衡项是净借出（+）或净借入（-），或成为金融账户资金使用的第一项，或成为金融账户来源方的第一项；金融账户的平衡项目也是净借出（+）或净借入（-）；国内账户的平衡项"储蓄"等于国外账户"经常项目"的余额。

资产负债表是反映机构单位和部门期初、期末持有资产和负债存量的平衡表。账户与资产负债表之间具有密切的联系，因为一定时期内对机构单位和部门持有资产或负债发生影响的全部变化均被系统地记录在这个或那个流量账户中。期末资产负债表完全由期初资产负债表和账户序列所记录的交易或其他流量来决定，即期初存量±期间流量＝期末存量。

（二）政府财政统计与国民经济账户体系

如前所述，国民经济账户可以在不同的总量层次上实施。既可以在国民经济总体层次上实施，核算国内生产总值等总量指标；又可以在机构部门层次如政府部门实施，编制政府运营情况表；还可以在机构部门各分部门层次实施，如政府部门编制预算和预算外的广义政府、社会保障基金、州政府和地方政府的财政统计数据。在总量层次分机构部门实施的国民经济账户就是宏观经济账户。按机构部门划分，国民经济账户应分为非金融公司部门账户、金融性公司部门账户、政府部门账户、住户部门账户、为住户服务的非营利机构账户和国外账户。这些宏观经济账户的核算就是对国民经济的核算，也就是对宏观经济的核算。政府部门账户就是政府财政部门账户，是通过财政统计来核算和编制的。政府财政统计是

核算和编制宏观经济六大部门账户之一的政府部门账户，在宏观经济统计中发挥着重要作用。

二、政府财政统计与总供求平衡

保持社会总供给与总需求在总量上的大体平衡，是宏观调控的主要目标。政府在宏观调控中，可以发挥财政的作用，这些都离不开政府财政统计。

根据现代经济学关于总供给与总需求存在着平衡关系的理论，总供给与总需求平衡有如下恒等关系：

$$C + S + T + M = C + I + G + X$$

等式的左边代表总供给，右边代表总需求。其中，C 为消费；S 为储蓄；T 为政府财政收入；M 为进口；I 为投资；G 为政府财政支出；X 为出口。

上述恒等式移项可得出财政收支与储蓄、投资及进出口的恒等关系：

$$T - G = (I - S) + (X - M)$$

等式的左边表示财政收支平衡状况，当 $T < G$ 时，财政出现赤字；当 $T > G$ 时，财政出现结余。等式的右边由两部分不同账户组成，I 和 S 是投资账户和储蓄，X 和 M 是对外收支账户。

对财政收支平衡和社会总供求平衡关系的分析可以得出以下认识：财政收支平衡是社会总供求平衡中的一个组成部分，财政收支的变动，会影响社会总供给与总需求的对比关系。若社会总供求出现不平衡的状况，政府可以通过改变财政收支来调节社会总供求的变化。具体分为以下两种情况。

（1）当社会总需求大于社会总供给时，即当 $C + S + T + M < C + I + G + X$ 时，政府可以通过财政收支进行调节，有三种途径。

一是可以直接削减财政支出，以抑制总需求膨胀，从而达到总供求平衡，即 $C + S + T + M = C + I + G\downarrow + X$。

二是可以增加财政收入，扩大供给，从而达到总供求平衡，即 $C + S + T\uparrow + M = C + I + G + X$。

三是可以将上述两种手段同时采用，既缩小总需求，又增加总供给，从而加快总供求的平衡，即 $C + S + T\uparrow + M = C + I + G\downarrow + X$。

（2）当社会总供给大于社会总需求时，即当 $C + S + T + M > C + I + G + X$ 时，则政府采取财政收支进行调节的途径与上述三种途径相反。

一是扩大财政支出，即 $C + S + T + M = C + I + G\uparrow + X$。

二是削减财政收入，即 $C + S + T\downarrow + M = C + I + G + X$。

三是扩大财政支出和削减财政收入同时运用，即 $C + S + T\downarrow + M = C + I + G\uparrow + X$。

以上通过财政收支调节社会总供求措施的运用，是在了解财政收入情况、财政支出情况、财政收支平衡情况的基础上而实施的。对财政收支及平衡情况的掌握则是政府财政统计的主要内容。政府通过财政统计在掌握财政收支平衡情况及与总供求关系的基础上，才决定是否采取措施以及采取什么措施。政府财政统计是政府调控财政收支进而调控社会总供求的基础和前提。

本章小结

1. 财政是伴随国家的出现而产生的，具有公共性、强制性和无偿性等特点。它是国家或政府为满足社会公共的需要，以国家或政府为主体对一部分社会产品进行的集中分配。

2. 国家是由政府、居民和领土等要素有机结合而形成的社会机体。国家为了维持其生存和发展，需要政府进行管理和协调。政府履行职责需要资金，并通过财政实现管理和调节经济的职能。

3. 政府财政统计是对政府履行职责所引起的财政资金运行过程及结果所进行的描述。

4. 政府财政统计框架是指政府财政统计体系的涵盖范围、流量存量与核算规则、基本分类、组织和表述方法等内容的概要。

5. 政府财政统计体系的涵盖范围包括广义政府和公共公司两个层次。

6. 流量是各单位在会计期间内经济业务的发生额。存量是指一个单位在某时点持有的资产和负债以及该单位的净值（等于总资产减总负债）。流量和存量是统一的。它们之间的关系：期初存量±期间流量＝期末存量。

7. 会计准则包括会计制度类型、记录流量的时间、定值、流量和存量的轧差、合并、汇总。

8. 政府财政统计是对政府财政运作过程的构成、流量和存量的统计，即需要对运作主体进行分类——机构单位和部门的分类；也需要对流量进行分类——交易和其他经济流量的分类；还需要对存量进行分类——金融资产和负债的分类、非金融资产的分类。对每一类别还要详细进行分类。如交易中的收入和支出的分类等。

9. 政府财政统计是对财政运行流量和存量的统计。流量包括交易和其他经济流量。对"交易"的统计通过编制"政府运营情况表"来反映。而对"其他经济流量"通过编制"其他经济流量表"来反映。财政运行的存量通过编制"资产负债表"来反映。此外，还编制"现金来源与使用表"，以便提供有关流动性信息。

10. 政府财政统计是宏观经济统计的重要组成部分，在国民经济统计与分析中发挥着重要作用。

本章重要概念

财政　国家　政府　公共财政　政府财政统计　广义政府　公共公司
公共部门　政府运营情况表　其他经济流量表　资产负债表
现金来源与使用表　国民经济账户体系　总供给　总需求

复习思考题

1. 什么是政府财政统计？
2. 政府财政统计框架包括哪些内容？
3. 简述政府财政统计在宏观经济统计中的地位和作用。

第二章
机构单位和部门

这一章我们讨论政府财政统计对象包括的范围。财政与企业和个人等许多实体都有密切的联系,如果我们不加梳理,要将企业和个人等与财政有关的数据收集起来,不仅做不到,而且也无实际意义。为了能将这些有实际意义的数据收集起来,我们首先定义统计对象为机构单位,即统计对象有一套完整的账户。其次,在机构单位归并中,确定列为统计对象的机构部门范围。我们确定为两个机构部门:广义政府和公共部门。

第一节 机构单位

这一节我们介绍机构单位的概念、机构单位的分类、常住机构单位与非常住机构单位、机构单位的部门分类和将机构单位的定义应用于政府等与机构单位有关的问题,为下面介绍广义政府部门和公共部门打下基础。

一、机构单位的概念

从经济活动主体是否能够独立自主地从事各种交易活动这个角度看,最小的基本单位是机构单位(Institutional Unit)。机构单位是指能以自己的名义拥有资产、发生负债、从事经济活动并与其他实体进行交易的经济实体。为了独立自主地从事各种交易活动,机构单位必须具备四个基本条件:(1)机构单位能够有权自行拥有商品或资产,这意味着它也能够在与其他机构单位进行的交易中交换商品或资产的所有权;(2)机构单位能够作出经济决定和从事经济活动,其本身在法律上直接对这些决定和活动承担责任;(3)机构单位能够以自己的名义发生负债,承担其他义务或作出未来承诺,并签订合同;(4)机构单位要么已经具有一整套账户,包括含有资产、负债和净值的资产负债表;要么根据需要,编制一整套账户从经济和法律的角度来说是可行的并且是有意义的。

二、机构单位的分类

在现实生活中,具备上述四个基本条件的主要有两类机构单位:一类机构单位是指以住户形式出现的个人或一群人;另一类机构单位是指以自己的名义从事经济活动或交易的法律或社会实体,如公司、非营利机构和政府单位。

（一）住户（Household）

住户是指一个人或多个人所组成的一个独立单位。住户的所有成员可以分享资产、共担负债,集中个人的收入服务于所有成员的目的。许多支出（尤其是关于消费和住房的支出）决策是以住户名义作出的,因此交易账户或资产负债表只能对住户整体编制,而不可能对每个成员单独编制,这一点决定了不能把住户内部的各成员视为独立的机构单位,而是将住户作为一个整体视为一个住户单位。

住户不完全等同于我们在通常意义上所说的家庭,有一些人永久居住在诸如养老院、修道院、医院、监狱等机构中,或预期将在这些机构中居住很长时间,如果他们共享资源、共同消费,则会共同形成一个机构住户。

（二）公司（Corporation）

公司是一个法律实体,其目的是向市场提供货物或服务。它归股东集体所有,股东有权任命董事,董事负责公司的全面管理。

大多数公司具有以下特征：

（1）公司是依法设立的实体,法律上假定它的存在是永久性的,而且规定公司的存在独立于其所有者,即股东；

（2）公司对它自己的行为负全部法律责任,所有者通常承担有限责任；

（3）公司从事市场活动,创造营业盈余,这些盈余可以分配给其所有者,也可以保留在公司内部作为营运资本或用于其他目的。

根据公司从事的经济活动及其功能的差异,公司可划分为两种类型,即金融公司和非金融公司。金融公司是指从事金融中介以及与金融中介密切相关的辅助金融活动的公司,其主要功能是在资金需求方与供给方之间充当中介。非金融公司是指主要面向市场生产货物与非金融服务生产的公司,是国民经济中进行生产活动、提供除金融服务之外的货物和服务的主要部门。

一个公司经常拥有其他公司的股份,对其他公司实行部分或完全的控制,因此,有必要识别几种常见的公司间的相互关系。

（1）子公司与母公司。如果公司 A 拥有公司 B 半数以上的表决权或可以任命公司 B 半数以上的董事,则称公司 A 控制公司 B,公司 B 称为子公司（Subsidiary）,公司 A 称为母公司（Parent Corporation）。

子公司与母公司之间的控制关系具有传递性和可加性。传递性是指如果公司 A 控制公司 B，公司 B 控制公司 C，那么公司 A 一定控制公司 C。可加性是指如果公司 A 控制公司 C，公司 A 和公司 C 都拥有公司 D 的少数所有者权益，但如果公司 A 和公司 C 对公司 D 的所有者权益之和超过半数，那么公司 D 也是公司 A 的子公司。

（2）联合公司与持股公司。如果一组公司之间存在一个多重控制链，则称这一组公司构成一个联合公司（Conglomerate）。如果联合公司在不同国家拥有子公司或分支机构，其母公司则称为跨国公司（Multinational/Transnational Corporation）。联合公司内部的每个公司都视为独立的机构单位。

在联合公司中，需要区别两种不同类型的母公司。第一类母公司通过自己的大规模生产达到控制其他公司的目的，以巩固其作为生产者的地位，如它可能控制为其提供零部件的公司。第二类母公司的主要职能是拥有和指挥子公司，其本身并不进行大规模生产活动，这类母公司称为控股公司（Holding Corporation）。把一家控股公司所控制的子公司的全部活动作为一个整体，即使其全部的子公司都是非金融公司，此类单位也会被归入金融公司子部门，被视为专属金融机构。

（3）附属公司。如果一个子公司完全由母公司所拥有，其生产活动在本质上是辅助性的，其生产活动仅限于向母公司或由同一家母公司所拥有的其他子公司提供服务，如运输、采购、销售、计算机、维修和清洁服务等，则该子公司称为附属公司（Ancillary Corporation）。国内的附属公司视为母公司的一个组成部分，而不是一个独立的机构单位。在国外有经济利益中心的附属公司视为一个独立的非常住单位。

如果信托公司和媒介公司等金融子公司只是为母公司持有金融资产或负债，而没有以金融中介机构的身份向母公司以外的单位提供市场导向型服务，则这些公司视为附属公司。类似地，如果财务公司仅仅是为母公司融通资金，也应视为附属公司。相反，如果这些金融子公司在其他单位之间充当金融中介，则不应视为附属公司，而应视为独立的金融公司。

（三）准公司（Quasi-corporation）

准公司是指功能类似于公司的非法人企业。一个非法人企业要被视为准公司，必须具备以下几个条件：一是必须能够编制包括资产负债表在内的一整套账户，二是其资产和负债必须能与所有者的资产和负债区分开来，三是与其所有者之间的资本和收入流量可以被识别出来。一旦被确认为准公司，它就被视为一个独立的机构单位，而不是依附于其法定所有者。准公司包括以下三种情形：

（1）由政府单位拥有的、从事市场生产的、像私营公司一样运营的非法人政府企业；

（2）由住户拥有的、从事市场生产的、像私营公司一样运营的非法人单位；

（3）由非常住单位完全或部分拥有的、较长时期内在一国从事大规模经济活动的常住非法人企业，包括合资企业、分支机构、办事处、代理机构和附属企业。

（四）政府单位（Government Unit）

政府单位是唯一通过政治程序成立的法律实体，它对特定区域内的其他机构单位具有立法、司法或行政权。政府单位的主要功能：

（1）通过从事非市场生产或通过实物社会转移，向全社会或特定住户提供公共货物与服务，其资金来源是税收或其他收入；

（2）通过各种转移方式实现收入和财富的再分配。

（五）非营利机构（Nonprofit Institution）

非营利机构是出于生产货物与服务的目的而创立的法律或社会实体。非营利机构不一定没有盈利，但是其性质决定了不允许其向成立、控制或资助它们的单位提供收入、利润或其他金融收益，从而区别于公司。非营利机构成立的动机不尽相同，如可能是为了向控制或资助它们的单位提供服务；可能是出于慈善、人道或福利原因向其他人提供货物与服务；可能是为了提供保健与教育服务，这种服务会收取一定费用，但收费并不是为了盈利；还可能是为了提高工商界或政界的压力集团的利益，等等。

不同类型的非营利单位可归入不同的机构部门，因此，有必要识别不同类型的非营利机构。根据非营利机构生产的市场性，可分为两种类型的非营利机构，即从事市场生产的非营利机构（学校、学院、大学、诊所、医院等）和从事非市场生产的非营利机构（商会，农业、制造业或行业协会，雇主组织，研究或测试实验室等）。大多数国家的大多数非营利机构从事的是非市场生产。根据资助单位的不同，从事非市场生产的非营利机构又可分为两类，即主要由政府单位控制和资助的非营利机构和主要由民间（非政府单位）资助的非营利机构。值得注意的是，设立为非营利机构的学校、学院、大学、诊所、医院等，如果基于其主要生产成本收取费用，且该费用足以显著影响对其服务的需求，那么它们属于市场生产者；设立为非营利机构的学校、学院、大学、诊所、医院等，如果收取的费用不具有经济意义，那么它们属于非市场生产者。从事市场生产但由政府单位控制的非营利机构，只要是以具有经济意义的价格为市场生产商品和服务，那么就必须视为公共公司。

三、常住机构单位与非常住机构单位

政府财政统计是对一国所有常住者即居民与财政相关数据的统计，因此，在介绍机构单位之前，有必要先对机构单位的常住性进行界定。常住性有两个基本条件，一个是活动在经济领土上,另一个是具有经济利益中心。

(一)经济领土

经济领土(Economic Territory)由一国政府控制或管理的、其公民及货物和资本可在其上自由流动的地理领土所组成。一国的经济边界并不严格等于其政治意义上的国境,但是只有很小的差别。具体来看,一国的经济领土包括以下内容。

(1)领空、领海和位于国际水域的大陆架,该国对该大陆架应享有专属权利,或拥有在其之上开采自然资源(如鱼、矿产资源或石油)的管辖权。

(2)一国在国外所拥有的、经与所在国政府达成正式协议而明确划定的领土飞地。领土飞地可用于军事、外交或其他特殊目的。其他国家在该国境内建立的领土飞地不属于该国的经济领土。

(3)位于该国境内的自由贸易区、转运港口、保税仓库或工厂。尽管这些区域可能由外国单位所运营,或者货物与人员在这些区域与该国其他区域之间移动时要履行一些报关手续,但它们仍被视为受所在国政府的控制和监管,因此应属于所在国的经济领土。

需要注意的是,国际组织在各国的领土飞地或国际组织在各国拥有或租用的建筑物是该组织的经济领土,即国际组织的领土飞地不属于飞地所在国的经济领土。

(二)经济利益中心

如果一个机构单位在一国的经济领土内的某个地点——住宅、生产场所或其他房屋,从事并拟继续从事相当规模的经济活动和交易,则称该机构单位在该国有一个经济利益中心(Center of Economic Interest)。

识别经济利益中心的一个最为简便的标准是机构单位在一国经济领土内活动的期限。一般地,如果一个机构单位在一国的经济领土内无限期地或长期地(通常以一年为限)从事相当规模的经济活动,则认为该机构单位在该国具有经济利益中心。

(三)常住机构单位与非常住机构单位的识别

如果一个机构单位在一国的经济领土内具有经济利益中心,则它为该国的常住单位或居民;如果一个机构单位在一国的经济领土内没有经济利益中心(它在国外经营),则它为该国的非常住单位或非居民。下面介绍不同类型机构单位常住性的识别。

1. 住户的常住性

住户的常住性取决于它的住所所在地,而不是其成员的工作所在地。如果一个住户的成员在一国经济领土内保留一个经常性或永久性住所,则该住户是该国的常住单位。依据这一原则,每天或经常越境在邻国工作的边境工人仍然属于其经常性或永久性住所所在国的常住单位。需要注意的是，一个住户的所有成员必须是同一个国家的常住单位。如果住户的某些成员连续在国外生活或工作一年以上，其经济利益中心已经发生转移，则它不再是原住户的成员，而成为生活或工作所在国的常住单位。

住户常住性的识别有两个例外的情况。第一个例外是，一国在其国外领土飞地所雇用的武官与文官。由于领土飞地属于该国的经济领土，因此政府派往飞地的这些工作人员属于该国的常住单位，即使他们长期住在飞地以外的住宅里，常住性依然不改变。第二个例外是，留学生和在国外就医的病人。无论留学生在国外学习多长时间，只要他们仍然是原住户的成员，就被视为原籍国的常住单位。类似地，无论病人在国外就医的时间有多长，只要他们仍然是原住户的成员，就被视为原籍国的常住单位。

2. 公司和准公司的常住性

如果公司和准公司在较长时期内或无限期地在一国经济领土内从事相当规模的生产活动，或在那里拥有土地或建筑物，则为该国的常住单位。

遵照上面的原则就可以解决公司的所属国与所在国不同时，公司或准公司的常住性问题。（1）对于一国常住单位所拥有的公司或准公司，如果它们在国外保留一个准备长期经营的生产单位，并从事相当规模的货物或服务的生产，或在国外拥有土地或建筑物，则为所在国的常住单位。这样的单位通常有一套完整而独立的账户（损益表、资产负债表以及与母公司的交易表）来反映在所在国的活动，向所在国支付所得税，拥有一个相当规模的实际场所，以自己的名义筹集工作所需的资金，等等。（2）对于一国常住单位所拥有的经营流动设备（船只、飞机、钻井井架和井台、铁路车辆等）的单位，如果这些单位在其他国家境内经营，且被所在国的税务和工商部门认可，那么该单位是所在国的常住单位。但是，如果这些单位在国际水域或空间经营，则仍属于所属国的常住单位。

3. 政府单位的常住性

由经济领土的定义很容易知道，一国的中央政府和各级地方政府所拥有的部门、机关以及驻外使领馆、军事单位或其他政府实体属于该国的常住单位，而外国政府和国际组织设在该国的使领馆、军事单位或其他政府实体是该国的非常住单位。

4. 非营利机构的常住性

在大多数情况下，非营利机构是依照所在国法律和规章建立起来的，并作为一个法律或社会实体得到所在国官方的承认和登记，属于所在国的常住单位。例外的情况是，从事跨国慈善事业或救济工作的非营利机构，如果它在某一国设有分支机构达一年以上，则该分支机构应视为所在国的常住单位。

5. 区域性中央银行的常住性

区域性中央银行（Regional Central Bank，RCB）是货币联盟成员国共同的中央银行，其总部设在一个国家。货币联盟有两种形式：其一，各成员国都设有本国的中央银行，且每个中央银行都编制自己的账户，则RCB总部应作为独立的非常住单位，它拥有自己的资产和负债，各国中央银行对RCB总部的资产和负债视为对非常住单位的资产和负债；其二，各成员国不设中央银行，一切中央银行职能由RCB代行，在这种情况下，RCB总部不作为独立的机构单位，RCB总部的资产和负债应按各成员国对RCB的债权和债务份额在各成员国之间进行分配。

四、将机构单位的定义应用于政府

确定政府单位可能十分困难，这是由政府组织结构的复杂性所决定的。大多数部委、机构、部门、委员会、司法当局、立法机构和构成政府的其他实体不是机构单位。因为它们一般没有权力拥有资产、产生负债或以自己的名义从事交易。一般而言，由根据立法机构控制的预算进行拨款提供资金的所有实体必须合并为一个机构单位。

政府单位并不受所在地理上的限制。例如，某一政府的各个部委可能有意分布于该政府的整个管辖区域，但它们仍是同一机构单位的组成部分。类似地，某一部委可能在许多不同地点有分支机构或办事处以满足当地的需要。这些分支机构或办事处是同一机构单位的组成部分。

但是，一些政府实体可能具有单独的法律身份和大量的自主权，包括支出的酌定权和直接的收入来源，如专项税收。这些实体往往旨在履行具体的职能，如公路建设或提供非市场的医疗或教育服务。如果这些实体保持全套账户，以自己的名义拥有商品或资产，从事它们负有法律责任的非市场性活动并能够产生负债和签订合同，那么它们将作为单独的政府单位处理。

有时，政府设立的法律实体不能独立行事，只是资产和负债的被动持有者。这样的实体被称为虚拟附属机构，不作为独立的机构单位处理，除非其所在经济体与母单位的不同。居民虚拟附属机构被归类为对其加以控制的那一级政府的组成部分（作为其母单位的组成部分或母单位的预算外单位）。

政府居民虚拟附属机构有时以特殊目的实体的形式设立。虽然这些居民虚拟附属机构往往是依法成立的公司，但只要是非市场生产者并且受另一政府单位控制，它们就应被归入广义政府部门一类，要么作为预算外政府单位，要么作为控制该特殊目的实体的母政府单位的组成部分。居民特殊目的实体若能独立行事、自行获取资产和发生负债，并承受相关风险，则被视为独立的机构单位，并按其主要活动进行部门分类。所有非居民特殊目的实体均被视为其设立所在经济体的居民独立机构单位,但其所开展的财政活动体现在控制该实体的政府的账户中。

有关居民虚拟附属机构的另一个例子是:政府设立的中央借款机构表面上是一家公共金融公司,但实际上是广义政府单位的一部分。这些中央借款机构在市场上借款,此后只向母单位或其他广义政府单位提供贷款。但由于这些实体不被视为独立的机构单位,而仅仅旨在为政府借款提供便利,因此它们应当被归入广义政府的类别,要么作为预算外单位,要么作为控制该中央借款机构的政府单位的组成部分。如果是在母单位所属经济体之外的其他经济体中创设这样一个居民中央借款机构,那么该机构应归类为东道国经济体金融公司部门内的专属金融机构。

辅助活动指在一个企业内部提供各种服务,从而创造条件使主要活动或次要活动得以开展的支持性活动。上述服务类型包括记账、人事管理和薪酬支付、保洁、维护、运输和安保。一般而言,仅从事辅助活动的实体不符合机构单位的标准。许多政府通过提供社会福利的方式将大量资源分配到社会保护领域,以保护全部人口或其特定组成部分免受某些社会风险。社会风险指可能给相关住户的福祉造成不利影响的事件或情形,产生影响的方式包括强行增加对其资源的需求或减少其收入。社会福利的例子有提供医疗服务、失业补助和社会保障养老金。

政府通常包括两个或两个以上的机构单位,且往往由一个单位控制着其他单位。处于控制地位的单位极有可能是立法机构、国家元首和司法机构。与公司不同,一个政府单位通过任命另一政府单位的管理人员和/或决定为另一政府单位提供资金的法律和法规——而不是通过股权拥有——来控制另一政府单位。一般来说,政府单位并不发行股票。特殊目的实体、财富基金或其他政府实体虽然依法成立为公司,但不符合统计意义上的公司定义,应被归类为广义政府中某一子部门下的政府单位。因此,股权和投资基金份额的负债可出现在合并的广义政府资产负债表中。

与广义政府单位不同,公共公司是拥有或控制它们的政府单位的潜在财务损益的来源。在有些情况下,公共公司发行股票,这样财务损益会明确地分配给股东。在另一些情况下,虽然并未发行股票,但是显然某一个政府单位控制该公司的活动并对其负有财务责任。在这些情况下,承担责任的政府单位也拥有股权和投资基金份额。

五、机构部门

第一章已经指出,政府财政统计中的主体分类是对机构部门的分类。机构部门分类就是把经济目标、功能和行为相同的机构单位归入同一部门。前面所介绍的不同类型的机构单位有着显著不同的经济目标、功能和行为。

(1) 公司的经济目标是向市场提供货物和服务,它所创造的利润是其所有者重要的收入来源。公司的主要活动是生产,不进行最终消费活动。公司分为非金融公司和金融公司。

(2) 政府单位的经济目标是向社会或住户提供公共产品,即非市场性货物和服务,并对收入和财富进行再分配。政府单位提供公共产品的方式有两种,一种方式是向非营利机构提供资助,由非营利机构组织其生产;另一种方式是由政府直接组织生产,这些公共产品被视为政府单位的最终消费。

(3) 住户的主要经济活动是进行最终消费。住户的一个特有的功能是为其他部门提供劳动力,从而获取劳动报酬形成居民收入,然后进行最终消费。此外,住户还参与很多活动,包括通过它所拥有的非法人企业进行市场性的生产活动。

显然,这几类机构单位可直接归为不同类型的机构部门,即所有的住户归入住户部门,所有的金融公司和准公司(如金融公司的分支机构、合资企业等)归入金融公司部门,所有的非金融公司和准公司归入非金融公司部门,所有的政府单位归入广义政府部门。非营利机构的情况较为复杂,视其生产的市场性和资助单位的不同可归入不同的部门,当然也可以单独设立。例如,为居民服务的非营利机构部门可以单独设立,这将有利于分析研究社会民间组织的作用。另外,所有与一国有经济往来的非常住单位归入国外部门。机构单位与机构部门的对应关系见图2-1。

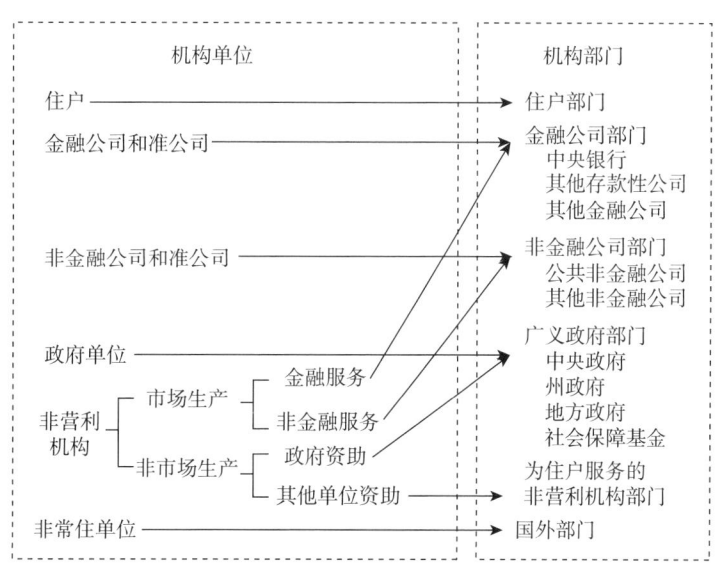

图2-1 机构单位与机构部门的对应关系

这样,机构部门分为非金融公司部门、金融公司部门、广义政府部门、住户部门、为住户服务的非营利机构部门和国外部门。

第二节 广义政府部门

一、广义政府部门界限的确定

广义政府部门包括所有政府单位和所有由政府单位控制的非市场非营利机构。

（一）政府单位

一国政府由公共当局及其机构构成，它们是通过政治程序设立的实体，在领土范围内行使立法权、司法权和行政权。政府的主要经济职能：（1）承担以非市场性条件向社会提供商品和服务的责任；（2）通过转移支付的方式对收入和财富进行再分配。政府的另一个特点是，这些活动必须主要由税收或其他强制性转移提供资金。当然，政府还可以在某一时期借款或从强制性转移以外的其他渠道如利息收入等获得资金，从而为其部分活动融资。

向社会提供的供集体消费的商品和服务一般包括公共管理、国防和法律执行等。根据定义，集体服务总是免费提供的。提供给个人消费的典型商品和服务有教育、医疗卫生、住房、娱乐和文化服务。这些服务可免费提供，政府也可收取费用。向整个社会或向个人提供的商品和服务，可由政府自己生产，也可由政府从第三方购买。

（二）政府控制的非市场非营利机构

由政府单位控制并主要由政府单位提供融资的非市场非营利机构在法律上是非政府实体，但是它们实行政府政策，并且实际上是政府的一部分。政府可选择利用非营利机构而不是政府机构来实行某些政府政策，因为非营利机构可以被看作是超然的、客观的，并且不受政治压力的影响。例如，医疗卫生、安全、环境和教育领域的研究与开发以及标准的制定和维持，就是非营利机构可以比政府机构更为有效的领域。

当一个政府单位有能力决定非市场非营利机构的一般政策或项目时，它就控制该非营利机构。一个政府单位可以通过有权任命非营利机构的管理人员或通过财务手段，决定非营利机构的一般政策或项目。由供应经费所提供的控制程度取决于这些资金的时间安排和附带的限制条件以及融资的数额。而且，必须根据每个案例的具体事实和情况进行判断。当一个非营利机构经营资金的主要部分由一个政府单位提供时，它就主要由政府单位提供融资。

广义政府部门不包括公共公司或准公司。当一个单位出售其部分或全部产出时，可能难以决定是将该单位分类为政府单位还是公共公司，或者难以决定是否存在公共准公司。一般而言，该决定的依据是该单位是否按市场价格出售产出。任何按市场价格出售其全部产出或绝大多数产出的单位都是公司或准公司，其他所有单位就是政府单位。但是，对于公共单位来说，市场价格并不总是容易确定。因此，具有经济意义的价格这一概念构成了决定价格是市场价格还是非市场价格的基础，也构成了单位分类的基础。

具有经济意义的价格是对生产者愿意供给的数量和购买者愿意购买的数量具有重要影响的价格。但是，只有在考虑了所有的事实和情况之后，才能在进行大量判断的情况下实行这一定义。虽然不能提供准确的指导原则，但是显然具有经济意义的价格不必高至弥补全部的生产成本。在另一个极端，不具有经济意义的价格是从供给或需求的角度来看，不具有数量意义的价格，收取这些价格可能是为了获得一些收入或降低在完全免费提供服务时可能出现的过度需求，但是他们的目的并不是要消除这种过度需求。该价格只是阻止那些需求最不迫切的单位，而不是大幅度降低总的需求水平。

市场性产出包括按具有经济意义的价格出售的商品和服务，或其他方式在市场上处置的商品和服务，或打算在市场上出售或处置的商品和服务。非市场性产出包括免费或按不具有经济意义的价格供应给其他机构单位或整个社会的商品和服务。

因此，在对出售其部分或全部产出的单位进行分类时，必须考虑两个问题。首先，如果一个单位出售其大部分产出或全部产出，其价格是否具有经济意义？如果其价格都具有经济意义，那么该单位是公共公司，如果其价格都不具有经济意义，那么该单位是广义政府单位。其次，如果只有部分价格具有经济意义，或者如果该单位仅出售其部分产出，是否可能在该单位内确定一个准公司？如果可能，则将按具有经济意义的价格出售产出并将具有整套账户的那部分机构作为准公司处理，其余部分构成广义政府单位；如果不可能形成准公司，那么按具有经济意义的价格出售其产出的部分仍是广义政府单位不可分割的一部分，其出售是该单位收入的一部分。

单位分类还有两个例外。首先，如果一个单位主要是向其他政府单位出售其产出的内部服务组织（如军工厂等），则将其作为附加单位处理，其活动与控制它的政府单位的其他活动合并起来。其次，在一些情况下，一个看起来是金融公司的单位实际上是广义政府单位。最典型的情况是，政府设立一个中央借款管理局，它在市场上借款，然后只贷给广义政府。这种组织仅促进政府的借款，应分类为广义政府单位。

根据机构单位编制统计数据，货币当局的一部分可能被纳入广义政府部门。通常中央银行是分类为公共公司的一个单独的机构单位。但是，在一些国家，中央政府可能包括从事某些财务交易的单位，这些财务交易在其他国家由中央银行进行。特别是，政府单位可能负责货币发行、持有国际储备、经营外汇平准基金或与基金组织进行交易。当有关单位在财务上与政府融为一体并受到政府的直接控制和监管时，它们就不能作为单独的机构单位处理；由政府履行的任何货币当局的职能记录在广义政府部门中。

二、广义政府部门的分部门

出于分析的需要，有必要对广义政府部门的统计数据进行分解。这里介绍建立分部门统计的两种主要方法。两者之间的差异是由于社会保障基金的两种不同处理方法造成的。

依照行政管理和法律安排，一国可能有不止一级政府，无论有几级政府，都应对每一级政府编制统计数据。国际货币基金组织编写的《2014 年政府财政统计手册》中，将政府分为三级：中央政府、州政府、地方政府。一些国家可能只有中央政府或中央政府和较低一层的政府，有些国家可能有不止三级政府。例如，我国拥有五级政府：中央政府、省政府、市（地区）政府、县政府、乡（镇）政府。除了政府的层次，社会保障基金的存在及其在财政政策中的作用可能也要求将所有社会保障基金的统计数据作为广义政府部门单独的一个分部门进行编制。

在政府运营由同时对两级政府负责的广义政府单位进行时，可能出现分类问题。如果该机构有自己的资金来源（如专项税收），那么这一分类决定可能非常困难。同样，一个非营利机构可能由不同层次的政府的两个或者两个以上的政府单位控制或者提供主要融资，如一个州政府单位可能有权任命管理一家非营利机构的大部分官员，但是经费可能主要由中央政府提供。受到双重控制的广义政府单位应划入在为其操作提供融资或控制其操作方面占主导地位的那级政府，但是没有涵盖所有各种安排的准确规则。

通过两组可供选择的分部门划分，根据广义政府单位的政府层次以及它们是否是社会保障基金，对广义政府单位进行分类。第一种方法是，所有社会保障基金都可以根据经营它们的政府层次进行分类，并与那一级的其他广义政府单位合并起来。假设所有三级政府都存在，分部门将是中央政府、州政府和地方政府（见图 2-2）。第二种方法是，将全部社会保障基金合并为一个单独的分部门，将所有其他广义政府单位按其层次进行分类。这两种方法适应不同分析的需要。在一个国家，哪一种方法更合适，取决于社会保障基金的组织及其重要性，取决于社会保障基金的管理在多大程度上是独立于政府单位的。如果社会保障基金的管理与政府的总体经济政策在短期与中期的要求紧密结合,以至于为了总体经济政策而有意调整缴款和福利,那么从概念上来说,就难以在社会保障基金的管理与政府的其他经济职能之间进行任何明确的区分。在一些国家,社会保障基金可能处于发展的初期,这就难以将社会保障基金作为中央政府、州政府或地方政府等同等的单独的分部门。除了根据政府的层次和是否存在社会保障基金而划分的分部门外,还可以根据有关单位是由该级政府的立法预算提供资金还是由预算外来源提供资金来确定其在每一级政府中所处的分部门。从分析的角度来说,由于这些单位有不同的经费来源并且公众对其操作进行不同类别的监督,人们往往希望对这些单位进行单独分类。

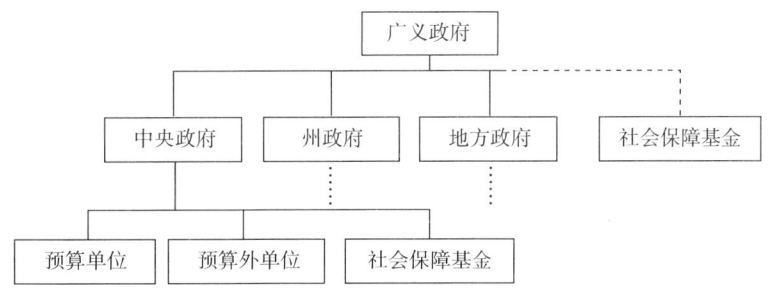

图2-2 广义政府的分部门

(一)中央政府

一国中央政府的政治权力遍及该国的整个领土。中央政府可以对所有居民机构单位和该国从事经济活动的非居民单位征税。中央政府往往负责为整个社会提供集体服务,如国防、外交、公共秩序、安全以及该国社会和经济制度的高度运作。此外,它可以因主要为了各个住户的利益而提供服务,如教育或医疗卫生而产生费用,并且它可以向其他单位包括其他层次的政府进行转移支付。

编制中央政府的统计数据特别重要,因为中央政府在货币和经济分析方面发挥特殊的作用。财政政策主要是通过中央政府对经济中的通货膨胀压力和通货紧缩压力产生影响。一般只有在中央政府层次上,决策机构才能制定并实行旨在实现全国经济目标的政策。其他层次的政府既不以全国的经济政策作为其目标,也不具备中央政府具有的获得中央银行信贷的渠道。

在大多数国家,中央政府部门是一个很大、很复杂的分部门。它一般包括一组核心部委,它们构成一个机构单位;在许多国家,还包括其他单位,这些单位在中央政府的权限下运作,但具有单独的法律身份和足够的自主权,能够构成其他政府单位。

(二)州政府

州政府是出于政治与行政管理的目的,可以将一国分成最大的地理区域。这些区域可以用其他术语来描述,如州、省、府、共和国、专区和行政区。为了便于表述并与《2008年国民账户体系》保持一致,以下将这一级政府称为州政府。

州政府的立法、司法和行政权力遍及一个州的整个区域(往往包括众多地方),但是不延伸到其他州。在一些国家可能没有州和州政府。在那些具有联邦宪法的国家,州政府可能被赋予相当大的权力和承担相当大的责任。

州政府往往具有财政权力,对常驻其管辖区域的机构单位或其管辖区域从事经济活动的机构单位征税。一个实体要确定为政府单位,必须能够以自己的名义拥有资产、筹集资金并产生负债,还必须至少有权支出或分配它根据自己的政策得到的税收或其他收入的一部分。但是,该实体可以从中央政府得到转移支付,这些转移支付与某些指定的目的挂钩。州政府还应能够独立于外部行政管理控制,任命自己的官员。如果在一个州运作的一个政府实体完全依靠来自中央政府的资金,并且如果中央政府还规定这些经费的支出方式,那么该实体政府应作为中央政府的一个机构处理。

如果存在州政府,那么其主要部门将构成一个机构单位,其方式类似于中央政府的核心部门。此外,可能有在州政府的权限下运作的机构,它们具有单独的法律身份和足够的自主权,能够构成其他机构单位。还可能有一些机构单位,其权力延伸到两个或两个以上的州,但是它们要对相应的州政府负责,这些单位也应包括在州政府部门中。

(三)地方政府

地方政府单位的立法、司法和行政权力限于最小的地理区域。地方政府的权力范围一般远远小于中央政府或州政府的权力范围,这些政府可能有权力,也可能没有权力对其管辖区域内的机构单位或在其管辖区域内从事经济活动的机构单位征税。它们往往严重依靠上级政府的赠与,还可能在一定程度上作为中央政府或州政府的代理机构。但是,要作为机构单位来处理,它们必须有权以自己的名义拥有资产、筹集资产和通过借款产生负债;还必须对如何支出这些资金具有一定的自主权,它们应能独立于外部行政管理控制,任命自己的官员。

地方政府往往向当地居民提供广泛的服务,其中一些服务可能由来自更高层次的政府的赠与提供资金。地方政府的统计数据涵盖广泛的政府单位,如县、自治区、市、镇、乡、市行政区、学区或卫生区。通常负有不同责任的地方政府单位具有对同一地理区域的权力。例如,代表一个镇、县和学区的不同的政府单位可能具有对同一区域的权力。此外,两个或两个以上相邻的地方政府可以组织一个具有地区权力的政府单位,该单位对这些地方政府负责。这些单位也应包括在地方政府分部门中。

地方政府一些最典型的职能包括:(1)教育设施,相对于由地方政府承担的主要成本来说,用户对这些设施支付的费用很少;(2)医院和社会福利设施,如幼儿园、托儿所和福利院；(3) 公共卫生及有关实体，如水净化处理系统和工厂、废物收集和处理机构、公墓和火葬场；(4) 文化、娱乐和体育设施，如电影院、音乐厅、博物馆、艺术画廊、图书馆、公园和露天场所。

如果一个政府单位既为州政府服务，也为一个或一个以上的地方政府服务，那么该政府单位纳入在其运作和经费方面占主导地位的那级政府中。在一些国家，在中央政府与地方层次上的最小政府机构单位之间，存在不止一级政府。在这些情况下，这些中间层次的政府和与它们关系最为密切的那级政府（州政府或地方政府）划为一组。社会保障基金是专门运营一个或多个社会保障计划的特殊类型的政府单位。在宏观经济统计中，社会保障基金如果符合机构单位的标准，且满足以下条件，就会得到承认：在组织和管理方面独立于政府单位的其他活动；在持有资产和承担负债方面独立于其他政府单位；自行从事金融交易。

(四) 社会保障基金

社会保障基金是专门经营一个或多个社会保障计划的特殊类型的政府单位。社会保障计划是由政府单位推行和控制的一类社会保险计划，涵盖整个社会或社会大部分群体。社会保险计划提供社会保护，但要求受益人正式参与该计划，并以缴款（实际或推算）作为证据。因此，社会保障计划的参与也以受益人的缴款（实际或推算）作为证据。这些计划包括多种多样的方案，以现金或实物形式提供养老金、伤残或死亡抚恤金、遗属抚恤金、疾病和生育补助、工伤赔偿、失业救济、家庭补助、卫生保健福利等。在该类计划中，个体缴款的数额与其可能获得的福利数额并不一定具有直接关联。

然而，并不是所有的社会保障计划都由社会保障基金组织和管理，如一项针对疾病的社会保障计划可能会由国家卫生部来实施。如果有自主的就业相关养老基金（一个独立的机构单位）为政府雇员提供养老金，那么该基金应当排除在社会保障基金之外，如其受政府控制，则应归类为公共金融公司，否则应归类为私人金融公司。一项由社会保障基金管理的面向政府雇员的非自主就业相关养老金计划仍是社会保障基金的一部分。但是，如果雇佣合同规定的参与条件和应付福利与非政府雇员参与者的社会保障计划规定的不同，则会出现与就业相关的养老金计划。政府财政统计承认与就业相关的养老金福利的负债。因此，应在社会保障基金内区分与该养老金计划有关的经济流量和存量头寸。

(五) 预算内与预算外

广义政府的中央政府、州政府和地方政府这几个子部门均由若干机构单位组成。对每个子部门而言，按行政、立法或融资安排对其实体进行分组，往往有助于展开分析。例如，政府可能会创设专门的董事会、委员会或机构作为其预算账户的一部分,或作为独立的单位。在各级政府创设子部门或许可以根据子部门各单位的资金是来自本级政府的立法预算还是预算外来源,即区分预算单位和预算外单位。预算部分可能仅包含总预算(或一般预算),而预算外部分则包含构成那一级政府的其余实体,但不包含社会保障基金。使用这种子部门分组方法,可更直接地对预算数据与政府财政统计进行比较。单位被划归为预算单位还是预算外单位,这取决于具体国情。不过重要的是,全面涵盖广义政府部门,为各级政府编制的统计数据应涵盖构成该政府(中央政府、州政府或地方政府)子部门的所有单位。

在所有国家中,均存在一个在规模和权力(特别是对众多其他单位和实体进行控制的权力)方面特别重要的广义政府部门机构单位。预算中央政府通常为中央政府的单个部门,负责开展全国行政、立法和司法职权项下的各项基本活动。广义政府的这一组成部分通常被纳入总预算(或一般预算)之中。预算中央政府的收入和费用通常由财政部或具有同等职能的部门依据立法机关批准的预算加以调整和控制。组成预算中央政府的大多数部委、部门、机构、董事会、委员会、司法机关、立法机关和其他实体都不是独立的机构单位。这是因为它们通常无权自行拥有资产、发生负债或参与交易。州政府或地方政府这两个子部门各有一个预算州政府或地方政府组成部分,行使这两级政府主要的行政、立法和司法权力。

如果广义政府实体的个体预算不包括在总预算(或一般预算)之中,则这些实体被视为预算外单位。这些实体在中央政府、州政府或地方政府的权力或控制下运作。预算外单位可能有其自己的收入来源,此外,可能以来自一般预算或其他来源的赠与(转移)资金作为补充。尽管它们的预算可能与预算账户类似,需要得到立法机关的批准,但它们可酌情决定自己支出的数额和构成。设立这类实体,可能旨在履行具体的政府职能,如公路建设,或者开展卫生或教育服务的非市场生产。各国的预算安排差别很大,用来描述这些实体的术语也多种多样,常用的有预算外基金或分权机构。

政府控制的非市场非营利机构如果符合机构单位的标准,那么一般被视为预算外单位。更具体而言,它们将被归入控制它们的那一级政府(中央政府、州政府或地方政府)。

第三节 公共部门

公共部门包括广义政府部门和公共公司。前面我们已经介绍了广义政府部门,接下来介绍公共公司和公共部门。

一、公共公司及其子部门

公共公司子部门包括政府单位或其他公共公司控制的所有居民公司。一些实体虽然为依法成立的公司，但如果不收取具有经济意义的价格，则在统计上不会被归类为公司。公共公司可能参与准财政操作（按控制它们的政府单位的要求开展政府操作）。因此，公共公司可能会成为政府公共（或财政）政策的工具。最直接的形式是，公共公司可从事特定的交易来开展政府操作，如以低于市场的利率向特定方贷款或低价向某些客户出售电力等产品。然而，更笼统地说，公共公司可以通过下述方式来执行财政政策：雇用超过必要人数的工作人员、超量购买商品或服务、就投入支付高于市场的价格或按低于仅存在私人生产者时的市场价格的价格出售其大部分产出。

设立公共公司的目的可能包括为广义政府创造利润、保护重要的资源、在进入壁垒较大的情况下形成竞争、在成本过高的情况下提供基本服务。这些公共公司往往规模庞大且/或数量众多，并可能具有重大的经济影响。如公共公司由于自身的规模或战略地位，可能会对银行信贷、总需求、海外借款和国际收支等宏观经济目标具有重要影响，因此对于政府而言可能相当重要；许多公共公司可能是一项规模可观的国家资源投资，涉及相当大的机会成本；公共公司的负债如果得到政府的显性或隐性担保，则公共公司会成为潜在的财政风险来源，或包含对于政府而言的名誉风险；随着时间的推移，公共公司可能会成为非市场单位，并被重新划归广义政府部门，反之亦然；编制公共部门的统计数据可避免其经营方式的变化而可能导致的广义政府数据的序列中断。

二、政府对公司的控制

一家公司如果受政府单位、其他公共公司控制，或受政府单位与公共公司的混合控制，则属于公共公司。确定一家公司是否受政府控制，以下8个控制指标是最重要且最可能需要考虑的因素。

（1）拥有多数表决权

如果是按照一股一票作决定，那么拥有多数股份通常就可形成控制。股份可以直接或间接持有，且应将所有其他公共实体拥有的股份汇总在一起。如果不是按照一股一票作决定，那么应该基于其他公共实体拥有的股份是否使其能够表达多数意见这一点进行判断。

（2）控制董事会或其他治理机构

根据现行的立法、法规、契约或其他安排拥有任免董事会或其他治理机构多数成员的能力可能构成控制。如果能影响可作出的选择，那么即使是对于任命提议的否决权，也可被视为一种控制形式。如果是另一个机构负责任命董事，那么就有必要检查其构成，以判定公共影响力的大小。如果政府负责任命首批董事，但不控制接替董事的任命，那么该机构在最初的董事任命到期之前，应属于公共部门的一部分。

（3）控制关键人员的任免

如果对董事会或其他治理机构的控制较弱，那么对首席执行官、董事会主席、财务总监等关键管理人员的任命便可能具有决定性的意义。非执行董事如果是关键委员会（如决定高级工作人员薪酬的薪酬委员会）的成员，那么也可能具有重要意义。

（4）控制实体中的关键的委员会

董事会或其他治理机构下设的分委员会可能决定实体的关键经营和财务政策。若公共部门的成员在这些分委员会中占多数，就可能形成控制。此类委员会的会员资格可依据公司的章程或其他授权文书确定。

（5）黄金股和期权

政府可能拥有公司的"黄金股"，尤其是在经过私有化的公司。在某些情况下，黄金股给予政府一些剩余权力以保护公共利益，如阻止公司变卖某些种类的资产或者任命在某些情形下具有很大权力的特别董事。黄金股本身并非控制权的标志。但如果黄金股包含的权力确实赋予政府在特定情形下决定某个实体的一般性公司政策的能力，而且这些特定情形已经出现，那么该实体就应从相关日期开始归入公共部门。政府单位或公共公司在某些情形下会拥有购买公司股份的期权，这在概念上与上述黄金股的安排可能有相似之处。有必要考虑，如果行使期权的条件得到满足，期权所允许购买的股份数量和购买的后果是否意味着政府通过行使期权具有了"决定实体的一般性公司政策的能力"。一般而言，一个实体的地位应根据政府在通常情况（而非战争、动乱或自然灾害等例外经济或其他情形）下决定公司政策的实际能力而定。

（6）监管和控制

监管适用于一个类别或行业组别中的所有实体，而控制则是针对个别公司，两者间的界限有时难以辨清。政府通过监管介入经济的例子有许多，尤其是在垄断和公用事业私有化等领域。在一些重要领域可能存在监管性介入，如在设定价格方面，实体并未放弃对其一般性公司政策的控制权。实体选择进入或者留在高度监管的环境中运营，这意味着该实体不受控制。只有当监管收紧到能有效支配实体开展业务方式的程度，才可成为一种控制形式。如果一个实体在诸如是否接受公共部门实体提供的资金、与之进行商业往来或以其他方式与之交易等问题上保留了单方面的酌处权，那么该实体就具有最终决定其公司政策的能力，不受公共部门实体的控制。

（7）具有支配地位的公共部门客户或客户群的控制

如果一个公司的全部销售都是面向单一或一组公共部门客户，那么显然存在支配性影响的空间。若该公司拥有少量私营部门客户且/或有来自私营部门生产者向该公共部门提供商品和服务的私人生产者的公开竞争，这通常意味着公司还能独立地作出一些决定，那么就不应把它看作受控制的实体。一般而言，若有明确证据显示某一公司因为公共部门的影响而不能选择与非公共部门客户交易，那么这就意味着该公司已受到公共部门的控制。

（8）政府借款中附带的控制

贷款人经常强行将控制作为贷款的条件。如果政府通过贷款或通过在一个健康的私营部门实体向银行借款时提供比通常情况更高的担保来实施控制，那么便表明存在控制。与此类似，只要政府准备向该公司提供贷款，就可能意味着存在控制。

三、公共公司的分类

公共公司按照主要活动的性质，可分为公共非金融公司和公共金融公司。

1. 公共非金融公司

非金融公司指主要从事市场商品或非金融服务生产的公司。国家航空公司、国家电力公司和国家铁路如果收取具有经济意义的价格，则均是典型的公共非金融公司。那些从事市场生产的公共非营利机构（如医院、学校、学院），如果是独立的机构单位并且收取具有经济意义的价格，则也属于这一类别。不过，接受政府财政援助但不受政府控制的实体不是公共公司，而是属于私人公司或为住户服务的非营利机构。所有受广义政府单位或其他公共公司控制的居民非金融公司均是公共非金融公司子部门的一部分。

2. 公共金融公司

金融公司是主要向其他机构单位提供金融服务，包括保险和养老基金服务的公司。所有受广义政府单位或其他公共公司控制的居民金融公司均是公共金融公司子部门的一部分。根据金融公司的市场活动和负债流动性，可进一步细分金融公司子部门。但是，就政府财政统计而言，公共金融公司子部门可以大致分为公共吸收存款公司（中央银行和除中央银行以外的公共吸收存款公司）和其他公共金融公司。相对于公共部门的其他子部门，公共金融公司由于其在金融中介过程中发挥的作用，往往拥有相对较大的金融资产和负债价值。因此，除了与公共部门其他组成部分合并的数据外，单独编制的公共金融公司数据可能不无用处。

（1）公共吸收存款公司指由广义政府单位或其他公共公司控制的金融公司，且主要从事金融中介活动，负债的形式为存款或可在很大程度上替代存款的金融工具。公共吸收存款公司可以分为两类：中央银行和除中央银行以外的公共吸收存款公司。中央银行是控制金融体系各关键方面的国家级金融机构。一般而言，以下金融中介机构应归入该子部门：国家中央银行，包括中央银行系统的各个部分；发行完全由外汇储备支撑的国家货币的货币发行局或独立货币当局；编制全套的账户但并未归为中央政府一部分的、在本质上具有公共性的中央货币机构（如外汇管理机构或银行票据、硬币发行机构）。只要中央银行是独立的机构单位，即使它基本上是一个非市场生产者，也总是把它归入金融公司部门。虽然中央银行可能拥有高度的运营独立性，但它仍是一家公共公司。主要从事金融单位监管且相对于中央银行为独立机构单位的监管当局，应属于金融辅助机构。

（2）除中央银行以外的公共吸收存款公司包含中央银行以外的所有由广义政府单位或其他公共公司控制的居民存款公司。这类公司包括商业银行、"全能"银行、"通用"银行、储蓄银行、邮政汇划转账机构、邮政银行、农村信贷银行、农业信贷银行、进出口银行和从事吸收存款或发行存款近似替代品活动的专业银行等。

（3）其他公共金融公司包括除吸收存款的公共公司之外的、由广义政府单位或其他公共公司控制的所有居民金融公司。这个子部门包括那些以存款之外的方式在金融市场筹集资金并用来取得金融资产的单位。该子部门中的单位包括货币市场基金、非货币市场投资基金、保险公司、养老基金和其他金融中介机构（保险公司和养老基金除外）等。此外，该子部门也包括金融辅助机构（包括作为独立机构单位的监管当局）、专属金融机构和贷款人。

四、公共部门的分类

公共部门包含所有受居民政府单位直接或间接控制的居民机构单位，也就是广义政府部门的所有单位以及居民公共公司。图2-3显示了公共部门的主要组成部分。广义政府和公共部门以及广义政府的所有子部门和公共公司子部门，均应编制统计数据。

在编制公共公司的统计数据时，出于分析目的，可能有必要使用公共部门的多种分组方法，或者说分成不同的子部门。其他可能的分组方法包括：

（1）非金融公共部门——广义政府部门加公共非金融公司；

（2）广义政府部门加中央银行；

（3）中央政府公共部门——中央政府子部门加中央政府控制的公共公司。

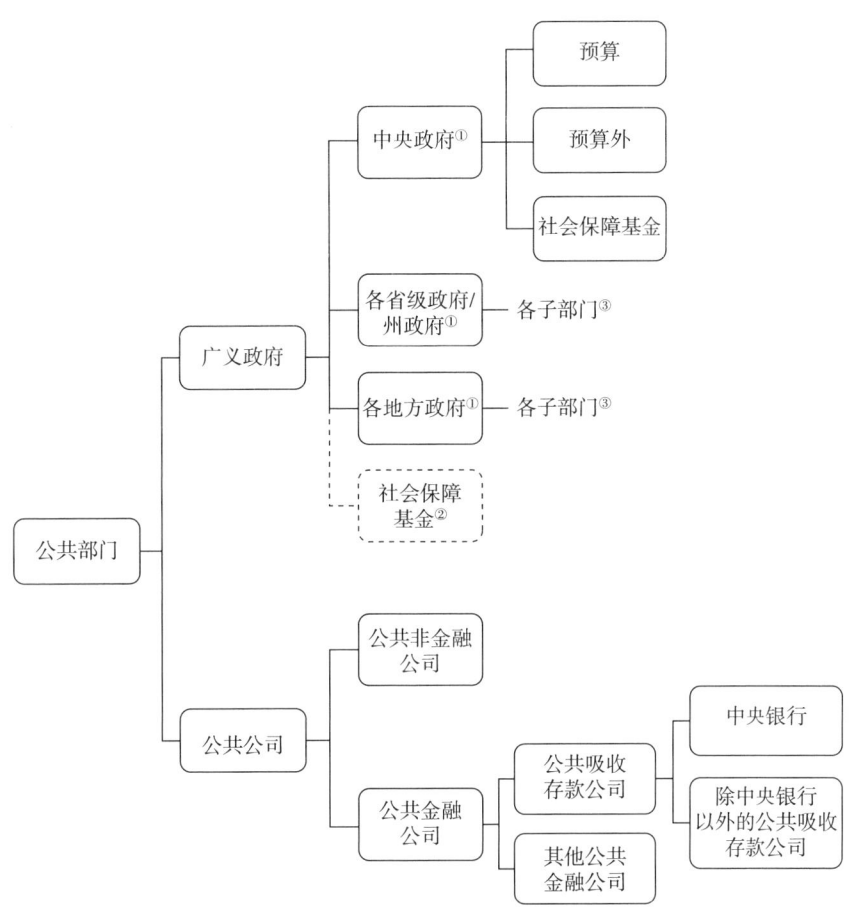

注：①包括社会保障基金。
②另一种方法是将社会保障基金结合成为独立的子部门，如虚线框所示。
③在省级政府/州政府和地方政府内也可能存在预算单位，预算外单位和社会保障基金。

图 2-3　公共部门及其主要组成部分

（资料来源：国际货币基金组织：《2014 年政府财政统计手册》，华盛顿，2014）

本章小结

1. 机构单位的定义是能以自己的名义拥有资产、发生负债、从事经济活动并与其他实体进行交易的经济实体。

2. 机构单位分为住户、公司、准公司、政府单位和非营利机构。

3. 常住性有两个基本条件：一个是活动在经济领土上，另一个是具有经济利益中心。

4. 如果一个机构单位在一国的经济领土内具有经济利益中心，则它为该国的常住单位或居民；如果一个机构单位在一国的经济领土内没有经济利益中心（它在国外经营），则它为该国的非常住单位或非居民。

5. 机构部门分类就是把经济目标、功能和行为相同的机构单位归入同一部门。通常机构部门分为非金融公司部门、金融公司部门、广义政府部门、住户部门、为住户服务的非营利机构部门和国外部门。

6. 广义政府部门包括所有政府单位和所有由政府单位控制的非市场非营利机构。

7. 政府控制的非市场非营利机构如果符合机构单位的标准，那么一般被视为预算外单位。

8. 在政府财政统计体系中，一般拥有三级政府：中央政府、州政府、地方政府。

9. 根据广义政府单位的政府层次以及它们是不是社会保障基金，对广义政府单位进行分类。第一种方法是，所有社会保障基金都可以根据经营它们的政府层次进行分类，并与那一级的其他广义政府单位合并起来。第二种方法是，将全部社会保障基金合并一个单独的分部门，将所有其他广义政府单位按其层次进行分类。

10. 公共部门包括广义政府部门和公共公司。

本章重要概念

机构单位   住户   非金融公司   金融公司   政府单位   非营利机构   准公司
经济领土   经济利益中心   广义政府   社会保障基金   预算内与预算外
公共公司   公共部门

复习思考题

1. 什么是机构单位？如何分类？
2. 什么是常住单位和非常住单位？如何识别？
3. 如何将机构单位的定义应用于政府？
4. 什么是广义政府？包括哪些分部门？
5. 什么是公共部门？包括哪些分部门？

第三章
存量、流量和核算规则

本章讨论国民经济核算中存量和流量这两个概念以及核算的基本规则,为讨论国民经济核算的具体内容,打下核算理论方法的基础。

第一节　存量与流量

存量和流量是表现一定时期国民经济总体状况的两类总量。这一节我们介绍存量、流量所反映的内容及其相互关系和与此相关的平衡项。

一、存量和流量的关系

存量是一个时点的价值,流量是经济价值在一个时期内的变化。存量出现在资产负债表中,流量出现在所有账户和表中。在机构部门完整的账户序列中,流量账户由经常账户和积累账户组成。经常账户反映生产、收入分配和收入使用;积累账户反映两个资产负债表的全部变化。

为了保持核算体系的完整和一致,以存量测算的经济价值在两个时点间的全部变化必须等于流量。二者的关系用公式表示为期初存量±期间的流量＝期末存量。

存量是以一定资产或负债在持有期内伴随某些物量或价值变化而连续增减的结果。资产是一种价值储藏,反映经济所有者在一定时期内通过持有或使用该实体而产生的经济利益。它是价值从一个核算期向另一个核算期结转的载体。经济流量反映经济价值的产生、转换、转化、交换、转移或消失,它会涉及机构单位的资产和负债在物量、构成或价值方面的变化。

经济流量分组合计计入账户中。在账户中,左方记录经济流量的流出;右方记录经济流量的流入。为了使账户左方的价值等于右方的价值,就要设置一个平衡项。平衡项的价值为一方账户的价值减去另一方的价值。平衡项在价值小的一方。当然,平衡项并不单单是为了确保账户平衡,它蕴藏了大量的信息。

二、存量

存量是某一时点的资产或负债的结存额。为了讨论存量，有必要先定义资产和负债。

如前所述，资产是指经济资产。资产是一种价值储藏，反映经济所有者在一定时期内通过持有或使用该实体而产生的经济利益。它是价值从一个核算期向另一个核算期结转的载体。资产分为金融资产与非金融资产。金融资产是与金融负债相对应的概念，实质就是融资的工具。作为融资工具，对融出者而言，它是金融资产，对融入者而言，它是金融负债。从总量上来看，金融资产应等于金融负债。非金融资产包括固定资产、存货等实物资产。非金融资产还进一步区分为生产性资产和非生产性资产两类。这部分内容我们在第七章还将详细介绍。

三、流量

流量分为两种类型——交易和其他经济流量。

（一）交易

交易是一种经济流量。这种流量是机构单位之间基于共同协议所发生的相互作用，或者是某个机构单位内部的行为。交易按共同协议进行，这意味着机构单位间彼此事先知道并同意，但并不意味着两个单位一定是自愿进行交易的，因为某些交易是由法律强制规定的，如纳税和其他强制性转移。

交易可以采取不同的分类方式。首先可以分为货币交易和非货币交易。货币交易是以货币支付或发生负债的交易。例如，每单位货物的购买或出售按一定数量的货币单位进行交易，劳动力的雇用或按每小时或每天一定数量的货币单位进行交易。其次，交易可分为有对应物交易与无对应物交易。货物服务的消费支出，证券、工资薪金、利息、红利和租金的获得，都是双边交易，在这种交易中，一方向另一方提供货物、服务、劳动力或资产，然后会得到对应价值作为回报，此类有对应物交易又称为交换。另一类双边交易如税收和社会救济福利等，一方向另一方提供货物、服务或资产，但不获得对应物作为回报，这类无对应物交易称为转移。转移进一步分为经常转移和资本转移。资本转移的特点在于，在这种转移中，会发生资产（而非现金或存货）所有权的转移，或者会导致一方或双方有义务获得或处置其资产（而非现金或存货）。资本转移是对财富的再分配，但不会影响储蓄，如资本税和投资补助金等。其他转移被称为经常转移。经常转移是对收入进行再分配，收入税和社会福利等都属于经常转移。

为了更清楚地揭示交易所反映经济关系，在国民经济核算的记录中，对一些交易进行重新安排。

（1）改变交易流程。这是按照不同于实际发生的途径来记录所发生的交易，或者要记录从经济意义上来看已经发生但从实际记录来看并未发生的交易。如社会保障缴款，实际中雇主通常会从雇员工资薪金中扣除雇员需要缴纳的社会保障基金。此外，雇主也可能代表雇员用雇主自有资金支付社会保障基金。然而，在国民经济核算中，这些雇主缴款被处理为雇员报酬的一部分，记录为雇员的支付。外国直接投资企业留存收益的处理是第二个改变流程的例子。外国直接投资企业的收益可能会全部保留在企业内，应将其视为外国所有者有意识作出的投资决定。同样，人寿保险基金准备金所获得的财产收入应首先支付给保单持有者，然后作为追加保险费再支付给保险企业，实际上这种财产收入是由保险企业留存下来的。因此，个人或住户的储蓄包括改变流程的财产收入的数额，而保险企业的储蓄则不包括相应的数额。

（2）分割交易。分割交易是把交易各方视为单一的交易记录划分为两个或多个不同分类的交易。例如，承租人依照融资租赁实际支付的租金，不能记录为对服务的支付，而是要分解为本金偿还和利息支付两项交易。对所付租金的分割反映了对融资租赁所持的经济观点和相应的处理方法，被视为出租人对承租人的贷款。

（3）代表其他参与方进行交易的单位。许多经济活动由一个单位替交易双方安排实施交易，交易一方或双方以手续费作为酬金。这种交易记录在交易双方的账户上，而不是记录在促成交易的第三方账户中。

（二）其他经济流量

其他经济流量是指并非由交易造成的资产（负债）数量或价值的变化。其他经济流量首先是流量，而且是指并非由交易引起资产或负债数量或价值变化，是交易外的流量。也就是说，其他经济流量是指那些不发生在交易中的其他资产和负债的价值变化引起的。如资产的无偿没收，由自然事件如地震引起的资产价值的变化等。其他经济流量由持有收益、资产数量和其他变化组成。资产或负债的数量变化被称为资产数量的其他变化，价值变化被称为持有收益和损失。

（1）持有收益和损失。持有收益和损失是指资产和负债的持有者在持有期间，其资产或负债总额在质量和数量保持不变情况下，由于价格水平和价格结构的变化而引起的资产或负债数额货币价值的变化。也就是说，持有期间资产负债本身没有发生变化，只是价格变化所造成的收益或损失。这里的资产和负债应是机构单位的主要资产和负债，如固定资产、存货、非生产资产、金融资产等。

（2）资产数量的其他变化。资产数量的其他变化是指除交易或持有收益外其他因素导致的资产或负债价值变化。主要分为三类：第一类涉及除交易以外事物正常进程中资产和负债在本体系中出现和消失。其中一些可能与自然产生的资产相关，如发现了地下资源等。第二类与特殊的、未预料到的事件和作用有关，包括外部效益和灾害的影响，如自然灾害或战争等毁坏资产等。第三类为结构变化导致资产负债价值的变化，包括反映机构单位在部门间分类的变化、机构单位结构的变化或资产负债分类的变化引起的资产和负债变化等。

四、平衡项

平衡项是通过从账户一方项目总价值中减去另一方项目总价值所得到的。它不能独立于其他项目进行计量，分为流量账户的平衡项和资产负债表的平衡项。

（一）流量账户的平衡项

平衡项并不只是用来确保账户平衡。各个平衡项经常会作为评价经济现象的重要宏观经济指标。以下是从核算账户体系中产生出来的平衡项：增加值或国内生产总值、营业盈余、可支配收入、储蓄、净贷出/净借入、对外经常账户差额。

（二）资产负债表的平衡项

资产净值被定义为实体拥有的所有非金融资产和金融资产价值减去所有的未偿负债的价值，资产净值是资产负债表的平衡项。资产净值的计量不能脱离其他项目，它与任何特定交易没有关系。

资产净值是一种存量价值，不同种类的交易和其他流量都可以引起资产净值变化。如同任何资产总量变化可以通过核算期内交易和其他流量变化来描述，资产净值总量可以根据引起资产和负债总价值的交易和其他流量来体现。

第二节　记账方法与记录时间

从这节开始，我们介绍核算的规则，主要有记账方法与记录时间、估值、汇总、轧差、合并。

一、记账方法

记账方法是根据一定的原理、记账符号、记账规则，采用一定的计量单位，利用文字和数字在账簿中登记经济业务的方法。按记录方式的不同，记账方法可分为单式记账法和复式记账法两大类。

单式记账法是对发生经济业务之后所产生会计要素的增减变动，只在一个账户中进行登记的方法，通常只登记库存现金和银行存款的收付以及应收、应付款的结算。单式记账法适用于业务简单或很单一的经济个体和家庭。单式记账法只能反映经济业务的一个侧面，账户之间不能形成相互对应的关系，因此无法全面、系统地反映经济业务的来龙去脉，也不便于检查账簿记录的正确性。

复式记账法是单式记账法的对称。复式记账法是对每项经济业务按相等的金额在两个或两个以上有关账户中同时进行登记的方法。复式记账法又分为借贷记账法、收付记账法和增减记账法。

以上是讨论微观主体的记账法。从宏观核算分析的角度，复式借贷记账法分为垂直复式记账法、水平复式记账法、四式记账法三大类。

1. 垂直复式记账法

垂直复式记账法的主要特点是每一笔交易最少产生两笔记录，在交易者账簿中作一笔贷方分录和一笔借方分录，这样可以确保所有交易的贷方分录的合计等于借方分录的合计，确保了能够核对一个单位、子部门或部门的政府财政统计账户的一致性。其他经济流量也会生成借方和贷方分录，这些流量直接在净值变化中拥有相应记录。因此，垂直复式记账法可以保证一个单位的资产负债表基本恒等，即资产总值等于负债总值加上资产净值。

2. 水平复式记账法

水平复式记账法是反映不同实体之间用一致的记账方法。它意味着，如果两个以上单位进行交易，则这些单位记录的交易额必须保持一致。

3. 四式记账法

四式记账法是垂直复式记账法和水平复式记账法的同时应用，即一笔交易在对应双方会引起四笔登录。通过四式记账法可以用一致的方法处理多个分别执行垂直复式记账法的交易者。与企业会计不同，国民经济核算需要平行处理大量发生在单位之间的相互交易，因此，要特别注意一致性问题。例如，一个单位负债会对应另一个单位金融资产，因此在估价、记录时间以及分类上保持一致，以避免按部门或经济总体汇总各单位资产负债表时出现矛盾。所有交易和其他流量都应如此，这样才不会影响资产负债表。

二、记录时间

（一）记录时间的选择

前面我们讨论存量和流量核算，它们都涉及记录时间的选择问题。资产负债表对应特定的时点，而流量则是分散在某一选定核算期内所发生的各项交易和其他流量的总和。因此，必须明确流量记录时间的规则，说明各种分散发生的流量应该记录在哪个核算期；核算期内各流量的确切记录时间，以便区分由交易引起的资产净值变化和因持有收益或损失引起的资产净值的变化。

由于机构单位的活动时常会持续一段时间，其间存在好几个可以识别该交易的重要时刻，因此很难确定交易记录时间。例如，商业销售是从出售者与购买者之间签订合同开始的，其间会产生一个交货日期或多个支付日期，直到出售者得到最后一笔支付日期的货款，销售才算完成。以上每个不同时刻在某种程度上都具有经济意义。

同样，在政府财政支出中，也有许多重要日期，如预算被立法机关表决通过的日期、财政部门授权某个部门支付资金的日期、各部门承担具体义务的日期、交货发生的日期等。

以上可辨别的时间都进行记录，在理论上都是可能的，但会加重核算的负担。一般地，选择交易记录时间既要考虑宏观经济分析的需要，也要能在微观上可行、在核算资料中可得。

(二) 选择权责发生制作为时间记录的原则

通常情况下，记录的时间主要从现金收付制、到期支付制、承诺制和权责发生制几种记录流量的方法之间进行选择。

现金收付制是指流量在收到或支付现金时才记录，其优点是避免了与非货币流量估价相联系的问题。然而，由于现金支付时间可能与经济活动和交易发生的时间有差异，现金收付制不能作为一般原则应用于国民经济核算，而且现金收付制不适合记录非货币流量。

到期支付制是指造成现金支付的流量在可进行支付而不产生额外费用或罚款的最晚时间记录的制度。到期支付制比现金收付制提供了更全面的货币流量描述，但其缺点仍然是仅记录货币流量，不能记录非货币流量。

承诺制是指流量在单位承诺一笔交易时记录。通常这一制度仅适用于资产、商品和服务的购买。

权责发生制是指在经济价值被创造、转换、交换、转移或消失时记录各流量。即所有权变更的流量在所有权转移时记录，服务在提供时记录，产出在产品创造时记录，中间消耗在材料和用品使用时记录。权责发生制核算与经济活动和流量存量界定一致，且可以用于非货币流量核算。因此，通常以权责发生制作为记录时间的常用原则。

(三) 货物服务获得的记录时间

货物获得的记录时间是货物的所有权发生转移的时刻。当所有权变更不明显时，若没有记录，则可参照货物的物理占有和支配的时刻作为记录时间。货物的进口和出口在所有权变更发生时记录，如果没有说明所有权变更日期的资料，则强制性假设该货物在所有权变更前后很短时间内就越过了有关国家的边界。服务需在提供时记录。

（四）再分配交易的记录时间

按一般规则，分配交易在有关债权产生的时刻记录。雇员报酬、利息、地租、社会缴款和福利均在应支付数额形成的时刻记录；税金在基础交易或其他流量产生纳税义务时记录。对某些分配交易而言，权责发生的时间可能取决于单位何时分配收入或作出转移的决定。如果股息额不能明确地归于一个特定的赚取期，那么股息应在宣布除息时记录。

（五）金融资产和负债交易的记录时间

金融资产交易的记录以所有权变更为准。由于结算程序、支票邮寄时间等原因，导致一项金融交易所涉及的双方得到的交易证明文件的时间可能不一致，因此其各自账簿中可能是以不同日期记录的，需要注意的是，转让存款所涉及的金额比较大，按一致要求，双方应以同一日期记录交易。若所有权变更的准确日期不能确定，则按照全部完成的日期进行记录，如证券的交易日期可能早于结算日期，双方应按证券所有权变更的时间记录，不应按正式移交时间记录。

（六）其他交易的记录时间

产出应在生产过程发生的日期记录。货物和服务的中间消耗应在货物或服务进入生产过程的时间记录，而不是生产者获得相应货物或服务的时间。存货增加在获得时记录，存货减少在售出、中间消耗或其他方式放弃时记录。固定资产消耗的记录时间参照其估值的时间进行记录。

第三节 估 值

一般来说，一笔交易必须在交易双方的各个账户中以相同的价值加以记录。但市场的价格是不断变化的，核算期内期初的价格有可能与期末的价格不一致，为了统一衡量流量和存量的规模，就需要对核算对象进行估值。

一、估值的一般原则

估值是指以货币单位测度核算对象的价值，即核算的对象如货物服务和其他资产可以交换多少货币，而不是确定这些核算对象有多大的经济效用。

交易是按照双方约定的实际价格来估价的，因此市场价格就成为核算估价的基础。如果没有市场交易，可参照类似货物或服务的市场价格来估价。

资产和负债应按照编制资产负债表时的当期价格来记录，而不是按原价来记录。从理论上来说，国民经济核算中资产负债的价值应连续不断地按照当期价格进行重估，由于重估只能定期进行，因而一般采用市场上的实测价格，或根据实测市场价格估算出来的价格，得到当期资产负债的合理估价。

内部交易如存货的入库和出库、中间消耗以及固定资本消耗等，一般按交易发生时的当期价格进行估价，而不是按照原价。

二、交易的估价

交易的市场价格是指购买者愿意从有意出售者手中获得某物所支付的货币额。市场价格仅指一定条件下一个特定交换的价格。即使交换环境几乎完全相同，同一单位进行第二次交换所形成的市场价格也可能不同。这与市场报价、世界市场价格、通行价格、合理市场价格、或者其他任何以表达某类假定相同交换的一般价格（不是特定条件的实际价格）等是不同的。此外，市场价格不应该必然地被认为等价于自由市场价格。也就是说，不能认为市场交易仅在纯粹的竞争市场内发生。事实上，市场交易可能发生在卖方垄断、买方垄断或任何其他市场结构中。

交易发生前双方达成的协议价格一般也认定为市场价格。多数情况下，实际交换价值代表了市场价格。市场价格是购买者考虑销售者所采取的所有诸如退税、退款等措施后的应付价格。涉及倾销及打折交易的价格也是市场价格。

金融资产和负债按获得或处置时的价格记录。金融资产和负债交易不应记录佣金、手续费以及各种税等。金融工具的估价要将佣金等扣除在外，这种处理不同于非金融资产的估价。非金融资产估价将所有权转移的全部成本包括在内。

易货贸易的商品既在生产完成时估价，也在为消费或形成资本而获得时估价。易货贸易不存在批发或零售加价，但可能存在货物运输费用，甚至不排除有税收和补贴。这些都应在估价中反映出来。

资产的估价分为金融资产与非金融资产两个部分。非金融资产又分为房屋、机器设备等。它们有减值的一面（如机器设备的磨损等），但也有升值的一面（如房价上涨等），需要具体分析资产的状态而给予估价。

三、其他流量的估价

其他流量的估价包括资产数量其他变化的估价和持有期收益和损失估价两个部分。资产数量其他变化的估价，通常可分别估计资产数量变化前后的价值然后求其差额，该差额不属于任何交易而作为其他变化的价值。金融资产和负债的其他数量变化按类似金融工具的市场对应价格记录。

无论是非金融资产还是金融资产和负债，持有收益和损失都会持续产生。一般来说，持有收益和损失要通过从资产（或负债）价值总变化中扣除那些因交易和数量等其他变化所引起的变化来估算得到的。

四、金融资产和负债存量的估价

在资产负债表报告日，金融资产负债存量的估价方法应该是如果当日通过市场交易购买这一存量规模，所支付的费用是多少，那么金融资产或负债的存量的价值就是多少。许多金融资产或负债定期在市场进行交易，因此可直接利用这些市场报价进行估价。如果金融市场在资产负债表报告日关闭，估价可采用距离市场开放时最近日期的价格作为市场价格。

对那些从不或偶尔在金融市场上进行交易的金融资产和负债的估价，有必要估算其公允价值，该价值可以逼近市场价格。

第四节 汇总、合并、轧差

数据经估值后，需要整理，即需要汇总、合并、轧差。

一、汇总

汇总是指将某一机构部门或分支部门中所有机构单位的流量、存量数据进行加总，或是将某一类别下的所有资产或负债数据进行加总。将某一机构部门或分支部门中所有机构单位的数据进行汇总，要能够保留这一部门或分支部门中所有机构单位之间的债权和债务数据。也就是说，汇总不会引起各机构单位间有关债权和债务数据的抵消，也不剔除同一类别或有关类别的支出或收入。

对于部门和分部门来说，有关资产和负债的数据通常被汇总列入主要的分类。如按机构部门或产业部门分类，或按资产负债进行分类等。在编制主要的金融资产和负债表时，需要进行进一步的汇总，如将主要类别的货币资产综合起来，形成货币总量，或将对不同部门的主要债权相加，编制信贷总量数据等。

二、合并

合并是指冲销属于一个集团之内的机构单位之间发生的存量和流量。合并能够在经济总体、集团、机构部门和机构子部门层次上进行。不同层次的合并将适合于不同类型的分析目的。例如，经济总体层次上金融账户的合并是强调该经济总体与所有非常住机构部门的融资状况,因为所有常住单位的融资状况都是在合并基础上取得的净额;金融公司层次上的合并导致了金融中介和金融辅助中所有存量和交易的冲抵,从而反映金融部门与国内其他常住者和非常住者的交易记录,有可能追踪到净借出机构部门与净借入机构部门之间全部的资金流动情况,并识别其中的金融中介机构;金融公司子部门层次上的合并,可以提供有关金融中介活动的详细信息,进一步了解中央银行与其他金融中介机构的交易情况。

合并涉及冲销被合并的机构单位间发生的所有交易和债务人/债权人关系。换言之,若同组中一个机构单位的交易与另一个机构单位记录的同一交易匹配,则这两项交易冲销。例如,金融公司的一个子部门拥有另一个子部门发行的债券(其他存款公司拥有中央银行的债券),若将这两个单位的数据合并,则该债券的存量既不在合并后的负债方也不在资产方记录。

三、轧差(取净值)

轧差(取净值)是指在统计数据的记录过程中,某些基本项目的价值与账户另一方的项目相互抵消,或与账户另一方的项目具有相反符号的数据组合。例如,在收入类别中的轧差(取净值)是指收入类别中剔除了对有关收入的退款;在支出类别中的轧差(取净值)是指支出类别剔除了因错误或未经授权的交易而出现的同一支出的流入。

许多类别的流量和存量可以按总额表示,也可以按净额(轧差)表示。表示方法的选择与汇总相似,也是取决于若干因素。其中,主要应考虑的因素有:(1)流量或存量的类别;(2)为了得到净额而可能减去的那些项目的性质;(3)表示方法的分析效用。

在个体和内部核算中,流量和存量的表示方法的一条基本原则是,以总量形式收集和编制流量存量数据。也就是说,对特定的交易人或一组交易人的债权不应当与其负债进行轧差(取净值)。例如,一家存款性公司可能对某一客户有贷款余额,而该客户又是该公司的存款人,这家金融公司的资产(贷款债权)不应与其负债(借款人存款)进行轧差(取净值)。

可以按照分析的需要,决定金融资产和负债交易是否需要进行轧差(取净值),以及轧差(取净值)的幅度。轧差(取净值)的幅度有以下五种类型。

(1)不进行轧差(取净值)或完全按总量记录,即分别记录资产的购买与出售、负债的发生与偿还。

(2)在某一特定资产内轧差(取净值)。例如,从获得的债券中扣除出售的债券;从以债券形式新发生的负债中减去偿还的债券等。

(3) 在某类资产中进行轧差（取净值）。例如，从购买除股票外的证券总额中减去这类资产的全部销售额。

(4) 在同一类别的资产中，将负债交易与资产交易进行轧差（取净值）。

(5) 在同一组中，一组负债交易与一组资产交易进行轧差（取净值）。

本章小结

1. 存量是一个时点的价值，流量是经济价值在一个时期内的变化。二者的关系是期初存量±期间的流量＝期末存量。

2. 流量分为两种类型：交易和其他经济流量。交易是机构单位之间基于共同协议所发生的相互作用，或者是某个机构单位内部的行为。交易可以采取不同的分类方式。首先，可以分为货币交易和非货币交易；其次，交易可分为有对应物交易与无对应物交易。为了更清楚地揭示交易所反映经济关系，在国民经济核算的记录中，对一些交易进行重新安排：（1）改变交易流程；（2）分割交易；（3）代表其他参与方进行交易的单位。

3. 其他经济流量是指并非由交易造成的资产（负债）数量或价值的变化，包括资产或负债数量的其他变化与持有收益和损失。

4. 平衡项是通过从账户一方项目总价值中减去另一方项目总价值所得到的。

5. 记账方法是根据一定的原理、记账符号、记账规则，采用一定的计量单位，利用文字和数字在账簿中登记经济业务的方法。从宏观核算分析的角度，我们把复式借贷记账法区分为垂直复式记账法、水平复式记账法、四式记账法三大类。

6. 政府财政统计选择权责发生制作为时间记录的原则。

7. 估价是以货币单位测度核算对象的价值，市场价格应为核算估价的基础。

8. 汇总是指将某一机构部门或分支部门中所有机构单位的流量、存量数据进行加总，或是将某一类别下的所有资产或负债数据进行加总。

9. 合并是指冲销属于一个集团之内的机构单位之间发生的存量和流量。

10. 轧差（取净值）是指在统计数据的记录过程中，某些基本项目的价值与账户另一方的项目相互抵消，或与账户另一方的项目具有相反符号的数据组合。

本章重要概念

存量　流量　交易　其他经济流量　四式记账法　估价　汇总　合并　轧差

复习思考题

1. 简述存量、流量、平衡项的含义及其相互关系。

2. 简述交易和其他经济流量所反映的内容。
3. 财政核算的记账方法是什么？
4. 政府财政核算记录时间的原则是什么？
5. 政府财政核算估价的基础是什么？
6. 如何对存量和流量进行汇总、合并和轧差？

第四章
政府财政统计分析框架

本章介绍政府财政统计体系的组织框架,并描述其各组成部分之间的关系以及政府财政统计在财政分析中的作用。

第一节 政府财政统计体系组织框架的构成

什么是政府财政统计体系组织框架,它由哪些部分组成,这些是讨论财政统计体系组织框架的基本问题。本节介绍这些基本问题,为以下各节介绍财政统计体系各组成部分打下基础。

一、政府财政统计体系组织框架的概念

政府单位和公共公司开展大量的活动。为了管理政府的内部运行并评估它们对经济的影响,必须将产生交易和其他经济流量的这些活动纳入一个框架,可以在此框架内对这些活动进行概括和分析。出于问责目的,可按开展这些活动的政府单位来组织这些活动;出于管理或规划目的,可以按所购买/出售的项目或提供/获取的服务的类别来组织这些活动;出于记账或控制目的,可以根据与政府进行交易的具体交易方来组织这些活动。

政府财政统计与其他宏观统计一样,也要对上述目的收集到的指标数据进行分类,并根据分析的需要以及指标数据间的关系,确定通过什么形式进行反映。这种反映形式的构成就是政府财政统计体系的组织框架。

首先,确定政府财政统计体系的组织框架,即政府财政统计体系反映形式的构成,需要考虑的是反映内容的范围。也就是说,它既是反映统计体系全面或较全面的内容,还是反映统计体系的某方面的内容。例如,国民经济统计中的资金流量核算,可采取矩阵账户形式,反映资金流量的实物交易和金融资金流量,即通过一张统计表反映资金流量的全部情况。再如,货币统计采取编制中央银行概

览、其他存款公司概览、存款公司概览的形式，不同概览编制的内容不同，范围大小也不同，但这种范围的大小是相对的，如存款公司概览更能说明广义货币的组成部分。其次，确定政府财政统计体系的组织框架，还需要考虑反映的是流量、存量还是流量和存量。例如，在国际收支统计中，是通过编制国际收支平衡表和国际投资头寸表来分别反映金融资产和负债的流量和存量的；而在资金流量核算统计中，流量和存量可一并反映在资金流量核算表中；在政府财政统计体系中，不仅流量和存量分别反映在不同的报表中，而且流量中的交易和其他经济流量也分别加以反映。

政府财政统计体系的组织框架是政府财政统计体系统计的流量，其构成的交易和其他经济流量通过两张报表来反映；存量通过资产负债表来反映。

需要说明的是，政府财政统计体系的组织框架又称政府财政统计体系分析框架。因为我们在前面已经指出，确定以何种形式把政府财政统计体系的指标数据反映出来，首先要根据分析的需要。如果不加分析和整理而盲目收集许多数据，这些数据放在一起不能说明问题，也不能实现统计所要达到的目的。而要达到分析说明的目的，就要对数据分类，根据指标间的关系，确定指标数据的反映逻辑和构成，明确将哪些指标数据反映在同一张报表中，通过指标间的计算，可以获得更能说明问题的统计指标数据，同时还需要几张报表和报表的组成要素来反映。也就是说，从指标的设计到指标数据的反映，都是围绕分析的需要而展开的。

二、政府财政统计体系组织框架的内容

政府财政统计体系组织框架的核心是一套四份财务报表。可以将其中三份报表结合起来，以便说明因流量导致的存量的全部变化（见图4-1）。这些报表包括：（1）政府运营情况表；（2）其他经济流量表；（3）资产负债表。此外，本框架还包括一个现金来源与使用表，以便提供有关流动性的关键信息。

（一）政府运营情况表

政府运营情况表概括了特定报告期间内某个部门或子部门的交易。实质上，这些交易反映了建立在双方协议基础上的经济活动带来的存量变化，如一个单位出售商品或服务，而另一单位购买该商品或服务。本框架还指出，一个单位可能以两种经济利益身份行事，并将不涉及另一机构单位的一些经济活动也视作交易。例如，在固定资本的消耗中，一个单位既是固定资产的所有者，也是该资产所提供的服务的消费者。总的来说，交易是财政政策执行的最大组成部分。正如在以下部分所介绍的那样，可以对交易进行分类，从而说明财政政策对广义政府部门的净值、信贷需求以及资产和负债持有量的影响。

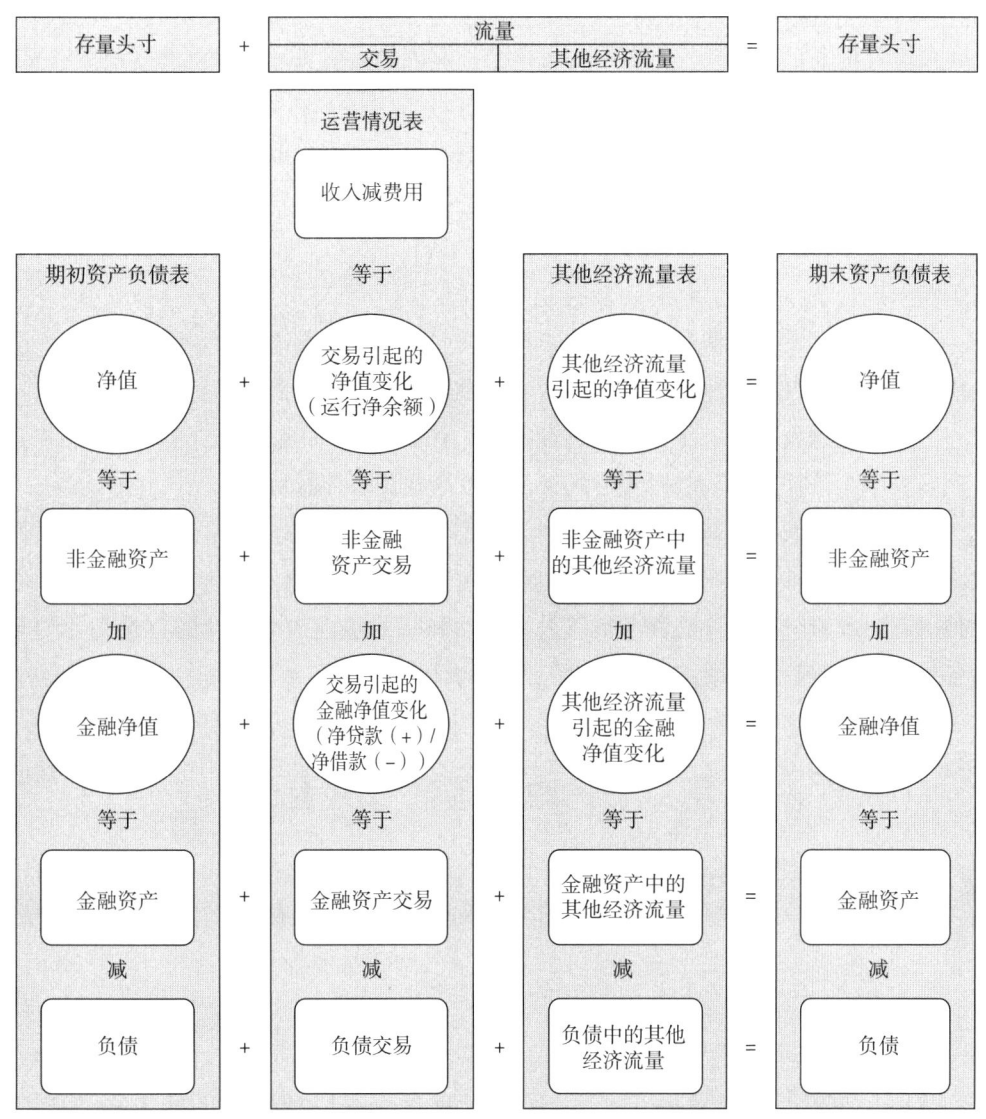

图 4-1 政府财政统计体系组织框架的结构

(资料来源：国际货币基金组织：《2014 年政府财政统计手册》，华盛顿，2014)

(二) 其他经济流量表

其他经济流量表反映由交易以外的原因引起的资产、负债和净值的存量头寸变化，包括持有损益和资产数量其他变化。持有损益是指价格变动（包括汇率变动）引起的存量头寸变化。资产数量其他变化是指由发现新资产/负债（如矿藏）、资产耗减或损坏，或者对资产/负债重新分类等事件引起的存量头寸变化。

（三）资产负债表

资产负债表记录广义政府部门在每个会计期间结束时资产、负债和净值的存量。将总资产和总负债进行分解，采用交易和其他经济流量来解释资产负债在各个会计期间发生的变化，可以为影响政府净值变化的因素提供充分的统计说明。

（四）现金来源与使用表

现金来源与使用表采用的分类类似于政府运营情况表，记录了现金流入与流出，但侧重于报告期间交易引起的现金流量变化净值。

除了政府财政统计框架的核心报表以外，该分析框架还包括两项补充报表，即净值变化总额表以及显性或有负债和未来社会保障福利的净隐性义务概要表。

净值变化总额表将来自运营情况表的收入和费用交易与其他经济流量表合并到一项报表中。该补充报表以概要格式突出了政府净值变化总额。

显性或有负债和未来社会保障福利的净隐性义务概要表汇总了仍然存在的显性及隐性担保。或有负债产生财政风险，它们可能会由有意的公共政策或不可预见的事件引起。政府财政统计的资产负债表将显性和一些隐性或有负债的存量头寸记录为备忘栏项目。政府财政统计体系组织框架的结构见图4-1。

第二节 政府运营情况表

这一节我们介绍政府运营情况表的构成及反映的主要内容。

一、政府运营情况表的构成及分析指标

（一）政府运营情况表的组成项目

政府运营情况表（见表4-1）反映了收入、费用和获得的非金融资产净额、获得的金融资产净额以及产生的负债净额等交易的详细情况。其中，收入定义为由交易造成的净值增加，费用定义为由交易造成的净值下降。获得的非金融资产净额等于固定资本形成总额减固定资本消耗加库存变化和其他非金融资产的交易。获得的金融资产净额以及产生的负债净额是与收入、费用和获得的非金融资产净额相联系的。若收入大于费用及非金融资产净额为正数，则会产生金融资产净额，也就是说会产生净贷款；反之则会产生金融负债净额，即净借款。

政府运营情况表组成项目中的收入、费用、非金融资产交易以及金融资产和负债交易后面还要概要介绍。这里主要介绍几个分析指标。

表 4-1　　　　　　　　　　　　政府运营情况表

影响净值的交易
收入
税收
社会缴款
赠与
其他收入
费用
雇员报酬
商品和服务的使用
固定资本消耗
利息
补贴赠与
社会福利
其他费用
净/总运行余额
非金融资产交易
获得非金融资产净/总投资
固定资产
库存
贵重物品
非生产资产
净贷款/借款
金融资产和负债交易（融资）
获得的金融资产净额
国内
国外
产生的负债净额
国内
国外

资料来源：国际货币基金组织：《2014年政府财政统计手册》，华盛顿，2014。

（二）运营净/总余额

在政府运营情况表中得到两个重要的分析余额。收入减费用等于运营净余额。运营净余额减去获得的非金融资产净额得到净贷款（＋）/净借款（－），它还等于金融资产交易减去负债交易后的净值。如前所述，若运营净余额减去获得的非金融资产净额为正数，就等于净贷款；反之，就等于净借款。它们之间存在着紧密的联系。

运营净余额是衡量政府运营可持续性的综合性指标。它与储蓄加应收资本转移净额这一国民核算概念可比。应该注意，这里所定义的运营净余额（由交易引起的净值变化）不包括价格水平变化造成的收益和损失以及资产数量的其他变化。由交易造成的净值变化可以直接归因于政府政策，因为政府可以控制其交易。还有一部分净值变化却并非如此，因为政府不能直接控制它们。

此外，表4-1还反映了运营总余额。它与运营净余额的不同之处在于，它不将固定资本消耗作为一项费用包括在内。在实践中，固定资本消耗可能难以衡量，并且可能得不到令人满意的估计数。如果是这样，对于分析来说，运营总余额可能比运营净余额更为可行。但是，运营净余额是更好的指标，因为它反映政府运作的全部当期成本。

（三）净贷款（+）/净借款（-）

净贷款（+）/净借款（-）是一个综合性指标。净贷款（政府贷款给其他部门）表明，政府在多大程度上让经济中的其他部门利用其财务资源；净借款（政府向其他部门借款）表明，政府在多大程度上利用其他部门产生的财务资源。因此，可以将它视为反映政府活动对经济其他部门，即宏观经济影响的重要指标。

二、收入

将增加广义政府部门净值的全部交易都划作收入。政府有三种主要财政收入来源渠道：税收、社会缴款和其他收入。对于许多政府来说，还包括来自赠与的收入。应该指出，出售非金融资产不是收入，因为它不影响净值。相反，它只是将一种资产（非金融资产）转换成另一种资产（出售收入），改变了资产负债表的构成。收入的详细分类内容我们将在第五章介绍。

（一）税收

税收是广义政府部门得到的强制性转移。它们包括与提供服务的成本完全没有比例关系的收费，但不包括强制性的社会缴款、罚金和罚款。

（二）社会缴款

社会缴款包括社会保障计划收入和提供除退休福利外其他福利的雇主社会保险计划的收入。社会保障缴款可以是强制性的，也可以是自愿的；可以由雇员、代表雇员的雇主、自营职业者缴纳，也可以由无业人员缴纳。强制性社会保障缴款与税收的不同之处在于：如果规定的事件如疾病发生，缴款使缴纳人和其他受益人有权获得某些社会福利；不根据报酬、工资或雇员数量征收，却专用社会保障计划的强制性付款作为税收。此外，在政府财政统计体系中，对雇主退休计划的缴款不作为社会缴款处理。

（三）赠与

赠与是从其他政府或国际组织那里得到的非强制性转移。它们是对一国政府自有资源收入的一种补充，可以是现金或实物的形式。

（四）其他收入

其他收入是指除税收、社会缴款和赠与以外的所有其他收入交易。主要包括出售商品和服务的收入、利息和其他财产收入、除赠与外的其他现金或实物形式的自愿转移以及罚金和罚款。

三、费用

所有减少广义政府部门净值的交易都划作费用。购买非金融资产不是费用，因为它不影响净值。相反，它通过将一种资产（非金融资产）转换为另一种资产或负债（对资产的支付），改变资产负债表的构成。费用的主要类别：雇员报酬、商品和服务的使用、固定资本消耗、利息、补贴、赠与、社会福利和其他费用。此外，还可以根据职能对费用进行分类，如医疗卫生或社会保护。费用的分类我们将在第六章详细介绍。

（一）雇员报酬

雇员报酬是作为对所做工作的回报而支付给雇员的现金或实物报酬。除了工资和薪金，雇员报酬还包括广义政府单位代表其雇员进行的社会保险缴款，但不包括与自有账户资本形成有关的雇员报酬。

（二）商品和服务的使用

商品和服务的使用是广义政府部门为用于生产过程或再出售而购买的商品和服务的总额减去这些商品和服务存货后的净变化。为用于向住户进行实物转移或赠与而购置，却没有在生产过程中使用的商品和服务不包括在内。类似于雇员报酬，用于自有账户资本形成的任何商品和服务作为获得非金融资产处理。

（三）固定资本消耗

固定资本消耗是会计期内因物理损耗、正常淘汰和正常意外损坏而造成的固定资产存量的价值下降，它属于非现金费用。由于估计这种费用存在困难，正如表4-1所表明的那样，有时就会计算运营总余额以代替或补充运营净余额。

（四）利息

利息是债务人因使用另一单位的资金而产生的开支。有息金融工具可以划分为存款、非股票证券、贷款或应收/应付账款。

(五) 补贴

补贴是政府单位根据企业生产活动的规模或企业生产、出售或进口的商品和服务的数量或价值，向企业支付的经常性转移。补贴包括向公共公司和其他企业的转移，旨在补偿经营损失。

(六) 赠与

赠与是非强制性的，支付给另一广义政府单位或国际组织的现金或实物转移。

(七) 社会福利

社会福利是对住户的经常性转移，以便满足由疾病、失业、退休、住房或家庭环境等事件带来的需要。福利可以用现金或实物的形式支付。由广义政府单位生产的实物形式的社会福利成本计入为生产这些商品和服务而产生的各项开支中，而不是包括在这一类别中。

(八) 其他费用

其他费用包括没有划入其他类别的所有费用。主要有除利息以外的所有财产性支出；一个政府对另一个政府征收的税收、罚金和罚款；对为住户服务的非营利机构的经常性转移；除资本赠与外的其他资本性转移以及非寿险的保险费和索赔。

四、对社会保障和未设基金的政府雇主退休计划的处理

在政府财政统计体系中，社会保障缴款作为收入处理（净值增加），而社会保障福利作为费用处理（净值的减少）。这种处理与传统的财政分析相符。一些分析人员认为，将社会保障缴款看作是与未来负债有关的资产积累可能更为恰当。同样，许多社会保障福利可以看作是清偿以前产生的政府负债。这里没有采用这种方法，因为社会保障计划并不导致政府的合同负债，即在缴款与最终支付的福利之间没有直接联系。确实，政府单方面改变福利结构的情况（如通过改变在什么情况下应支付福利或福利的数额）并不罕见。然而，重要的是，政府了解其社会保障计划带来的或有负债。因此，在第七章我们设计了一个备忘项目，以便确定根据现有法律和规定未来应获得福利的净现值。

五、非金融资产交易

表4-1的第二部分记录了改变政府持有的非金融资产的交易。这些资产分为固定资产、库存、贵重物品和非生产资产。非金融资产交易将在第八章详细介绍。

(一) 固定资产

固定资产是在一年以上的时间里反复或连续用于生产过程的生产资产。固定资产交易可以指获得新资产、自己建造新资产、获得和处置现有资产以及对固定资

和非生产资产进行重大改良。可以通过购买、出售、易货交易或转移获得或处置资产。

（二）存货

存货是广义政府单位为了出售、用于生产或以后的其他用途而持有的商品存量。它们可以是战略性储备、原料和供应品、在制品、制成品或为再出售而持有的商品。从存货中提货按当期市场价格而不是按其获得价格计值。在获得存货时间与提货时间之间，存货价值的任何变化应反映为其他经济流量表中的持有收益，而不是收入（收益）或费用（损失）。

（三）贵重物品

贵重物品是生产资产，主要不是用于生产或消费，而是作为价值储藏持有。

（四）非生产资产

非生产资产是生产过程所需的资产，它们本身不是生产出来的，如土地、地下资产和某些无形资产。

六、金融资产和负债交易

表 4-1 的第三部分记录了金融交易，它们是改变政府持有的金融资产和负债的交易。金融资产主要是对其他机构单位的债权，因此与其他机构单位的负债相对应。金融资产和负债交易将在第九章详细介绍。

金融资产交易可以按多种方式分类。为了便于表述，表 4-1 仅根据债务人是居民（在表中以国内表示）还是非居民（国外）对金融资产进行分类，负债也是这样分类的。

在政府财政统计体系中，对金融交易还有其他两种分类。第一种分类是根据交易所涉及的金融工具的类别。这些类别是货币黄金和特别提款权、通货和存款、贷款、债务证券、股权和投资基金份额保险、养老金和标准化担保计划、金融衍生工具和雇员股票期权以及其他应收/应付账款。第二种分类是根据金融工具的对应方的部门，即根据相应的金融资产的当前持有者是金融公司、非金融公司、住户等对负债进行分类。

一般来说，可以按与金融资产交易分类相同的方式对负债交易进行分类。可以采用的另一种分类是负债是否已经逾期并成为拖欠。通过在负债到期时反映负债的减少以及另一负债的相应增加，债务拖欠的积累可视作资金来源。

对金融资产的另一种可能的分类是，其获得或处置是出于公共政策的目的，还是出于流动性管理的目的。这种区分没有包括在政府运营情况表中，但是却用于定义表 4-1 中的运营总余额。可以出于多种原因获得政策性资产，如培育新产业、援助境况欠佳的政府公司或帮助面临经济逆境的特定企业。这些交易可以采取多种形式，包括贷款、权益证券和债券。鉴于这些交易往往具有补贴成分，在一个单独的类别中确定这些交易，从而在某些分析中可以将其处理为与收入和费用具有类似特点的流量是有好处的。政策性金融资产以外的所有其他金融资产交易都被视作出于流动性管理的目的。也就是说，获得资产是为了赚取市场回报率，同时，手头需要保持充足的资金以便为日常活动提供融资。

第三节　现金来源与使用表及其他经济流量表

一、现金来源与使用表

有关现金来源和使用的信息对评估广义政府和公共部门的流动性十分重要。现金来源与使用表（见表 4-2）反映了下述活动产生或吸收的现金总量：经常性经营活动、非金融资产交易以及涉及金融资产通货和存款（现金）本身以外的金融资产和负债的交易。现金存量的净变化是从这三种来源得到的现金净额之和。

现金存量的净变化涉及金融资产通货和存款。货币由具有固定名义价值的纸币和硬币构成，由中央银行或政府发行或授权。存款是以存款凭证表示的、吸收存款公司（包括中央银行）。

现金来源与使用表（见表 4-2）反映了采用收付实现制记录的交易。这实际上意味着只有在收到现金或进行现金支付时才记录交易。

分析运营情况表和现金来源和使用表所列报金额之间的差异，可以得到对财政分析有用的其他信息。有几大类交易在表 4-1 中有记录，而在表 4-2 中没有记录。

未来将以现金结算的费用交易——在权责发生制的记录中，商品和服务的购买在商品所有权易手或服务提供时确认。相关的现金支付可能到下一个报告期才发生，在这种情况下，它在表 4-2 中出现的期间不同于在表 4-1 中出现的期间。列报金额上的这种差异所涉财政影响可能表明：为了支付已发生的费用，未来对流动性的需求更大。

已经以现金结算但将在未来赚取的收入交易——在向购买方交付商品或提供服务而赚取收入之前，可能已经收到了现金收入。此外，税收和其他强制性收入可能已经获得，但可能尚未支付，将在未来结算。这种差异所涉财政影响可能表明，未来对提供服务的需求更大，或需要评估征税工作的效率。

还可能有在未来期间以现金结算的资产和负债交易，如零息债券或其他折扣债券的贴现摊提的利息，可能会给流动性管理带来财政影响。

有一些交易性质不属于现金交易。固定资本消耗、推算交易、易货贸易、其他实物交易以及债务免除和注销是非现金交易，因此在现金来源与使用表中没有记录。在这种情况中，两个表之间的差异将显示不以现金衡量的经济活动的规模。

表4-2　　　　　　　　　　　现金来源与使用表

经营活动的现金流量
收入现金流量
税收
社会缴款
赠与
其他收入
费用现金流量
雇员报酬
购买商品和服务利息
补贴赠与
社会福利
其他支付
经营活动的现金净流入
非金融资产交易的现金流量
源于非金融资产投资的现金净流出
固定资产
库存
贵重物品
非生产资产
支出现金流量
现金盈余（＋）/现金赤字（－）
金融资产和负债交易（融资）的现金流量
获得的非现金金融资产净额
国内
国外
产生的负债净额
国内
国外
融资活动的现金净流入
现金存量净变化

资料来源：国际货币基金组织：《2014年政府财政统计手册》，华盛顿，2014。

二、其他经济流量表

其他经济流量表反映不是由政府交易带来的、对政府净值产生影响的因素（见表4-3），它们分为资产、负债和净值的价值或数量变化。该表的平衡项是其他经济流量带来的净值变化。其他经济流量将在第十章详细介绍。

表4-3　　　　　　　　　　　其他经济流量表

持有损益引起的净值变化
非金融资产
固定资产
库存
贵重物品
非生产资产
金融资产
负债
资产负债数量其他变化引起的净值变化
非金融资产
固定资产
库存
贵重物品
非生产资产
金融资产
负债

资料来源：国际货币基金组织：《2014年政府财政统计手册》，华盛顿，2014。

完全由价格影响造成的资产、负债和净值的价值变化被称为持有损益。它们可能来自总体价格水平的变化或相对价格的变化。汇率的变化也导致以外币计值的金融资产和负债的持有损益变化。

不是由交易造成的资产和负债的数量变化可能出自一系列原因。可以将它们描述为由特殊或未预料到的事件造成的、由正常事件造成的或由重新分类造成的三种情况。

（1）特殊或未预料到的事件。包括地震、水灾、火灾、风灾、战争和其他灾难造成的损失。它们还包括债权人注销的坏账、无补偿没收、在建造完成前废弃的生产设施、未预见到的资产淘汰、未预见到的因污染造成的固定资产退化以及库存的异常损失。

（2）正常事件。包括发现地下资产、地下资产因开采而耗减、注册专利、因所涵盖的福利发生变化而造成的规定福利养老金计划负债的变化、指定一个建筑为历史古迹以及非培育生物资源的自然增长。

（3）重新分类。重新分类在下述情况下发生：当一部分广义政府单位开始以充分的独立性进行运作，从而将其划为准公司时；当广义政府单位由于其运作的改变或对其服务收取的价格改变而转变为公共公司时；或者当出现相反的情况时；当广义政府单位和公共公司进行重组或合并时。这些情况都将增加或减少广义政府部门的资产和负债。

第四节　资产负债表和财政政策的其他综合性指标

一、资产负债表

表4-4是资产负债表，反映会计期末资产和负债的存量，包括净值，定义为总资产减总负债。净值的变化是评估财政活动可持续性的较好指标。

为政府的一些非金融资产标注市场价值可能十分困难，某些分析仅侧重于广义政府部门的金融资产，而不是总资产。金融净值（也反映于表4-4中）定义为总金融资产减总金融负债。

表4-4　　　　　　　　　资产负债表

	期初余额	期末余额
净值		
非金融资产		
固定资产		
存货		
贵重物品		
非生产资产		
金融资产		
**　国内**		
通货和存款		
债务证券		
贷款		
股权和投资基金份额		
保险、养老金和标准担保计划		
金融衍生工具和雇员股票期权		
其他应收账款		

续表

	期初余额	期末余额
国外		
通货和存款		
债务证券		
贷款		
股权和投资基金份额		
保险、养老金和标准担保计划		
金融衍生工具和雇员股票期权		
其他应收账款		
货币黄金和特别提款权（SDR）		
负债		
国内		
通货和存款		
债务证券		
贷款		
股权和投资基金份额（仅包括公共公司）		
保险、养老金和标准担保计划		
金融衍生工具和雇员股票期权		
其他应付账款		
国外		
通货和存款		
债务证券		
贷款		
股权和投资基金份额（仅包括公共公司）		
保险、养老金和标准担保计划		
金融衍生工具和雇员股票期权		
其他应付账款		
特别提款权（SDR）		

资料来源：国际货币基金组织：《2014年政府财政统计手册》，华盛顿，2014。

（一）政府的资产

广义政府部门资产负债表包括的资产是广义政府单位对其具有所有权的资产，并且广义政府单位可以通过在一段时期内持有或使用这些资产从中获得经济利益。不由广义政府单位拥有或控制的资产以及没有经济价值的资产不包括在内。

正如表4-4所反映的那样，资产的分类与资产交易的分类相同。资产要么是非金融资产，要么是金融资产。非金融资产进一步分为固定资产、存货、贵重物品或非生产资产。根据对应方是不是居民以及工具类别对金融资产进行分类，金融资产还可以按对应方的部门来进行分类（详见第七章资产的分类）。

（二）政府的负债

负债是向另一机构单位提供经济价值的义务。适用于金融资产的大多数分类，也适用于负债。表4-4反映了首先按是不是居民，然后按工具类别进行分类（详见第七章负债的分类）。

二、财政政策的其他综合性指标

根据分析的目的，没有包括在政府财政统计框架主要表格中的其他变量和余额可能是有用的。表4-5介绍了可采用的一些最重要的指标。

表4-5　　　　　　　　　　　　财政政策分析指标

对于宏观经济分析来说，财政政策指标包括政府财政统计体系中的三个核心余额、各机构（包括基金组织）使用的其他余额以及有关流量和存量的其他重要宏观经济指标。这些变量可以适用于各级政府、广义政府部门或公共部门。	
政府财政统计核心余额	
运营净/总余额	运营净余额等于收入减开支。运营余额等于收入减固定资本消耗以外的开支。
净贷款/借款	运营净余额减获得的非金融资产净额，或运营总余额减同样剔除了固定资本消耗的非金融资产获得的净额。净贷款/借款还等于获得的金融资产净额减产生的负债净额。
现金盈余/赤字	运作活动带来的现金净流入减非金融资产投资带来的现金净流出。
其他余额	
财政余额	因重新安排出于公共政策目的进行的资产和负债交易而经过调整的净贷款/借款。值得注意的是，私有化的全部收入（包括固定资产出售）划为金融项目；以贷款的形式提供的补贴确定为开支。
调整后的财政余额	剔除部分或全部赠与收入，如可能扭曲财政分析的大规模、不频繁交易后的财政余额（或净贷款/借款）。
基本余额	财政余额加净利息开支。
基本运营余额	运营净余额加净利息开支。
总储蓄	运营总余额减应收净资本转移，包括净资本赠与和资本税。
其他宏观经济变量	
财政负担	税收收入加强制性社会保障缴款（占国内生产总值的比重）。
总支出	开支加获得的非金融资产净额（如可能，剔除贵重物品）。
总支出的构成	根据政府职能对总支出进行分类（见第六章政府职能的分类）。
政府最终消费支出	近似等于雇员报酬加商品和服务的使用加固定资本消耗减商品和服务的出售和加为对住户进行直接转移而进行的购买（主要是实物形式的社会福利）。
总投资	非金融资产的获得减处置（如可能，剔除贵重物品）。

续表

财富和债务	
净财富	净值，等于资产存量减负债存量。
净金融财富	金融资产存量减负债存量。
债务总额	除股票和其他权益及金融衍生品以外的所有负债存量。
或有负债	显性的政府（公共部门）担保加隐性社会保障支出的净现值。

资料来源：国际货币基金组织：《2014 年政府财政统计手册》，华盛顿，2014。

本章小结

1. 政府财政统计反映形式的构成就是政府财政统计体系的组织框架。确定政府财政统计体系的组织框架首先需要考虑的是反映内容的范围；其次要考虑反映的是流量、存量还是流量和存量。政府财政统计体系的组织框架：政府财政统计体系统计的流量，其构成的交易和其他经济流量通过两张报表来反映；存量通过资产负债表来反映。

2. 政府财政统计体系组织框架的核心是四个财务报表。（1）政府运营情况表；（2）其他经济流量表；（3）资产负债表；（4）现金来源与使用表。

3. 政府运营情况表反映下述交易的详细情况：收入、费用和获得的非金融资产净额、获得的金融资产净额以及产生的负债净额。

4. 其他经济流量表反映并非由交易造成的资产、负债和净值的存量变化。

5. 资产负债表记录广义政府部门在每个会计期间结束时资产、负债和净值的存量。

6. 现金来源与使用表采用的分类类似于政府运营情况表，记录现金流入与流出。

本章重要概念

政府运营情况表　其他经济流量表　资产负债表　现金来源与使用表
运营净/总余额　净贷款（＋）/净借款（－）

复习思考题

1. 什么是政府财政统计体系的组织框架？它由哪些报表构成？
2. 什么是政府运营情况表？它由哪些项目构成？
3. 什么是其他经济流量表？它反映政府财政哪些变化？
4. 什么是资产负债表？它由哪些项目构成？
5. 什么是现金来源与使用表？它反映政府财政哪些活动？

第五章
收　入

收入是编制政府运营情况表以及现金来源与使用表的重要内容。本章将详细介绍收入的概念、记录原则及其分类。

第一节　收入概述

收入是一种增加净值的交换和转移交易，具有其显著特征。不同类型的收入有不同的记录原则。

一、收入的定义与构成

要了解收入，首先需要了解收入的定义、构成以及其交易特征。

（一）收入的定义

政府财政统计中定义的收入是一种增加净值的交换和转移交易，即具有资产增加或者负债减少的对应项目的交易。

首先，收入是一种交易。交易是流量的一种类别，它是指两个单位之间依据相互协议进行的相互作用。相互协议意味着各个单位事先知道并且同意，但是这并不意味着两个单位都自愿进行交易。如缴税，这是由法律强制实行的。虽然各个单位不能自由确定它们所缴纳的税款数额，但是纳税义务还是得到社会的公认和接受。尽管纳税是强制性的，为了遵守司法或行政管理的决定而有必要采取的行动可能不是自愿的，但是它们在有关方面事先知道并同意的情况下进行的。

其次，收入包括交易中的交换和转移。交易按有无回报分为交换与转移。每一项交易要么是交换，要么是转移。如果一个单位向另一个单位提供商品、服务、资产或劳动力，并且得到相同价值的商品、服务等作为回报，那么这项交易就是交换。政府财政收入中的财产收入、出售商品和服务所得等属于交换。如果一个单位向另一个单位提供商品、服务、资产或劳动力，而不能同时得到相同价值的商品、服务等作为回报，那么这项交易就是转移。政府财政收入中的税收收入、社会缴款等属于转移。

最后，收入是由交易造成的净值的增加。净值原指资产减去负债的差额，这里指交易不是造成价值的置换而是增加。对于政府财政收入来说，无论是征税、罚款、征收社会缴款，还是接受赠与，都会造成净值的增加。通常，广义政府单位很可能按低于生产成本的价格出售其产出。但实际上，作为非市场性生产者，大多数广义政府单位无偿或按不具有经济意义的价格分配产出。在这些情况下，由于生产成本高于出售有关商品和服务的收入，该单位的净值下降。但是，从更广的角度来看，广义政府单位决定生产这些商品或服务是出于公共政策目的，并征收一些费用或出售一些物品，而不是分发这些物品，以支付部分成本或减少部分成本，否则会出现过度需求。从这个角度来看，由于生产这些商品和服务所需的资源已经被提供，因此收费或出售收入是该单位净值的增加。通过出售或易货贸易处理库存以外的其他非金融资产不影响净值，故这些交易不属于收入。广义政府单位向其他单位提供金融资产以及非生产资产得到的利息、股息或租金等，构成其财产收入。

(二) 收入的构成

广义政府单位有四种收入来源：（1）以税收和某些类型社会缴款形式强制征收的款项；（2）因拥有资产而取得的财产性收入；（3）出售商品和服务；（4）从其他单位获得的其他转移收入。其中，强制征税和转移收入是大多数广义政府单位的主要收入来源。而公共公司的主要收入来源是财产性收入以及商品和服务的销售收入。

在政府财政统计中，我们将上述四种收入来源具体划分为税收收入、社会缴款、赠与、其他收入。其中，社会缴款、赠与、其他收入可以统称为非税收入。

税收收入是广义政府依法强制从纳税单位取得的无偿金额。也就是说，税收收入是广义政府部门的强制性转移所构成的。但并不是所有强制性转移都构成税收收入，某些强制性应收款项（如罚金、罚款和大多数社会保障缴款）因不具备税收收入的特征而不包括在税收收入中。税收收入具有强制性、无偿性和固定性的特征。税收收入的强制性是指政府凭借政治权力依法征收，任何单位和个人都不得违抗，否则将会受到惩处。作为税收收入征收的政府有依法征收的权力，纳税人作为纳税主体有依法纳税的义务。税收收入的无偿性是指政府征税后，税款即成为政府所有，不再直接归还纳税人，也不再向纳税人支付任何代价或报酬。税收收入的固定性是指政府在征收之前，就通过法律形式将征收的对象、纳税人、征收的比例等标准规定下来，征纳双方必须共同遵守，任何一方不得随意改变。

社会缴款是因雇主代表雇员、自营职业者、无业人员自己缴款形成的实际收入或估算收入。社会缴款具有强制性或自愿性、有偿性和固定性的特征。社会缴款的强制性或自愿性取决于不同国家的不同社会保障计划。强制性社会保障计划的社会缴款包括由受保人或其雇主为了获得享受社会保障福利的权利而向提供这些福利的政府单位进行的全部强制性支付，而对于自营职业者来说，他们为了获得享受福利的权利，也可以进行自愿缴款。社会缴款的有偿性是指如果指定事件发生（如疾病、年老等），这些缴款使缴款者及其他人有权获得社会福利。社会缴款的固定性是指缴款制度的固定，它与税收一样，也是政府在征收之前就通过法律形式将征收的对象、缴款人、缴款的比例等标准规定下来，征纳双方必须共同遵守，任何一方不得随意改变。

赠与是政府单位从其他政府单位或国际组织得到的无偿捐赠。赠与可以是现金形式，也可以是实物形式。赠与具有自愿性、无偿性和不固定性的特征。赠与是一个政府从另一个政府得到的自愿捐赠，这种捐赠是不固定的。

其他收入包括不是税收、社会缴款和赠与的所有收入交易。这些收入包括财产性收入、出售商品和服务所得收入、除赠与外的自愿的现金或实物转移、罚金或罚款等。其他收入中的财产收入、出售商品和服务的收入具有有偿性的特征，即其具有交换性质。其中，财产收入主要是指利息、股息以及准公司收入提取等收入，这些收入是通过出借金融资产、投资租赁资产而获得的收入，具有明显的交换性质。出售商品和服务的收入是在提供商品和服务之后取得的收入，也具有明显的交换性质。

二、收入的记录时间与计量

收入记录时间的一般原则：（1）在政府运营情况表中，收入的记录应按照权责发生制记录。使用权责发生制，在相关活动、交易或其他事件发生、产生了获得税收或其他类型收入的无条件债权之时记录交易。（2）在现金来源与使用表中，按收付实现制记录因经营活动而收到的现金。在记录收付实现制中，在实际收到各类收入的现金支付时记录交易。

（一）税收收入

1. 记录时间

税收收入根据权责发生制记录，即在导致税收收入的有关活动、交易或其他事件发生时记录。注意这一时间并不一定是作为征税对象的缴税事件发生的时间。例如，对资本收益缴纳税款的义务通常在资产被出售时产生，而不是在资产升值时产生。对于从源预扣的所得税以及定期预付的所得税，可以在缴纳税款的期间记录。对于所得的任何最终税收负债可以在确定负债的期间记录。

2. 账务的处理

（1）应计收入交易与实际收到付款之间的时间间隔可通过记录金融资产或负债交易的方式处理。例如，向政府预付的收入涵盖两个或两个以上的报告期，则对于在未来期间到期的收入，政府应记为负债增加，且一般记入其他应付账款。（2）在广义政府的税收收入中，有些误征或由于其他原因退税的，这些退税或纠正误征的税收收入作为负收入处理，因为它们是以前收入增加的纠正。（3）无法实际获得或没有实际价值的债权不应记为收入。

3. 征收范围

税收收入不应包括由非政府机构收取的强制性征收。

（二）社会缴款

1. 记录时间

社会缴款根据权责发生制记录。

2. 记录金额

社会缴款记录收入应是实际征收的数额。

（三）赠与

1. 记录时间

收到的现金赠与在政府开始控制资金时记录。收到的实物赠与在政府收到货物或服务时记录。

2. 价值的确定

按当前市场价格定值，如果无法得到当前的市场价格则采用捐赠者的定值。

3. 账务的处理

注销的贷款、获取非金融资产提供的赠与均应记录为资本赠与。没有指明具体用途的赠与记录为经常性赠与。

（四）其他收入

与上述收入在记录原则和时间上相同。

三、收入的分类

收入包含的要素性质不一，可以按照收入类型根据不同特点进行分类。

对于税收收入而言，分类主要由税基决定。非税收入按经济流量的性质分类，在某些情况下，可按照收入来源分类，如表 5-1 所示。需要注意：（1）表中的编号为政府统计中每个项目的固定编号。一位数字代表一级分类，两位数字代表二级分类，依此类推。（2）表中标有"政府财政统计"的分类表示此分类与国民账户中的分类名称相同，但范围上有所区别。

表 5-1 收入分类汇总

税收	赠与
对所得、利润和资本收益征收的税收	来自外国政府
对工资和劳动力征收的税收	来自国际组织
对财产征收的税收	来自其他广义政府单位
对商品和服务征收的税收	其他收入
对国际贸易和交易征收的税收	财产收入
其他税收	商品和服务销售额
社会缴款	罚金、罚款和罚没
社会保障缴款	未列入其他类型的转移
其他社会缴款	非人寿保险和标准化担保计划相关的应收保费、收费和赔款

资料来源：国际货币基金组织：《2014 年政府财政统计手册》，华盛顿，2014。

第二节 税收收入

这一节我们来详细介绍政府财政统计中关于税收收入的内容。

一、税收的界定范围

（一）税收的定义

税收是国家（政府）公共财政最主要的收入形式和来源。税收的本质是国家为满足社会公共需要，凭借公共权力，按照法律所规定的标准和程序，参与国民收入分配，强制取得财政收入所形成的一种特殊分配关系。它体现了一定社会制度下国家与纳税人在征收、纳税的利益分配上的一种特定分配关系。简单来说，税收就是政府单位从机构单位应收的强制性无偿金额。税收具有强制性、无偿性和固定性的特征。

在政府财政统计中，税收不包括作为就业相关养老金计划缴款而应收的强制性支付。由于这些强制性支付与预期的未来应付福利相联系，因此，它们不是应收的税收收入，而是记为发生的养老金权益负债。

（二）税收的分类

根据不同的研究需要和标准，可以对各种税种进行归类。税收分类是研究税收特殊性和普遍性的一种方法，税收分类有利于研究税制结构和税收负担，有利于分析研究税制的发展演变过程，有利于划分中央和地方各级财政收入，有利于加强税收管理。

在财政学中，根据课税对象的属性分类，税收可分为流转税、所得税、财产税、资源税、行为税。根据税收的征收管理权和收入支配权分类，税收可分为中央税、地方税和中央地方共享税。根据计税的标准分类，税收可分为从价税、从量税、复合税。根据税收和价格的组成关系分类，税收可分为价内税和价外税。依据税收负担的最终归宿，可分为直接税和间接税。

在政府财政统计中，主要根据税基将税收分成六大类别（见表5-1）。通常，指定一项税收用于特定用途并不影响其分类。而工资和劳动力税与社会保障缴款之间的区别是一个例外。如果指定一项工资税或劳动力税用于社会保障计划，那么该税收应归类为社会保障缴款。

需要注意的是，在政府财政统计与国民经济核算中，税收收入的范围、时间选择和计值是一致的，但分类体系有所不同。在国民经济核算中，根据税收在经济活动中的作用，将税收分为三大类：（1）对生产和进口征收的税收；（2）对所得、财富等征收的经常性税收；（3）资本税。因此，对于政府财政统计中的某些税收类别，需要根据其是由生产者还是最终消费者缴纳，是经常性税收还是资本税，将其划入国民经济核算中的税收类别。

（三）退税和税收减免的处理

退税是针对高估应纳税额而作出的调整，或退还纳税人缴纳的超额税收。对于退税，一般在适当的税收类别中记录一项扣减（负收入）。在使用权责发生制记录时，退税应在产生高估或超额缴纳事件发生时记录。不过，在无法确定高估时间时，则在确定需要进行调整时记录。在使用收付实现制记录时，应在支付发生时记录这些退税。

税收减免措施是一项激励措施，可减少机构单位所欠税额。税收减免可采取的形式包括税收备抵、税收豁免、税收抵扣、税收抵免。这些税收减免措施被统称为"税收支出"。税收支出是"正常"税收结构基础上的减让或免除，会减少政府税收。在政府财政统计中，税收支出均不记录为流量，但在补充报告中报告所有税收支出。

税收备抵、豁免和抵扣是指在计算税收负债前从税基中减去的金额，减少的是税收核定前的应税金额。税收备抵、豁免和抵扣直接进入税收负债的计算，应以计算后的税收负债金额记录收入。

税收抵免是在计算税收负债后，直接从受益住户或法人应付的税收负债中减除的金额。税收抵免可分为应付税收抵免和非应付税收抵免。应付税收抵免是指，任何超出纳税负债额的抵免额都将支付给受益人。而非应付税收抵免的数额最多仅限于该纳税人的税收负债额。

对于非应付税收抵免形式给予的税收减免，应将其记录为相关税收类别中的一项扣减。

对于应付税收抵免形式给予税收减免，应按在该税收债权得到政府承认之时按总额记录。应收税收的总额是政府的税收收入，而到期应付的税收抵免总额则被记录为费用。应付税收抵免常常与应税事项的核定无关，因此，在记录为费用时应被列示为一项经常转移，并根据抵免的目的和接受方的性质进行分类。如对企业的应付税收抵免可以记录为补贴；对住户的某些税收抵免可以记录为隐性的社会救济福利等。

（四）税收的归属

如果一个政府单位收取某项税，并将其部分或全部转移给另一个政府单位，在政府财政统计中，可以将这一转移的税收记录为税收收入或者赠与。具体如何处理取决于有关制度安排。

一般而言，该项税收归于具备以下条件的政府单位：（1）行使权力规定了该项征税；（2）在规定和改变税率方面具有最后决定权；（3）在税款的使用问题上具有最后决定权。

如果由政府 A 代表政府 B 征税，而且政府 B 有权规定征税，确定和改变税率以及决定税收的使用办法，则政府 A 是政府 B 的代征，将对税收进行再次转移。把政府 A 保留的税收数额（如根据税收分成安排保留的数额），记录为政府 B 提供给政府 A 的经常性赠与。把政府 A 作为征管收费保留的数额，记录为用货物和服务交换的收入。

如果是由不同的政府共同及平等地确定税率，决定所收税款的分配办法，且没有任何一个政府拥有超过其他政府的主导权力，则应根据每个政府得到的税款份额计算归属给该政府的税收。

如果一个政府允许另一个政府单位拥有主导权力，则应把全部税收都归属于后者。

如果征收税收的机构单位并非政府单位，则一律将该税收重新确定为准许非政府单位作为征收代理商的政府单位的收入。

二、对所得、利润和资本收益征收的税收

所得、利润和资本收益征收的税收是对个人劳动所得、企业经营的净所得和资本投资所得征收的税收。这一税收项目在政府财政统计中的详细分类见表 5-2。

表 5-2　　　　　　　对所得、利润和资本收益征税详细分类表

对所得、利润和资本收益征收的税收
个人应付税收
公司和其他企业应付的税收
对所得、利润和资本收益征收的其他税收
广义政府应付的税收
对所得、利润和资本收益征收的不可分配的税收

资料来源：国际货币基金组织：《2014 年政府财政统计手册》，华盛顿，2014。

（一）所得、利润和资本收益征税的内容

对所得、利润和资本收益征税一般针对下述项目。

（1）对个人或住户所得征收的税收。由个人所得税构成，包括雇主扣缴的税收和附加税。这类税收通常针对个人申报或推定的所有来源的所得总额而征收：其一，雇员报酬（工资、薪金、小费、酬金、佣金、附加福利）；其二，财产收入（利息、股息、租金、特许权使用费收入）；其三，养老金（社会保险、养老金、年金、寿险和其他退休账户收入分配的应税部分）；等等。

（2）对企业所得征收的税收。其由企业所得税、公司利润税、公司附加税等构成。这类税收通常针对公司的所有来源的所得总额来核定。此项税收包括对合伙制企业、个人独资企业、信托公司的所得征收的税收。

（3）对资本收益征收的税收。这类税收包括对个人或公司的资本收益（包括投资基金的资本收益分配）征收的、在当前报告期内应付的税收，与收益发生的时期无关。它们通常是根据名义上而非实际资本收益、实现的而非未实现的资本收益征收的税收。

（4）对彩票或博彩收益征收的税收。这类税收是指根据中奖者应收金额而计算的应付的税收，不包括对组织博彩或彩票业务的生产者的营业额征收的税收，这类税收应记为对商品和服务征收的税收。

（二）所得、利润和资本收益征税的会计处理

对所得、利润和资本收益征税要么划归个人、要么划归公司和其他企业。税收在不具备必要的信息以确定是否应划归这些类别的哪一类时，则将其归类为对所得、利润和资本收益征收的其他税收。对遗产征收的所得税作为对个人征收的税收处理。对非营利组织征收的所得税作为对公司征收的税收处理。对信托财产征收的所得税，在受益人是个人时，作为对个人征收的税收处理；否则作为对公司征收的税收处理。

这些税收可以对实际的收入和利润征收，也可以对估计的收入和利润征收；可以对实现的资本收益征收，也可以对未实现的资本收益征收。由于允许进行各种扣减，要缴纳税款的所得数额一般低于所得总额。利润税对收入减去允许进行的扣减之后的余额征收。

原则上,所得税应划归赚取所得的时期,但是实际上允许有一些灵活性。特别作为与一般原则的一项实际偏离,从源预扣的所得税可以在缴纳税款的时期记录,对所得的任何最终税收负债可以在确定负债的时期记录。

所得税通常对整个一年当中赚取的所得征收。如果编制月份或季度统计数据,可采用其他适当指标来对年度总额进行分配。

根据公司所得税估算制度,对公司从需缴纳公司所得税的所得或利润中支付的股息,全部或部分减免股东的所得税负债。这种减免往往被称为税收抵扣,虽然它实际上是在纳税人之间分配税收的一种手段。如果减免超过股东的全部税收负债,则应向股东支付超出部分。由于这种税收抵扣是公司所得税估算制度不可分割的一部分,因此对股东的任何净支付都作为负税收处理,而不作为费用处理。

三、对工资和劳动力征收的税收

对工资和劳动力征收的税收是指企业应付的税收,要么按工资规模的一定比例征收,要么按每人固定数额征收。这种类型的税收不包括:(1)指定用于社会保障计划的支付,因为其属于社会保障缴款;(2)由雇员自己从其工资或薪金中支付的,被归于个人应付的所得税、利润税和资本收益税。

需要注意的是,对工资和劳动力征收的税收与前面介绍的所得类税收都针对工资,但二者的纳税人不同。前者是针对个人所得征收的税收,后者是针对企业雇用员工征收的税收。

四、对财产征收的税收

对财产征收的税收是指使用、拥有或转移财富而应付的税收。这些税收可以定期征收、一次性征收或在所有权发生变化时征收。对财富转移征收的税收在转移时记录,对财产的所有或使用征收的税收在特定时间记录。

(一)对财产征收税收的分类

对财产征收的税收可以分为五类,见表5-3。

表5-3 对财产征收的税收详细分类表

对财产征收的税收
对不动产征收的经常性税收
对净财富征收的经常性税收
遗产、继承和馈赠税
资本捐
对财产征收的其他经常性税收

资料来源:国际货币基金组织:《2014年政府财政统计手册》,华盛顿,2014。

1. 对不动产征收的经常性税收

对不动产征收的经常性税收包括对不动产使用或所有权定期征收的税收，其中，不动产包括土地、建筑物、其他构建物。这些税收可以对业主、承租人征收，也可以对两者同时征收。税收的金额一般是核定财产价值的一个百分比。核定财产价值以名义租金收入、销售价格、资本化收益或规模、地点等其他特点为基础。

2. 对净财富征收的经常性税收

对净财富征收的经常性税收包括对净财富定期征收的税收。净财富一般被定义为一系列动产和不动产减去就这些财产而发生负债的价值。

3. 遗产、继承和馈赠税

遗产、继承和馈赠税涵盖对财产所有人死亡时财产转移和对馈赠所征收的税收，包括同一家庭在世成员之间为避免缴纳或最小化继承税而进行的相互之间的馈赠。对财产所有人死亡时的财产转移征收的税收包括遗产税（往往是以全部遗产的规模为基础）和继承税（可以由受益人得到的金额和/或其与死者之间的关系决定）。

4. 资本捐

资本捐包括对机构单位所拥有的资产或净值的价值征收的税收，征收时间不定且间隔时间极长。资本捐被记为非经常项目。资本捐包括：（1）对净财富征收的、以应付紧急支出或实现财富再分配的税收；（2）对财产征收的税收（如不动产增值税）；（3）对资本重新计值征收的税收；（4）对特定的财产项目征收的任何其他特别税收。

在国民经济核算中，遗产、继承和馈赠税与资本捐共同构成资本税。资本税是对机构单位拥有的资产或净值的价值或机构单位之间因为继承、馈赠或其他转移而转移资产的价值所征收的税收，征收时间不定且间隔时间极长。

5. 其他经常性财产税

对财产征收的其他经常性税收称为其他经常性财产税，包括对除不动产或净财富以外的财产所征收的所有经常性税收。此类税收包括对私人财产、珠宝、牲畜、其他特定财产和财富表征而征收的经常性总额税收。

(二) 对财产征收税收的范围

下述税收虽然具有对财产征收税收的一些特点，但被列入其他类别。

(1) 根据推定所得净额对不动产征收的税收应记为对所得、利润和资本收益征税。

(2) 对使用住宅财产征收的税收，如果税收由业主或承租人缴纳并且应付金额按使用者个人情况确定（如净所得或受抚养人人数等），这种税收应记为对所得、利润和资本收益征税。

（3）对出售财产而产生的对资本收益征收的税收应记入对所得、利润和资本收益征税。

（4）对建造、扩建或改建全部建筑或对使用密度超过一定门槛的建筑征收的税收，记入对商品使用、商品使用许可或开展活动许可征收的税收。

（5）对将自有财产用于特殊贸易目的（如出售烟酒）而征收的税收记入对商品使用、商品使用许可或开展活动许可征收的税收。

（6）对开发非政府单位拥有的土地和地下资产等自然资源征收的税收记入对商品和服务征收的其他税收。

五、对商品和服务征收的税收

对商品和服务征收的税收是因生产、销售、转移、租赁、交付商品或提供服务，或因使用这些商品或服务用于自己消费或形成自有资本而应支付的税收。此类税收可以分为六类，见表5-4。

表5-4　　　　　　　　对商品和服务征税的详细分类表

对商品和服务征收的税收
对商品和服务征收的一般税收
增值税
销售税
流转税及对商品和服务征收的其他一般税收
对金融和资本交易征收的税收
特种消费税
财政专营利润
特定服务税
对商品使用、商品使用许可或开展活动许可征收的税收
机动车税
对商品使用、商品使用许可或开展活动许可征收的其他税收
营业和专业执照
污染税
广播电视执照
供住户使用的执照和许可证
未列入其他类别的其他税收
对商品和服务征收的其他税收

资料来源：国际货币基金组织：《2014年政府财政统计手册》，华盛顿，2014。

（一）对商品和服务征收的一般税收

对商品和服务征收的一般税收包括除去关税和其他进口税、出口税以外的，对生产、租赁、交付、销售、购买各种商品或服务征收的全部税款。无论商品和服务是国内生产的还是从国外进口的，都可以征收此类税收，并且可以在生产或经销的任一阶段征收。在商品越过边界时与这些税收有关的调整记入此类税收。相反，在商品出口时，这些税收的退税应记为此类税收的减少。如果是对有限商品而非广泛商品征税，则应记录为特种消费税。对商品和服务征收的一般税收具体包括下述四种类别。

1. 增值税（VAT）

增值税是指企业在各个环节对商品或服务征收的，但最后由最终消费者全额承担的税收。该税收被称为可抵扣税，因为生产者无须按其向客户开具的发票全额向政府支付税收，而是可以从中扣除其为中间消费或固定资本形成而购买商品或服务时已包含在发票中的金额。增值税根据商品或服务的价格计算。

2. 销售税

销售税是指对销售额征收的所有一般税收，仅在一个阶段征收，可能是在制造或生产阶段，也可能是在批发或零售阶段。

3. 流转税及对商品和服务征收的其他一般税收

此类税收包括多阶段累积的税收，以及消费税要素与多阶段税收结合在一起的税收。这些税收在每次交易发生时征收并且不扣除在投入上已支付的税收。多阶段税收可以与增值税或销售税的要素相结合。

4. 对金融和资本交易征收的税收

这类税收是对财产所有权变更征收的税收，归类为遗产、继承和馈赠税的除外。这类税收应记为向出售相关资产的单位提供服务而征收的税收。这类税收包括：（1）对非金融或金融资产的买卖征收的税收；（2）对支票和其他支付形式征收的税收；（3）对具体的法律行为征收的税收（如确认合同和出售不动产）。

（二）特种消费税

特种消费税是对预先确定的范围有限的商品征收的特定产品单位税。特种消费税通常以差别化税率对非必需品或奢侈品、酒精饮料、烟草、能源征收。特种消费税可以在生产或经销的任何阶段征收，征收金额往往会参考产品的价值、重量、强度、数量等核定为特定的单位收费标准。特种消费税包括：（1）对具体某个产品（如糖、巧克力）征收的特殊税收；（2）按不同税率对某一范围的商品征收的税收；（3）对烟草商品、酒精类饮料、发动机燃料和烃油类征收的税收。需要注意的是，如果主要对进口商品征收的税收根据相同法律适用于或会适用于国内生产的类似商品，那么，从该税收得到的收入应划为特种消费税而不是进口税。即使没有类似的国内生产，或者不可能有这种生产，也适用这一原则。对使用水、电、天然气和能源等公共事业而征收的税收被视为特种消费税，而不是特定服务税。

（三）财政专营利润

财政专营利润涵盖财政垄断单位转移给政府的那部分利润。财政垄断者是公共公司、公共准公司、政府拥有的非法人企业，它们利用对生产或经营特定种类的商品或服务的垄断权力，行使政府的税收权力。这些垄断旨在提高政府的收入，而不是促进公共经济或社会政策方面的利益。运用垄断力量只不过是以另一种方式为政府筹集收入，替代了公开对私人生产此类产品征税的方式。财政专营的典型商品是烟酒制品、酒精饮料、盐、火柴、石油产品、农产品。

财政垄断不同于铁路、电力、邮政和其他通信服务等公共企业。这些企业可能享受一些垄断或准垄断，但它们通常主要是为了推动公共经济或社会政策而存在，而不是为了提高政府收入而存在。财政垄断的概念不包括国营彩票，国营彩票的利润被视为股息或准公司收入提取。从销售部门或从事国际贸易的其他企业应收的出口或进口垄断利润类似于财政专营利润，但划为出口或进口垄断利润。

原则上，只有超出某一假设的"正常"利润的垄断利润部分应被记为税收，而"正常"利润应被视为股息或准公司收入提取。但该"正常"利润的估算有难度，所以在实践中，税收价值应被视为等于财政垄断单位实际应付给政府的利润金额。由财政垄断单位保留的所有准备金不包括在内。这些税收在支付时记录，而不在赚取利润时记录。

（四）特定服务税

特定服务税是针对特定服务付款征收的税收。这些税收包括针对交通运输（包括机场和其他乘客税）、保险、银行、娱乐、餐饮、广告等服务征收，对博彩和赛马、橄榄球、彩票等赌注征收的税收，对进入赌场、赛场等征收的税收，以及对中央银行用市场利率以外的利率征收的隐性税收。

（五）对商品使用、商品使用许可或开展活动许可征收的税收

对商品使用、商品使用许可或开展活动许可征收的税收是针对执照或许可的签发而收取的服务费，但与政府监管职能的成本并不相称。

政府的一项管理职能是，除非通过发放许可证或需要缴纳一定费用的其他证书而予以特别许可，否则禁止拥有或使用某些商品或从事某些活动。如果发放这些许可并不需要政府做什么工作或不需要政府做多少工作，在支付应付的金额后自动给予许可，那么这些许可可能只是增加税收的工具，即使作为回报，政府可能提供某种证书或授权。但是，如果政府利用发放许可行使了管理职能（如检查有关人员的能力或素质、检查有关设备的高效和安全运转等），那么收入就应作为出售服务处理，而不是作为税收收入处理，除非收入与提供服务的成本明显不成比例。

在实际中，此类税收与行政管理费之间的界限并不总是十分明确。具体地说，下述类别的收费被视为税收：（1）缴费者不是受益者的收费。如为了筹集资金向农民提供服务而向屠宰场收取的费用。（2）即使可能向缴费者发放许可证，但是政府不提供特定服务的收费。如不附有使用政府特定土地的狩猎、捕鱼或射击许可证。（3）只有缴费者受益，但每个人得到的好处与其付款不一定成比例的收费。如由奶农缴纳并用于促进牛奶消费的牛奶销售费。

虽然这类税收对使用商品征收，而不是对商品的所有权或转移征收，但是商品所有权的注册可能产生征收权利。例如，注册对动物或机动车的所有权可能导致对使用这些物品征税。对使用商品征税甚至可以适用于无法使用的商品，如老式机动车或枪支。

对获得从事商品活动许可征收的税收，由于采用所得、工资或流转额混合税基，从而出现界限不清的情况。如果能够估计与每个税基有关的收入，那么应在各个税基之间对收入总额进行分配；如果不能分别估计各项数额，但是知道大多数收入来自一个税基，就可以根据该税基对总收入进行分类。

对财产的所有权或使用征收的税收也会出现界限不清的情况。（1）对不动产征收的经常性税收限于对不动产的所有权或租用征收的税收，这些税收通常与财产的价值有关。（2）对净财富征收的经常性税收和对财产征收的其他经常性税收限于资产的所有权而不是使用权，它们适用于资产类别，而不是特定商品，并且它们以资产的价值为基础。

对商品使用、商品使用许可或开展活动许可征收的税收可以进一步分为两类：机动车税和对商品使用、商品使用许可或开展活动许可征收的其他税收。

1. 机动车税

这一类别包括机动车使用税或机动车使用许可税，不包括对机动车作为财产或净财富征收的税收；也不包括使用公路、桥梁、隧道的过路费。

2. 对商品使用、商品使用许可或开展活动许可征收的其他税收

这类税收包括：（1）营业和专业执照；（2）污染税；（3）广播电视执照；（4）供住户使用的执照和许可证（如娱乐性狩猎、射击执照）；（5）未列入其他类别的其他税收。

（六）对商品和服务征收的其他税收

对商品和服务征收的其他税收包括从私人或其他政府拥有的矿藏开采矿产、化石燃料和其他可耗尽资源而征收的税收，以及未列入上述其他类别的对商品和服务征收的其他税收。对开采可耗尽资源征收的税收往往是按照每数量单位或每重量单位的固定金额征收，这些税收在资源被开采时记录。需要注意的是，伐木以及从接

受支付的政府单位拥有的矿藏开采可耗尽自然资源的支付，属于租金。

六、对国际贸易和交易征收的税收

对国际贸易和交易征收的税收是指商品跨越国境或关税边境时，或居民和非居民进行服务交换交易时应付的税收。这一类别的税收可以进一步地分为六类，见表 5-5。

表 5-5　　　　　　　　对国际贸易和交易征收的税收详细分类

对国际贸易和交易征收的税收
关税和其他进口税
对出口征收的税收
出口或进口垄断利润
汇兑利润
汇兑税
对国际贸易和交易征收的其他税收

资料来源：国际货币基金组织：《2014 年政府财政统计手册》，华盛顿，2014。

（一）关税和其他进口税

关税和其他进口税涵盖因为特定种类商品进入一国或因非居民向居民提供服务而对商品或服务征收的所有赋税的收入。这类税收征税的目的可能是筹集收入，也可能是抑制进口进而保护国内相同商品或服务的生产者。这类税收可以是从量税，也可以是从价税。这类税收包括根据海关税则及其附件征收的税收，也包括以税则为基础的附加税、领事签证费、吨位费、统计税、财政税和并非基于税则的附加税。需要注意的是，这类税收必须仅限定于针对进口产品，若进口商品或服务与同类其他商品或服务均需缴纳的税收，将被记为其他类别的税收收入。

（二）对出口征收的税收

对出口征收的税收包括因为将商品运送出国或居民向非居民提供服务而应付的所有税收。对出口商品的退税，如果是退还先前已经支付的一般消费税、特种消费税或进口税，则从相应税收的应收总额中扣减，而不是从此类税收的应收金额中扣减。

（三）出口或进口垄断利润

出口或进口垄断利润包括政府设立的、享有出口或进口特定商品和/或控制向非居民提供或从非居民获得服务国内垄断权的企业产生的利润。与财政专营利润的处理类似，应将税收价值视为等于出口或进口垄断单位实际应付给政府的利润金额。

(四) 汇兑利润

汇兑利润指政府或货币主管部门运用垄断权，抽取外汇买卖价格之间的差价而产生的收入，其中不包括用于支付管理成本的部分。类似地，由中央银行或其他官方机构实施的多重汇率制度也会产生隐性税收。与出口或进口专营利润一样，该收入代表出于税收目的行使垄断权力，政府在得到这些收入时计入税收收入。这一类别不包括向政府转移的，并非由于保持汇率差价而实现的任何汇兑利润。

(五) 汇兑税

汇兑税包括对外汇买卖征收的税收，无论这些买卖采用统一汇率，还是采用差别化汇率。这类税收包括对购买即将汇往境外的汇款征收的境外汇款税，不是对购买外汇征收的汇款税记录为国际贸易和交易征收的其他税收。

(六) 对国际贸易和交易征收的其他税收

对国际贸易和交易征收的其他税收包括对国际贸易和交易各个方面征收的其他税收，但生产者应付的税收除外。该项税收包括仅对境外旅行征收的税收、对境外保险或投资征收的税收、对境外汇款征收的税收。

七、其他税收

其他税收主要包括对未列入其他类别的一个或多个税基征税而产生的收入，以及未识别的税收。该项税收可以具体分为两个类别，见表5-6。

表5-6　　　　　　　　　　其他税收详细分类

其他税收
仅企业应付的税收
由非企业应付的税收或不可识别

资料来源：国际货币基金组织：《2014年政府财政统计手册》，华盛顿，2014。

该项目包括对个人征收的、不以所得或推定所得为基础的税收，有时被称为人丁税、人头税或人口税。

该项目还包括印花税，这些印花税并非仅针对或主要针对其他税收涵盖的某一类别的交易或活动征收。例如，出售要求贴在合同和支票上的印花得到的收入。可划入一个类别的出售印花的收入（如烟酒）作为对这些产品征收的税收反映，要么是特种消费税，要么是特定服务税。

该项目还包括对购买征收但却因个人扣减和减免而个人化的支出税，以及对混合税基征收的税收收入，这些收入不能方便地分配到每一个税基或每一个占主导地位的税基中。

第三节 非税收入

政府的非税收入包括社会缴款、赠与、其他收入三种类别。本节依次详细介绍。

一、社会缴款

(一) 社会缴款的含义和分类

社会缴款是社会保险计划应收的实际或推算的收入，用于提供应付的社会保险福利。在政府财政统计中，社会缴款的范围比国民经济核算体系2008（SNA2008）中的范围要小。只有构成收入的金额才属于社会缴款，而那些产生可识别负债的交易不属于收入的一部分。社会缴款不包括对自主和非自主养老金的缴款，以及对那些提供养老金和其他退休福利的不设基金的就业相关计划的缴款。这些交易在政府财政统计中应被记为负债。在国民经济核算体系2008中将它们同时记为社会缴款和发生负债，并在收入使用账户中针对养老金权益变化记录一个调整项，以使该双重记录相互平衡。

社会缴款类别可以进一步分为社会保障缴款和其他社会缴款两类，更为详细的分类见表5-7。

表5-7　　　　　　　　　　社会缴款详细分类

社会缴款
社会保障缴款
雇员缴款
雇主缴款
自营职业者或失业者缴款
不可分配的缴款
其他社会缴款
雇员缴款
雇主缴款
推算的缴款

资料来源：国际货币基金组织：《2014年政府财政统计手册》，华盛顿，2014。

(二) 社会缴款征收的依据和记录时间

社会缴款根据收入、工资或雇员人数征收。但在采用所得作为工资总额的替代

（如对自营职业者的征收）时，收款也包括在社会缴款中。对指定用于社会保险计划的强制性付款作为税收处理。

作为收入记录的社会缴款的数额应仅仅是实际预期会征收的数额。但实际征收可能发生较晚，有可能晚很多。

（三）社会保障缴款

社会保障缴款是由政府单位组织和运营的社会保障计划应收的实际收入，用于向计划缴款者提供福利。

社会保障缴款又可以分为：（1）雇员缴款由雇员直接支付，或由雇主从雇员的工资和薪金中扣减并代为转移。（2）雇主缴款，是由雇主代替雇员直接支付。这类缴款即使支付和收款单位属于同一部门或子部门，也不会因为合并而被抵消。（3）自营职业者或失业者缴款由非雇员缴款者支付。（4）不可分配的缴款是那些来源无法确定的缴款。

（四）其他社会缴款

其他社会缴款是雇主代表雇员所经营的、不提供退休福利的社会保险计划的实际缴款和估算缴款。不同于社会保险计划，政府雇员的社会保险计划一般将福利水平与缴款的多少直接挂钩。此种计划通常由广义政府单位推出，只供本单位雇员参与，但在有些情况下，一个政府单位可能代表多家单位甚至公共公司的雇员推出此类计划。

其他社会缴款包括：（1）雇员缴款由雇员直接应付，或由雇主从雇员的工资和薪金中扣减并代为转移的金额。（2）雇主缴款包括雇主代表雇员应付的金额。正如雇主对社会保障计划缴款一样，即使支付和收款单位属于同一部门或子部门，这些缴款也不会因为合并而被抵消。（3）推算的缴款指政府雇主使用自有资源不经过保险企业，也不设立专项基金或单独准备金，直接向雇员、前雇员、或受扶养人提供非养老金福利情况下产生的收入。在这种情况下，将现有雇员视为受到保护，即使没有进行支付来弥补，雇员也能免予各种指定的社会风险。计入这种类别的收入额是为确保提供相同的社会福利，雇主需缴纳的社会缴款。

二、赠与

赠与是政府单位从其他居民政府单位、非居民政府单位或国际组织应收的非强制性经常性转移或资本转移。应收的赠与常为现金形式，但也可能是收到实物形式。应收的赠与分为两类，先按赠与提供单位的类型分类，然后再按赠与是经常赠与还是资本赠与进行分类（见表5-8）。

表 5-8　　　　　　　　　　　　赠与详细分类

赠与
来自外国政府
经常
资本
来自国际组织
经常
资本
来自其他广义政府单位
经常
资本

资料来源：国际货币基金组织：《2014 年政府财政统计手册》，华盛顿，2014。

政府财政统计确定了三种赠与来源：来自外国政府的赠与、来自国际组织的赠与、来自其他广义政府单位的赠与。对于广义政府而言，这些交易会在合并时相互抵消。因此，只有在编制广义政府部门的某个子部门的统计数据时，才会出现来自其他广义政府单位的赠与不为零的情况。

经常性赠与是指出于经常性支出的目的而进行的赠与，不与接受方获得一项资产挂钩，也不以此为条件。资本性赠与涉及接受方获得资产，包括预期或要求接受方用于获得资产（存货除外）的现金转移、资产转移（现金和库存除外）；或者通过债权人和债务人之间达成的相互协议取消一项负债。如果对一项赠与的特点存在疑惑，应将其划为经常性赠与。

实物赠与应按照当期市场价值定值。如果市场价格不可得，那么价值应是提供这些资源所产生的明确成本，或者是出售这些资源会得到的数额。在一些情况下，捐赠方和接受方对价值的看法可能相当不同。此时，应采用捐赠方对价值的看法定值。

使用权责发生制时，赠与在得到赠与的所有要求和条件均满足并且接受单位具有无条件的债权时进行记录。在许多情况下，赠与接受方与赠与方没有债权，此时赠与应该在现金支付发生或提供商品或服务的时间记录。对于实物形式的赠与，不在现金系统中记录。

三、其他收入

其他收入是指除了税收、社会缴款、赠与外的所有应收收入。其他收入的详细分类见表 5-9。

表 5-9 其他收入详细分类

其他收入
财产收入
利息　减：间接衡量的金融中介服务
来自非居民
来自除广义政府之外的居民
来自其他广义政府单位
股息
来自非居民
来自居民
准公司收入提取
投资收入分配产生的财产收入
租金
外国直接投资的再投资收益
商品和服务销售额
市场基层单位的销售额
行政收费
非市场基层单位的零星销售额
推算的商品和服务的销售额
罚金、罚款和罚没
未列入其他类别的转移
未列入其他类别的经常转移
未列入其他类别的资本转移
非人寿保险和标准化担保计划相关的应收保费、收费和赔款
应收的保费、收费和经常赔款
应收保费
标准保障计划的应收收费
应收经常赔款
巨额应收赔款

资料来源：国际货币基金组织：《2014年政府财政统计手册》，华盛顿，2014。

（一）财产收入

财产收入是因将金融资产或自然资源交由另一单位处置而应获得的收入。财产收入具体包括以下六类。

1. 利息

利息是投资收入的一种形式，是某种金融资产的所有者将该金融资产让与其他单位处置而应得到的收入。产生利息的金融资产均为债权人对债务人的债权。利息收入还包括一种推算的利息。这种利息是雇主以较低利率甚至零利率向雇员提供贷款，作为对政府和公共部门雇员报酬的一部分而放弃的利息。利息可能是一笔预先确定的总额，也可能按未偿本金的一个固定或可变比例收取。

2. 股息

股息是指政府或公共部门单位作为股权所有者，将权益资金交给公司处置而得到的已分配收益。虽然股息表示在相当长一段时间内（常为6个月或12个月）所产生收入的一部分，但在政府财政统计中，并不在经济价值产生之时记录。股息在宣布应支付股息的日期记录，如果没有事先宣布则在进行股息支付的日期记录。

广义政府单位可以从私人公司或公共公司得到股息。公共公司可以不定期地分配利润，并且可能并不明确标明是股息。股息包括公司向其股东或所有者进行的全部利润分配，包括中央银行向政府单位转移的利润、在中央银行之外履行货币当局职能产生的利润、由国营彩票转移的利润。但财政专营利润和进口或出口专营利润的分配划为税收。

3. 准公司收入提取

准公司收入提取指所有者从准公司提取的可分配收入。准公司不能以股息的形式分配收入，但准公司的所有者可以决定提取一部分或全部的可分配收入。从概念上讲，这种收入的提取等同于通过股息形式分配公司的收入，所以两者的记录方式相同。准公司所有者决定提取的收入金额在很大程度上取决于公司税前可支配收入的多少，所以这种提取在支付实际发生时记录。

同股息一样，准公司收入提取并不包括提取来自准公司资产出售或其他处置的资金。

4. 投资收入分配产生的财产收入

投资收入分配产生的财产收入包括归属于保单持有人和投资基金份额持有人的财产收入。对于作为保单持有人的政府单位来说，很可能无从得知与此项有关的收入，大概只能以整个经济体为单位来计算这一收入。因此，政府财政统计中不考虑该项收入，它是政府财政统计与国民经济核算之间的一个调整项。

归属于投资基金份额或单位持有人的投资收入包含两个独立的项目：（1）分配给投资基金份额持有人的股息；（2）属于投资基金份额持有人的留存收益。投资基金份额或单位的价值因为持有损益之外的原因而增加的，应被记为分配给份额或单位持有人、并由持有人重新投资于该金融工具的收益。

5. 租金

租金是指自然资源所有者将该自然资源交给另一机构单位处置，在后者将该自然资源用于生产的情况下,该自然资源所有者应收到的收入。应收租金通常与土地、地下资源和其他自然资源的租赁有关。

当采用权责发生制记录租金时,在整个合约期内不间断积累应付给资产所有者的租金。因此,某一特定报告期间记录的租金等于该报告期间内应支付的累计租金,与到期应支付的租金或该期间内实际支付的租金可能不同。

广义政府单位可能拥有矿藏或矿物燃料形式的地下资产,并可能提供租赁,允许其他单位在规定的时期内开采这些矿藏。作为回报,广义政府单位得到付款。这些付款往往被称为"特许权使用费",但是它们是作为资产所有者在规定时期内向其他单位提供资产的回报而积累的租金。这些租金可以采取支付固定数额的形式,无论开采的速度如何;或者更常见的,根据所开采资产的数量、体积或价值计算。对政府的土地进行勘探的企业,可以向广义政府单位进行付款,以换取进行试钻或以其他形式来调查是否存在地下资产以及地下资产的位置的权利。这些付款也作为租金处理,即使可能没有进行开采。

其他类别的租金包括为获得在未开垦的政府土地上伐木的权利而进行的付款;为获得出于娱乐或商业目的利用无人管理的水域的权利而进行的付款,包括捕鱼、用水灌溉和在政府的土地上放牧。

租金不应与采掘税、营业许可或其他税收混淆起来。采掘税是对从私人拥有或由另一个政府拥有的土地上开采矿物或矿物燃料征收的税收。如果以利润为基数付款,那么它应该划为对所得、利润和资本收益征收的税收;如果以生产总值为基数付款,则应划为对商品和服务征收的其他税收。为获得许可证或开采准许进行的付款,应划为对使用商品和获得使用商品或从事活动许可征收的税收。

租金也不应与生产资产的租费混淆起来。生产资产的租费作为出售商品和服务处理。一项交易可以同时包括租金及出售商品和服务。例如,如果广义政府单位在一个合同中出租土地和该土地上的建筑,并且合同不单独区分土地的租金与建筑的租费,那么就会出现这种情况。如果没有在土地租金和建筑租费之间对付款进行分摊的客观依据时,若建筑的价值大于土地的价值,则全部数额应记为租费;反之,则记为租金。

6. 外国直接投资的再投资收益

再投资收益是指直接投资者在直接投资企业的留存收益中所占有的份额。对于外国直接投资企业的留存收益,在记录时,假定先按外国直接投资者拥有的企业股本比例将该收益分配给这些投资者,然后由这些投资者进行再投资。对于这些留存收益推算的汇款,应记为外国直接投资的再投资收益,而该推算的再投资的对应项目应被记为股权和投资基金份额的取得。采用这种处理方法背后的理由是,就定义而言，直接投资企业受直接投资者的控制，将部分收益留存企业内的决定由投资者作出。

（二）商品和服务销售额

商品和服务销售额包括市场基层单位的销售额、行政收费、非市场基层单位的零星销售额以及推算的商品和服务的销售额四类。需要注意的是，商品和服务销售额记为未扣除产生收入过程中发生费用的收入。

商品交易在法律所有权变更时记录。如果不能准确确定这一时间，可以在实物所有权或控制权发生变化时记录。服务交易通常在提供服务时记录，一些服务是连续提供或连续进行的。例如，经营租赁和住房服务时连续的流量，并且在概念上，只要正在提供这些服务，就要连续记录。

1. 市场基层单位的销售额

基层单位是仅位于一个地方的企业的一部分。在基层单位仅进行一项生产活动，或者主要生产活动占增加值的大部分。政府单位内的市场基层单位是按具有经济意义的价格出售或处置其全部或大部分产出的基层单位。这一类收入由作为统计对象的那些单位所包括的全部市场基层单位的销售收入组成。

由于公共公司的所有基层单位都是市场基层单位，因此公共公司的全部销售都包括在这一类别中。生产资产的租费作为出售服务处理并包括在这一类别中。而出售非金融资产是处置非金融资产，不是出售商品和服务。

2. 行政收费

行政收费包括强制性执照收费以及其他属于服务销售额的行政收费。例如，驾照、护照、签证、法庭费用以及在公共当局提供一般广播服务时的广播和电视执照均属于此类收费。另外，行政收费还包括自愿参加那些不属于标准化保险计划的存款保险或其他保障计划而应付的收费。

需要注意行政收费与对商品使用、商品使用许可或开展活动许可征税的区别。两者之间的差别在于政府是否履行了适当的监管职能。

3. 非市场基层单位的零星销售额

非市场基层单位的零星销售额包括广义政府非市场基层单位除行政收费之外的其他商品和服务的销售额。此项收入包括政府部门和机构通常进行的社会或社区活动附带的销售额。例如，出售职业院校的产品，试验农场的种子，博物馆出售的明信片和艺术复制品，政府医院和诊所的收费，公立学校的学费以及不属于公共公司的政府博物馆、公园和文化娱乐设施的入场费。

4. 推算的商品和服务的销售额

如果一个单位生产商品和服务的目的是将它们作为对雇员的实物报酬，那么该单位有两种身份：雇主以及商品和服务的一般生产者。为了表明作为雇员报酬支付的总额，以实物形式支付的数额必须处理为以现金形式支付的工资和薪金，然后雇员用这些现金购买了这些商品和服务。这一类别的收入包括这些推算的出售商品和服务的价值总额。

（三）罚金、罚款和罚没

罚金和罚款是法庭或准司法机构对违反法律或行政管理规定的单位征收的强制性经常转移，庭外协议也包括在内。罚没是指存放在广义政府单位等待法律或行政管理程序裁决，且作为该程序解决的一部分转移给广义政府单位的金额。

因违反与特定税收有关规定而核定的罚金和罚款与有关税收一并记录。与无法识别税收有关的其他罚金和罚款记录为其他税收。

大多数罚金、罚款和罚没收入按特定时间确定。这些转移在广义政府单位具有对这些资金的法律权利时记录，这可以是在法庭提出判决或公布一项行政管理裁决的时候，也可以是在延迟付款或其他违规自动造成罚金或罚款的时候。

（四）未列入其他类别的转移

未列入其他类别的转移是指从个人、私人非营利机构、非政府基金会、公司、或除政府和国际组织以外的其他来源获得的补贴、馈赠和转移。这些转移可根据对手方所在部门以及是否为经常转移或资本转移来分类。如果对转移的特点存有疑问，双方应采用一致的分类方法。

1. 未列入其他类别的经常转移

这一类别的收入又可以具体分为下述两类。

（1）补贴是政府单位提供给企业的经常性无偿转移。其金额依据企业的生产活动水平，或是企业生产、出售、出口或进口商品或服务的数量或价值而定。作为收入，这些主要是公共公司的应收金额。在极少数情况下，广义政府单位和为住户服务的非营利机构也可能得到补贴。

（2）未列入其他类别的其他经常转移是一类来自个人、私人非营利机构、非政府基金会或公司的，具有经常性质的馈赠和转移（赠与和补贴除外）。这些转移可以是现金也可以是实物。例如，为救援目的向政府捐赠的食品、毛毯和医药用品。

2. 未列入其他类别的资本转移

这一类别是一类来自个人、私人非营利机构、非政府基金会或公司的，具有资本性质的馈赠和转移（赠与和补贴除外）。例如，因遭受保单未覆盖的大规模损坏或严重伤害而作为补偿应收的非经常性大额支付；发生自然灾害后，从国际组织和外国政府以外的非居民收到的具有资本性质的国际援助等。

（五）非人寿保险和标准化担保计划相关的应收保费、收费和赔款

非人寿保险和标准化担保计划相关的应收保费、收费和赔款包括保险计划因提供风险保险权益而应收的非人寿保险保费，受益人应从保险计划收到的赔款，以及因为签发保障而应收的费用。虽然保费和收费始终具有经常性质，但应收赔款可能具有资本或经常性质。考虑到各方可能难以一致处理这些事件，作为一项简化惯例，所有非人寿保险赔款均归类为经常转移，除非为了与国民账户保持一致而有必要记为资本转移。此类收入可以具体分为下述两类。

（1）应收的保费、收费和经常赔款。该类别包括因为签发标准保障而应收的非人寿保险保费和费用，以及非异常的保险理赔收入。基于权责发生制，应收保费和收费只应包括那些在报告期内提供了保险保障的部分。对于因为保费和收费预付而收到的款项，不应确认为收入，而应记为发生了保险技术准备金形式的负债。

（2）巨额应收赔款。该类别包括巨灾事件或灾害之后应收的特大金额的保险理赔。

本章小结

1. 收入是一种增加净值的交换和转移交易，即具有资产增加或者负债减少的对应项目的交易。

2. 在政府财政统计中收入具体划分为税收收入、社会缴款、赠与、其他收入。其中社会缴款、赠与、其他收入可以统称为非税收收入。

3. 收入记录时间的一般原则：在政府运营情况表中，收入的记录应按照权责发生制记录。在现金来源与使用表中，按收付实现制记录因经营活动而收到的现金。

4. 税收收入主要根据税基分成六大类别：对所得、利润和资本收益征收的税收，对工资和劳动力征收的税收，对财产征收的税收，对商品和服务征收的税收，对国际贸易和交易征收的税收，其他税收。

5. 所得、利润和资本收益征收的税收是对个人劳动所得，企业经营的净所得和资本投资所得征收的税收。具体可分为三类：个人应付税收，公司和其他企业应付的税收，对所得、利润和资本收益征收的其他税收。

6. 对工资和劳动力征收的税收是指企业应付的税收，要么按工资规模的一定比例征收，要么按每人固定数额征收。

7. 对财产征收的税收是指使用、拥有或转移财富而应付的税收。具体可以分为五类：对不动产征收的经常性税收，净财富征收的经常性税收，遗产、继承和馈赠税，资本捐，对财产征收的其他经常性税收。

8. 对商品和服务征收的税收是因生产、销售、转移、租赁、交付商品或提供服

务，或因使用这些商品或服务用于自己消费或形成自有资本而应支付的税收。具体可分为六类：对商品和服务征收的一般税收、特种消费税、财政专营利润、特定服务税、对商品使用、商品使用许可或开展活动许可征收的税收、对商品和服务征收的其他税收。

9. 对国际贸易和交易征收的税收是指商品跨越国境或关税边境时，或居民和非居民进行服务交换交易时应付的税收。具体可分为六类：关税和其他进口税、对出口征收的税收、出口或进口垄断利润、汇兑利润、汇兑税、对国际贸易和交易征收的其他税收。

10. 其他税收主要包括对未列入其他类别的一个或多个税基征税而产生的收入，以及未识别的税收。具体可分为两类：仅企业应付的税收、由非企业应付的税收或不可识别的其他税收。

11. 社会缴款是社会保险计划应收的实际或推算的收入，用于提供应付的社会保险福利。社会缴款可以进一步分为社会保障缴款和其他社会缴款两大类。

12. 社会保障缴款是由政府单位组织和运营的社会保障计划应收的实际收入，用于向计划缴款者提供福利。具体可分为四类：雇员缴款、雇主缴款、自营职业者或失业者缴款、不可分配的缴款。

13. 其他社会缴款是雇主代表雇员所经营的、不提供退休福利的社会保险计划的实际缴款和估算缴款。具体可分为三类：雇员缴款、雇主缴款、推算的缴款。

14. 赠与是政府单位从其他居民政府单位、非居民政府单位或国际组织应收的非强制性经常性转移或资本转移。政府财政统计确定了三种赠与来源：来自外国政府的赠与、来自国际组织的赠与、来自其他广义政府单位的赠与。

15. 其他收入是指除了税收、社会缴款、赠与外的所有应收收入。其他收入可以分为五大类：财产收入，商品和服务销售额，罚金、罚款和罚没，未列入其他类别的转移，非人寿保险和标准化担保计划相关的应收保费、收费和赔款。

16. 财产收入是因将金融资产或自然资源交由另一单位处置而应获得的收入。具体分为六类：利息、股息、准公司收入提取、投资收入分配产生的财产收入、租金、外国直接投资的再投资收益。

17. 商品和服务销售额包括市场基层单位的出售、行政收费、非市场基层单位的零星出售以及推算的商品和服务的出售等四类。

本章重要概念

收入　税收收入　社会缴款　赠与　其他收入
对所得、利润和资本收益征收的税收　对工资和劳动力征收的税收

对财产征收的税收　对商品和服务征收的税收　对国际贸易和交易征收的税收
对不动产征收的经常性税收　对净财富征收的经常性税收
遗产、继承和赠与税　资本捐　增值税　销售税　流转税　特种消费税
财政专营利润　特定服务税　关税和其他进口税　出口或进口专营利润
汇兑利润　汇兑税　财产收入　行政收费　罚金、罚款和罚没收入

复习思考题

1. 简述收入的概念与分类。
2. 简述收入的记录原则。
3. 简述税收收入的概念与分类。
4. 简述社会保障缴款的概念及其分类。
5. 简述其他收入的概念及其分类。

第六章
费　用

前面介绍政府运营时，有时我们会把政府支出与政府费用等同起来，实则二者还是有区别的。政府财政统计中，二者的关系表述：支出 = 费用 + 非金融资产交易。本章我们将详细介绍费用的概念、记录原则及其分类。非金融资产交易将在第八章进行讨论。

第一节　费用概述

本节介绍费用的概念、总的分类以及记录原则，为后续详细介绍费用的经济分类与功能分类打下基础。

一、费用的概念

要了解费用的概念，我们需要从政府的职能与费用的关系、费用的含义以及费用与支出的关系等讲起。

（一）政府的职能与费用

由于市场经济条件下的垄断、信息不完全、外部性的存在，市场存在着失灵；而分配不公平和经济运行的波动性也是市场机制本身固有的缺陷。纠正市场存在的上述问题的任务一般由政府来承担。

政府履行自己的职能时负有两大经济责任：一是承担以非市场价格向社会提供部分商品和服务的责任；二是通过转移支付对收入和财富进行再分配。这些责任主要通过费用交易来完成。

（二）费用的含义及范围

费用是一种减少净值（资产减少或负债增加）的交换和转移交易。

第一，费用与收入一样，是一种交易。交易是流量的一种类型，它是指两个单位之间依据相互协议进行的相互作用。相互协议意味着各个单位事先知道并且同意，但是这并不意味着两个单位都自愿进行交易，如税收。政府费用的主动方是政府，其费用的主动、公开和程序化的特点，使我们更能理解其交易的定义。

第二，费用包括交易中的交换和转移。交易按照有无回报分为交换和转移。每一项交易要么是交换，要么是转移。如果一个单位向另一个单位提供商品或服务、资产或劳动力，并且作为回报，得到相同价值的商品或服务、资产或劳动力，那么这项交易就是交换。按经济分类的费用中，雇员报酬、货物和服务的使用和财务支出等交易就属于交换。如果一个单位向另一个单位提供商品或服务、资产或劳动力，而没有同时得到任何价值的商品或服务、资产或劳动力作为回报，那么这项交易就是转移。按费用的经济分类，补贴、赠与、社会福利等费用都属于转移。

第三，费用是由交易造成的净值的减少。净值原指资产减去负债的差额，这里指交易不是造成价值的置换而是减少。对政府财政费用来说，无论是雇员报酬、货物和服务的使用等交换交易，还是补贴、赠与等转移交易，都会造成净值的减少，尽管在这个过程中也会发生一些收入。例如，对于某些类型的社会福利，广义政府单位提供商品或服务而收取的费用应列为收入，而不是从费用中扣除。

有两类交易，尽管表面上看它们可能增加净值，但也作为费用处理。（1）对多付的款项和误付的款项的退款和收回以及类似交易看起来增加了净值，但更准确地讲，它们是一种调整，是对先前记录的净值的过量减少进行纠正。因此，这项交易视为负费用（费用的减少）。（2）生产商品或服务的过程中产生的成本记录为费用。尽管事实是商品和服务可能以高于生产成本的价格出售，从而增加了净值。

通过购买或易货交易获得的非金融资产不影响净值。这一交易不是费用，而是在第八章中会详细介绍的非金融资产交易。当放弃某个资产的所有权而未得到任何价值回报时，该单位的净值减少，费用记录为某种资本性转移，如资本性赠与。

（三）费用与支出

我们常把费用与支出等同起来，实则二者还是有区别的。政府财政统计中，将二者的关系表述为支出 = 费用 + 非金融资产交易。

非金融资产包括固定资产、存货、贵重物品和非生产性非金融资产。非金融资产的获得是增加一个单位的资产持有量的交易；非金融资产的处置是除固定资产消耗外，减少一个单位的资产持有量的所有交易；固定资产消耗是固定资产的价值由于固定资产效能逐渐损失而减少的。从净值减少交易定义为费用，到资产持有量减少交易定义为处置，直至固定资产价值因逐渐耗损而减少定义为固定资本消耗，我们可以理解为支出是费用和非金融资产交易中的处置与固定资本消耗之和。

二、费用的分类

费用从不同角度和出于不同的目的可以进行多种分类。如为分析费用用于军事化和民用化的程度，可以按照用途和去向把费用分为防务开支和民用开支；为了分析费用的预算约束程度，可以按是否纳入预算把费用分为预算内费用和预算外费用；为了分析费用在部门间的分配情况，可以按部门间的去向，把费用分为不同部门的费用；为了分析费用用于个人还是集体，可以将费用分为个人费用和集体费用等。

费用不但可以从不同角度和出于不同目的进行多种分类，而且一国在不同时期也可能有不同的分类方法。如我国在2006年前，对费用的分类主要是预算内费用的分类，并将费用划分为一般预算支出、基金预算支出、债务预算支出三类。其中，一般预算支出按经费性质又可以分为基本建设费用、行政管理费、各部门的事业费等。2007年费用范围扩大，包括预算支出、实行财政专户管理的预算外支出、社会保险基金支出。分类方法也进行了调整，包括支出的功能分类、经济分类两部分。我国财政支出的有关情况将在后续章节中详细介绍。

本章主要介绍《2014年政府财政统计手册》中的分类，即费用的经济分类、支出的功能分类。

费用的经济分类是按费用所涉及的经济过程的分类。它将费用分为雇员报酬、商品和服务的使用、固定资本消耗、利息、补贴、赠与、社会福利、其他费用八个大类。具体内容将在本章第二节介绍。

支出的功能分类是按费用发生的目的进行的分类。它将支出分为一般公共服务、国防、公共秩序和安全、经济事务、环境保护、住房和社区服务设施、医疗卫生、娱乐文化和宗教、教育、社会保护十大类。本章第三节将对相关内容进行详细介绍。

三、费用的记录原则

在运营情况表中，应按照权责发生制的原则记录费用。根据权责发生制，在产生无条件付款义务或以其他方式放弃资源的活动、交易或其他事件发生时记录交易。

记录时特别需要注意，在实践中，存货的变化常常通过存货存量头寸和流量信息进行残值计算而成。因此，在没有完整的存货核算系统时，费用的记录会存在一些复杂问题。从概念上讲，购买商品但不立即使用，这在某种意义上是存货的增加，而不是费用。当商品在生产中被消费或以其他方式被利用时，须记录为一项交易，以减少存货，增加费用或其他类别（取决于对商品的使用）。我们将在后续介绍经济分类时对有关情况进行详细说明。

权责发生制记录费用的一般原则有以下三条。

（1）交换交易在转移所有权或提供服务时记录。如雇员报酬在提供服务时记录；货物和服务的使用在转移所有权并使用或提供服务时记录；财务支出在转移所有权时记录。

(2) 转移交易在符合所有标准时记录。

(3) 固定资本消耗在资产的整个寿命期间记录（内部交易）。

在现金来源和使用表中，费用交易应根据记录的收付实现制尽可能在接近支付阶段记录。

第二节　费用的经济分类

如前所述，按照费用的经济性质，可以将政府费用分为雇员报酬、商品和服务的使用、固定资本消耗、利息、补贴、赠与、社会福利、其他费用八大类，见表6–1。

表 6–1　　　　　　　　　　　费用的经济分类

雇员报酬	赠与
工资和薪金	支付给外国政府
雇主的社会缴款	支付给国际组织
商品和服务的使用	支付给其他广义政府单位
固定资本消耗	**社会福利**
利息	社会保障福利
支付给非居民	社会救济福利
支付给广义政府以外的居民	就业相关社会福利
支付给其他广义政府单位	**其他费用**
补贴	利息以外的财产费用
支付给公共公司	未列入其他类别的转移
支付给私人企业	与非人寿保险和标准化担保计划有关的保费、收费和赔款
支付给其他部门	

资料来源：国际货币基金组织：《2014年政府财政统计手册》，华盛顿，2014。

一、雇员报酬

（一）雇员报酬的定义及包括的内容

雇员报酬是指在雇主—雇员关系中，政府对其雇员在报告期间完成的工作而应付给个人的现金或实物形式的合计报酬。它包括工资和薪金，以及代表雇员向社会保险计划缴纳的社会缴款（见表6–2）。

表6-2　　　　　　　　　　　雇员报酬详细分类

雇员报酬
雇员报酬
减：与自有资本形成有关的雇员报酬
工资和薪金
工资和薪金
减：与自有资本形成有关的工资和薪金
现金工资和薪金
实物工资和薪金
雇主的社会缴款
雇主的社会缴款
减：与自有资本有关的雇主的社会缴款
雇主的实际社会缴款
雇主的推算社会缴款

资料来源：国际货币基金组织：《2014年政府财政统计手册》，华盛顿，2014。

雇员报酬不包括对合同工、自我雇用的外勤人员以及不是广义政府单位雇员的其他工人支付的数额。这一数额记录在商品和服务的使用中。雇员报酬也不包括与自有资本形成（为自己使用而进行的非金融资产的生产）有关的雇员的报酬。这部分报酬记为非金融资产获得所发生成本的一部分。

在采用权责发生制记录雇员报酬时，雇员因在有关期间内从事工作而有资格从雇主处得到的现金或实物形式的报酬的价值是衡量雇员报酬的依据，不论是提前支付、同时支付还是推后支付。如果已完成工作尚未付款，则雇主单位应在其他应付账款中记录；如果在工作完成之前提前支付，必须在其他应收账款中记录。

在采用收付实现制记录雇员报酬时，应在现金流量发生之时记录，不考虑劳务交换的时间。

（二）工资和薪金

工资和薪金是指除雇主应付的社会缴款外，以现金或实物形式应付给雇员的报酬。这一分类不包括与自有资本形成有关的金额。此类别包括雇主因行政便利或其他原因而从工资和薪金中代扣的社会缴款、所得税以及其他应扣项等雇员应付的金额。

雇员为开始任职或从事工作而花费的费用，对这部分费用的补偿不包括在工资和薪金内。例如，雇员开始从事新的工作或按雇主的要求搬家时，将产生旅行、迁居或其他相关费用，其费用的补偿记录在商品和服务的使用。完全或主要出于开展工作的目的，雇员对工具、设备、特殊服装或其他物品的花费，不包括在工资和薪金内。补偿额作为商品和服务的使用处理。

工资和薪金也不包括以下方面的内容：（1）雇主向儿童、配偶、家庭、教育或其他对受赡养者以补助形式支付的社会福利；（2）向因疾病、事故伤害或产假缺勤的工人支付的全额或低于工资和薪金金额的部分；（3）向因裁员、丧失工作能力、意外死亡等原因而失去工作时支付给雇员或其遗属的离职金。这些支付应记录在雇主的社会福利中。

工资和薪金这一分类可以分为现金工资和薪金、实物工资和薪金。

现金形式的工资和薪金包括作为雇员提供服务的回报而向其支付的现金。这一类别是在扣除预收税以及雇员向社会保险计划的缴款之前，包括：（1）基本工资和薪金；（2）加班、夜班、周末加班的额外收入；（3）生活费用补助、地区补助和移居补助；（4）奖金；（5）年度补充收入（如第13个月的收入）；（6）上下班交通补助；（7）官方假期或年度假期的假期收入；（8）住房补助。

实物形式的工资和薪金包括作为雇员提供服务的回报而向其进行的实物支付。例如，伙食和饮料（含出差时的消费）；雇员全家所有成员都可以使用的住房服务；雇员在工作时及在工作场所之外频繁穿着的制服或其他形式的特殊服装；为雇员个人使用而向其提供的车辆或其他耐用品服务；雇主生产的商品和服务（如免费乘坐政府飞机）；为雇员及其家属提供的体育、娱乐或假日设施；上下班交通；停车场地；雇员子女的日托，等等。还包括向雇员提供减息或零息贷款时未收的那部分利息。如果以降低成本向雇员提供商品或服务，那么只将雇主负担的净成本记录在这一类别中。

（三）雇主的社会缴款

雇主的社会缴款是雇主为让雇员获得社会福利权益而应付给社会保障基金、就业相关养老基金、其他就业相关社会保险计划的社会缴款。它包括实际支付和推算支付。

一些社会缴款由广义政府单位直接支付，该广义政府单位是另一广义政府单位（通常是社会保障基金）的雇主。这些交易不在合并中删除，因为这些交易的流程被改变，先是到雇员，然后从雇员到社会保险计划。

实际的社会缴款这一类别包括向保险企业、社会保障基金或其他负责管理社会保险计划的机构单位（包括经营非自主养老基金的广义政府单位）支付的缴款。

估算的社会缴款是指一些政府用其自有资金直接向雇员、以前的雇员或受雇员赡养者提供社会福利，而不涉及保险公司及自主或非自主养老基金。在这种情况下，应估算为取得这一事实上的享受社会福利资格所需要的社会缴款额。

二、商品和服务的使用

（一）商品和服务的使用包括的范围

商品和服务的使用包括为生产市场和非市场性商品和服务使用的商品和服务。商品和服务的使用不包括：（1）作为固定资产或贵重物品使用的商品和服务。对非贵重耐用品（如手工工具）的支出，如果定期进行，并且与机器设备支出相比数额很小，则是为商品和服务的使用；（2）自有资本形成中使用的商品和服务；（3）为增加战略性储备或原料和供应品而获得的商品作为库存变化处理；（4）政府购进商品后不经转换直接分发的商品和服务；（5）广义政府单位对住户购买的与社会救济或社会保险计划有关的商品和服务进行的补偿记为社会福利。

除捐赠政府单位自己生产的商品和服务以外，向其他机构单位转移的所有商品和服务均记为赠与或未列入其他类别的转移。

固定资产正常维护和维修而消耗的商品和服务属于商品和服务的使用。但对于现有固定资产的大修、重建或扩建应记为固定资产的获得。

研发过程中使用的商品和服务应记为固定资产的取得。若研发活动明显不会给其所有者带来任何经济利益，则应将其记为商品和服务的使用。

用于矿产勘探和评估的商品和服务不记为商品和服务的使用，应记为知识产权产品，并归为固定资产的获得。

制造本国货币的硬币或纸币的原料或向承包商应付的用于制造货币的金额记为商品和服务的使用。需要注意的是，不作为法定货币流通的纪念币应归为非金融资产。

军事装备方面的支出，包括警察局和国内安全部门取得的大型军用武器系统和装甲车辆，应被记为固定资产获得。一次性使用的武器和备件等军事物资方面的支出，应在使用前记为存货，使用时记为商品和服务的使用以及存货的提取。

在经营租赁时，支付被记录为商品和服务的使用；在融资租赁时，记录为支付的利息和偿还的本金。

对使用土地等非生产自然资源而支付的金额属于租金。

对金融服务的显性收费归为商品和服务的使用，隐性收费只有在分析整个经济体或行业的情况下才能被计算出来。

（二）记录时间

在运营情况表中，商品和服务的使用的价值应在实际使用商品或服务时记录，而不是在获得商品和服务或因此作出支付的时间记录。

商品和服务的使用按总额记录。广义政府单位因提供商品和服务而收取的各种费用和收费，应记为收入，而不是从费用中扣除。

在现金来源与使用表中，记录的商品和服务的购买时间应尽量接近支付阶段。这些商品和服务的价值将包括在报告期内为商品和服务而支付的所有现金，不论这些商品和服务是否在该报告期内使用。注意该金额不包括在之前期间支付，但在当期使用的商品和服务的价值。

三、固定资本消耗

（一）固定资本消耗的含义

固定资本消耗是指报告期内，由于自然退化、正常报废或正常意外损害，政府单位拥有和使用的固定资产存量现值的减少。

固定资本消耗可能与政府财务记录中所记录的折旧在数额上有很大的差异。固定资本消耗以资产当前的市场价值或重置成本为基础；折旧一般是指在后续报告期内分配的固定资产的原始成本（历史成本）。

固定资产消耗是一个前瞻性指标，因为其价值是基于未来的事件，而不是过去的事件。固定资产的价值是固定资产的所有者在该资产的剩余使用年限内出租该资产而预期得到的一系列租金的现值，租金取决于承租单位期望从使用该资产中得到的利益。因此，固定资产消耗是租金现值的减少，租金以该期间内的平均价格进行定值，减少的程度不仅受当期从该资产中得到的利益或效率减少的影响，而且受使用年限缩短以及在剩余使用年限内资产效率的预期下降速度的影响。

（二）固定资本消耗的计算范围

对固定资本消耗的估计涉及所有有形的固定资产和无形固定资产，包括基础设施资产、土地的重大改良以及获得贵重物品和非生产资产时的所有权转移费。虽然一些固定资产，如果适当维护，可能看起来具有无限长的使用寿命，但它们的价值却可能下降，原因是技术进步及替代品的出现，对这些服务的需求减少。许多固定资产被拆毁或破坏，仅仅是因为它们过时了。因此，固定资本消耗必须包括对预期淘汰的备抵。

如果一个广义政府单位参与自有资本的形成，那么固定资本消耗不包括与自有资本形成有关的固定资本消耗。自有资本形成过程中的成本记为固定资产的获得。

固定资本消耗不包括因战争、自然灾害及其他特殊事件遭到破坏而损失的价值，也不包括因技术进步超出预期而使现有固定资产使用寿命大幅缩减而出现的损失，这些事件被视为其他经济流量。固定资产消耗也不包括资产价格变化而产生的持有损益。

（三）固定资本消耗的计算方法

为计算固定资本消耗，过去购买的、目前仍在使用的固定资产必须以当期的平均价格重新定值,并对每一资产的剩余使用寿命及效率的预期下降速度作出假设。最常见的假设以线性或几何的方式(或两者的某种结合)下降。在有限的情况下,可以根据市场上旧资产的价格来估计固定资本消耗。

四、利息

(一)利息的定义

利息是由产生某种负债(存款、债券、贷款和应付账款)的单位支付的。这些负债是当广义政府单位从另一单位借款时产生。利息是广义政府单位(债务人)因使用未偿还的本金(债权人提供的经济价值)而产生的费用。需要注意的是,根据互换或远期利率协议合约而支付的结算净额(在该合约中可能被称为"利息")并不属于利息分类,而应记为金融衍生工具交易。

政府财政统计中记录的应付给金融中介机构的利息费用不同于国民经济核算中记录的利息。政府财政统计中不分割利息单独记录服务费用,也就是说,在政府财政统计中的利息,不扣除与利息有关的、隐含提供的金融中介服务费。这部分金融中介服费用是间接衡量的,只能在国民经济核算时间接估算,因为这笔费用的计算需要金融中介机构所有存款人和借款人的数据。

(二)利息费用的支付

利息费用在负债存在的期间连续累计。应计利息可以是每一期间内利息占未偿还本金的百分比、一个事先确定的货币数额、取决于特定指标的可变金额、或是几种方式的一定组合。

利息通常不会在该费用产生前支付。也就是说,如果贷款利息按月应付,则支付的金额通常是上一个月应计的利息。

从记录的权责发生制来看,在支付发生之前,债务人对债权人的总负债增加,增加的数额等于已产生、但尚未支付的利息费用的数额。因此,通常所说的利息支付时债务人现有负债的减少,是由于现有负债的一部分来自应计利息费用。

从记录的收付实现制角度看,记录在现金来源和使用表中的定期偿债支付可以区分为利息支付或本金支付。在这一原则下,利息支付在该现金流量发生时应记为费用交易。

除指数化证券(含浮动利率票据)外,利息费用累计的速度在签订合同并借入资金时决定。最简单的情况是,借入一定数额的资金,定期支付相当于前一期间产生的利息费用的数额,在合同结束时一并支付最后一笔利息及原始借款额。每一期产生的利息费用的数额等于合同中确定的利率乘以借款额。在每一时期内,随着时间的推移,未偿还金额增加,因为产生了利息费用。在某一时期结束时,进行支付,将本金减少到原始借款额。除非会计期间结束时，恰好进行定期支付，否则期间结束时的总负债将包括一定数额已发生但尚未支付的利息。

对于某些金融工具（如短期债券、零息债券），债务人在负债到期前没有义务向债权人作任何支付。负债到期时，债务人一次性支付最初借入的资金额以及整个负债期间内累计的利息，即可还清负债。这类工具称为贴现工具。合同终止时偿还的金额与最初借入金额之间的差额是利息。按照权责发生制，必须将该利息分配于合同起止期间的所有报告期内。最常见和最简单的分配方法是假设整个合同期内利率不变。

如果贴现工具也要求定期支付（如高折扣债券），那么情况就稍微复杂一些。在这种情况下，应计利息费用等于定期应付的货币金额加上每一期间内应负担的赎回价格与发行价格之间的差额。同样，最常见的处理方法是假设利率在整个合同期内不变。最终确定的利率满足：未来所有的支付的总额以该利率贴现，金额与最初借入的金额相等。

在有些情况下，债券以溢价而非折价发行。确定利息费用的方法与折价发行的金融工具的情况完全相同。差别在于，溢价应在该工具的寿命周期内分摊并且减少每个期间累计的利息金额，即被视为负利息费用。

贷款通常要求定期支付，支付额包括利息和本金。定期支付额超出应计利息的部分使原始本金减少。随着时间的推移，应计利息的支付所占比例减少，用于减少原始本金那部分所占比例增加。

指数化证券是定期支付额和/或未偿还本金额与某一价格指数或某一汇率指数挂钩的金融工具。如果定期支付额指数化（含浮动利率票据），支付的全部数额视为利息。如果本金价值指数化，最终赎回价格与发行价值之间的差额被视为资产寿命内的应计利息，这与贴现证券（事先固定了赎回价格）的处理方法相同。

在实际中，因相关指数变动而导致的某一特定会计期间期初与期末未偿还本金价值的变化，可以视为那一期间应付的利息之外的另一笔应计利息。对于折价发行的金融工具，保值产生的应计利息视为被债务人支付后按同一数额新借入的负债。

值得注意的是，金融衍生工具本身不累计利息。

（三）支付利息的范围及分类

政府单位可能对其作为担保人的其他单位的贷款或其他有息负债支付利息。在政府单位承担之前，这些利息支付不应记为利息。如果政府单位尚未承担，那么有两种可能的交易。第一，如果政府单位没有获得对其他单位的金融债权，或得到不太可能被偿付的金融债权，那么如果另一单位是公司，这一交易应记录为补贴；如果另一单位是另一个广义政府，那么这一交易应记录为赠与；如果另一单位是住户或为住户服务的非营利机构，那么这一交易应视为其他费用。第二，如果政府单位为支付的数额获得了对其他单位的金融债权，而且这一债权有可能得到偿付时，那么这一交易应被政府单位记为金融资产的获得。

拖延支付税收而产生的利息，或与违反税收管理规定有关的利息，视为得到税收的政府单位的税收收入。如果这一利息由广义政府单位支付，那么它将被视为税收支付，是其他费用之一。

应付利息总额分为支付给非居民的利息、支付给广义政府外的居民的利息、支付给其他广义政府单位的利息。对于影响其他广义政府单位支付的利息，只有当编制广义政府单位的分部门统计数据时，才需要进行统计，否则所有这些交易都会在合并中被删除。

五、补贴

(一) 补贴的含义

补贴是政府以企业的生产活动水平或其生产、销售、出口或进口的商品和服务的数量或价值为基础，向企业进行的经常性无偿转移。补贴的目的是要影响生产水平、产出销售价格或企业的利润。补贴包括出于上述目的而由企业获得的应付税收抵免。

(二) 补贴的范围

补贴只向生产者支付，而不支付给最终消费者。补贴只是经常性转移而非资本性转移。

政府单位直接向作为消费者的住户进行的转移以及向为住户服务的非营利机构进行的多数转移被视为社会福利或其他费用。对广义政府单位的多数转移包括在赠与里。为企业的资本形成提供的融资，为其非金融资产的损坏提供的补偿，或弥补两年或两年以上时间内积累的大额营业赤字而向企业进行的支付，属于未列入其他类别的资本转移。以其他生产者单位名义支付但未取得针对原始债务人有效债权的利息或其他债务偿还成本也不属于补贴，而是应记为资本转移。取消机构单位对政府单位的债务也属于资本转移。

可以对特定产品或一般性的生产支付补贴。产品补贴是指对每一单位的商品或服务支付的补贴。补贴可以是对每一单位数量的商品或服务支付一定数额的货币，或以价格计算，表示为每一单位价格的一定百分比。补贴也可以计算为某一确定的目标价格与购买者实际支付的市场价格之间的差额。对产品的补贴通常在商品或服务生产、销售、出口或进口时支付，也可以在其他情况下支付，如当商品转移、出租、交付或用于自己消费或自有资本形成时。

其他生产补贴包括企业因为从事生产而获得的与具体产品无关的补贴。其他生产补贴包括对工资或劳动力发放的补贴（针对总工资或薪金总额、劳动力总人数、某特定类型的就业者）；减少污染的补贴；弥补企业组织或资助培训计划而发生的部分或全部成本。

（三）补贴的分类

补贴可以根据以下两点进行分类：第一，补贴的接收者是公共生产者还是私人生产者；第二，该生产者是非金融企业还是金融企业。补贴的详细分类见表6-3。

表6-3　　　　　　　　　　　　补贴的详细分类

补贴
支付给公共公司
公共非金融公司
公共金融公司
支付给私人企业
私人非金融企业
私人金融企业
支付给其他部门

资料来源：国际货币基金组织：《2014年政府财政统计手册》，华盛顿，2014。

六、赠与

（一）赠与的含义及分类

赠与是政府单位应付给其他居民政府单位、非居民政府单位或国际组织的、不满足税收、补贴或社会缴款定义的转移。赠与常为现金形式，也可能是实物形式。

赠与按两方面内容进行分类：一方面是按接受赠与的单位的类型；另一方面是按赠与是经常性还是资本性。赠与的详细分类见表6-4。

表6-4　　　　　　　　　　　　赠与的详细分类

赠与
支付给外国政府
经常
资本
支付给国际组织
经常
资本
支付给其他广义政府单位
经常
资本

资料来源：国际货币基金组织：《2014年政府财政统计手册》，华盛顿，2014。

1. 按接受赠与的单位类型分类

政府财政统计体系中确定了三种类型的赠与接受者：向外国政府提供的赠与、向国际组织提供的赠与、向其他广义政府单位提供的赠与。只有当编制广义政府部门的分部门统计数据时，才需要编制向广义政府单位提供的赠与这一类别的数据，否则所有这些交易都会在合并中被删除。

2. 按赠与是经常性还是资本性的分类

经常性赠与是出于经常性开支的目的提供的，与接受者获得资产无关，也不以之为条件。资本性赠与涉及接受者对资产的获得，并可能是现金转移。资本性赠与的接受者将要或被要求用此现金进行下述活动：获得一项或多项资产（库存除外），转移一项资产（库存和现金除外），根据债权人与债务人之间的协议取消一项负债，或承担另一单位的债务。

需要注意的是，在实践中，如果对赠与的特征存有疑问，则应划为经常性赠与。

（二）赠与的计价与记录时间

实物形式的赠与应以当期市场价格定值。如果没有市场价格，其价值应是提供该资源的直接成本，或是若出售该资源将得到的数额。

当接受赠与的所有要求和条件都得到满足、捐赠单位具有无条件的义务时，就需要对赠与进行记录。确定这一时间可能很复杂，因为存在各种各样的资格条件，它们具有不同的法律效力。在一些情况下，一个潜在的赠与接受者在满足某些条件后（如出于某一特定目的而事先产生费用，或通过一项立法），将拥有法律上的求偿权。在多数情况下，赠与的接受者不具有对赠与者的求偿权。

七、社会福利

（一）社会福利的定义

社会福利是住户应收的经常转移，用于满足社会风险所产生的需求。这些福利以现金或实物形式支付，以防止全部人口或全部人口中的某一特定部分遭受某些社会风险。社会福利的例子有提供医疗服务、失业补助和社会保障养老金。社会风险是指可能给相关住户的福祉造成不利影响的事件或情形，产生影响的方式包括强行增加对其资源的需求，或减少其收入。

政府财政统计体系中的社会福利，与国民账户体系中定义的社会福利有一定的范围上的差别。政府财政统计中的社会福利不包括：（1）通过就业相关社会计划支付的养老金和其他退休福利（记为负债的减少）；（2）政府生产并转移给住户的商品和服务。

(二) 社会福利的分类

社会福利按支付类型可以划分为社会保障福利、社会救济福利、就业相关社会福利。详细分类见表6-5。

表6-5 社会福利详细分类

社会福利
社会保障福利
现金社会保障福利
实物社会保障福利
社会救济福利
现金社会救济福利
实物社会救济福利
就业相关社会福利
现金就业相关社会福利
实物就业相关社会福利

资料来源：国际货币基金组织：《2014年政府财政统计手册》，华盛顿，2014。

1. 社会保障福利

社会保障福利是通过社会保障计划向住户支付的现金或实物形式的社会福利。典型的现金形式的社会保障福利包括疾病和伤残福利、产妇补助、儿童或家庭补助、失业福利、退休和遗属养老金以及死亡福利等。实物社会保障福利包括代表住户从市场生产者处购买的商品和服务，以及按社会保障计划的规则对住户所购福利进行补偿。这些福利可能包括疾病或牙病治疗、外科手术、住院、眼镜或隐形眼镜、医药产品、家庭保健以及类似的商品和服务。

2. 社会救济福利

社会救济福利是为满足与社会保障福利相同的需要而对住户支付的转移，但这种支付不通过社会保障计划。获得这种福利的资格并不取决于是否以支付缴款形式证明其参与。

社会救济福利可能在下述情况下支付：（1）相关情况不在任何社会保险计划的覆盖范围内；（2）虽然存在一项或多项社会保险计划，但相关住户并未参加，没有获得社会保险福利的资格；（3）以无力参加计划的住户的名义向社会保险计划缴款，以使其有权获得该计划的福利；（4）社会保险福利被认为不足以满足相关需要，因此应支付社会救济福利予以补充；（5）进行因应付税收抵免而产生的隐性社会救济福利的支付；（6）作为一般社会政策问题进行的支付。

社会救济福利不包括因为应对自然灾害等一些正常不在社会保险计划范围之内

的事件或情形而作出的支付。这些支付记入未列入其他类别的转移。

3. 就业相关的社会福利

就业相关的社会福利是政府单位或公共部门单位应付给本单位雇员，或参加该计划的其他政府或公共部门单位雇员，或有权获得这类款项的雇员的遗属和受托人的现金或实物形式的社会福利。这类福利与非养老金福利有关，与社会保障计划提供的福利类似。

雇主社会福利的支付通常使用的是政府的自有资源，不涉及保险企业或自主或非自主养老基金。

（三）作为费用处理的社会福利的范围

社会福利并不都作为费用处理。通过雇主社会保险计划进行的养老金和其他退休福利的支付视为负债的减少。广义政府单位生产并向住户转移的社会福利是费用交易，但不视为社会福利。事实上，生产这些社会福利的费用是雇员补偿、商品和服务的使用以及固定资本消耗的一部分。

所有的社会福利都是经常性转移，没有一种社会福利是资本性转移。

八、其他费用

其他费用包括除利息以外的财产费用，未列入其他类别的转移，与非人寿保险和标准担保计划相关的保费、收费和赔款三个分类，如表 6-6 所示。

表 6-6　　　　　　　　　　其他费用详细分类

其他费用
利息以外的财产费用
股息
准公司收入提取
用于投资收入分配的财产费用
租金
外国直接投资的再投资收益
未列入其他类别的转移
未列入其他类别的经常转移
未列入其他类别的资本转移
与非人寿保险和标准担保计划相关的保费、收费和赔款
应付的保费、收费和经常赔款
巨额应付赔款

资料来源：国际货币基金组织：《2014 年政府财政统计手册》，华盛顿，2014。

(一) 利息以外的财产费用

财产费用是财产所有者将金融资产或自然资源交给另一单位处置时，对于所有者的应付费用。财产费用是投资费用和租金的总和。利息也是一种财产费用，只是在政府财政统计中，利息被单独分类。利息以外的财产费用可能采取的形式包括股息、准公司收入提取、用于投资收入分配的财产费用、租金、外国直接投资的再投资收益。

1. 股息

股息是指政府或公共部门单位作为股权的所有者，将资金交由公司处置而得到的已分配收益。股息又可以分为：支付给非居民的股息和支付给居民的股息。股息应付的条件是公司董事会或其他管理者必须出于自己的意志宣布应付股息。记录股息的时间是该股票开始"除去股息"报价的时间。

2. 准公司收入提取

准公司收入提取是指所有者从准公司提取的可分配收入。根据定义，准公司不能以股息形式分配收入，但所有者可以决定提取部分或全部收入。从概念上讲，这种收入的提取等同于通过股息分配公司的收入，因此两者应使用同样的记录方法。准公司的所有者决定提取的收入金额很大程度上取决于公司净收入的规模。所有这种提取都在支付实际发生之日记录。同股息一样，准公司收入提取并不包括提取来自准公司资产出售或其他处置的资金。

3. 用于投资收入分配的财产费用

用于投资收入分配的财产费用包括归属于保单持有人、养老金权益、投资基金份额持有人的财产收入。

公共公司可以是保险企业，或者可以负责运行养老金计划。在这种情况下，它们将持有各类技术准备金，具体形式有针对非人寿和人寿保险保单相关现存风险而计提的准备金、针对养老金和非养老金福利的权益、标准担保计划项下的代偿而计提的准备金。这些准备金都是对保单持有人或受益人的负债。相应资产的投资获得的任何收入，均属于保单持有人或受益人的财产收入。因此，应记录财产费用以反映负债的增加。对于广义政府单位运营的保险计划或标准担保计划，若计提了单独的技术准备金，则与公共公司运行的此类计划相同处理；若没有计提准备金，则不需要记录财产费用。

4. 租金

租金是指自然资源所有者（出租人或房东）将该自然资源交由另一机构单位（承租人或租客）处置，后者将该自然资源用于生产的情况下，应付给该自然资源所有者的费用。应付租金通常与土地、地下资源和其他自然资源的资源租赁有关。

在合同期内，资产所有者所获租金连续累积。应付租金可采取现金或实物形式。

5. 外国直接投资的再投资收益

外国直接投资的再投资收益是在直接投资企业的留存收益中占有的份额。公共公司可能有外国直接投资者。对于这类非居民外国直接投资者的实际分配可能来自公共公司的可分配收入，可采取的形式为股息或准公司收入提取。不过，对于外国直接投资企业的留存收益，宏观经济统计还要求在记录时假定先按外国直接投资者拥有的企业股权的比例对该收益进行分配，并汇给这些外国直接投资者，然后再由其以股权增加的形式进行再投资。对于这些留存收益的推算汇款，应作为已分配收入的一种形式归类，其独立于股息或准公司收入提取形式的任何实际支付。

（二）未列入其他类别的转移

未列入其他类别的转移包括提供给个人、私人非营利机构、非政府基金会、公司或政府单位的若干馈赠和转移中，未列入其他转移类别、且为达到截然不同目的的那部分转移。这一类别可以细分为未列入其他类别的经常转移和未列入其他类别的资本转移。

1. 未列入其他类别的经常转移

该类别的转移包括：（1）对于为住户服务的非营利机构的经常转移：这些转移通常包括定期或不定期支付的会员费、订阅费以及自愿捐赠形式的现金；（2）一个广义政府单位或公共公司对另一个政府单位或公共公司征收的经常税、强制收费和罚款：这些转移在合并时互相抵消；（3）非应付税收抵免：如果由于记录时间的差别，非应付税收抵免的金额超过了报告期内应从纳税人处收取的税收，此时，如将超额部分支付给纳税人，则净支付额应记为费用而非负税收；（4）除补贴或社会福利外的应付税收抵免总额：这些金额来自与税收是否应付无关的、按总额记录的应付税收抵免；（5）法院或准司法机构征收的罚金和罚款；（6）针对广义政府或公共部门单位造成的人身伤害或财产损害的赔偿支付，不包括非人寿保险索赔支付；（7）应付给住户的、与社会风险无关的奖学金和其他教育福利；（8）从市场生产者购买并直接分配给住户用于最终消费的、除社会福利以外的商品和服务。

2. 未列入其他类别的资本转移

该类别中最重要的资本转移包括：（1）一个广义政府单位对另一政府单位或公共公司征收的资本税：这些转移在合并时相互抵消；（2）对于保单未涵盖的，因巨灾等导致的大范围损害或严重伤害，作为补偿而作出的重大非经常性特殊支付；（3）向公司、准公司、为住户服务的非营利机构、住户和非居民作出的现金或实物资本转移，以弥补非金融资产获得的全部或部分成本，或通过与债务人达成的互相协议取消或承担债务但未获得针对原债务人的有效金融债权；（4）为弥补在两年或更长时间内积累的巨额营业亏损而应付给公司和准公司的转移；（5）代表其他生产者单位支付利息或其他偿债成本，但未获得原债务人有效债权；（6）超出其他单位承担的、提供养老金权益的负债价值的应付金额。

（三）与非人寿保险和标准担保计划相关的保费、收费和赔款

该类别的转移包括为获得风险保险权益而应付给保险计划/公司的非人寿保险费、保险计划应付给受益人的赔款，以及为获得标准担保计划而应付的费用。为了能够对广义政府和公共部门进行合并，应根据对手方所在子部门对该项费用加以分类。该类别又可以细分为下述两个子项：

1. 应付的保费、收费和经常赔款

应付的保费、收费和经常赔款包含因为签发标准担保而应付的非人寿保险保费和费用，以及非异常保险理赔费用。

2. 巨额应付赔款

巨额应付赔款包括巨灾事件或灾害之后应付的特大金额的保险理赔。对于这些特大应付赔款，其中一部分可被记为资本转移而非经常转移。考虑到各方难以一致处理这些事件，作为一项简化的惯例，所有非人寿保险赔款均归为经常转移，除非为了与国民账户保持一致而有必要记为资本转移。

第三节 政府支出的职能分类

政府职能分类是对广义政府单位旨在通过各类支出来实现各种职能或社会经济目标的详细分类。政府职能分类是政府财政统计列报中必不可少的环节，如表6-7所示。

表6-7 政府支出职能分类

一般公共服务	住房和社区服务设施
行政和立法机关、金融和财政事务、外交事务	住房开发
对外经济援助	社区发展
一般服务	供水
基础研究	街道照明
一般公共服务研发	住房和社区服务设施研发
未列入其他类别的一般公共服务	未列入其他类别的住房和社区服务设施

续表

公共债务交易	医疗卫生
各级政府间的一般性转移	医药产品、器械和设备
国防	门诊服务
军事防御	医院服务
民防	公共卫生服务
对外军事援助	医疗卫生研发
国防研发	未列入其他类别的医疗卫生
未列入其他类别的国防事务	**娱乐、文化和宗教**
公共秩序和安全	娱乐和体育服务
警察部门	文化服务
消防部门	广播和出版服务
法院	宗教和其他社区服务
监狱	娱乐、文化和宗教研发
公共秩序和安全研发	未列入其他类别的娱乐、文化和宗教
未列入其他类别的公共秩序和安全	**教育**
经济事务	学前和初等教育
一般经济、商业和劳工事务	中等教育
农业、林业、渔业和狩猎业	中等教育后的非高等教育
燃料和能源	高等教育
采矿业、制造业和建筑业	无法定级的教育
交通	辅助性教育服务
通信	教育研发
其他行业	未列入其他类别的教育
经济事务研发	**社会保护**
未列入其他类别的经济事务	疾病和残疾
环境保护	老龄
废物管理	遗属
废水管理	家庭和子女
减轻污染	失业
保护生物多样性和自然景观	住房
环境保护研发	未列入其他类别的社会排斥
未列入其他类别的环境保护	社会保护研发
	未列入其他类别的社会保护

资料来源：国际货币基金组织：《2014年政府财政统计手册》，华盛顿，2014。

需要特别注意的是：在政府财政统计中，政府职能分类只适用于由费用和非金融支出净投资组成的支出。

一、政府职能分类的结构与用途

（一）政府职能分类的结构

如表6-7所示，政府职能分类的分类代码与政府财政统计的其他分类代码有所不同。政府职能分类按三级分类体系划分，每一级的每个项目都给予一个代码。

1. "部门"类别

这是第一级职能划分类别。政府支出职能分类体系中的"部门"共有十个：一般公共服务，国防，公共秩序和安全，经济事务，环境保护，住房和社区服务设施，医疗卫生，娱乐、文化和宗教，教育，社会保护。

2. "组"类别

这是第二级职能划分类别。它是在第一级职能分类的基础上，对每一部门再进行划分的类别。例如，在表6-7中，"经济事务"部门下可再划分"交通"等组。

3. "类"类别

这是第三级职能划分类别。它是在第二级职能划分类别的基础上，对每一组再进行划分的类别。例如，在"医院服务"组别下可再划分"疗养院和康复院服务"等类别，在"疾病和残疾"组别下可再划分"残疾"等类别。

（二）政府职能分类的用途

利用政府职能分类可以分析政府在特定职能或政策目的上的长期趋势。传统的政府账户的组织结构编制，一般不宜用于开展此类分析。这是因为组织结构的变化可能扭曲时间序列数据，另外，在某一特定时间点上，一些组织可能负责不止一项职能，而一项职能也可能由几个组织负责。

政府职能分类还可用于国际层面比较政府对于特定经济和社会职能投入的程度。政府职能分类不仅避免了单个政府组织结构变化带来的问题，也避免了各国间组织结构差异所导致的问题。

政府职能分类能够提供一些有关特定类型分析的关键总量数据。这些总量数据可用作说明结果的指标或标准。如为了分析经济增长对环境的影响，可能需要关于环境保护方面的支出信息。

二、支出的归类

某一特定职能的所有支出都归在政府职能分类的一个类别中，无论这些支出是如何执行的。也就是说，以下内容划分在同一类别内：指定用于某一特定职能的现金转移，从市场生产者处购买的转移给住户并用于同一职能的商品和服务，广义政府单位生产的商品和服务，或为了同一职能而获得的资产。

分类项目原则上应是单个交易。对于每一项商品和服务的购买、工资的支付、转移或其他支出，应根据交易执行的职能为它们指定一个政府职能分类的代码。然而，对于多数支出来说，一般不可能用交易作为分类项目。可能需要为政府部门或部委内的机构、办公室、项目单位、局及类似单位的所有交易指定政府职能分类代码。

如果按政府机构而非交易进行分类，可能的情况是政府账户可识别的最小机构可能执行不止一项政府职能分类上的职能。若有可能，应使用一个相关的有形指标（如雇员工作的小时数），将执行多项职能的机构的支出分配在政府职能分类的各项职能中，也可以将执行多项职能的机构的所有支出全部计入支出最多的那些职能中。

单一的分类无法服务于所有的分析目的。政府职能分类中对职能的选择不是唯一的。每一职能的范围可以更宽或更窄一些，也可以包括完全不同的职能。例如，医学院校在政府职能分类中划分为教育而非医疗保健。另外，研究和发展自身可作为一项职能，但在政府职能分类中是根据与研究和发展的目标最紧密相关的职能进行分类的。因此，必须谨慎使用政府职能分类的统计数据，以确保取得特定分析目的所需的口径。

政府部委一般负责以下事项：整体政策、计划、项目和预算的制订、管理、协调和监控；法律的制定和执行、一般信息、技术文件和统计数据的编制和公布。因此，这些部委的支出分散于它们所负责的各类之中。例如，交通的支出应划分为公路运输、水路运输、铁路运输、空中运输、管道和其他运输。

部委或部委内单位对一般性服务（如人事服务、供给和购买服务、会计和审计服务、计算机和数据处理服务）的管理支出应尽可能细分。如果管理支出涉及两个或两个以上的类，应尽量在有关各类之间进行分配。如果这一方法不可行，总支出应归于占最大比例的那一类。

三、政府职能的详细分类

如前所述，根据政府职能分类可以将支出划分为十个大类（部门），每一个大类下又有若干的中类（组）。本部分主要从十个大类的角度对政府职能分类进行介绍。

（一）一般公共服务

一般公共服务包括以下八个组别。

（1）行政和立法机关事务、金融和财政事务、对外事务。行政和立法机关事务主要涉及行政和立法机关的管理、运行和支持；金融和财政事务涉及金融和财政事务和服务的行政管理，公共资金和债务的管理，税收计划的运行，国库或财政部、预算办公室、国内收入局、海关当局、会计和审计服务部门的运行，关于金融和财政事务和服务的一般资料、技术文件和统计数据的编制和传播；对外事务主要涉及对外事务和服务的行政管理，外交部和派驻国外或国际组织办事处的外交和领事使团的运行，驻外信息和文化服务的运行或支持，设在国外的图书馆、阅览室和参考资料服务单位的运行和支持，定期订阅和支付的特别捐款以便支付国际组织的一般运行费用。

（2）对外经济援助。对外经济援助可以从直接和间接的角度进行细分。直接角度指为给予发展中国家和转型国家的经济援助，包含同发展中国家和转型国家进行经济合作的行政管理；派驻外国政府的经济援助特派团的运行；技术援助项目、培训项目及研究金和奖学金计划的运行或支持；以赠与或贷款形式提供的经济援助等。间接角度来看，主要指通过国际组织安排的经济援助，涉及通过国际组织安排的经济援助的行政管理；对国际、区域或其他多国组织管理的经济发展基金的捐助等。

（3）一般服务。一般服务涵盖与具体职能无关，但通常由各级政府中央部门开展的服务。本组还涵盖同这些中央部门行使的特定职能有关的服务。

（4）基础研究。基础研究涉及从事基础研究的政府机构的行政管理和运行；提供赠与、贷款或补贴，以支持研究机构和高等院校等非政府机构从事基础研究。

（5）一般公共服务研发。一般公共服务研发涉及从事同一般公共服务有关的应用研究和试验性开发的政府机构的行政管理和运行；提供赠与、贷款或补贴，以支持研究机构和高等院校等非政府机构从事与一般公共服务有关的应用研究和试验性开发。

（6）未列入其他类别的一般公共服务。本类别涉及一般公共服务的行政管理、运行或支持，如选民登记、举行选举和公民公决，非自治领土和托管领土的行政管理等。

（7）公共债务交易。本类别主要是指利息支付及政府贷款承销和发行的费用。

（8）各级政府间的一般性转移。本类别主要指各级政府之间不能划归某一特定职能的一般性转移。

（二）国防

国防类别包括以下五个组别。

（1）军事防御。其包括军事防御事务和服务的行政管理；陆、海、空和空间防御部队的运行；工程、运输、通信、情报、人员和其他非战斗国防部队的运行；国防机构后备和辅助部队的运行和支持。

（2）民防。其包括相关行政管理；拟订应急计划；组织涉及民间机构和民众的演习；民防部队的运行和支持。

（3）对外军事援助。其包括对外军事援助的行政管理和派驻外国政府或附属国际军事组织或联盟的军事援助特派团的运行；以赠与、贷款或出借设备形式提供的军事援助；为国际维持和平部队作出贡献，包括派出人员。

（4）国防研发。其包括相关政府机构的行政管理和运行；提供赠与、贷款或补贴，以支持相关非政府机构从事有关应用研究和试验性开发。

（5）未列入其他类别的国防事务，涉及管理、运行或支持以下活动：有关国防的总体政策、计划、方案和预算的拟订、管理、协调和监测；制定和执行国防有关的法律；编制和传播关于国防的一般资料、技术文件和统计数据等。

（三）公共秩序和安全

公共秩序和安全包括以下六个组别。

（1）警察部门。该类别包括外侨登记、向移民签发工作和旅行证件、保管逮捕记录和与警察工作有关的统计、道路交通监管、防范走私及控制近海和远洋捕鱼；正规和辅助警察部队，港口、边防和海岸警卫队及公共当局保有的其他特殊警察部队的运行；警察训练项目的运行或支持等相关的行政管理。

（2）消防部门。该类别包括正规和辅助消防队及公共当局保有的其他防火和灭火部门的运行；防火灭火训练项目的运行和支持等相关的行政管理。

（3）法院。该类别包括民事和刑事法院及司法系统的行政管理、运行或支持，含执行法院判处的罚款和法律和解的强制执行以及假释和保释制度的运行；以政府或他人名义就政府提供的现金或服务提供法律陈述和咨询意见。

（4）监狱。该类别包括监狱和拘留或改造犯人的其他场所，如监狱农场、管教所、感化院、青少年犯教养所、犯罪精神病患者收容所等场所的行政管理、运行或支持。

（5）公共秩序和安全研发。该类别包括从事同公共秩序和安全有关的应用研究和试验性开发的政府机构的行政管理和运行；提供赠与、贷款或补贴，以支持研究机构和高等院校等非政府机构从事与公共秩序和安全有关的应用研究和试验性开发。

（6）未列入其他类别的公共秩序和安全。该类别包括管理、运行或支持以下活动：有关公共秩序和安全的总体政策、计划、规划和预算的拟订、管理、协调和监测；为维护公共秩序和安全制定和执行法律和标准；制作和传播有关的一般资料、技术文件和统计数据。

（四）经济事务

经济事务包括以下九个组别。

(1) 一般经济、商业和劳工事务。本组具体可以分为一般经济和商业事务与一般劳工事务两类。

一般经济和商业事务包括管理一般经济和商业事务；拟订并执行一般经济和商业政策；负责政府不同部门之间以及政府和企业之间的联络工作；管理或支持一般经济和商业活动；从事负责专利、商标、版权、公司登记、天气预报、标准、水文测量、大地测量等工作的机构运行或支持工作；提供赠与、贷款或补贴，以促进一般经济和商业政策和项目。

一般劳工事务包括管理一般劳工事务和服务；拟订并执行一般劳工政策；监督和管理劳动条件（工时数、工资、安全等）；负责政府各部门之间以及政府同全体工商业和劳工组织之间的联络工作；旨在便利劳工流动，减少性别、种族、年龄和其他方面的歧视，降低灾区或不发达地区的失业率，促进处境不利群体或其他高失业率群体就业等一般项目或计划的运行或支持；职业介绍所的运行；仲裁和调解服务的运行或支持；制作和传播有关一般劳工事务和服务的一般资料、技术文件和统计数据。

(2) 农业、林业、渔业和狩猎业。本组涵盖农业、林业、渔业和狩猎业事务和服务的管理；制作和传播有关农业、林业、渔业和狩猎业事务和服务有关的一般资料、技术文件和统计数据；农业中涉及可耕地的养护、开垦或扩大；土地改革和土地安置；农业产业的监督和管理；洪水控制、灌溉和排水系统的建设或运行，包括向这些工程提供的赠与、贷款或补贴；旨在稳定或提高农产品价格和农业收入的项目和计划的运行或支持。该类别管理以下服务的运行或支持以下服务：向农民提供推广服务或兽医服务，控制虫害服务，作物检查服务和作物评级服务；向农民提供与农业活动有关的补偿、赠与、贷款或补贴，包括为限制或鼓励某一特定作物的生产或让土地休耕而作出的支付。

林业涉及森林保护区的养护、扩大和合理开发；林业作业和伐木许可证发放的监督和管理；植树造林工作的运行和支持、病虫害防治、森林灭火和防火服务及向林业从业者提供推广服务；提供赠与、贷款或补贴支持商业性林业活动。

渔业和狩猎业涵盖商业类和运动类。包括捕鱼和狩猎事务和服务的行政管理；鱼类和野生动物种群的保护、繁殖和合理开发；监督和管理淡水捕鱼、近海捕鱼、远洋捕鱼、养殖渔业、野生动物的捕猎及捕鱼和狩猎许可证的发放；鱼苗孵化场的运行和支持、推广服务、放养和剔除活动等；提供赠与、贷款或补贴，以支持渔业和狩猎活动，包括鱼苗孵化场的建设或运行。

(3) 燃料和能源。燃料和能源的类别主要有煤和其他固体矿物燃料、石油和天然气、核燃料、其他燃料（如酒精、木炭等）、电力、非电力能源。

本类涵盖燃料和能源事务和服务的行政管理，燃料和能源的开发、保护和合理利用；供应系统的建设和运行；制作和传播有关的一般资料、技术文件和统计数据；提供赠与、贷款或补贴支持相关产业的发展等。

（4）采矿业、制造业和建筑业。本组涵盖相关产业事务和服务的行政管理；制作和传播有关产业的一般资料、技术文件和统计数据；提供赠与、贷款或补贴支持相关产业的发展。

除矿物燃料外的采矿业还涉及矿物资源的保护、发现、开发和合理利用；监督和管理矿物的勘探、采掘、销售和其他矿物生产；签发许可证和租约、调节生产速度、检查矿山确保其符合安全条例等。

制造业还涉及制造业的发展、扩大或改善；监督和监管制造厂的建立和运行；同制造商协会和关心制造业事务和服务的其他组织联络；检查制造场所确保其符合安全条例，保护消费者免受危险产品之害等。

建筑业还涉及监督建筑业；建筑标准的制定和管理等。

（5）交通。本组可以具体细分为道路交通、水上交通、铁路交通、空中交通、管道和其他交通等类别。其事务主要涉及相关交通设施的运行、使用、修建和维护有关的事务和服务的行政管理；有关交通设施使用者的监督和管理；交通系统的运行以及交通设施的修建和维护；非企业类相关交通系统和设施的修建或运行；制作和传播有关交通系统和交通设施修建活动的一般资料、技术文件和统计数据；提供赠与、贷款或补贴，以支持交通系统和设施的运行、修建、维护和改善。

（6）通信。本组涵盖与通信系统的建设、扩建、改善、运行和维修有关的事务和服务的行政管理；通信系统运行的管理；制作和传播有关通信事务和服务的一般资料、技术文件和统计数据；提供赠与、贷款或补贴，以支持通信系统的建设、运行、维护或改善。

（7）其他行业。本组可细分为销售业和仓储业、旅馆和饭店、旅游业、多用途开发项目等类别。具体涉及相关产业的行政管理；对相关产业的监督和管理（价格、发放执照、条例等）；制作和传播有关产业的一般资料、技术文件和统计数据；提供赠与、贷款或补贴，以支持有关产业设施的建设、运行、维护或改善。

（8）经济事务研发。本组包括从事经济事务有关的应用研究和试验性开发的政府机构的行政管理和运行；提供赠与、贷款或补贴，以支持研究机构和高等院校等非政府机构从事同经济事务有关的应用研究和试验性开发。

（9）未列入其他类别的经济事务。本组涵盖不包含在一般经济、商业和劳工事务，农业、林业、渔业和狩猎业，燃料和能源，采矿业、制造业和建筑业，交通这五个组别中的与经济事务有关的行政管理、运行或支持活动。

(五) 环境保护

环境保护的细目以欧洲共同体统计处欧洲环境经济信息收集系统中所述《环境保护活动分类》为依据。

(1) 废物管理。本组包括废物的收集、处理和处置。

废物的收集包括清扫街道、广场、小路、市场、公共花园、公园等；收集各类废物，无论是否按产品类型分类收集，还是不加区别地收集所有废物，并将废物运到处理或处置场所。

废物处理包括旨在改变任何废物的物理、化学或生物特征的任何方法或工艺，以便使其中和、使其转为无害、使其运输更安全、使其易于回收或储存或缩小体积。

废物处置包括通过填埋、密封、地下处置、海洋倾倒或任何其他相关处置方式，对预计不再进一步利用的废物做最后处置。

(2) 废水管理。本组包括下水道系统运行和废水处理。

下水道系统运行包括管理和建设收集器、管道、渠道和泵站系统，以将废水（雨水、家庭和其他废水）从发生点排往污水处理厂或排至某一点再排入地表水。

废水处理包括任何机械、生物或先进过程，使废水经过这些过程后符合相关环境标准或其他规范。

(3) 减轻污染。本组包括的活动涉及环境空气和气候保护、土壤和地下水保护、降低噪音和震动以及辐射防护。

这些活动包括监测系统和台站（气象台除外）的建设、维护和运行；修建隔音墙、栅栏和其他防噪音设施，包括对市区高速公路和铁路路段重铺降噪路面；清除水体内污染的措施；控制或预防对空气质量产生不良影响的温室气体和污染物排放的措施；净化遭受污染的土壤及存储污染物的装置的建设、维护和运行；污染物的运输。

(4) 保护生物多样性和自然景观。本组包括的活动涉及动植物物种的保护（包括重新引进灭绝物种和恢复濒危物种）、生境保护（包括自然公园和保护区的管理）及自然景观美学价值的保护（包括重塑受损害的自然景观以加强其美学价值以及废弃矿山和采石场的复原）。

(5) 环境保护研发。本组包括从事环境保护有关的应用研究和试验性开发的政府机构的行政管理和运行；提供赠与、贷款或补贴，以支持研究机构和高等院校等非政府机构从事同环境保护有关的应用研究和试验性开发。

(6) 未列入其他类别的环境保护。本组包括旨在促进环境保护的总体政策、计划、方案和预算的制订、管理、协调和监测等各类活动的行政管理、监管、监督、运行和支持；制定和执行关于提供环境保护服务的法律和标准；制作和传播有关环境保护的一般资料、技术文件和统计数据。

（六）住房和社区服务设施

（1）住房开发。本组包括住房开发事务和服务的行政管理；促进、监督和评价住房开发活动，无论这些活动是否由公共当局主持；住房标准的制定和监督；同提供住房有关的贫民区清除工作；取得修建住宅所需的土地；为公众或具有特殊需要者修建或购买和改建住宅单位；制作和传播同住房开发事务的服务有关的一般资料、技术文件和统计数据；提供赠与、贷款或补贴，以支持房源的扩大、改善或维修。

（2）社区发展。本组包括社区发展事务和服务的行政管理；区域规划法律及用地和建筑条例的行政管理；新社区或改造社区的规划；社区住房、工业、公用事业、医疗保健、教育、文化、娱乐等设施的改进和发展规划；为已规划的开发制订筹资计划；制作和传播同社区发展事务和服务有关的一般资料、技术文件和统计数据。

（3）供水。本组包括给水事务管理；评估未来需求并根据此种评估决定供应情况；对饮用水供应的所有方面进行监督和监管，包括水的净化、价格和质量控制；非企业类供水系统的建设或运行；制作和传播同供水事务和服务有关的一般材料、技术文件和统计数据；提供赠与、贷款或补贴，以支持供水系统的运行、建设、维护或改善。

（4）街道照明。本组包括街道照明事务的行政管理；街道照明标准的制定和监管；街道照明的安装、运行、维护、改善等。

（5）住房和社区服务设施研发。本组包括从事同住房和社区服务设施有关的应用研究和试验性开发的政府机构的行政管理和运行；提供赠与、贷款或补贴，以支持研究机构和高等院校等非政府机构从事同住房和社区服务设施有关的应用研究和试验性开发。

（6）未列入其他类别的住房和社区服务设施。本组包括关于住房和社区服务设施的总体政策、计划、方案和预算的制订、管理、协调和监督等活动的行政管理、运行或支持；制定和执行同住房和社区服务设施有关的法律和标准；制作和传播有关住房和社区服务设施的一般资料、技术文件和统计数据等。

（七）医疗卫生

政府的医疗卫生支出包括向个人提供服务和向集体提供服务而发生的支出。个人服务的支出被划归为医疗产品、器械和设备，门诊服务，医院服务，公共卫生服务；集体服务的支出划归为医疗卫生研发，未列入其他类别的医疗卫生。需要注意的是，在集体服务的支出中，同一组医院、诊所、手术等的管理或运行有关的间接费用被视为个人支出，并酌情划归为医疗产品、器械和设备，门诊服务，医院服务和公共卫生服务组别。

（1）医疗产品、器械和设备。本组涵盖个人和住户按处方或不按处方，通常从药剂师、配药师或医疗设备供应商取得的药物、假体、医疗器械和设备及同卫生有关的其他产品。这些物品供个人或集体在医疗卫生设施或机构以外的地方使用。医生、牙医和护理医生直接提供给门诊病人或医院提供给住院病人的这些产品列在门诊服务或医院服务之下。

（2）门诊服务。本组涵盖医生、牙医、护理医生和辅助人员为门诊病人提供的医疗、牙医和医务服务。这些服务可在家中、个人或集体问诊设施、药房或医院门诊等提供。

门诊服务包括医生、牙医、护理医生和辅助人员直接向门诊病人提供药物、假体、医疗器械和设备及同医疗保健有关的其他产品。

（3）医院服务。住院的定义是病人在治疗期间住在医院。包括医院日间护理和在家里接受医院治疗以及晚期病人的临终关怀。

本组涵盖一般和专科医院服务，主要提供住院服务的医疗中心、产科中心、疗养院和康复院提供的服务，军事基地医院提供的服务，以医疗监测作为基本内容的老年人服务机构的服务，以治疗病人而非以提供长期支持为目的、提供住院医疗保健和康复治疗的康复中心提供的服务。

医疗服务包括药物、假体、治疗器械和设备和提供给住院病人的其他卫生相关产品。还包括医院用于行政管理、非医务工作人员、食品和饮料、住宿（包括工作人员住宿）等方面的非医疗支出。

（4）公共卫生服务。本组涵盖由专门的医疗队伍在工作场所、学校或其他非医疗环境向服务对象群体提供的公共卫生服务，在这些服务对象中大多数人身体健康；同医院、诊所和医生无关的公共卫生服务；并非由合格医生提供的医疗保健服务；公共卫生服务实验室。

本组具体涉及血库运行；检查疾病；预防；接种；流行病数据收集；计划生育服务等公共卫生服务的行政管理、检查、运行或支持；制作和传播关于公共卫生事务的资料。

（5）医疗卫生研发。本组包括从事同医疗卫生有关的应用研究和试验性开发的政府机构的行政管理和运行；提供赠与、贷款或补贴，以支持研究机构和高等院校等非政府机构从事同医疗卫生有关的应用研究和试验性开发。

（6）未列入其他类别的医疗卫生。本组包括总体卫生政策、计划、方案和预算的制订、管理、协调和监测等活动的行政管理、运行或支持；制定和执行同提供医疗卫生服务有关的法律和标准，包括向医疗单位及医务人员和辅助医务人员发放执照；制作和传播同医疗卫生有关的一般资料、技术文件和统计数据。

（八）娱乐、文化和宗教

政府的娱乐、文化和宗教支出包括向个人和住户提供服务和向集体提供服务而发生的支出。个人服务的支出划归为娱乐和体育服务以及文化服务组别；集体服务的支出列入广播和出版服务，宗教和其他社区服务，娱乐、文化和宗教研发以及未列入其他类别的娱乐、文化和宗教这四个组别。

（1）娱乐和体育服务。本组包括提供体育和娱乐服务；管理体育和娱乐事务；监督和管理体育设施；主动型体育运动和活动设施的运行和支持；被动型体育运行和活动设施的运行和支持；娱乐活动设施的运行和支持；提供赠与、贷款或补贴，以支持团体或个人竞赛者或运动员。

（2）文化服务。本组包括提供文化服务；管理文化事务；监督和管理文化设施；文化事业设施的运行或支持；文化活动的运行或支持；提供赠与、贷款或补贴，以支持艺术家、作家、设计人员、作曲家和从事文艺工作的其他个人，或支持从事文化活动的组织。

（3）广播和出版服务。本组包括管理广播和出版事务；管理和监督广播和出版事务；广播和出版服务的运行或支持；提供赠与、贷款或补贴，以支持电视或广播设施的建设或取得；出版报纸、杂志或书籍的工厂、设备或材料的建设或取得；制作供广播的材料；收集新闻或其他信息；分发已出版作品。

（4）宗教和其他社区服务。本组包括管理宗教和其他社区事务；提供作宗教仪式和其他社区服务用途的设施，包括支持这些设施的运行、维修和修理；支付宗教机构神职人员和其他干事的薪酬；支持举行宗教仪式；提供赠与、贷款或补贴，以支持互助组织、民间组织、青年组织和社会组织或工会和政党。

（5）娱乐、文化和宗教研发。本组包括从事同娱乐、文化和宗教有关的应用研究和试验性开发的政府机构的行政管理和运行；提供赠与、贷款或补贴，以支持研究机构和高等院校等非政府机构从事同娱乐、文化和宗教有关的应用研究和试验性开发。

（6）未列入其他类别的娱乐、文化和宗教。本组包括旨在促进体育、娱乐、文化和宗教的总体政策、计划、方案和预算的制订、管理、协调和监测等活动的管理、运行或支持；制定和执行同提供娱乐和文化服务有关的法律和标准；制作和传播同娱乐、文化和宗教有关的一般资料、技术文件和统计数据。

（九）教育

政府的教育支出包括向学生个人提供服务和向集体提供服务而发生的支出。个人服务的支出分别划归至学前和初等教育、中等教育、中等教育后的非高等教育、高等教育、无法定级的教育和辅助性教育服务组别；集体服务的支出分别列入教育研发和未列入其他类别的教育组别。需要注意的是，集体服务支出中与一组学校和学院等的管理或运行有关的间接费用被视为个人支出，酌情划归至学前和初等教育，中等教育，中等教育后的非高等教育，高等教育，无法定级的教育或辅助性教育服务组别。

（1）学前和初等教育、中等教育、中等教育后的非高等教育、高等教育。本组涉及提供学前和初等教育、中等教育、中等教育后的非高等教育、高等教育的学校或其他机构的行政管理、检查、运行或支持。

教育的细分以联合国教育、科学及文化组织1997年《国际标准教育分类》中的级类为依据。学前教育为国际标准中的0级；初等教育为1级；初中教育为2级，高中教育为3级；中等教育后的非高等教育为4级；高等教育第一阶段为5级，高等教育第二阶段为6级。

（2）无法定级的教育。本组包括对提供无法定级的教育（一般以成人为对象，不需要任何特定学历的教育项目，特别是职业教育和文化发展）的机构进行行政管理、检查、运行或支持；提供奖学金、赠与、贷款和津贴，以支持学生接受无法定级的教育。

（3）辅助性教育服务。本组提供辅助性教育服务；交通、食品、住宿、医疗和牙齿护理以及主要以各级别学生为服务对象的相关辅助性服务的行政管理、检查、运行或支持。

（4）教育研发。本组包括从事同教育有关的应用研究和试验性开发的政府机构的行政管理和运行；提供赠与、贷款或补贴，以支持研究机构和高等院校等非政府机构从事同教育有关的应用研究和试验性开发。

（5）未列入其他类别的教育。本组包括总体教育政策、计划、方案和预算的制订、管理、协调和监测等活动的行政管理、运行或支持；制定和执行同教育有关的法律和标准，包括教育机构的发放执照；制作和传播同教育有关的一般资料、技术文件和统计数据。

（十）社会保护

政府的社会保护支出包括向个人和住户提供服务和转移而发生的支出以及向集体提供服务而发生的支出。用于个人服务和转移的支出分别划归至疾病和残疾、老龄、遗属、家庭和子女、失业、住房、未列入其他类别的社会排斥组；集体服务的支出分别列入社会保护研发和未列入其他类别的社会保护组。

社会保护职能及其定义以2008年欧洲共同体统计处欧洲综合社会保护统计体系为依据。

（1）疾病和残疾。本组涵盖提供现金福利或实物福利形式的社会保护，以全部或部分取代由疾病或受伤而暂时丧失工作能力而造成的收入损失；向由于身体或精神永久性损害，或在规定的最短期限后可能继续存在的此类损害而完全丧失或部分丧失从事经济活动或正常生活能力者，提供现金福利或实物福利形式的社会保护；此种保护计划的行政管理、运行或支持。

（2）老龄。本组涵盖针对同老龄有关的风险（丧失收入、收入不足、缺乏独立料理日常生活的能力、参加社会和社区生活次数减少等）而提供的现金福利和实物福利形式的社会保护；此类此种保护计划的行政管理、运行或支持。

（3）遗属。本组涵盖向死者遗属（死者配偶、前配偶、子女、孙子孙女、父母或其他亲属）提供现金福利或实物福利形式的社会保护；此种保护计划的行政管理、运行或支持。

（4）家庭和子女。本组涵盖向受抚养子女的家庭提供现金福利或实物福利形式的社会保护；此种保护计划的行政管理、运行或支持。

（5）失业。本组涵盖向有能力工作、可参加工作但找不到适当工作的人提供现金福利或实物福利形式的社会保护；此种保护计划的行政管理、运行或支持。

（6）住房。本组涵盖提供旨在帮助住户支付住房费用的现金福利或实物福利形式的社会保护（接受这些福利者需经过经济情况调查）；此种保护计划的行政管理、运行或支持。

（7）未列入其他类别的社会排斥。本组涵盖向遭受社会排斥或可能遭受社会排斥者提供现金福利或实物福利形式的社会保护；此种保护计划的行政管理、运行或支持。

（8）社会保护研发。本组包括从事同社会保护有关的应用研究和试验性开发的政府机构的行政管理和运行；提供赠与、贷款或补贴，以支持研究机构和高等院校等非政府机构从事同社会保护有关的应用研究和试验性开发。

（9）未列入其他类别的社会保护。本组包括总体社会保护政策、计划、方案和预算的制订、管理、协调和监测等活动的行政管理、运行或支持；制定和执行同社会保护有关的法律和标准；制作和传播同社会保护有关的一般资料、技术文件和统计数据；向火灾、洪灾、地震和其他和平时期灾害的受害者提供现金福利和实物福利形式的社会保护；购买并储存粮食、设备和其他用品以供和平时期遭遇灾难时应急之用。

四、支出的交叉分类

支出的交叉分类是支出的经济分类和职能分类的交叉，如表6-8所示。该表的横行是按政府职能对支出进行的分类，除了每一部门的费用外，还包括非金融资产的净获得；竖列是按经济性质对费用进行的分类。

支出的交叉分类能更加清晰地服务于分析的需要。从竖列看，每一项经济分类的费用，都可以具体分解到政府的各项职能中去；从横行看，每一项政府的职能，都通过横行中的各项经济分类的费用得到体现。

具体来说，交叉分类有助于开展以下分析：（1）投入，显示政府如何行使其职能；产出，显示政府正在开展什么工作；（2）政府如何行使其公共支出政策职能以实现各项社会目标；（3）为实现具体政策目标，支出结构随时间发生的变化；（4）比较不同政府如何行使具体职能。

表 6-8　　　　　　　　　　　　　　支出的交叉分类

	雇员报酬	商品和服务的使用	固定资本消耗	利息	补贴	赠与	社会福利	其他费用	对非金融资产的净投资
一般公共服务									
国防									
公共秩序和安全									
经济事务									
环境保护									
住房和社区服务设施									
医疗卫生									
娱乐、文化和宗教									
教育									
社会保护									

资料来源：国际货币基金组织：《2014 年政府财政统计手册》，华盛顿，2014。

本章小结

1. 费用是一种减少净值（资产减少或负债增加）的交换和转移交易。其与支出这一概念有区别，支出等于费用加非金融资产交易。

2. 在运营情况表中，应按照权责发生制的原则记录费用。根据权责发生制，在产生无条件付款义务或以其他方式放弃资源的活动、交易或其他事件发生时记录交易。在现金来源与使用表中，费用交易应根据记录的收付实现制尽可能在接近支付阶段记录。

3. 费用从不同角度和出于不同的目的可以进行多种分类。在《2014 年政府财政统计手册》中的分类是费用的经济分类，支出的功能分类。

4. 费用的经济分类是按费用所涉及的经济过程的分类。它将费用分为雇员报酬、商品和服务的使用、固定资本消耗、利息、补贴、赠与、社会福利、其他费用等八大类。

5. 雇员报酬是指在雇主—雇员关系中，政府对其雇员在报告期间完成的工作而应付给个人的现金或实物形式的合计报酬。它包括工资和薪金，以及代表雇员向社会保险计划缴纳的社会缴款。

6. 商品和服务的使用包括为生产市场和非市场性商品和服务使用的商品和服务。在运营情况表中，商品和服务的使用的价值应在实际使用商品或服务时记录，而不是在获得商品和服务或因此作出支付的时间记录。

7. 固定资本消耗是指报告期内，由于自然退化、正常报废或正常意外损害，政府单位拥有和使用的固定资产存量现值的减少。

8. 利息是由产生某种负债（存款、债券、贷款和应付账款）的单位支付的。这些负债是当广义政府单位从另一单位借款时产生。利息是广义政府单位（债务人）因使用未偿还的本金（债权人提供的经济价值）而产生的费用。

9. 补贴是政府以企业的生产活动水平或其生产、销售、出口或进口的商品和服务的数量或价值为基础，向企业进行的经常性无偿转移。补贴的目的是要影响生产水平、产出销售价格或企业的利润。补贴包括出于上述目的而由企业获得的应付税收抵免。

10. 赠与是政府单位应付给其他居民政府单位、非居民政府单位或国际组织的、不满足税收、补贴或社会缴款定义的转移。赠与常为现金形式，也可能是实物形式。

11. 社会福利是住户应收的经常转移，用于满足社会风险所产生的需求。这些福利以现金或实物形式支付，以防止全部人口或全部人口中的某一特定部分遭受某些社会风险。

12. 其他费用包括除利息以外的财产费用、未列入其他类别的转移以及与非人寿保险和标准担保计划相关的保费、收费和赔款三类。

13. 支出的功能分类是按费用发生的目的进行的分类。它将支出分为一般公共服务、国防、公共秩序和安全、经济事务、环境保护、住房和社区服务设施、医疗卫生、娱乐文化和宗教、教育、社会保护十大类。

14. 某一特定职能的所有支出都归在政府职能分类的一个类别中，无论这些支出是如何执行的。也就是说，指定用于某一特定职能的现金转移，从市场生产者处购买的转移给住户并用于同一职能的商品和服务，广义政府单位生产的商品和服务，以及为了同一职能而获得的资产等应划分在同一类别内。

15. 支出的交叉分类是支出的经济分类和职能分类的交叉。

本章重要概念

费用 支出 费用的经济分类 支出的职能分类 支出的交叉分类 雇员报酬 商品和服务的使用 固定资本消耗 利息 补贴 赠与 社会福利 其他费用

复习思考题

1. 简述费用的经济分类及其记录。
2. 简述支出的功能分类及其记录。
3. 简述支出的交叉分类及其作用。

第七章
资产负债表

本章对资产、负债和净值进行定义，并对其分类及资产负债表各备忘项目进行描述。

第一节 资产负债表概述

这一节我们首先简要介绍资产负债表的定义、编制意义和表式，接下来对资产和负债以及资产的两个主要类型（金融和非金融资产）进行定义，最后描述资产和负债计值所使用的原则。

一、资产负债表概述

（一）资产负债表的定义

资产负债表是一个机构单位或一组机构单位在特定日期所拥有资产及所承担负债存量头寸价值的报表。资产负债表通常在每一报告期结束时，也就是下一个报告期开始时编制。宏观经济统计资产负债表对非金融资产、金融资产、负债和净值作出区分。一个机构单位（或一组机构单位）的净值是其资产总值减负债总值。对于资产负债表的所有其他项目，净值也可被视为以前所有期间的交易和其他经济流量产生的存量头寸。

（二）资产负债表的编制意义

建立政府部门资产负债表的统计核算可为我国的宏观经济分析和调控提供较好的数据支持。一方面，政府资产负债表能够反映政府部门拥有的资产负债规模、结构及其与主要经济金融指标的关系，衡量政府部门的杠杆率及债务状况。另一方面，政府资产负债表能够为加强政府财务管理、风险监测提供数据支撑，深入分析政府及金融体系的风险传导机制，指导宏观经济政策的制定，为深化财政体制改革、推进国家治理体系建设提供信息保障。

(三) 资产负债表的表式

资产负债表（见表 7-1）的项目分为资产项目和负债项目。资产项目分为金融资产和非金融资产。负债项目是与金融资产相对应的。净值定义为所拥有的资产的总价值减去负债的总价值，是财富的指标。净值还可被视为以前所有期间的交易和其他经济流量所产生的存量。资产负债表通常在每一统计期结束时编制。

表 7-1　　　　　　　　　　　资产负债表

资产	期初余额	期末余额	负债和净值	期初余额	期末余额
非金融资产			负债		
金融资产			净值		
总资产			总负债和净值		
备忘项目					

资料来源：国际货币基金组织：《2014 年政府财政统计手册》，华盛顿，2014。

二、资产和负债的定义

首先，我们描述了资产的经济和法定所有权，以及政府财政统计和其他宏观经济统计使用的资产范围。随后用这些概念界定负债、金融资产和非金融资产。

（一）所有权与资产的定义

1. 法定所有权和经济所有权

在宏观经济统计中，可以区分两种所有权：法定所有权和经济所有权。商品和服务、自然资源、金融资产、负债等资源的法定所有者，是指依法享有权利且可以依法主张与享受该资源相关的经济利益的机构单位。只有在这些资源拥有个人或集体法定所有者的情况下，它们才能在宏观经济统计中得到承认。

商品和服务、自然资源、金融资产和负债等资源的经济所有者，是指由于承担相关风险而有权享有在经济活动期间这些资源带来的经济利益的机构单位。

在大多数情况下，资源的经济所有者和法定所有者是相同的。但在少数情况下也会出现不一致的情况，如金融租赁。在法定所有者和经济所有者不同的情况下，法定所有者对经济所有者在经济活动中使用该资源所涉及的风险以及相关的经济利益具有责任。作为回报，法定所有者要从经济所有者处获得另外的风险和经济利益。一般而言，在政府财政统计中，若提到"所有权"或"所有者"等词语且法定所有者和经济所有者不同时，应理解为是指经济所有者。

有时，政府可以代表整个区域，如领海拥有对资源的法定所有权。在这种情况下，政府也就代表这一整体区域享有其经济利益，因此，政府既是这些资源的合法所有者，也是这些资源的经济所有者。另外，政府可以与其他机构单位分享利益，但如果政府承担了大部分的风险，则政府就是该资源的经济所有者。例如，在公私合营的伙伴关系情况下，如果政府承担了大部分风险，则该经济所有权属于政府。

金融资产和负债的固有经济利益很少会以完全相同的形式从法定所有者转移给经济所有者。它们通常要以金融机构为中介转换为新的金融资产和负债形式，在这一过程中，金融机构承担部分风险和收益，并将剩余的风险和收益转移给其他单位。

2. 资产的定义

根据以上描述，资产可以定义为资产是一种价值储藏手段，代表经济所有者在一段时间内通过持有或使用这种资源，逐步获得的某种收益或一系列收益。它是将价值从一个报告期结转到另一个报告期的载体。

只有经济资产才记录在宏观经济统计中。它们反映在持有资产的经济所有者单位的资产负债表中（纳入资产的范围）。如声誉、技能等通常尽管也被认为是资产，但是不记录在宏观经济统计内，主要原因是从行使所有权的视角看，它们在本质上没有经济意义。具体来看，经济资产是具有以下特点的资源：(1) 机构单位能够单独或集体行使经济所有权；(2) 其所有人可能在一段时间内通过持有或使用它们而从中获得经济收益的资产。

首先，经济资产必须是持有者或所有者能够实际拥有或控制的资源。这是对持有者而言的，不能为持有者拥有或控制的资源不构成其资产。当政府对某一资源确立并行使所有权时，该资源就成为经济资产，不论谁得到利益。例如，政府可能在国家公园内拥有土地，并将其收益直接用于整个社会。

当一些资源的所有权尚未确立或行使时，这些资源就不是经济资产。例如，不可能确立大气和某些自然资产的所有权。在另一些情况下，一些资源可能可以确立其所有权权利，但是无法行使，例如，政府拥有在偏远或人迹罕至之处却无法进入和实施有效控制的土地，或者政府选择不行使其所有权权利的土地。在这种情况下，就需要根据政府实施控制的程度来判断这块土地是否应被划作经济资产。此外，即使能够行使所有权的权利，但如果资产不能为其所有者带来任何经济权益，则它们也不属于经济资产。

在有些情况下，政府可通过行使主权权力或赋予它们的其他权力创造经济资产。例如政府可能有权行使对某些本不具有所有权的自然资产的所有权，如指定为专有经济区的国际水域的电磁频谱和自然资源。只有当政府运用其权力建立和行使对这些资产的所有权时，它们才成为经济资产。

政府像企业一样，使用资产来生产商品和服务。例如，办公楼、政府雇员的服务、办公设备及一起被用来提供集体或个人服务（如一般行政服务）的其他商品和服务。此外，政府还经常拥有某些资产，这些资产直接服务并供广大公众使用；或者鉴于历史和文化重要性,需要保存。因此,当把资产的定义用于政府部门时,它所包含的资产常常比一般由私人组织拥有的资产范围更广。即政府单位常常拥有:(1)一般用途资产,指其他单位可能以类似的方式拥有和使用的资产,例如,学校、铺路设备、消防车、办公楼、家具和计算机等;(2)基础设施资产,它们是不可移动的非金融资产,通常没有别的用途,收益由整个社会享有,例如,街道、公路、照明系统、桥梁、通信网络、运河和堤坝;(3)遗产性资产,这类资产是政府想要保护的资产,因为它们具有独特的历史、文化、教育、艺术或建筑方面的重要性。

其次,经济资产是指能为持有者或所有者获得经济利益的资产,即经济资产得有一定的经济价值。经济资产通过提供价值储藏手段来提供经济利益。由于政府的角色不同于企业和个人,政府持有或所有的资产,其经济利益可能为公众所获得。这些资产提供的利益除通过其作为价值储藏手段外,一些利益由商品和服务生产过程中使用资产(如建筑物或机器)而获得;一些利益包括财产收入,如持有金融资产、土地及其他非生产性资产所获得的利息、股息和租金。

某一资源若要成为经济资产,必须要能够提供经济利益,这种经济利益是在某一给定时点上已存在的或在可预见的将来预期到的技术、科学知识、经济基础设施、可用的资源及相对价格的条件下提供的。因此,对于已发现的矿藏,只有当它已经进行商业开采或预期在可预见的将来变得可商业开采时,才是经济资产。

(二)负债和金融资产

1. 负债

当一个单位(债务人)有义务在特定情形下向另一单位(债权人)提供资金或其他资源时,就产生了负债。通常负债是通过有法律约束力的合同确立的,合同规定支付条款和条件,而根据合同支付是无条件的。凡是存在负债的,债权人就有对债务人的相应债权。

2. 金融资产

金融资产由金融债权、货币主管部门作为储备资产持有的金块组成。金融债权是一项资产,因为它通过融出资金为债权人提供利益。该资产所有者(债权人)有权根据负债条款从另一单位获得资金或其他资源。同负债一样,金融债权也是无条件的。作为储备资产持有的金块,因为它不是对任何其他单位的负债,按照惯例被当作金融资产处理。

金融债权又包括债务工具、金融衍生工具和雇员股票期权、股权和投资基金份额。

(1)债务工具是通常在一个单位向另一个单位提供资金或其他资源(如贸易信

贷中的商品）、后一个单位同意在将来偿还时产生的一种金融工具。因法律效力以及要求未来转移支付的事件（如对非寿险公司的索赔）也会产生债务负债。因法律效力产生的负债包括税收、罚款（包括商业合同产生的处罚）和在实施时的司法裁决等。一项负债要想被视为债务，必须存在而且未偿还。

（2）与债务工具不同，金融衍生工具是一种相关合约涉及风险转移的金融工具。因此，衍生工具合约不是提供资金或其他资源，而是在双方之间转移一个项目的价值变化所带来的风险，而不是变更该项目的所有权。雇员股票期权是选择购买公司股票的权利，它与金融衍生工具具有相同的一些风险因素，但同时也是员工获取报酬的一种形式。

（3）由公司和具有类似法律形式的组织发行的股权和投资基金份额作为发行单位的负债处理，即使债权持有人对该公司没有固定或预先确定的债权。然而，股权和投资基金份额使其所有者有权享有以股息及其他所有权分配形式的权益，并且，其所有者持有这些金融工具的预期通常是为了获得收益。一旦发行单位破产清算，股份和其他股权就成为清偿所有债权人债务之后对该单位残余价值的求偿权。如果一家公共公司正式发行股份或其他形式的股权，那么股份就是该单位的负债，也是拥有该股份的政府或其他单位的资产。如果公共公司没有发行任何类型的股份，则估算其他股权的价值。

以金块形式出现的货币黄金不是金融债权，因为它不是其他任何单位的负债。但是，货币黄金的确通过充当价值储藏手段而提供了经济利益，它们还作为支付手段结清金融债权并为其他类型的交易提供融资，因此它们在传统上视为金融资产。以未分配黄金账户形式存在的货币黄金，是一种金融债权，它是另一个单位以通货和存款形式存在的负债。

或有资产或负债不被看作是金融资产和负债，因为它们是不确定项目。另外准备金也不作为金融资产或负债处理。

（三）非金融资产

非金融资产是除金融资产之外的所有经济资产。非金融资产的主要类别：生产资产（如固定资产、存货和贵重物品）和非生产资产（如自然资源、合约、租约、许可以及商誉和营销资产）。非金融资产也是一种价值储藏手段，它们通过在商品和服务生产过程中的使用或以财产收入形式提供收益。与金融债权不同，非金融资产没有对应方负债，也就是说，非金融资产所有者不拥有对另一个机构单位的债权。非金融资产可以作为生产过程的产出而存在，或者以自然现象等其他方式出现。

生产资产的类别包括固定资产、存货或贵重物品。固定资产是在生产过程中重复或连续使用一年以上的生产资产。存货是一类生产资产，由符合下述特征的商品和服务组成：在当期或之前某期产生，用于日后销售、生产用途或其他用途。贵重物品是具有可观价值的生产资产，其主要用途并非生产或消费，而是主要作为长期价值储藏手段而持有。

自然发生的资产和社会建构物都被称为非生产资产。在行使所有权权利时，自然资产包括土地、地下矿藏、在开放领域内的鱼类以及电磁波谱。属于资产的社会建构物包括某些合同、租约和许可以及商誉和营销资产。

三、资产和负债的计值

所有资产和负债都应按其当期市场价值计值。当期市场价值定义为在计值日获得资产所必须支付的货币数额。对非金融资产来说，这一价值包括运输和安装费用以及所有权转移的所有成本。所有权转移成本包括向检查员、工程师、建筑师、律师和房地产代理商支付的费用以及进行这项转移所应支付的税收。所有权转移成本从金融资产的当期市场价值中剔除，部分原因是，作为互为对应方的金融资产和负债的同一金融工具，应具有相同的价值。资产和负债的计值方法有以下几种。

（一）市场价格法

资产和负债的计值基础是市场价格。市场交易期间，每天相同的资产以相当大的数量进行着交易，它们交易的市场价格定期公布。对于金融债权、交通设备、谷物、牲畜和存货，通常可以得到与此对应或类似的价格进行计值。

（二）类似市场价格估算法

如果没有可观察到的价格，可能是有关资产当前没有在市场上交易或只是偶尔交易，那么必须估计价格或价值。如果同一类型的资产仍在生产并在市场上销售，现有资产可以用新生产出来的资产的当期市场价格进行计值，但需经过固定资本消耗调整（如果是固定资产），并考虑到现有资产和新生产出来的资产之间的差别。固定资本消耗备抵（如固定资产折旧）应以编制资产负债表时通行的价格（而非以前作为费用记录的实际货币数额）为基础进行计算。

从市场得到的信息还可用于为当前没有交易、但与正在交易的资产类似的资产进行定价，例如：（1）可使用在股票交易所交易的证券的信息，用类推的方法对类似证券进行计值，但价格向下调整，以考虑到非交易证券的可交易性差这一因素；（2）出于保险或其他目的对有形资产进行估价，一般以类似替代品的可观察到的价格为基础，这种估价可用于资产负债表的计值；（3）如果某一现有资产不再生产，而是被另一资产替代，这一替代资产在某些特定方面与原有资产具有显著不同的特征，但除此之外基本类似（如汽车或飞机的新型号）。那么，可以假设现有资产的价格与当前销售的资产的价格以同样的方式变动。

（三）永续盘存法

可通过以下方法对资产进行计值：最初获得成本，加上对随后的价格变化进行适当的重新计值，减去对固定资本消耗、摊提或耗减的备抵。

（1）多数固定资产在资产负债表中是以"减记重置成本"进行记录的。这一价值是该资产的最初获得价值经价格变化调整，然后减去累计固定资本消耗得出。

（2）非生产无形资产（如取得专利的实体）的计值方法通常是，最初获得成本（经过适当的重新计值）减去摊提备抵。对于这一方法，必须选择一种价值下降模式，这可能以税法和会计惯例为基础。

（3）地下资产的计值为最初获得成本（经过适当的重新计值）减去耗减备抵。永续盘存法普遍用于估计某一类别资产（特别是有形固定资产）的减记重置成本。运用这一方法，存量的价值是基于对累计获得和处置的估计（在减去累计固定资本消耗、摊提或耗减之后），并在一段足够长的时间后重新计值，以包括该类别中所有资产的获得。

（四）现值法

其他情况下，市场价格可近似看作是从某一给定资产预期获得的未来经济利益的现值。这一方法可用于一些金融资产、自然资产和无形资产。例如，木材和地下资产的利益通常在较远的将来及/或几年之内得到。当期价格可用于估计从处置这些资产中得到的总回报以及将其拿到市场出售的成本。然后，将这些回报和成本进行贴现，以估计预期利益的现值。

（五）市场汇率法

以外币计值的资产和负债的价值应以资产负债表相关日期通行的市场汇率换算为本币。所使用的汇率应是货币交易买入和卖出即期汇率的中间值。如果实行的是多重汇率体制，应以有关类型资产适用的汇率为基础进行计值。

第二节 非金融资产的分类

从这一节开始，我们介绍资产负债表的项目。如前所述，资产负债表项目分为资产项目和负债项目。资产项目分为金融资产和非金融资产。负债项目是与金融资产相对应的。此外，资产负债表的项目还有"净值"和"备忘项目"。我们这一节介绍非金融资产的分类，下一节介绍金融资产和负债的分类，最后介绍"净值"和"备忘项目"。

非金融资产是除金融资产外的所有经济资产。它包括固定资产、存货、贵重物品和非生产资产。表7-2列出了非金融资产的完整分类。

表7-2 非金融资产分类

非金融资产
固定资产
建筑物和构建物
住宅
非住宅建筑
其他构建物
土地改良
机器和设备
交通设备
其他机器和设备
其他固定资产
培育性生物资源
知识产权产品
武器系统
存货
原料和供应品
在制品
制成品
用于再出售的商品
军事存货
贵重物品
非生产资产
土地
矿产和能源资源
其他自然资产
无形非生产资产

资料来源：国际货币基金组织：《2014年政府财政统计手册》，华盛顿，2014。

一、固定资产

固定资产是在生产过程中重复或连续使用一年以上的生产资产。固定资产的显著特征并不是从某种物理意义上讲是耐用的，而是能够在较长时间内在生产中重复或连续使用。一些商品，如作为燃料使用的煤，它们在物理上是高度耐用的，但不是固定资产,因为它们只能使用一次。

一些固定资产(主要是建筑物和构建物)的生产可能跨越两个或两个以上的会计期间。如果是通过销售合同所要求的分阶段付款而获得未完工构建物,那么对于任何已分阶段支付的款项,在购买者的资产负债表上列为固定资产,而不是金融资产。类似地,自己建造的固定资产视为固定资产,而不是在制品存货。

通过金融租赁获得的固定资产(主要是机器和设备)视为由使用者或承租者而非法定所有者或出租者购买和拥有。对这种固定资产的获得视为由一项金融债权(划作贷款)提供融资。例如,如果一家银行购买铁路车厢,然后将其租赁给国家铁路系统,那么该铁路车厢记录为铁路系统的资产,并记录一项贷款,作为铁路系统的负债及银行的资产。

固定资产进一步划分为建筑物和构建物、机器和设备、其他固定资产和武器系统。

(一)建筑物和构建物

建筑物和构建物包括住宅、非住宅建筑、其他构建物和土地改良。建筑物和构建物的价值包括现场清理和准备的费用以及与有关构建物成一整体的固定装置、设施和设备的价值。

同时,作为历史古迹的建筑物和构建物包括在相应类别的建筑物和构建物之内。历史古迹是在建筑、历史或文化上具有特殊意义的构建物或遗址。它们通常向公众开放,参观者进入古迹或其周围地区通常要交费。广义政府单位通常用历史古迹生产文化或娱乐类型的服务。然而,只有当历史古迹的重要性除所有者之外被人们所承认时(通常是通过出售或正式鉴定),才能直接对它们进行计值。应以最新的出售价格为历史古迹计值。如果没有销售价格,可采用其他的计值方法,如保险鉴定价值等。

1. 住宅

住宅是完全或主要用于居住的建筑物,包括车库和相关构建物。作为主要住所的水上房屋、驳船、住房拖车和大篷车也包括在内。为军人获得的住宅也包括在内,因为它们的使用方式与平民所获得的住宅相同。由于存在正常的住宅交易,房地产市场上观察到的价格可以补充或替代以减记重置成本进行的计值。

2. 非住宅建筑

非住宅建筑是除住宅外的所有建筑物。包括办公楼、学校、医院、公共娱乐建筑、仓库和工业建筑、商业建筑、旅馆和饭店。对于为军事目的而获得的建筑物和构建物,只要它们与为生产目的而获得的民用建筑类似,并可以相同的方式使用,也包括在这一类别内。

3. 其他构建物

这一类别包括除建筑物外的所有构建物，主要有：（1）高速公路、街道、道路、桥梁、高架桥、隧道、铁路、地铁和机场跑道；（2）下水道、航道、港口、水坝及其他水利设施；（3）竖井、隧道以及与矿产和能源开采有关的其他构建物；（4）通信线路、输电线、长途管道、当地管道以及电缆；（5）户外体育和娱乐设施。对于为军事目的而获得的构建物，只要它们与民用构建物类似，并可以同样的方式使用，也包括在内。

4. 土地改良

土地改良是导致土地数量、质量或生产力得到重大改进或防止土地退化的行动所产生的结果。作为所涉土地组成部分的土地开垦、土地清理、土地修整、打井和挖水塘等活动被视为土地改良的结果。与土地相邻但并非其整体组成部分，常常影响属于若干所有者的土地且往往由政府建成的海堤、堤坝、水坝和主要灌溉系统被归为其他构建物。

（二）机器和设备

机器和设备包括交通设备及其他机器和设备。构成建筑物或其他构建物整体组成部分的机器和设备包括在建筑物或构建物的价值之内，而不列入机器和设备。便宜的并以相对稳定的数量购买的工具（如手工工具）不作为固定资产，除非它们构成机器和设备存量的很大一部分。

1. 交通设备

交通设备由运送人员和物体的设备构成，包括机动车辆、拖车和半拖车、船舶、铁路机车和车辆、飞机、摩托车及自行车。现有汽车、飞机及一些其他类型的交通设备的市场在给出有关资产的价格方面可能具有足够的代表性，可作为交通设备定价的参照物。

2. 其他机器和设备

其他机器和设备包括除交通设备外的所有机器和设备。主要有一般和特殊用途机器，办公、会计和计算机设备，电子机器，收音机、电视和通信设备，医疗器械，精密和光学仪器，家具，手表和钟，乐器，以及体育用品。这一类别还包括绘画、雕塑、其他艺术作品或古董，以及政府博物馆和类似组织出于生产非市场性服务而拥有和展示的具有相当高价值的其他收藏品。

（三）其他固定资产

其他固定资产包括培育性生物资源和知识产权产品。

1. 培育性生物资源

培育性生物资源包括生产重复产品的动物资源和生产重复产品的树木、作物和植物资源，其自然生长和再生过程是在机构单位的直接控制、负责和管理之下进行的。

（1）生产重复产品的动物资源包括种畜、奶牛、役畜、绵羊或其他产毛动物、用于运输、比赛和娱乐的动物，以及生产重复产品的水产资源。未成熟的培育性资产不包括在内，除非是为自用而生产的。为宰杀而饲养的动物，包括家禽在内，不属于固定资产，而属于存货。

（2）生产重复产品的树木、作物和植物资源包括为获得水果和坚果、树液和树脂以及树皮和树叶产品而培育的树木（藤本植物和灌木）。为获得木材而种植的树木，只是在砍伐之后才获得一次性产品，这样的树木不是固定资产，而是纳入存货，就像只在收获时产出一次收成的谷物和蔬菜一样，不能划为固定资产。

2. 知识产权产品

知识产权产品是指研究、开发、调查或创新产生的一类成果，由于其所产生的知识的使用受到法律或其他保护的限制，开发者可以出售该知识，或在生产过程中使用该知识为自己谋利。该知识可以体现在一个独立产品中，也可体现在另一种产品中。如果是后者，体现这种知识的产品，价格相对高于不体现这种知识的类似产品。只要知识的使用能够为其所有者创造某种形式的垄断价格，这种知识就是一种资产。如果不再受到保护或者因后来的发展而过时，它就不再是一种资产。知识产权产品按类别可分为：研究和开发、矿产勘探和评估、计算机软件和数据库、娱乐文学和艺术原作和其他知识产权产品。

（1）研究和开发由系统性开展创造性工作所产生支出的价值组成，其目的是增加知识存量，包括人类、文化和社会知识，并将该知识存量用于构思新的用途，不包括在政府财政统计和其他宏观经济统计中作为资产的人力资本。

（2）矿产勘探和评估包括对石油、天然气和非石油矿藏的勘探以及对勘探发现的资源进行后续评估的支出。从勘探中获得的信息将在若干年内影响信息获得者的生产活动。

（3）计算机软件包括预期使用一年以上的系统软件和应用软件的计算机程序、程序说明及支持文档。软件可以从其他单位购买，或者自行开发，可能仅仅是为了自己使用，也可能是为了销售。数据库由若干数据文件按特定方式组织而成，目的是实现数据的资源高效访问及使用。这些购买、开发或扩展计算机数据库的支出在预期用于生产达一年以上时属于资产。

（4）娱乐、文学和艺术原作是用于记录戏剧表演、无线电和电视节目、音乐演出、体育赛事及文化和艺术产出的原始影片、录音、手稿、磁带和模型。

（5）其他知识产权产品包括未列入其他类别的新信息和专业知识，其使用限于对该信息确立了所有权权利的单位或所有者授权的其他单位。

（四）武器系统

武器系统包括军舰、潜艇、军用飞机、坦克、导弹运载工具和发射架等载具和其他设备。武器系统被视为固定资产。军事武器系统包括军舰、潜艇、军用飞机、坦克、导弹运载工具和发射架等专业载具和其他设备，持续用于提供防卫服务，即便它们在和平时期的用途仅仅是提供威慑。因此，军事武器系统应归类为固定资产，将军事武器系统归类为固定资产的做法应当依据其他固定资产适用的同样标准，即本身被反复使用或持续用于生产过程超过一年的生产资产。它们发射的大多数单一用途武器，如弹药、导弹、火箭、炸弹等，被视为军事存货。不过，某些单一用途品种，如某些类型具有巨大破坏力的弹道导弹，可以提供针对侵略者的持续威慑服务，因此符合固定资产类别的一般标准。

二、存货

存货是一类生产资产，由当期或先前某个期间生产且用于日后销售、生产用途或其他用途的商品和服务组成。存货的分类有原料和供应品、在制品、制成品、用于再出售的商品和军事存货。每一类存货都有不同的经济功能。

（一）原料和供应品

原料和供应品由意在用作生产过程的投入品而持有的所有商品组成。公共部门单位可能持有各种商品作为原料和供应品，包括办公用品、燃料和粮食。每一个公共部门单位都可能持有一些原料和供应品，至少有办公用品。

（二）在制品

在制品由尚未经过充分加工且未达到正常情况下可以向其他机构单位供应状态的商品和服务组成。主要生产非市场服务的广义政府单位可能没有或几乎没有在制品，因为多数这种服务的生产是在较短时间内或连续完成的。在报告期结束时尚未完成的任何产出，必须记录为在制品，如建筑。关于将未完成的工作记录为在制品，唯一例外的是其最终所有者被认为已经分阶段取得经济所有权的部分完成的项目。如果生产是为了自用，或者有新的所有者承担与该未完成资产有关的风险和收益，或者销售或购买合同中有具体条款证明的，则经济所有权分阶段转移。在这些例外情况下，部分完成的产品记录为固定资产的取得而非在制品。

（三）制成品

制成品包括作为生产过程的产出、仍由生产者持有、在供应给其他单位之前不打算再进一步加工的商品。制成品可能仅由其生产单位持有。只有当广义政府单位为出售或向其他单位转移而生产商品时，才会持有制成品。

（四）用于再出售的商品

用于再出售的商品是出于再出售或向其他单位转移的目的而获得、不再进一步加工的商品。用于再出售的商品可能由其所有者进行运输、储存、定级、分拣、清洗或包装，以便以对顾客更有吸引力的方式进行再出售，但它们没有其他形式的改变。任何广义政府单位，如果以具有经济意义的价格出售商品（如博物馆纪念品商店），就可能拥有用于再出售的商品存货。这一类别还包括广义政府单位购买的、用于向其他单位免费或以不具有经济意义的价格提供的商品。政府以经销为目的而作为社会实物转移而取得的、但尚未交付的商品也包含在用于再出售的商品之中。

（五）军事存货

军事存货由武器或武器系统发射的弹药、导弹、火箭和炸弹等单一用途的物品组成。在讨论作为固定资产的武器系统时，大多数单一用途物品被作为存货处理，但是有一些种类具有巨大破坏力的导弹可作为固定资产处理。

三、贵重物品

贵重物品是指主要不是用于生产或消费，而是在一段时间内作为价值储藏手段持有的、具有相当大价值的生产性货物。预计在正常情况下经过一段时间，贵重物品的实际价值会上升或至少不会下降，其质量也不会变坏。经济体中的所有部门都可能持有贵重物品。贵重物品包括：（1）宝石和贵金属，如不打算作为生产过程的中间投入品的钻石、非货币黄金、白金和白银；（2）作为艺术作品或古董的绘画、雕塑及其他物品；（3）由宝石和贵金属制成的具有较高价值的珠宝饰物、收藏品及其他杂项贵重物。

如果贵重物品有组织良好的市场，它们可用当期市场价格计值，包括任何代理费和佣金。如果没有这种市场，可用它们的保险额（用于防止火灾、偷盗或其他风险）来计值。

四、非生产资产

非生产资产由所有权权利得到行使的有形自然资产（自然资源）以及作为社会构建物的无形非生产资产组成。自然资源包括土地、矿产和能源资源以及其他自然资产。如果尚未行使或不能对自然资产行使所有权权利，那么它们就不是经济资产。

（一）土地

土地是地面本身，包括覆盖的土壤、相关的地表水及对土地的重大改良（在实物上无法与土地分开），但不包括以下内容：（1）在土地上或穿过土地建造的建筑物和其他构建物，如道路、办公楼和隧道；（2）培育的葡萄园、果园及种养的其他树木、动物和作物；（3）地下资产；（4）非培育性生物资源；（5）地下水资源。相关地表水包括任何水库、湖泊、河流及其他内陆水，可以对其行使所有权，因此它们可作为各单位间交易的主体。

在实物上无法与土地分开的重大改良的价值包括在土地的价值之内。这种改良要么提高土地的数量、质量或生产率，要么防止土地退化。重大改良的例子包括通过建造堤坝、海堤和水闸而退海造地；清理森林以使土地首次用于生产；排干沼泽里的水；为防洪而建造防浪堤、海堤或其他障碍物。重大改良的价值通常由其减记重置成本决定。

土地的价值差别很大，取决于其地点及适合或批准的用途。因此，在确定土地的当期市场价格时，必须考虑这些因素。在一些情况下，将土地的价值与在土地上建造的构建物的价值分开可能很困难或不可行。一个计值方法是，计算从评估中得到的土地价值与构建物价值的一般比率。另一个方法是从土地和构建物结合的市场价值中减去构建物的当期减记重置成本。

（二）矿产和能源资源

矿产和能源资源由在现有技术和相对价格下可实现经济开采的地表或地下矿产与能源储藏组成。矿产和能源资源的所有权权利通常可以与土地本身的所有权权利分开。矿床可能位于地表之上或之下，包括海底的矿床，但它们必须具有经济开采价值。矿产和能源资源是已知石油、天然气、煤炭、金属矿石（包括铁、有色金属和贵金属矿石）以及非金属矿藏（包括采石场、黏土场和采砂场、化学和化肥矿床、盐矿床、石英、石膏、天然宝石、沥青、柏油和泥炭）储备。矿坑、井和其他地下抽取设施是以其他构建物形式存在的固定资产，而不是地下资产。

这些资源的价值通常按照从商业开采中得到的预期净收益的现值进行估算，但如果地下资产的所有权在市场上频繁变更，也可能得出适当的价格。在实践中，可能有必要利用资产所有者在自己账户上为其设定的计值。

（三）其他自然资产

其他自然资产由非培育性生物资源、水资源和其他自然资源组成。非培育性生物资源由只生产一次和重复生产产品的动物、鸟类、鱼类和植物组成，其所有权权利得到强制执行，但其自然生长或再生不受任何机构单位的直接控制、负责和管理。例如，商业开发的原始森林和渔场。它只包括那些经济价值未包含在相关土地价值之内的资源。

水资源由用于开采的地表水和地下水资源组成，其所有权或使用权的强制执行、市场计值和一些经济控制措施都取决于稀缺程度。由于这种资产不太可能具有可观测的价格，其价值通常按预期未来收益的净现值确定。

其他自然资源类包括电磁波谱，电磁波谱包括传输声音、数据和电视所用射频范围。波谱的价值通常按预期未来收益的净现值确定。如果签订了使用波谱的长期合同，可用它作为估计资产总价值的基础。考虑到依靠市场工具实施环境政策的趋势，可能会有更多自然资源将作为经济资产获得承认。

（四）无形非生产资产

无形非生产资产是以法律或会计行为证明的社会构建物。一些社会构建物赋予其所有者参与某些特定活动或生产某些特定商品或服务的权利，并禁止其他单位这样做，除非得到所有者的许可。资产的所有者可通过仅限于自己使用资产而获得垄断利润。无形非生产资产可以分为两类：一类是合约、租约和许可，另一类为商誉和营销资产。合约、租约和许可可按在市场上实际交易时的当期价格进行计值。如果没有实际交易价格，则需要用预期未来收益的净现值来估算。商誉和营销资产通常是按它们的初始取得成本减去摊销备抵的方式计值。

1. 合约、租约和许可

合约、租约和许可只有在以下两个条件均得到满足时，才被作为资产处理：(1) 合约、租约和许可规定了使用资产或提供服务的价格，且这一价格有别于没有合约、租约、许可时遵循的价格；(2) 合约的一方当事人必须能够合法地而且在实际上实现了这个价格差异。这类合约仅在下述情况下被视为资产：法律协议将超出应付给出租人、自然资源所有者或执照发放者的价格的收益赋予持有者，持有者可以合法地和实际上实现这些收益（如果存在合约市场）。建议在实践中的处理方法是：只有当资产价值很大且持有者确实通过出售资产实际行使了他的权利、并实现了这个价格差异时，才在账户中记录合约、租约和许可。在此情况下，必定存在适合的市场价格。资产的存续期不超过合约协议期，随着剩余合约期缩短，必须相应减少其价值。

2. 商誉和营销资产

企业的潜在购买者常常准备支付高于个别确定和计值的资产和负债净值的额外费用。这个超出部分被称为商誉，反映企业结构的价值和企业的劳动力与管理、企业文化、分销网络以及客户基础的总体价值。它与其他资产分开后可能没有价值，但是它使其他资产的价值增加。商誉无法单独确定，也不能出售给另一方。其价值的计算方法只能是从公司的出售价值中减去在政府财政统计资产范围内归类到其他地方的资产和负债的价值。营销资产由品牌、刊头、商标、标识和域名等项目组成。对一个品牌的解释可能远超出单纯的企业名称或标识。它是客户或潜在客户在对该公司及其产品的体验中获得的总体印象。商誉和营销资产的价值是以下两者的差额部分：为企业持续经营所支付的价值与其总资产减去总负债之后的价值，其中每个项目均得到单独确定和计值。虽然可能大多数公司都有商誉，但为了计量的可靠性，只有当它的价值得到市场交易的证明后，才将其记录在政府财政统计中，这种交易通常是指出售整个公司。在某些例外情况下，已确定的营销资产可以与整个公司分开，单独出售，在这种情况下，它们的价值也应当记录在这一项目下。

第三节 金融资产和负债的分类

一、金融资产和负债分类的主要标准

由于某一给定的金融工具对金融资产和负债而言是共同的，对金融工具的同样的描述可以用于这二者。为简单起见，这一描述仅指金融资产，除非有特定需要指负债。

金融资产和负债的分类主要基于有关金融工具的流动性和法律特征，这些流动性和法律特征描述了从属的债权人—债务人关系。金融工具的流动性包括可流通性、可转让性、可交易性及可转换性等特征。

除按金融工具的特征对金融资产和负债进行分类外，还可按金融工具的交易对手方（对于金融资产，是债务人；对于负债，是债权人）的居民地位进行分类。表7-3列出了金融资产和负债的分类。

表7-3　　　　　　　　　　　　　金融资产和负债分类

金融资产	负债
货币黄金和特别提款权（SDR）	特别提款权（SDR）
通货和存款	通货和存款
债务证券	债务证券
贷款	贷款
股权和投资基金份额	股权和投资基金份额（仅包括公共公司）
保险、养老金和标准担保计划	保险、养老金和标准担保计划
金融衍生工具和雇员股票期权	金融衍生工具和雇员股票期权
其他应收账款	其他应付账款
国内债务人	国内债权人
与上述相同的工具细分，但不含货币黄金和特别提款权	与上述相同的工具细分，但不含特别提款权
国外债务人	国外债权人
与上述工具细分相同	与上述工具细分相同

资料来源：国际货币基金组织：《2014年政府财政统计手册》，华盛顿，2014。

二、金融资产和负债的计值

原则上，所有金融资产都应当按照市场价值计值。因为债权人可以在资产负债表日期以当期市场价格处置资产，所以与资产负债表相关的是当期市场价格。在实际操作中，以资产负债表日期的市场价值为债务工具计值，意味着：（1）债权是以市场价格计值；（2）保险、养老金和标准担保计划是按等于市场计值原则计值；（3）所有其他债务工具都以名义价格计值，这被认为是其市场价格最普遍可用的估值。

某些金融资产和负债需要债务人支付利息，最典型的是存款、债务证券、贷款和其他应付/应收款。利息持续发生，债务人需要支付的利息总额增加。为了计算总余额，政府单位为支持其财政政策而取得的金融资产被划归的类别不同于出于流动性管理目的而取得的金融资产。对为了公共政策目的而取得的金融资产和为了流动性目的而取得的金融资产所做的区分，不包含在政府财政统计的金融资产分类中。这种区分要靠分析人员对利用金融资产的特定目的所做的判断。

三、货币黄金和特别提款权

货币黄金是指货币主管部门（或货币主管部门有效控制的其他机构）所拥有且作为储备资产持有的黄金。它包括金块（包括在已分配黄金账户中持有的黄金）和可据以要求交付黄金债权的非居民未分配黄金账户。所有货币黄金都属于储备资产，或者由国际金融机构持有。只有作为金融资产或作为储备资产的一部分而持有的黄金才归入货币黄金一类。因此，除了在有限的体制情况外，只有对中央银行或中央政府而言，金块才是一种金融资产。以黄金计值的存款、贷款和证券，分别作为以外币计值的存款、贷款和证券处理，而不是被视为货币黄金，除非是由货币主管部门作为未分配黄金账户持有并充当储备资产。

政府单位持有的不符合货币黄金定义的一切黄金都不是金融资产，包含作为非金融资产的非货币黄金，最有可能是贵重物品，但也可能是存货。在某些情况下，中央银行可能拥有不作为储备资产持有的金块，如当其作为已开采黄金的垄断经销商时，黄金互换作为贷款处理。

特别提款权（SDR）是由国际货币基金组织（以下简称基金组织）创立的国际储备资产，用于分配给其成员国补充其储备资产。基金组织的特别提款权部门在基金组织成员国（通称为参与方）之间分配特别提款权。分配的特别提款权属于成员国的债务，而且这种债务会产生利息。

持有特别提款权代表每个持有者从基金组织其他成员无条件获得外汇或者其他

储备资产的权利。这些金融资产代表对基金组织特别提款权部门参与方集体而非对基金组织的债权。参与方可以向其他参与方出售其持有的部分或全部特别提款权，并获得其他储备资产，特别是外汇。参与方还可以利用特别提款权偿还债务。

分配的特别提款权成为接受者的一项（债务）义务（也是公共部门债务义务的一部分），而持有特别提款权是公共部门金融资产的一部分。分配和持有按总额记录。宏观经济统计准则没有明确规定特别提款权的持有和分配应当记录在谁的资产负债表上（如中央银行、广义政府实体、财政部）。这是因为特别提款权是向参加基金组织特别提款权部门的基金组织成员分配的，应由这些成员遵照国内法律和制度安排决定公共部门分配及持有的特别提款权的所有权和记录方式。鉴于对特别提款权系统成员的金融债权和负债是在合作基础上形成的，故一个剩余伙伴类别（其他非居民）作为特别提款权的持有和分配的对手方。

四、通货和存款

通货由中央银行或政府发行或授权的具有固定名义价值的纸币和硬币组成。所有部门都可持有通货作为资产，但是通常只有中央银行和政府可以发行通货。在某些国家，商业银行经中央银行或政府授权能够发行通货。通货构成发行单位的一种负债。不作为法定货币或者货币黄金流通的黄金和纪念币，视情况需要被归类为贵重物品或原料和供应品形式的非金融资产，而不是通货。

应当对作为居民单位负债的本币和作为非居民单位负债的外币作出区分。本币具有固定的名义价值。外币的价值以资产负债表相关日期有效的汇率换算为本币价值。使用的汇率应为货币交易买入和卖出即期汇率的中间值。

存款是以存款凭证表示的，吸收存款公司（包括中央银行）在某些情况下包括广义政府或其他机构单位的所有债权。存款通常是一种标准合约，对大众开放，允许存入数额不等的钱款。公共部门单位可以持有各种存款作为资产，包括外币存款。政府单位还可能产生存款形式的负债。例如，邮局或其他政府单位可以接受公众的存款，发挥一种农村金融机构的作用，作为这些机构的一种辅助活动。公共金融公司（如中央银行）通常发生存款形式的负债，包括对政府单位的负债。

存款可以是可转让的，也可以是不可转让的。可转让存款包括符合以下特征的所有存款：（1）（在无罚款或不受限制的情况下）可在提出要求时平价交换；（2）可通过支票、汇票、汇划、直接借记/贷记或其他直接支付形式直接用于向第三方支付。不可转让存款包括可转让存款之外以存款凭证表示的所有其他金融债权，如允许即时支取现金但不允许直接第三方转让的活期存款、储蓄和定期存款，包括在国家广义货币内的隔夜和短期回购协议，以及因为事关国家政策的外汇配额行为而被冻结的外币存款。

存款应当按名义价值记账。在被清盘银行和其他吸收存款的公共公司的存款资产也应当按名义价值记账，直至它们被核销。如果名义价值和公允价值之间差额很大，此类存款的公允价值可以列示为资产负债表的附加备忘项。同样的处理方式也适用于发生存款减值的任何其他情况（在吸收存款的公共公司没有被清盘但无偿债能力的情况下）。

五、债务证券

债务证券是作为债务凭证的可转让金融工具。证券通常规定利息支付和本金偿还的时间表。债务证券包括票据、长期债券和公司债券、已经可以从一个持有者向另一个持有者流通的贷款、非参与优先股票或股份、资产支持证券和担保债务凭证、在金融市场上正常交易的类似工具。

（一）票据

票据是给予持有人在约定日期无条件获得预先声明固定金额的权利的证券（常为短期证券）。票据按一定的贴现率在有组织的市场上发行和交易，贴现率取决于利率的高低和期限的长短。票据包括国库券、可转让存单、银行承兑汇票、期票和商业票据。

（二）长期债券和公司债券

长期债券和公司债券是给予持有人在一个或多个约定日期无条件得到固定付款金额或合同规定可变付款金额的权利的证券。利息收入不取决于债务人的收入。长期债券和公司债券可以有多种特点和用途。例如，可发行认可政府雇员养老金负债的债券（常常叫作认可债券）。债券可以以高折价和零息（零息债券）的方式发行。

（三）已经可以从一个持有者向另一个持有者流通的贷款

已经可以从一个持有者向另一个持有者转让的贷款在某些情况下将被重新分类（通过资产数量的其他变化），从贷款类重新分类为债务证券类。对于这种重新分类，需要有二级市场交易的证据，包括存在做市商和有关于该工具的频繁报价（如由买卖差价提供的报价）。

（四）非参与优先股或股份

非参与优先股或股份是指支付固定收益的股票或股份，持有者不得据此参与法人企业解散时残余价值的分配，这些股份被归类为债务证券，可转化为股权的债券，在它们转化之前应归类为债务证券。

（五）资产支持证券和担保债务凭证

资产支持证券和担保债务凭证是指要求以特定资产产生的收益或特定收入流来

支持还本付息的安排。这一过程也被称为证券化。资产支持证券由各种类型的金融资产提供支持，如分期贷款和信用卡贷款。广义政府单位可以发行以特定专用收入流提供支持的债务证券，但这种证券不是资产支持证券，因为在宏观经济统计体系中，征税或获得其他政府收入的能力不被视为一项可用于证券化的政府资产。但是，将收费公路收入之类的未来收入专用于为广义政府（或公共部门）单位发行的债务证券偿还付息的做法，与证券化相似。

（六）在金融市场上正常交易的类似工具

在有组织的和其他金融市场上交易（或可交易）的债务证券，如票据、债券、公司债券、可转让存单、资产支持证券等，应当按照市场价值和名义价值共同计值。名义价值用于确定按名义价值计值的债务总额，在政府财政统计资产负债表上的备忘项目中进行列示。对于一种被交易的债务证券，名义价值可以按照债务产生时的价值和随后的经济流量来确定，而市场价值依据它在金融市场上的交易价格确定。

六、贷款

贷款是一类金融工具。某债权人直接向某债务人借出资金，并收到一份不可转让单据作为该资产的证据，即形成贷款。这一类别包括透支、分期贷款、为贸易信贷和预付款提供融资的贷款、回购协议、融资租赁产生的金融资产和负债、对基金组织的贷款债权或负债等。贸易信贷和预付款以及类似的应付/应收账款不属于贷款。已经可以在二级市场上交易的贷款，应调整到债务证券类。但是，如果只是偶尔有交易，则不将这种贷款调整到债务证券类。

（一）融资租赁

融资租赁是指作为一项资产的法定所有人的出租人，将该资产所有权实质上的所有风险和报酬转让给承租人的一种合约。利用融资租赁获得商品时，承租人被视为商品所有者，即便被租赁的商品在法律上仍然是出租人的财产。这是因为，所有权的所有风险和收益事实上都转给了承租人。所有权的这种变化势必由贷款提供融资，该贷款是出租人的资产，承租人的负债。

（二）证券回购协议（回购）

证券回购协议（回购）是这样一种安排，即一方以一定价格出售证券获得现金的同时，承诺在未来某一约定日期（常为一日或数日之后）或开放期限内按固定价格回购同样或类似的证券。这种交易的经济本质是抵押贷款（或存款），因为证券所有权的风险和收益仍属于原始所有者。因此，证券接收者（现金提供者）向证券提供者（现金接收者）预付的资金被作为贷款处理，相关证券仍然留在证券提供者的资产负债表上，尽管所有权在法律上发生了变更。

（三）证券借贷

证券借贷是指证券持有者将证券转让给另一方（证券接收者），同时约定在某一日期或在持有者要求时接收者须归还同样的或类似证券的一种安排。与证券回购协议一样，所有权的风险和收益仍属于原始所有者。如果证券接收者提供现金抵押，则这种安排是一种回购。如果证券接收者提供非现金担保，则存量头寸不发生变化。在这两种情况下，有关证券仍在其原始所有者的资产负债表上。

（四）黄金互换

黄金互换是指用黄金换取外汇存款，同时订立协议，在约定的未来某一日期以约定的黄金价格进行反向交易。黄金接收者（现金提供者）不应当将黄金记录在它的资产负债表上，而黄金提供者（现金接收者）不应当将黄金从它的资产负债表上移除。黄金互换与证券回购协议相似，只是抵押是黄金，因此应当记录为抵押贷款或存款。黄金贷款与证券贷款的形式相同，应以同样的方式处理。

（五）场外互换

场外互换是一类初始价值不为零的互换合约，价值不为零的原因是参考利率的定价不同于当前市场价值，也就是"市场外"。这种互换通常一开始时就由另一方一次性付清全部总额。场外互换的经济性质等同于一笔贷款形式的借款（一次性付清全部总额）和一次场内互换（金融衍生品）的组合。

七、股权和投资基金份额

股权和投资基金份额的鲜明特征是，持有者拥有发行该工具的机构单位资产的残余索取权。股权代表所有者在机构单位中持有的资金。与债务相比，股权通常不向所有者提供获得预定数额或根据固定算式确定的金额的权利。投资基金份额在金融中介活动中的角色比较特别，是一种对其他资产的集合投资，因此应当单独列示。当计算机构单位的净值时，按照惯例，股权和投资基金份额包括在负债总额中。

（一）股权

股权是指在清偿了所有债权人的债权后，所有能够用于确认针对一家公司或准公司残余价值的权利主张的工具和记录。股权被视为发行机构单位（公共公司或其他政府单位）的负债。法律实体中的股权所有权通常以股份、股票、参股、存托凭证或类似文件为凭证。股份和股票具有相同意义。参与优先股份是那些据此参与法人企业解散时残余价值分配的股份。无论收益是固定的，还是根据一个算式确定的，这类股份也是股权证券。除了购买股份，股权价值还受到一系列因素影响，如股票溢价、累计再投资收益或留存收益，或者重新计值。除此之外，直接投资人可以通过提供商品和服务或承担债务的方式增加在附属公司中的股权。

存托凭证是一类证券，代表对在其他经济体上市的证券的所有权。在一个交易所上市的存托凭证表示在另一个交易所上市的证券的所有权，存托凭证所有权的处理方式按其代表相关证券的直接所有权处理。存托凭证为本国上市的证券在其他经济体中的交易提供便利。相关证券可以是股权或债务证券。

其他股权是指未采用证券形式的股权。这可能包括准公司内的股权，如分支机构、信托、有限责任和其他合伙公司、非法人基金以及针对房地产和其他自然资源所有权的名义单位。很多国际组织的所有权不以股份形式出现，应当划分到其他股权类（尽管国际清算银行的股权采取未上市股票形式）。货币联盟中各中央银行的所有权也属于其他股权。

（二）投资基金份额

投资基金是将投资者的资金集中起来投资于金融或非金融资产的一种集合投资工具。这些基金发行份额（如果采用公司架构）或者单位（如果采用信托架构）。投资基金包括货币市场基金和非货币市场投资基金。投资基金份额或单位是指共同基金和单位信托发行的份额，而不是它们可能持有的份额。

货币市场基金是仅投资于或主要投资于国库券、存单和商业票据等短期货币市场证券的投资基金。货币市场基金份额和单位有时在功能上与可转让存款相近，如拥有不受限制的支票开立特权的账户。如果货币市场基金份额包含在一个国家的广义货币之内，则应当将其作为独立项目记录在资产负债表上，以供与货币统计进行核对。投资基金投资的资产范围通常包括债务证券、股权、与大宗商品挂钩的投资、房地产、其他投资基金股份和结构性资产等。

八、保险、养老金和标准担保计划

保险、养老金和标准担保计划包括非人寿保险技术准备金、人寿保险和年金权益、养老金权益、养老基金对养老金经理的债权和标准担保计划索赔准备金。这些准备金、权益和索赔准备金是作为保险公司、养老基金或标准担保计划发行者的公共部门单位的负债，是保单持有人或受益人的对应资产。在公共部门，参与保险计划的通常是公共金融公司。广义政府单位作为非人寿保险计划、非自主或非预提养老金计划、标准担保计划的运营者，可能因这些准备金、权益和索赔准备金而发生负债。

（一）非人寿保险技术准备金

非人寿保险技术准备金包含预付的非人寿保险净保费和为满足未结非人寿保险索赔而预留的准备金。换言之，非人寿保险技术准备金由已付但尚未赚得的保费（被称为未赚得保费）和已发生但未结的索赔组成。非人寿保险净保费预付款之所以产生，是因为保费通常是在投保期限一开始就应支付。但是，按照权责发生制，保费是在整个投保期内赚得的，因此，初始付款涉及预付款。在任意特定时间，保险企业尚未赚得已付的部分保费，因为这些预付保费针对未来的风险提供保险。预付或未赚得保费的价值应当按比例确定。为满足未结非人寿保险索赔而预留的准备金是因已发生但未支付赔偿金的事件而产生的数额，其中也包括未过期风险的准备金。承保人为满足未决索赔而产生的负债是解决索赔（包括有争议的索赔）时预期赔付数额的现值，以及针对已经发生但没有报告的事故索赔准备金。

（二）人寿保险和年金权益

人寿保险和年金权益是保单持有人对提供人寿保险或年金的企业拥有的金融债权。这一类别包括人寿保险公司和年金提供者因收到的预付保费而产生的负债和对人寿保险保单持有人及年金受益人的应计负债。人寿保险和年金权益是向保单持有人提供保险金，或在保单持有人死后向受益人提供赔偿的义务，因此与股东的资金分开。这些权益被视为保险公司的负债和保单持有人及受益人的资产。年金权益是在受益人死亡之前支付未来收入义务的精算现值。

（三）养老金权益

养老金权益是现有和未来的养老金领取者可据此要求其雇主或雇主指定的基金，按照雇主和雇员之间的报酬协议支付已赚得养老金的金融债权。这些债权以及养老基金运营单位的相应负债的性质取决于所承诺的福利类型，即固定给付计划和固定缴款计划。在固定给付计划中，雇主向参加计划的雇员和其他家庭成员承诺的养老金福利水平，是根据一个参加者的任职时间长短和薪资的精算公式确定的。在固定缴款计划中，向基金缴款水平是固定的，但应支付的福利取决于基金的资产。

（四）养老基金对养老金经理的债权

雇主可能与第三方签订合约，让第三方为其雇员管理养老基金。如果雇主一直对养老金计划的条款有决定权，并负责基金的亏损，保留基金的盈余，此时，雇主叫作养老金经理人，在养老金经理人指令下开展工作的单位叫作养老金代管人。如果雇主与第三方之间的协议是雇主将基金的风险与亏损责任全部转移给第三方，同时第三方享有基金的盈余权利，此时，第三方既是养老金经理人又是养老金代管人。

（五）标准担保计划索赔准备金

标准担保是指以相同条款大量签发但通常金额较小的担保。标准担保计划运营者发生的负债等于未到期担保之下预期偿付的现值，减去担保人预期从违约借方追回的金额，这种方法与非人寿保险相似。该项负债叫作标准担保下的偿债准备金。这些安排涉及三方，即借方（债务人）、贷方（债权人）和担保人。借方或者贷方可与担保人订立合约，规定担保人在借方违约的情况下偿付贷方，如出口信贷担保、存款担保和学生贷款担保。

九、金融衍生工具和雇员股票期权

(一) 金融衍生工具

金融衍生工具合约是一种与特定金融工具、指标或商品相挂钩的金融工具，通过这种金融工具可以独立地在金融市场上针对特定的金融风险（如利率风险、外汇风险、股权和大宗商品价格风险、信用风险等）进行交易。金融衍生工具的交易和头寸，在处理时和它们所挂钩的标的物价值分开处理。金融衍生工具按照资产负债表记账日期的当期市场价格计值。如果没有市场价格的数据，可利用其他公允价值方法（例如期权模型或现值）为它们计值。

金融衍生工具合约所包含的风险可以通过买卖合约本身进行交易，期权所包含风险也是可交易的，或者通过签订新的合约，使其所包含的风险与现有合约中的风险相匹配并予以抵消。后一种做法被称为可抵消性，主要发生在远期市场。可抵消性意味着它常常有可能消除与衍生工具相关的风险，其方式是订立新的逆向合约，该合约具有与第一个衍生工具的相关风险相抵消的特点。买入新的衍生工具，在功能上与卖出第一个衍生工具等同，其结果是消除相关的金融风险。因此，抵消市场上的相关风险的能力被认为在体现价值方面与可交易性等同。替代现有衍生工具合约所需的支出代表它的价值，不需要实际抵消。

金融衍生工具主要有两大类：期权合约和远期类合同。

1. 在期权合约（期权）中，买方从卖方购得在规定日期或之前按执行价购买或出售［取决于该期权是看涨（买入）或看跌（卖出）］特定标的物的权利。期权买方向期权卖方支付一笔溢价。反过来，买方获得在规定日期或之前按约定合约价格买入（看涨期权）或卖出（看跌期权）特定标的物（实物或金融资产）的权利而非义务（在衍生品交易所，交易所本身可以充当每一项合约的对手方）。

2. 远期类合同是一类无条件合约，两个交易对手方据此合同商定在特定日期、按约定合约价格（执行价）交换特定数量的标的物（实物或金融资产）。远期类合同包括期货和互换。期货是在有组织的交易所交易的远期类合同。交易所通过确定合约的标准条款和条件，充当所有交易的对手方，以及要求存入和支付一笔保证金以减少风险，为交易提供便利。远期利率协定和远期外汇合约是两种常见的远期类合同。

(二) 雇员股票期权

雇员股票期权指某一公司的雇员购买该公司股权的选择权，是雇员报酬的一种形式。雇员股票期权具有与金融衍生工具相似的定价行为，但是它们的性质（包括授予日和到期日安排）及用途（激励员工为提升公司价值作出贡献，而不是助长买卖风险）不同。如果授予员工的认股权可以不受限制地在金融市场上交易，则将其归类为金融衍生工具。

在某些情况下，可以向企业的商品和服务供应商提供认股权。虽然这些供应商不是企业员工，但为了方便也将它们记录在雇员股票期权之下，因为它们有相同的性质和激励作用。

十、其他应收/应付账款

其他应收账款/应付账款包含贸易信贷和预付款以及其他各类应付或应收项目。

（一）贸易信贷和预付款

贸易信贷和预付款包括直接向商品和服务买方提供的贸易信贷以及为正在进展或即将开展的工作支付的预付款，例如，在建设期间提前为正在从事的工作按进度付款，或者为商品和服务预付的款项。这种信贷产生的原因有两种：一是正常收款拖延，二是厂商有意为零售商提供信贷以便为销售提供融资。商品和服务卖家提供的贸易信贷不包括由第三方为贸易融资提供的贷、债务证券或其他负债。如果政府单位出具期票或其他类型的担保以合并支付若干项贸易信贷的到期应付款，该期票或担保应归类为债务证券。贸易信贷和预付款不包括符合贷款定义的贸易信贷。

（二）其他各类应收账款/应付账款

其他各类应收账款/应付账款包括应计但尚未支付的税款、股息、为买卖在工具发行前已经支付或收到的证券而支付的款项、租金、工资和薪金、社会缴款、社会福利和类似项目。它们还包括根据金融衍生工具合同应付的欠款和尚未发生的支付款，如预付税款。其中一些预付款常被称为"存款"，应当记录在此处而不是记入通货和存款之下。这些"存款"只有满足特定条件才可以偿还。其他各类应收账款/应付账款之下的这类"存款"，如有法院和税务机关在争议解决之前持有的保证金、为补偿破损或拒付商品和服务使用费行为而预付的保证金以及保释金。原则上，应计但尚未支付的利息应记入有关资产的本金中，而不是纳入这一类别。应收税款和/或应付雇员补偿如果数额巨大，应当单独予以确认。

十一、金融工具的其他分类

（一）按对手方的机构部门分类

为了更全面地了解广义政府或公共部门的金融资产和负债，还应当考虑这些金融关系的对手方。例如，按照提供融资（资金来源）的经济部门对债务进行分类，是对按金融工具类型进行分类的补充。关于部门和子部门之间的债务人—债权人关系的信息对适当合并政府财政统计至关重要。按照对手方是公共还是私人、金融还是非金融公司对金融资产和负债分别进行分类，对编制准确的广义政府或公共部门合并资产负债表是必不可少的。

（二）按债务工具期限的分类

按期限和金融工具类型对债务工具对应的债务负债和金融资产进行的补充分类能提供关于债务流动性方面的信息。债务工具期限是指根据债务人和债权人之间的合同、债务从发生一直到消失为止的一段时间。债务工具期限可能是短期，也可能是长期。短期债务指即期应付或期限为一年或不到一年的债务，包括拖欠和欠款利息。长期债务指期限超过一年，或没有固定期限（被认为属于短期的即期应付债务除外）的债务。

第四节 净值和备忘项目

一、净值

净值是指一个机构单位（或一组单位）的资产总值减去其负债总值的差额。净值是一个平衡项，源自按资产负债表日期市场价格对资产和负债（包括股权和投资基金份额）的计值。净值可以是正值、负值或零。与政府财政统计的其他平衡项一样，净值不能独立于其他项目单独计量。

对于大多数政府单位而言，净值是单位的经济价值，因为它们往往不发行股票或其他股权。如果是准公司，则净值为零，因为所有者的股权价值被认为等于其资产减负债。如果广义政府部门有股权形式的负债，这些股份不交易或者股份价值不能单独确定，则这些政府单位的净值也是零，与准公司的净值类似。对于其他公司而言，净值是自有资金的一部分。在宏观经济统计中，自有资金和净值有特定含义，可能不同于会计制度范围内对这些术语的理解。

二、备忘项目

备忘项目是指以提供与资产负债表有关、但未包括在资产负债表中的项目的补充信息。

（一）金融净值

一个机构单位（或一组单位）的金融净值指其金融资产总值减去其负债总值的差额。因为广义政府和公共部门对金融系统的影响，也因为政府独有的非金融资产难以计值，这一平衡项常常被引用。

（二）债务

债务包括要求债务人向债权人在将来一个或几个日期一次或几次支付利息和/或本金的所有负债。政府财政统计资产负债表中的所有负债，都被视为债务，但股权和投资基金份额及金融衍生工具和雇员股票期权形式的负债除外。股权和投资基金份额不是债务工具，因为它们使持有者有权获得股息以及对单位残余价值的索取权。金融衍生工具不是债务工具，因为它们不提供资金或其他资源，而是将风险敞口从一方转移到另一方。

在一些情况下，债务的当期市场价值可能与其名义价值有很大差别。从某些分析目的出发，使用债务的名义价值可能比当期市场价值要好。一般来说，如果能够对名义价值和当期市场价值进行比较，是很有帮助的，可应用上述两种价值对债务总额和债务的重要类别分别进行估计。

（三）拖欠

拖欠被定义为逾期未付的金额。原则上，因任何支出、购置资产而产生或与任何负债有关的应付金额都可能发生拖欠。对于债务负债，当本金或利息到期未付时，即发生拖欠。就支出和购置非金融资产而言，应付金额可能从一开始就出现拖欠。例如，当雇员薪酬应付金额到期未付时，关于雇员薪酬的其他应付账款成为拖欠。还有，若合同规定在交付商品和服务或交付非金融资产时付款，而这些应付金额在交付时没有结算，则关于这些商品和服务或非金融资产的其他应付账款从一开始就成为拖欠。

（四）显性或有负债

或有负债可能会产生财政风险，并且可能源自深思熟虑的公共政策或金融危机等未预见到的事件。或有负债是指只有未来发生特定的独立事件才会产生的一类负债。或有负债和负债之间的一个关键区别是，必须满足一项或多项条件，才能将或有负债视为负债。即便出现或有负债，在是否要求偿还以及可能的偿还额度方面通常存在不确定性。

显性和隐性或有负债有所不同。显性或有负债是指有法律金融安排或合同金融安排的或有负债，这种或有负债在满足一定条件下可据此要求进行一定经济价值的付款。如果出现一项或多项规定条件，则该项要求产生效力。相比之下，隐性或有负债并非来自法律或合同，而是在某一条件或事件成为现实之后才得到确认。虽然政府财政统计（和其他宏观经济统计系统）基本侧重于显性或有负债，但未来社会保障福利的净隐性义务等隐性或有负债是财政风险和脆弱性分析中的重要因素。隐性或有负债还包括确保银行部门的偿债能力、偿还地方政府（省级/州政府和地方政府）或中央银行在发生违约情况下的债务，承担公共部门单位的无担保债务以及可能用于自然灾害救济的支出。

（五）未来社会保障福利的净隐性义务

对于政府的未来应付社会保障福利（就业相关养老金以外的退休福利）和医疗保健福利，政府财政统计不作为负债处理。这些支付未来的社会保障福利的隐性义务不是合约义务，因此不记入资产负债表。根据现行法律法规已经赚得但应在未来支付的社会保障福利现值，减去社会保障计划缴款的现值代表政府应在未来支付社会保障福利的净隐性义务。

本章小结

1. 资产负债表项目分为资产项目和负债项目。资产项目分为金融资产和非金融资产。负债项目是与金融资产相对应的。

2. 政府财政统计中记录的所有资产都是经济资产，这些资产是具有以下特点的实体：（1）机构单位能够单独或集体行使经济所有权；（2）其所有人可能在一段时间内通过持有或使用它们而从中获得经济收益的资产。

3. 金融资产由金融债权加货币主管部门作为储备资产持有的金块组成。金融债权包括债务工具、金融衍生工具和雇员股票期权，以及股权和投资基金份额。

4. 当一个单位（债务人）有义务在特定情形下向另一单位（债权人）提供资金或其他资源时，就产生了负债。

5. 非金融资产是除金融资产之外的所有经济资产。它包括固定资产、存货、贵重物品和非生产资产。

6. 资产和负债的计值方法有市场价格法、类似市场价格估算法、永续盘存法、现值法、市场汇率法。

7. 固定资产是在生产过程中重复或连续使用一年以上的生产资产。它又进一步划分为建筑物和构建物、机器和设备、其他固定资产和武器系统。

8. 存货是一类生产资产，由当期或先前某个期间生产且用于日后销售、生产用途或其他用途的商品和服务组成。存货的分类有原料和供应品、在制品、制成品、用于再出售的商品和军事存货。

9. 贵重物品是指主要不是用于生产或消费，而是在一段时间内作为价值储藏手段持有的、具有相当大价值的生产性货物。

10. 非生产资产由所有权权利得到行使的有形自然资产（自然资源）以及作为社会构建物的无形非生产资产组成。自然资源包括土地、矿产和能源资源以及其他自然资产。

11. 金融资产和负债的分类主要基于有关金融工具的流动性和法律特征。此外还可按金融工具的交易对手方（对于金融资产，是债务人；对于负债，是债权人）的居民地位进行分类。

12. 金融资产按金融工具的流动性和法律特征主要有：货币黄金和特别提款权、通货和存款、债务证券、贷款、股权和投资基金份额、保险、养老金和标准担保计划、金融衍生工具和雇员股票期权、其他应收/应付账款。

13. 净值是指一个机构单位（或一组单位）的资产总值减去其负债总值的差额。

14. 备忘项目是指以提供与资产负债表有关、但未包括在资产负债表中的项目的补充信息。主要有金融净值、债务、拖欠、显性或有负债、未来社会保障福利的净隐性义务、按公允价值计算的不良贷款资产。

本章重要概念

经济资产　金融资产　非金融资产　固定资产　存货　贵重物品　非生产资产　货币黄金和特别提款权　通货和存款　债务证券　贷款股权和投资基金份额保险　养老金和标准担保计划　金融衍生工具和雇员股票期权　其他应收/应付账款

复习思考题

1. 简述资产负债表的组成项目。
2. 简述资产和负债的主要计值方法。
3. 简述非金融资产的分类。
4. 简述金融资产和负债的两种分类。
5. 简述备忘项目包括的主要内容。

第八章
非金融资产的交易

第七章介绍了资产负债表及其记录的资产和负债,也就是说,我们对财政统计体系包括的存量已经做了描述。作为一个综合框架,政府财政统计还包括流量。需要这些流量解释报告期期初和期末资产负债表之间的所有变化。流量分为两类,即交易和其他经济流量,这两类流量都能影响资产和负债的存量头寸。这一章我们介绍影响非金融资产存量头寸的交易和分类。在之后的第九章和第十章,我们将分别介绍影响金融资产和负债存量头寸的交易以及其他经济流量。

第一节 非金融资产交易的核算

非金融资产交易与非金融资产存量有着密切的关系,非金融资产交易需计值、确定记录时间、轧差等,在描述非金融资产交易前首先需要讨论这些非金融资产及其交易的核算。

一、非金融资产交易与非金融资产存量

(一)非金融资产交易与存量的会计恒等式

对于每一类非金融资产,都有一个会计恒等式将前后两个期间的资产负债表联系起来。该会计恒等式:

报告期期初资产负债表上某一类非金融资产的价值 + 报告期内各项交易中获得的该类资产的总价值 − 报告期内各项交易中处置的该类资产的总价值(包括固定资本消耗)− 报告期内该类资产的固定资本消耗价值 + 报告期内影响该类资产的其他经济流量的净值 = 报告期期末资产负债表上该类资产的价值。

这一恒等式要求在记录交易、其他经济流量和存量时采用一致的记录时间和计值方法。

（二）改变非金融资产存量的交易类型

通过上面会计恒等式我们可以发现，交易能够通过不同的方式改变非金融资产的存量。较为重要的交易类型有以下六种。

（1）通过购买/出售、易货或实物转移从其他单位取得，或者处置给其他单位的所有类型的现有资产。

（2）对于新生产出来的固定资产、存货和贵重物品，其生产者可以按与现有资产相同的方式出售或以其他方式处置，也可以留以自用。

（3）政府单位可以生产仅供自用的商品和服务作为固定资产（自有固定资本形成），这些交易被归为固定资产的取得（并列为备忘项）。

（4）显著提高现有固定资产生产能力或延长其使用寿命的改造、重建或扩建被归为固定资产的取得，虽然从实物形式来讲它们是现有资产的一部分。土地改良属固定资产的单独类别，与非生产土地资产不同。

（5）固定资本消耗是记录固定资产因在生产中被重复或连续使用而导致价值下降情况的一项内部交易。

（6）存货也可以通过内部交易以及与其他单位交易取得（增加）或处置（提取）。例如，从存货中提取材料和用品用于生产广义政府单位的服务以及将已完成的生产从在制品存货转移到制成品存货，这些都属于内部交易。存货商品的经常性损失和损坏同样被视为内部交易。

凡增加单位非金融资产持有量的交易都被标注为资产的取得。除固定资本消耗外，凡减少单位非金融资产持有量的交易都被标注为资产的处置。因此，特定类别非金融资产的交易结果可用总取得、总处置和固定资本消耗来表示，或用非金融资产净投资来表示。非金融资产的净投资额是指非金融资产取得额减去处置额，再减去固定资本消耗额后的余额。非金融资产的总投资额是指非金融资产取得额减去处置额后的余额（固定资本消耗不予计入）。在收付实现制下，非金融资产购买额减去其出售额之后的余额被称为非金融资产投资带来的现金净流出。

二、所有权转移成本

所有权转移成本是指与取得和处置非金融资产（存货除外）相关的成本，其中包括：（1）资产取得单位和资产处置单位产生的所有专业费用或佣金，如支付给律师、建筑师、测量师、工程师和估价师的费用，以及支付给房地产经纪人和拍卖人的佣金；（2）单独向买方开具收据的任何贸易和运输成本；（3）资产取得单位就该资产的所有权转移所应支付的全部税收；（4）就资产的处置所应付的任何税收；（5）未包括在被取得或被处置资产的价格中的、任何交付和安装或拆卸费用；

(6) 在资产使用寿命终了时产生的任何终期成本，如确保结构安全或恢复其所处环境所必需的费用。

所有权转移成本由标的资产的买方或卖方承担，具体视哪个单位承担支付该成本的责任而定。这些所有权转移成本应当作为固定资本消耗而核销，与交易有关的利息和其他融资费用不属于所有权转移成本。

三、计值

固定资产和贵重物品的取得和处置按市场价格进行计值（交换价值加所有权转移成本）。通过易货或实物转让取得的固定资产按等同市场价格进行计值。为自有资本形成或实物转让而生产的固定资产按税前估算市场价格减去各种补贴、运输费用或经销利润计值。在无法令人满意地估算市场价格的情况下，则应按其生产成本计值。

存货的增加和提取按增加或提取时适用的市场价格计值，因此提取时的价值可能会与取得时的价值存在显著差异。存货交易中不加入也不扣除任何安装或所有权转移成本。

土地的取得和处置按其交换价值计值，按照惯例，土地所有权转移成本记入土地改良。土地以外非生产资产的取得和处置按其交换价值计值。土地以外非生产资产的所有权转移成本单独记为一类固定资产。

广义政府单位可按照其财政政策规定，按非市场价值取得或处置非金融资产，或以高于市场价值的价格购买资产，或以低于市场价值的价格出售资产。就其性质而言，此类交易均涉及转移。如果所涉资产的市场价值可以确定，则该交易就应以所定市场价值的额度计值，随后进行的第二项交易则应记作转移费用。然而，这些资产通常没有活跃的市场，故而很难估算市场价值。在这种情况下，取得或处置的价值应当为交换的经济价值数额，其形式可能表现为实物（如住宅）或无形资产（如电影原著）的所有权。

四、记录时间

在权责发生制下，交易应在经济价值被创造、转换、交换、转移或消失时记录。就非金融资产交易而言，应在取得或放弃所涉非金融资产经济所有权时记录。在收付实现制下，交易应在现金支付完成时记录。

原则上，非金融资产交易（包括通过易货、实物支付或实物转移进行的交易）应该在经济所有权变更时记录，具体记录时间往往视销售合同所载规定而定。如果所有权变更不甚明显，交易伙伴的记录时间或可成为一个有力的判断指标，如果没有记录时间，则以物理上的占有或控制发生变动的时间为准。

新的非金融资产的取得应在何时记录取决于所涉资产的取得方式：

（1）如果资产是作为制成品从生产单位取得的，那么应按照确定现有资产购买记录时间的相同方式（经济所有权易手的时间）确定该资产取得的记录时间。这一时间通常既不是该资产的生产时间，也不是其用于生产的时间。

（2）如果另一单位按照其与广义政府单位商定的销售合同生产建筑物和构建物，并且工期超过一个报告期，那么构建物的所有权即被视为随着构筑工作的推进而转移至政府单位；分阶段付款或按进度付款的金额可约等于应记录的固定资产交易的价值。在未订立销售合同的情况下，各个时期未完成的生产将增列至承包商的在制品中。

（3）如果所涉生产为自用目的，则不存在任何正式的所有权转移。随着生产工作的不断推进，生产单位逐渐取得实际占有权，因此这类资产的取得随着对该资产生产过程中所涉每项交易的记录而逐步完成。例如，如果广义政府单位使用自己的劳动力建造一个建筑物，那么自动工之日起，其对商品和服务的每一次使用以及其雇员所开展的每一项工作均归类为固定资产的取得。

原则上，固定资本的消耗应在每一报告期内连续记录。在实践中，固定资本消耗只能在报告期结束后进行计算，因为其价值取决于资产在整个报告期的平均价格。

对于通过融资租赁取得或处置的固定资产，租赁合同一经签订或对该资产的经济控制权一经以其他方式易手，即被视作已经取得或处置。

五、交易轧差

除存货以外的非金融资产交易用取得、处置和固定资本消耗表示。各类非金融资产净投资的计算方法是取得额减去处置额，再减去固定资本消耗。

存货的取得、使用和处置应进行轧差，因为按照取得和处置分列的数据从经济学角度并无意义。另外，从实际操作角度，往往无法估算单个存货交易，存货不产生固定资本消耗。

第二节 非金融资产交易的分类

非金融资产交易的分类见表 8-1。该表将非金融资产的交易概括为获得、处置及固定资本消耗。将这三个数额结合起来，就得到因交易导致的某一类别非金融资产的总变化。

第八章 非金融资产的交易

表 8-1　　　　　　　　　　　　　非金融资产交易的分类

	获得	处置	固定资本消耗
非金融资产			
固定资产			
重大改良与维护和修理			
建筑物和构建物			
住宅			
非住宅建筑			
其他构建物			
土地改良			
机器和设备			
交通设备			
其他机器和设备			
其他固定资产			
培育性生物资源			
知识产权产品			
武器系统			
存货			
原料和供应品			
在制品			
制成品			
用于再出售的商品			
军事存货			
贵重物品			
非生产资产			
土地			
矿产和能源资源			
其他自然资产			
无形非生产资产			
备忘项目			
自有资本形成			
雇员补偿			
商品和服务的使用			
固定资本消耗			
对生产征收的其他税收减去对生产提供的其他补贴			

资料来源：国际货币基金组织：《2014 年政府财政统计手册》，华盛顿，2014。

非金融资产的分类与第七章同一资产的分类是完全相同的，第七章还提供了每一类别所包括的资产的定义，这里我们主要讨论非金融资产交易的指导原则。

一、固定资产

从第三方取得资产的成本取决于交易的市场价格。政府或公共部门单位也可能产生与固定资产生产或维护相关的费用。要确定在报告期间内上述成本中有多少数额应记为自有固定资产生产，则必须对资产的重大改良与资产的维护进行区分。本部分首先介绍如何区分应记为固定资产取得的交易和应记为与维护相关费用的交易，随后再介绍特定类别资产的交易的记录。

（一）重大改良与维护和修理

对现有资产进行的、可提高其生产能力或延长其使用寿命或两者兼具的重大改良（如改造、重建或扩建）归类为固定资产的取得。另外，固定资产的维护和维修属于一种费用，归类为商品和服务的使用。不过，按照定义，重大改良不会产生可以单独确定和计值的新资产。此种改良的价值记入现有标的资产的价值之中。

尽管两者的区别并非泾渭分明，但与维护和修理相比，资产重大改良具有以下特点。

（1）对资产进行改造、重建或扩建是一项慎重的投资决定，这一决定可能在任一时间作出，并不受资产状况的影响。对船舶、建筑物或其他构建物的重大改造通常在其正常使用寿命结束之前进行。

（2）重大改造、重建或扩建、可提高现有资产的性能或能力，或可显著延长现有资产先前预期的使用寿命，从这一意义上来讲，扩建或延展现有道路、建筑物或构建物构成重大改变，而对建筑物内部进行彻底改装或重建同样属于重大改变。

相比较之下，维护和修理具有以下两大特点。

（1）它们是资产所有者或使用者有义务定期进行的活动，以便能在资产的预期使用寿命内利用这些资产。它们是继续使用固定资产所无法避免的当期成本。所有者或使用者不能忽视维护和修理，否则预期使用寿命可能会大大缩短。

（2）它们不改变固定资产或其性能，只是使之保持良好的工作状态，或者在其出现故障后恢复原状。在不改变固定资产的基本性质的前提下，将有缺陷的部件用同一类型的新部件进行替换。

（二）建筑物和构建物

除反映新建建筑物和构建物取得的交易外，建筑物和构建物的取得还包括用于场地清理和准备的一切应付账款以及建筑物和构建物内不可或缺的所有固定装置、设施和设备的费用。

某些构建物,如建筑物、道路和桥梁,可能是为公用目的而建,旨在供多个住户共同使用。这类构建物竣工之后,其所有权可能会转移至某一广义政府单位,并由该单位承担维护责任。转移一经发生,即应记录已取得构建物,同时记录已经收到实物形式的资本转移。

建造新的公共纪念物以及对现有公共纪念物进行重大改建属于取得建筑物和构建物,不论其是住宅,还是非住宅建筑物,或是其他构建物。但是,尚未记录在资产负债表中的具有特殊考古、历史或文化意义的构建物或场地一经得到确认,即应记录为资产数量的其他变化。

土地改良成本记作交易,而在后续期间,固定资本消耗交易根据所作改良的使用年限进行记录。土地价值增加超出土地改良价值或因邻近地区资本活动而导致价格水平有任何增加的,都应记录为持有收益。非生产资产土地如果因邻近地区的活动而被划入资产范畴之内,则应记录其资产数量(经济形态)的其他变化。

与矿藏开采相关的隧道和其他构建物的取得归类为构建物取得,而非土地改良。这些资产与它们所钻探或挖凿的土地分开使用。按照惯例,土地所有权转移成本记入土地改良,这些成本在所有者预计拥有所涉土地的期间核销。

(三)机器和设备

确定哪些商品应划作机器和设备通常是直截了当的。然而,一些商品(如手工工具)可能多年内在生产中重复或连续使用,但它们可能是小型而便宜的,并被用来做相对简单的工作。如果以比较稳定的速度对这种商品进行开支,并且它们的价值与对更为复杂的机器和设备的开支相比很小,那么将这些工具的获得视为商品和服务的使用可能更为合适,而不是非金融资产的获得。

(四)其他固定资产

1. 培育性生物资源

培育性生物资源包括生产重复产品的动物资源和生产重复产品的树木、作物和植物资源。培育性生物资源的取得包括从其他单位取得为年复一年重复取得其产品而培育的植物和动物,以及为自用目的培育的类似植物和动物的价值。处置则包括出售或以其他方式处置的动物和植物,包括出售供宰杀和被所有者宰杀的动物以及在使用寿命终了之前砍伐的植物。处置不包括因重大疾病、传染、干旱、饥荒或其他自然灾害而造成的动物和植物的异常损失,此种异常损失记录为资产数量的其他变化。这些资源的固定资本消耗包括因自然原因导致的动植物意外损失,以及动物或植物因年龄增长所导致的自身价值下降。

关于为年复一年地重复获得其产品而培育的牲畜(例如奶牛),其净投资等于为自用目的而饲养的、牲畜使用者获得的、所有成年动物和未成年动物的总价值减去这些动物的所有处置价值，再减去固定资本消耗后的余额。

种植园、果园等园林的净投资等于成年树木、灌木等（包括为自用目的而培植的未成材树木、灌木等）的取得价值减去这些树木、灌木等的所有处置价值，再减去固定资本消耗后的余额。如有必要，未成材树木、灌木等的价值可以根据其培植过程中累计所耗成本的价值进行粗略估算。

2. 知识产权

知识产权产品包括研究和开发，矿产勘探和评估，计算机软件和数据库，娱乐、文学和艺术原作，其他知识产权产品。

（1）研究和开发支出的价值应根据其预计在今后产生的经济利益加以确定。研究和开发被视为一项资产，研发活动显然不会为其所有者带来任何经济利益的情况除外。

（2）在勘探方面产生的支出归类为矿产勘探和评估的取得。矿产勘探支出包括实际测试钻探和挖凿的费用，以及为确保能够进行测试而产生的所有其他费用，如预许可、许可、取得和评估成本、航空和其他测绘成本以及为确保能够进行勘探而产生的运输和其他成本。此种资产的固定资本消耗可以用与矿产或石油公司使用的自有固定资产相当的平均使用寿命进行计算。

（3）计算机软件和数据库包括计算机软件的取得，其中，计算机软件又包括预计可使用一年以上的系统软件和应用软件的计算机程序、程序说明及支持材料。以计算机软件形式投入的非金融资产净投资包括软件的初始开发和后续扩展，以及被归类为资产的副本的取得。内部开发的软件以其生产成本计值。这一类别中还包括所涉单位预期使用一年以上的大型数据库的购买、开发或扩展。数据库创建之初，其价值通常必须通过成本总和法估算得出。这些成本包括以适当格式编制数据的成本、根据数据库开发所花费的时间估算的工作人员时间，以及作为商品和服务的使用记入的各项成本，但不包括数据库管理系统的成本和取得或生成数据的成本。已售数据库交易应该以其市场价格计值，其中包括数据库所载信息内容的价值。如果已售数据库中某一软件组件本身的价值有数可查，则应记录为软件销售。

（4）娱乐、文学和艺术原作的创作按实际交易时的当期市场价格记录。但是，这一类资产通常是自主自愿创作而成，随后可能会被直接出售或通过许可出售。若是为自用目的而创作的资产，则可能很难确定其市场价值，因为市场价值取决于所有者预期从该资产使用中获得的未来收益的现值。在没有其他信息可供参考的情况下，原作的取得可能需要以其创作成本计值。

（五）武器系统

符合资产一般定义的武器系统的取得和处置包括车辆以及军舰、潜艇、军用飞行器、坦克、导弹运载器和发射装置等其他设备。这些车辆及设备所运载的弹药、导弹、火箭、炸弹等一次性武器的取得大多归类为军事存货交易，其使用归类为军事存货的提取。但是，有些一次性物品可能被归类为固定资产，如具有极大破坏力的某些类型的弹道导弹。

二、存货

原则上，存货净投资（存货变化）等于用存货增加的价值减去存货提取的价值，再减去报告期间内存货商品任何经常性损失的价值后的差额。一般而言，存货的增加和提取应该按照记录其他非金融资产交易所用的相同原则进行记录。存货增加在产品被购买、生产或以其他方式取得时记录，存货提取在产品被售出、在生产中用尽、转移至另一类存货或以其他方式被让渡时记录。

存货与其他非金融资产不同，存货增加或处置的价值中不包括任何所有权转移成本，而且存货不会造成任何固定资本消耗。另一点与其他非金融资产不同的是，存货通常只会估算存货增加减去存货提取的净值，而不会分开估算增加和提取的总值。

为了理解各类存货交易，有必要区分同一个单位所担负的两项职能：作为商品和服务生产者的职能以及作为资产所有者的职能。商品一经进入存货，即为有关单位以所有者身份通过购买（或易货）或通过与作为生产者本身进行内部交易取得的资产。另外，商品一经离开存货，即为资产处置，处置方式或是所有者将其出售或用于其他用途，或是内部转移给生产者，也有可能是因为经常性损失（经常性浪费、意外损坏或者失窃）所致。

许多存货交易（增加和提取）是向其他单位进行的购买或分配，但其他取得和处置所反映的却是内部交易。所有存货增加和提取，如为使用商品或固定资产投资目的的增加和提取，都应以当期市场价格计值。由于材料和用品存货提取以及在制品存货增加或提取较为连续或频繁，通常没有准确记录这些内部交易的信息，因此可能需要进行估计。

三、贵重物品

贵重物品的取得按应付价格加上有关单位因取得所涉资产而产生的一切相关所有权转移成本的方式计值。贵重物品的处置则按出售价格减去有关单位因处置所涉资产而产生的一切相关所有权转移成本的方式计值，其中，如涉及鉴定师、拍卖师和经纪人服务，所有权转移成本可能会很高。执行货币主管部门某些职能的政府单位可能会进行货币黄金和非货币黄金交易，因此需要仔细地对这些交易进行分类，以确保其准确性，同时要在资产数量的其他变化中记录黄金从一个类别转移到另一个类别的变化情况。

四、非生产资产

反映非生产资产所有权变化的交易，应与现有固定资产交易相同的方式进行记录。

（一）土地

土地买卖不包括买卖双方承担的土地所有权转移成本。这些成本依照惯例记入土地改良。使土地数量、质量或生产力得到重大改善或防止土地退化的行动（如开垦土地、土地修整、作为相关土地不可或缺一部分的水井和水塘的挖凿等）同样视为土地改良，而不是土地的取得。当一个政府单位获得物理上位于外国境内的土地（用作大使馆、基地或其他领土飞地）时，有关交易便将该土地转化为取得土地的政府的经济领土的一部分，因此该土地通过交易（非金融资产的取得）记入资产负债表。

建筑物，或其他构建物，以及种植园通常与其所在土地一起购买或出售，对构建物和土地不分开计值。即使分开计值（如土地上的既有构建物）不可行，但有可能确定在总价值中占大部分的是土地还是构建物，并根据哪一个具有更高价值来确定应将该交易归为土地的购买还是构建物的购买。如果无法确定哪一个更具价值，按照惯例，应将该交易归类为构建物购买（建筑物和构建物形式的固定资产取得）。这种处理方法也适用于种植园。在多数情况下，地下资产和土地的所有权相互分离，因此在可行的情况下，土地和地下资产的价值应分开估算。

如果政府取得所有者被迫出售的土地（或其他资产），那么所获资产的市场价值与所提供的所有补偿之间的任何差额一概记为资产数量的其他变化，其形式记为无偿没收。

（二）矿产和能源资源

矿产和能源资源交易是指矿产和能源资源矿藏的取得或处置，即资产的所有权从一个机构单位转移到另一个机构单位。如果矿产和能源资源已知储量价值的减少是由于被开采用于生产而资源耗减，那么这种减少不是交易，而是资产数量的其他变化。同样，因发现新矿藏而引起的价值增加也被视作资产数量的其他变化。经重新评估核定的价值减少也记为资产数量的其他变化。矿产和能源资源交易单是指那些已经确立所有权权利的矿产和能源资源。

（三）其他自然资产

非培育性生物资源、水资源和其他自然资源的交易涉及这些资源沉积量的取得或处置，即这些资产的经济所有权从一个机构单位转移到另一个机构单位。与矿产和能源资源类似，非培育性生物资源、水资源或其他自然资源因部分被开采而出现的耗减记为资产数量的其他变化，而不记作非金融资产交易。

(四) 无形非生产资产

无形非生产资产包括合约、租约和许可以及商誉和营销资产。合约、租约和许可可以是可销售经营租赁、使用自然资源的许可、从事特定活动的许可，以及未来商品与服务的排他性权利。商誉只有在其价值有市场交易（通常是整个公司的买/卖）为正时才被记入政府财政统计。商誉和营销资产或其他无形非生产资产的摊销属于经济流量，而不是交易。

本章小结

1. 对于非金融资产的每一类别，有一个会计恒等式将前后两个期间的资产负债表联系起来。

2. 非金融资产交易能够以不同的方式改变非金融资产的存量。

3. 非金融资产的获得和处置途径不同，计值方法也不一样。

4. 非金融资产的获得和处置途径不同，不同的非金融资产交易有不同的记录时间。

5. 除存货外的非金融资产的交易表示为获得、处置和固定资本消耗。存货的变化应进行轧差。

6. 固定资产的不同完成阶段、不同的获得或处置途径、不同的固定资产交易，其处理方法不同。

7. 存货的获得和处置是按与记录其他非金融资产的交易同样的原则进行记录的，但存货的获得或处置价值中不包括所有权转移成本。

8. 非生产资产所有权变化的交易，应与现有固定资产交易相同的方式进行记录。

本章重要概念

获得　处置　净获得　所有权转移成本　存货变化　资产的重大改良　固定资产维护和修理　耗减

复习思考题

1. 列出非金融资产交易与存量的会计恒等式。
2. 简述改变非金融资产存量的重要交易类型。

3. 简述非金融资产的获得和处置的计值方法。
4. 简述非金融资产交易记录时间的确定。
5. 简述固定资产的处理方法。
6. 简述存货变化的处理方法和计值。
7. 简述非生产资产交易的处理。

第九章
金融资产和负债的交易

第八章我们介绍了影响非金融资产存量头寸的交易和分类。这一章我们介绍金融资产和负债的交易及其分类。

第一节　金融资产和负债交易的核算

金融资产和负债的交易与金融资产和负债的存量有着密切关系。这一节我们介绍金融资产和负债的交易核算概要、交易的估值、记录时间、轧差与合并等，为后文描述金融资产和负债的交易分类奠定基础。

一、金融资产和负债交易核算概要

（一）金融资产和负债交易与存量的会计恒等式

第八章给出的关于非金融资产的会计恒等式也同样适用于金融资产和负债的交易。该会计恒等式：

会计期间开始时资产负债表上某一类金融资产（负债）的价值 + 从该会计期间的交易中获得（产生）的该类金融资产（负债）的总价值 − 从该会计期间的交易中处置（清偿）的该类金融资产（负债）的总价值 + 影响该类金融资产（负债）的其他经济流量的净值 = 会计期间结束时资产负债表上该类金融资产（负债）的价值。

这一会计恒等式要求在记录交易、其他经济流量和存量时采用一致的记录时间和估值方法。这些因素的会计准则我们已在第三章进行了描述。

（二）改变金融资产和负债存量的交易类型

交易能够以不同的方式改变金融资产的存量。较为重要的交易类型有以下几种。

（1）出售商品、服务或转让资产经济所有权会导致通货或存款发生与之相对应的变动，当交易时间不一致时，可能会反映为另一类型的金融资产或负债的变化，如其他应收款或其他应付款。

（2）债权人向债务人提供资金的交易会形成新的金融债权，并使债权人拥有一项新的金融资产，债务人承担一项新的金融负债。

（3）某些金融资产和负债的交易只是金融工具的交换。

（4）金融债权通常通过交易而终止。有时是债务人向债权人支付金融工具所规定的资金，有时是债务人在市场上购买自身发行的金融工具。

（5）应计利息被视为是在交易基础上形成的对基础金融工具的追加再投资。

（6）金融衍生工具合约的交易和结算。

增加资产存量的交易是获得资产，减少资产存量的交易是处置资产。增加负债的交易称为产生负债。减少负债的交易有多种称呼，包括偿还、减少、赎回、清算或取消。因此，某一特定类别金融资产的交易结果可表示为总获得和总处置，或净获得。类似地，负债的变化可表示为总产生和总减少，或净产生。合并不包括资产和负债项目之间的相互抵消。以贷款为例，贷款既可以出现在资产方，又可以出现在负债方。贷款的净产生仅限于描述负债方贷款存量的变化，而不包括资产方贷款存量和负债方贷款存量之间的轧差。

运行净余额减去对非金融资产的净投资等于净贷款（+）/净借款（−）。如果运行净余额大于非金融资产净投资，则产生的盈余称为净贷款（+）；反之，产生的赤字则称为净借款（−）。金融资产和负债的交易解释了如何通过改变金融资产和负债的存量（即总融资）来为净贷款/净借款提供资金。从理论上来看，金融资产的净获得减去负债的净产生等于净贷款/净借款。

二、交易的估值

（一）估值的基本规则

无论是流量还是存量，金融资产和负债都面临定值的问题。

金融资产和负债本身是以货币表示其价值，但是由于以下原因，也存在估值问题。一是价格发生变化，会改变已持有的金融资产和负债的价值。如汇率波动会改变以外币标价的金融资产和负债的价值；债券和股票的市场价格变化后，所持有的债券或股票的价值也会变化。二是不在金融市场交易或交易频率不高的金融资产和负债缺乏市场价格，需要研究如何确定其价值。三是资产损失如贷款损失等，需要减记或注销资产的价值。四是债务重组等其他原因。

国际货币基金组织（IMF）建议，金融资产和负债估值的基本原则：（1）现有金融资产或负债的获得（或处置）的价值按其交换价值进行估值，即按当期市场价格估值；（2）新产生的金融债权的价值通常按债权人向债务人提供的金额进行估值。

（二）个别金融资产估值时要注意的几个问题

1. 费用、佣金等

所有服务费、费用、佣金、对进行交易时提供服务的支付以及进行交易应付的任何税收，均不包括在金融资产和负债的交易中，它们属于费用交易。特别是，当代理商（承销商或其他中介）在市场上为发行证券的单位销售证券时，证券应以购买者支付的价格估值。该价格与发行证券的广义政府收到的金额之间的差额是对承销商服务的支付，即承销费用。当交易商的买卖价格之间有差额时，买卖双方以相同的中间价记录金融资产和负债交易，即买卖双方价格的平均数。

2. 证券交易

证券交易的估值也是按照交易发生时的交换价值确定的。但是相对于票面价值，证券的发行存在折价或溢价时，交易应当按照购买者实际支付的金额，而不是票面价值来估值。

票面价值是指合同或证券标明的价值，如每张证券标明的价值是 100 元，但其发行价格或交易价格可能是 90 元，也可能是 110 元，到期偿还的价值仍然是 100 元。以低于证券票面价值的价格发行称为折价发行。反之，则为溢价发行。获得证券时一并预付的利息应视为应计利息，这部分利息视为对证券的追加再投资。在这种情况下，获得的价值包括两部分，一是为得到证券而直接支付的数额，二是预付的应计利息额。也就是说，面值 100 元的证券若折价发行，发行价为 90 元，该证券应估值为 90 元，而不是 100 元。面值与发行价之间的 10 元差额为应计利息。同样地，面值 100 元的证券若溢价发行，发行价为 110 元，该证券应估值 110 元，应计利息为 -10 元。当证券溢价发行时，票面价值与发行价之间的差额将在证券的整个生命周期内摊销，从而减少（而不是增加）每一时期的利息。

3. 存贷款

与证券相同，存款和贷款也是以交易时实际支付的资产数额估值，利息不计入估值，而是计入应计利息。需要注意的是，在有些国家，存贷款的利息计入应收账款，而不是应计利息。因此，存贷款利息记录需要遵循各个国家的会计准则。

4. 外币交易

政府财政统计的标准记账单位是本币。在记录以外币计价的金融资产或负债交易时，应按照汇率将相关资产或负债折算为本币入账。具体做法是按交易发生时两种货币买入价与卖出价的均值，将其折算成以本币计价的交易。交易的价值不包括服务费用。这时，交易仅仅影响金融资产的规模和结构。有时，外币计价的交易不仅改变金融资产的规模和结构，也同时改变负债的规模和结构，如因交易而形成应收账款或应付账款。这种情况下,在结清应收账款或应付账款时发生的交易也是以外币计价的。结清账款时的交易也应按照交易发生时的汇率折算成本币。

在有些情况下,以外币计价的金融交易不采用市场汇率,而是采用一种或多种官方汇率。这些汇率与市场汇率存在一定差异。这时,应当尽可能按照市场汇率进行调整。

5. 其他估值

按照国际货币基金组织对交易估值的基本原则,获得或处置金融资产或负债的价值是其交易时的价值,即市场价格。但是,并非所有的金融资产都有市场价格。现金和存款等纯货币就没有市场价格。在这种情况下,其价值就是货币自身的单位数量,而每个单位的价格总是1。对于贷款等不可转让的金融资产,其价值是未偿还的本金余额。贷款的估值包括两部分:一是本金余额,二是应计利息。也就是说,贷款要按其账面价值估值。因此,这里的价格是一个广义的概念,既包括传统意义上各种资产的市场价格,也包括现金、存款和贷款等资产的价值。

一些金融资产的价值由相关资产决定。例如,因金融租赁而形成的贷款,其价值由被租赁的非金融资产价值决定。在这种情况下,购买商品或服务而产生的应付账款(贷款)的价值,由获得的商品或服务的价值决定。

此外,广义政府机构可以不按照市场价格获得或处置一些金融资产,并将其作为财政政策操作的一部分。例如,这些机构可以用低于市场的利率贷出资金,也可以高价买入股票。优惠贷款是合同利率低于市场利率的贷款。除利率外,优惠还可以体现在宽限期、付款频率和到期日等要求上。对债务人来说,优惠贷款的条件优于市场上能够获得的同类贷款,因而这类贷款可以视作从债权人向债务人的转移。在国民核算体系和其他宏观经济统计中,体现这类转移的方法并不成熟。故而,可在附表或备忘录中记录优惠贷款的条件,记录的内容包括但不限于优惠贷款的名义价值、与其相关的隐性转移等。

三、记录时间

金融资产和负债交易的记录时间是指金融资产的所有权发生转移(资产产生或清算)以及金融工具数量增加或减少(利息累积或债务偿还)的时间。金融资产因交易方式、交易地点和会计记账方法不同,记录时间可能存在差异。基于可比性原则,我们应使交易的记录时间保持一致。

因核算方式不同,记录金融资产的交易有四种方式:权责发生制、到期支付制、承诺制和收付实现制。国际货币基金组织建议,政府财政统计中金融资产和负债交易的记录时间应采用权责发生制。也就是说,记录时间为金融资产所有权转移或金融资产和负债被创造或取消的时间。但是，经济事件发生的时间未必总是明确的。多数情况下，金融资产和负债交易的记录时间就是签订合同的时间，或者债权人向债务人支付资金、债务人向债权人偿还本金、利息或其他金融资产的时间。

在有些情况下，支票等交易凭证在清算或邮递过程中存在时间差异，由此产生"在途资金"，并造成所有权在交易双方之间的转移不同步。对于可转让存款和其他应收或应付账款等业务，"在途资金"的规模可能很大。如果广义政府内部的机构之间、或广义政府机构与公共公司之间进行这类交易，交易的记录时间应以债权人收到资金的时间为准。这样处理的理由是，在债务结清前，债权一直都存在，债权人有权控制资金。

当金融资产或负债的交易涉及非金融资产时，其记录时间由非金融资产的交易时间决定。例如，对因出售商品或服务而产生的贸易信贷，其记录时间为买方获得商品的所有权或享受到服务的时间。再如，因金融租赁而形成的贷款，其记录时间为租赁标的物的控制权发生转移的时间。

一些金融交易具有持续性。例如，应计利息可以看成是在贷款本金之外、债权人持续提供给债务人的资金。在这种情况下，与这笔贷款有关的金融资产和负债的交易也具有持续性。

四、轧差与合并

合并是指冲销隶属于同一机构部门内的各单位之间的交易。合并的目的是更加清楚地反映不同机构部门之间的交易净额和资金流动状况。例如，将中央和地方政府合并为广义政府时，应冲销中央政府与地方政府之间的交易。

轧差或取净值是指在记录统计数据的过程中，将某些项目资产方与负债方的金额相互抵消后，将余额计入资产方或负债方。例如，对收入类项目的轧差或取净值是指剔除收入中的退款；对支出类项目的轧差或取净值是指，剔除支出中因错误或未经授权的交易而出现的支出转回。

合并可以在不同层次进行，以适应不同的分析需要。例如，将中央和地方政府合并为广义政府部门后，反映该部门与其他机构部门（如住户、企业、金融和国外部门）之间的交易净额；在各个地方政府子部门基础上合并为地方政府部门，反映其与中央政府、住户、企业、金融及国外部门之间的交易净额。

如表 9-1 所示，金融资产和负债的交易表现为每一类金融资产的净取得和每一类负债的净产生。也就是说，在政府财政统计框架中，仅列示某一类资产持有量的净变化，而非像大多数非金融资产那样，列示总获得和总处置。当然，关于总变化量的信息对于分析也是有意义的。如果有条件，也可以用金融资产的总获得量和负债的总处置量来描述交易。此外，有些金融工具可以反映在资产方，也可以反映在负债方。对这样的金融工具，编制政府财政统计时要分别列示资产方和负债方的交易，而不是对这些交易进行轧差。

合并对象往往包括多个单位。合并时要冲销这些单位之间的所有交易。换言之，当交易双方均隶属于合并对象时，合并的报表上将不再体现这些单位之间的交易。以地方政府购买中央政府发行的债券为例。在地方政府部门的合并报表中会体现买入债券的交易，在中央政府部门的合并报表中会体现卖出债券的交易。但是，在广义政府部门的报表中既不会体现地方政府的买入交易，又不会体现中央政府的卖出交易。

五、拖欠

拖欠是指未付和逾期未付的款项。原则上，如果超过了约定的支付期限，任何与购买非金融资产、负债或者费用相关的应付款都是欠款。

有些金融工具的到期日并不唯一。比较典型的有债券、贷款、衍生工具、应收账款、应付账款等。这时，债务人需要按照合同约定的还款时间表或其他还款安排向债权人支付债务的本金和利息。否则，债务人将违约，形成欠款。这样因违约而形成的欠款，不构成新的交易，欠款偿清前将一直在相应金融工具下列示。但是，若合同规定债务人违约将改变金融工具的特征，就需要对相关金融工具重新分类，并调整相关金融资产或负债的金额。在重新签订合同，或是金融工具的分类发生变化时（例如从债券转为股票），由此产生的资金流动应记为清偿原有金融工具（债券）的同时形成新的金融工具（股权）。

与此同时，逾期未偿的债务（包括本金和利息）会产生利息，这是逾期利息。除非合同中另有约定，否则逾期利息的利率与原债务工具相同。在合同另有约定的情况下，逾期利息的利率具有惩罚效果，往往会高于原债务工具的利率。对于其他因拖欠而形成的负债，若没有额外规定和其他可供参考的信息下，可按照隔夜拆借的市场利率计算逾期利息。同样地，与拖欠有关的费用（如罚金）应在形成时记为债务人的欠款应付利息。如果债务人以赊账的方式购买物品，并且没有在约定时间内付款，在款项结清前形成的额外费用均应视为欠款利息。

使用收付实现制记账时，使用现金结清欠款的交易在入账时应存在对应项目，这个项目可能是费用类项目，也可能是非金融资产项目，还可能是负债项目。这样的记录欠款有助于识别相关款项的经济意义。这样处理是因为以往的相关交易难以在政府财政统计框架中体现。

第二节 金融资产和负债交易的分类

这一节我们介绍金融资产和负债交易的分类等有关内容。

金融资产是指对财产或所得具有索取权、代表一定价值、与金融负债相对应的无形资产。金融资产是金融交易的对象。按一定的原则对金融资产和负债交易进行分类和计量，是我们正确计量政府金融资产和负债交易数量，反映政府金融资产和负债构成、流量和存量，平衡财政收支以及合理规划一国政府财政账户结构的重要基础。

金融资产和负债交易的划分有多种方式，主要是按金融工具、流动性等进行分类。此外，金融资产的法律特征、风险特征、现实交易性以及持有单位主体也是划分金融资产的主要标志。

随着经济金融的全球化和国际化发展，一个国家的金融资产分类应尽可能与国际通行的标准保持一致。国际货币基金组织建议，政府财政统计中的金融资产与负债交易可按金融工具类型和交易对手所在地进行分类，也可按机构部门和交易对手所在地对金融资产和负债交易进行分类。当然，考虑到分析的目的和需求，金融资产和负债交易还可采用其他分类，如可以按剩余期限进行分类等。

一、按金融工具和交易对手所在地对金融资产和负债交易进行分类

（一）分类原则及表式

按交易对手所在地分类的原则，是以交易当事人单位的居住地为基础。对资产负债表中金融资产和负债存量头寸的分类依据是金融工具发行人（资产）和持有人（负债）的居住地。如果居民和非居民间的金融资产或负债交易涉及居民最初发行的工具，则应记录在资产数量的其他变化账户中，以保证政府财政统计框架中流量和存量头寸的统一性。在实践中，根据现有的信息可能难以识别交易双方。因此，涉外交易可能是居民和非居民间的交易，也可能是两个居民单位关于境外金融资产和负债的交易。

按金融工具的类型和交易对手所在地对金融资产与负债交易进行分类，首先可按金融工具类型将金融资产（负债）分为八大类：货币黄金和特别提款权，通货和存款，债务证券，贷款，股权和投资基金份额，保险、养老金和标准化担保计划，金融衍生工具和雇员股票期权，其他应收/应付账款。同时，按交易对手所在地，在金融资产和负债交易下划分为国内债务人（债权人）和国外债务人（债权人），然

后在国内债务人（债权人）和国外债务人（债权人）类别下再按上述金融工具类别分为八大类。在每一金融工具类别下，还可根据需要进行三级、四级或更细层次的分类。例如，通货和存款下可细分为通货和存款两类金融资产；存款下按流动性还可进一步细分为可转让存款和其他存款，按币种可进一步分为本币存款和外币存款。

表 9-1 列出了按金融工具类型和交易对手所在地划分金融资产和负债交易的净产生简表。该表反映了广义政府部门金融资产的净获得和负债的净产生的总量和交易类别情况。

表 9-1　　按金融工具类型和交易对手所在地划分的金融资产的净获得与负债的净产生

金融资产的净获得	负债的净产生
货币黄金和特别提款权（SDR）	特别提款权（SDR）
货币黄金	
特别提款权（SDR）	
通货和存款	通货和存款
债务证券	债务证券
贷款	贷款
股权和投资基金份额	股权和投资基金份额
股权	股权
投资基金份额或基金单位	投资基金份额或基金单位
保险、养老金和标准化担保计划（GFS）	保险、养老金和标准化担保计划（GFS）
非人寿技术准备金	非人寿技术准备金
寿险和年金权益	寿险和年金权益
养老金权益（GFS）	养老金权益（GFS）
养老金经理人的养老基金债权	养老金经理人的养老基金债权
标准化担保代偿准备金	标准化担保代偿准备金
金融衍生工具和雇员股票期权	金融衍生工具和雇员股票期权
金融衍生工具	金融衍生工具
雇员股票期权	雇员股票期权
其他应收款项	其他应付款项
贸易信贷和预付款	贸易信贷和预收款
其他	其他
国内债务人	国内债权人
工具如上分类，不包括货币黄金	工具如上分类，不包括 SDRs
国外债务人	国外债权人
工具如上分类	工具如上分类

资料来源：国际货币基金组织：《2014年政府财政统计手册》，华盛顿，2014。

在政府财政统计中，有时记录在表9-1中按交易对手所在地划分的国内外部门金融资产和负债项中的内容，不一定就是交易对手方。例如，广义政府机构可能在二级市场上从非居民购买金融资产，但该资产最初是由居民部门发行的。在这种情况下，政府财政统计中仍将其作为国内部门发行的金融工具，记录在居民部门。

（二）影响金融资产和负债按工具分类的一些指导性原则

表9-1中关于金融资产和负债的分类与第七章（见表7-3）的分类是一致的。第七章已描述了每一类别金融资产和负债的详细定义，这里不再重复。但是，一些金融交易的特殊性，往往在分类时会被混淆，因此国际货币基金组织提出了一些指导性的分类原则。

1. 货币黄金和特别提款权

（1）货币黄金。货币黄金的交易由货币当局专营。货币当局是指一国领导和管理货币金融体系的核心机构，它的主要职能包括发行货币、管理外汇储备、经理国库、管理货币体系以及向存款货币银行提供信贷等。在多数国家，货币当局通常是该国的中央银行（公共公司部门）。但是在部分国家，广义政府部门也执行货币当局的部分职能，就有可能进行货币黄金的交易。当金融资产交易按交易对手的所在地进行分类时，由于货币黄金只能作为外汇储备持有，因此其对应负债应为境外负债。

货币黄金的交易只能在两个货币当局或一个货币当局与一个国际金融机构之间进行。被货币化的黄金是指货币当局获得新开采或私人市场上现有的黄金，其目的是增加货币黄金持有量。这种货币化的过程不记录任何金融资产的交易，而是首先将这种获得记录为非金融资产的交易，然后再分类（购入的黄金重新分类为货币黄金）记录其他经济流量。反之，黄金的非货币化记录方法见第十章的相关内容。

如果仅作为财富储藏手段，非货币黄金的交易（包括货币当局不作为储备资产而持有的黄金以及其他金融机构持有的黄金）则被视作贵金属的收购、处置或者存货的变动。以黄金计价的存款、贷款和证券被视为以外币计价的金融资产（而不是黄金）。

（2）特别提款权。特别提款权（SDR）只能由国际货币基金组织成员国的货币当局和少数经授权的国际金融机构等持有，可在他们之间进行转移。特别提款权交易通常发生在两种情况下：一是官方持有者行使其权力，从国际货币基金组织其他成员获得外汇或其他储备资产；二是出售特别提款权、以特别提款权提供贷款或使用特别提款权结清金融债务。

特别提款权的交易以及存量头寸变化需按照总量记录。在分配特别提款权时，记录为特别提款权分配额（负债）和持有额（金融资产）的数额是相同的，并列示在同一公共部门单位的资产负债表上。这个公共部门单位（作为官方持有者）随后可以将其部分或全部的特别提款权（金融资产）与其他官方持有者交换成可自由使用的货币或偿还债务。此时，该公共部门单位资产负债表上的特别提款权的持有额将少于分配额。因此，该公共部门单位分配特别提款权时的应付利息将大于其所持特别提款权的应收利息，而新的持有者特别提款权的应收利息会增加。

2. 通货和存款

本币和本币存款的市场价格是固定的，因此其净获得就等于会计期间结束时持有的存量减去该期间开始时持有的存量，并依据丢失、被盗或损坏等因素进行调整。由于政府财政统计以本币计价，因此在计算外币和外币存款的净获得时，应扣除汇率变动的影响，汇率的变动记录为持有收益。

通货是发行单位的负债。因此，当新发行的通货进入流通领域时，要记录发行单位通货负债的增加。与此同时，要记录另一个单位金融资产的增加，多数情况下是存款的增加。

黄金和纪念币不作为法定货币流通，其交易是一种非金融资产的交易，而不是通货的交易；生产新货币的成本是费用交易，也与通货交易无关。以上两种情况均不反映在政府财政统计的金融资产和负债交易中。

未分配账户中的贵金属（包括黄金）交易归入存款类别，两个货币当局为储备目的在未分配黄金账户进行的交易除外。若货币当局从非货币当局获得未分配黄金账户，该交易被记录为通货和存款交易，然后重分类为货币黄金类别。

3. 债务证券

债券和其他类型债务证券的多数交易记录适用于前面所说的一般性指导原则。某些债务证券的应计利息要特别关注。利息是债务人在债权人预先偿还的款项之外，必须支付给债权人的数额。债务工具在整个周期内的利息，由该工具开始时设定的条件所决定。如果支付的款项是提前明确的，应计利息则根据原始到期收益率来确定。在证券发行时设定一个可以被用来计算每个时期应计利息的收益率，这种方法被称为"债务人方法"。

大多数债务证券有固定或可变利率，也可能会折价或溢价发行。在这种情况下，债务证券持有人的应收利息有两部分：一是票息支付带来的现金收益；二是每期发行与赎回价格之差带来的应计利息金额。

在收付实现制下，利息费用在以现金支付时进行记录，表现为现金的减少和交易对手存款的增加。

（1）按面值发行的债务证券。对于发行和赎回价格相同（即按票面价值发行）的债务证券，在其整个周期内应计的利息总额由定期票息支付来决定。如果票息支付是固定的，应计利息可通过每日复利公式将票息支付总额分配到相关时期来计算。

（2）折价或溢价发行的债务证券。折价或溢价发行的债务证券，在发行时按发行价记录。对于折价发行的债务债券，发行价与到期价之间的差额视为应计利息。在每个报告期，债务证券持有人应记录因发行价格与赎回价格之间差额产生的利息收入以及将该收入再投资用于追加该债务证券投资的交易；债务证券发行人则应记录应计利息费用及其债务证券负债的增加。对于溢价发行的债务证券，发行价与到期价之间的差额应在整个存续期内摊销，以减少每一时期的应计利息数额。在收付实现制下，折价产生的利息记录为债券赎回的费用，溢价产生的利息减记为发行时的利息费用。

（3）与指数挂钩的债务证券。与指数挂钩的债务证券是指利息或本金与价格指数、商品价格和汇率指数挂钩的一种金融工具。交易记录可以有不同的处理方式，这取决于所使用的指数类型以及计值币种。

指数挂钩是指将到期日应该支付的金额和票息与各方协定的指标关联在一起。指标值事先是未知的，因此对于到期日应付金额指数化的债券，这些金额只有在赎回时才能知道。这样一来，赎回前的利息流是无法确定的。为了估算应计利息，需要使用一些近似的测算。因此，应区分下列三种情况进行分别测算，相关的描述详见第六章：一是只对票息指数化，到期日应支付的金额不指数化；二是只对到期日应支付的金额指数化，票息不指数化；三是票息和到期日应支付的金额均指数化。

（4）嵌入衍生工具的债务证券。对于嵌入衍生工具的债务证券，如看涨期权、看跌期权或股权转换期权，应计利息的记录与其他债务证券相同。在期权行使前，利息的累积不受期权影响；当期权被行使、债务证券被赎回时，利息的累积也即终止。

4. 贷款

贷款合同中通常有关于贷款定期支付的条款。在贷款定期支付中，偿还的资金包括两部分：一是支付自前次定期支付以来累积的所有利息开支，二是偿还本金的一部分。因此，在记录贷款偿还交易时，也必须记录两笔，一笔是自前次支付以来产生的利息，另一笔是原始本金的偿还。在权责发生制下，利息和本金的支付均记录为金融资产和负债的交易；在收付实现制下，本金支付记录为金融资产和负债的交易，利息支付记录为利息费用/收入。

当以融资租赁方式获得商品时，尽管在法律上被出租的商品仍属于出租人的财产，但是在政府财政统计中将这种行为视为商品经济所有权发生了转移，即商品所有权从出租人转移到了承租人。这种经济所有权的变化是通过贷款融资交易实现的：法定所有者向承租人发放贷款，这笔贷款记作出租人的资产和承租人的负债，并在租赁期间通过利息支付和本金归还的形式逐步偿还这笔贷款。这笔贷款的利率就是使租赁期内分期支付总金额的现值与租赁资产的初始市场价值相等的利率。

在第七章中我们已提及，回购协议和黄金掉期是一种贷款。在这种贷款下，法律上被出售的标的资产不发生所有权的改变。类似地，根据协议的初始条件结清回购协议或掉期视为贷款的偿还。场外掉期在经济性质上相当于借款（贷款）和市场掉期交易（金融衍生品）的组合。

5. 股权和投资基金份额

股权和投资基金份额是持有者对发行单位资产的剩余索取权。股权代表机构单位中持有者的资金，与债务不同，股权持有者通常没有获得确定数额或按固定公式计算的数额的权利。投资基金份额是持有者一种集合投资。

（1）股权。对于公开交易的股票，可按其交换价值进行记录。对于一些较为复杂的准公司和公共公司的股权交易，可遵循以下处理原则。

①准公司的资金和其他资源增加，包括非金融资产的实物转让，例如，购买固定资产、积累存货、获得金融资产或赎回负债等，均被视为准公司所有者购买股权，所有者权益增加。同样地，准公司所有者出售该公司资产得到收入，将准公司非金融资产以货代款转移出去以及从准公司留存收益中提款，这些行为均视为准公司所有者出售股权，所有者权益减少。企业破产（或以其他方式清盘）时应向股东支付的清算股息，也应计为股权减少。

②政府单位为弥补公司或准公司持续经营赤字，向其提供的经常性转移视为一种补贴。若该支付用于弥补企业累计损失或意外损失且为非常规操作，则被视为未列入其他类别的资本转移。若政府转移资金给公共公司用于支持其购买全部或部分非金融资产，且有合理的预期回报率，则这部分资金被视为公共公司的股权；反之，若该投资没有合理的期望回报率，则被视为未列入其他类别的资本转移。从公共公司或准公司定期提取的财产性收入，分别视为股息收入和准公司定期提取收入。当股息相对于最近的估价和盈利水平过高时，处理方式又有所不同。任何远超估价和盈利水平的股息，都应该被视为从上市公司提取所有者权益，如公共公司向股东分配私营收入、资产处置收益以及一次性支付累积留存收益等均属于此类情形。

③由于法律法规或管理机制的变化，广义政府机构也可能获得公共公司或准公司的股权。有些情况下可能会导致对现有资产和负债的重新分类，记录为一笔其他经济流量，以及由此产生的政府部门资产负债表中的权益增加。

④外商直接投资企业的收益再投资。外商直接投资企业的留存收益，相当于根据所持份额向外商直接投资者分配并支付企业营业盈余，并通过追加权益的方式继续投资于企业。因此，它并不是实质上退出，而是通过收益再投资，增加企业的股权价值。

⑤公司有时会重组其股权并对股东所持有的每股股份配送新的股份。但是，"送股"并不视作交易而是一种重新计价。如果一个上市公司购买自己的股票，这类交易一般被归类为权益负债的减少，而非资产的增加。

⑥向国际组织缴纳的会费，在有可能（通常不可能）全额偿还的情况下，被视为政府部门的股权。对国际组织或非营利机构的出资，如果出资人权益未增加，则视为资本转移。

⑦私有化一般指广义政府机构将公共公司或准公司的控股权转让给私人所有者。这种处置被视为股权交易，记录在金融资产和负债的交易中。如果公共公司或准公司出售了自己的一些资产，然后将部分或全部收入转移给拥有或控制它的广义政府机构，那么这一交易实际上就等于是广义政府机构出售了股权或其他权益。经纪人佣金和私有化的其他成本属于费用交易，处理方式与金融资产获得或处置有关的其他所有权转移成本处理方式是相同的。广义政府机构也可以被私有化。如果作为单个交易处置的资产构成了一个完整的机构单位，则该交易应划作股权的出售。在这种情况下，广义政府机构被假定在处置前通过资产的重新分类（其他经济流量）将该单位转变成准公司。如果被处置的资产不构成一个完整的机构单位，那么交易应划作单个非金融资产或金融资产的处置。

⑧国有化通常指广义政府单位从私人手中收购私人公司或准公司的控股权。这样的收购被视为股权交易，记录在金融资产和负债的交易中。一些特殊情况下，政府单位以占有或没收的方式取得私人公司或准公司的所有权，不对所有者进行支付或者支付的金额与资产的公允价值不对等，此时，资产的市场价值与提供的补偿之间的差额应记录在资产数量其他变化账户的无偿没收项目下。

（2）投资基金份额/单位。投资基金是将投资者的资金集中起来用于金融或非金融资产的集合投资。投资基金份额（或单位）的发行和赎回记录为投资基金的交易。投资基金份额（或单位）价值的增加或减少（不包括来自持有损益的价值增加或减少），记录为对基金份额（或单位）持有者的分配和再投资。这种处理方式类似于上文提到的外商直接投资企业的留存收益。基金持有资产的市场价值波动带来的收益或损失，记录在持有收益和损失中，而不是基金交易中。

6. 保险、养老金和标准化担保计划

广义政府机构作为非寿险和标准化担保计划、非自主养老基金和非基金养老金计划的经营者，可能产生准备金、权益等负债；作为非寿险保单的持有者，也可能获得保险技术准备金资产。公共公司可以从事各种类型的保险活动。广义政府机构在开展标准化担保计划时，如学生贷款担保、存款担保和出口信贷担保等，应记录在负债方标准化担保计划准备金项下。这些负债交易包括预付的用于标准化担保未付代偿的费用和准备金净额。

（1）非寿险技术准备金。一般而言，非寿险保险费是在保险期之前支付的。保险费支付时会同时增加经营单位的保险技术准备金负债以及保单持有者的保险技术准备金资产。随着时间的推移，经营单位不断地获得保险费，记录为经营单位的保险技术准备金负债和保单持有者的保险技术准备金资产同时减少。

当非寿险企业接受有效索赔时，交易按索赔事件或事故发生的时间来记录。记录一项金融资产和负债的交易，增加用于应付未偿索赔的准备金，作为保险经营单位的负债、受益人的资产。如果索赔支付拖延的时间较长，或者是由几个会计期间内的定期支付构成，那么交易的价值是预期支付的现值。在收付实现制下，收到的保险费和支付的索赔在支付时作为保险公司和投保人的收入和费用交易记录。

（2）寿险和年金权益。一般来说，政府单位不会产生寿险和年金权益相关的金融资产和负债，除非向雇员提供相关计划。寿险和年金权益的变化是承保人的负债交易和投保人的金融资产交易。对年金权益而言，交易构成了持续的支付现金流，而非负债的一次性减少。

（3）养老金权益。养老金的社会保险计划有两种类型：固定给付计划和固定缴款计划。

对固定给付计划，参与者的最终收益根据社会保险计划条款中规定的公式来计算。若广义政府机构为经营者，从雇员、雇主或其他机构单位收到的社会缴款（具有将来从广义政府取得养老金的权利）将增加广义政府机构的保险技术准备金负债。现有负债等于未来支付的现值，并将随时间推移而增加。负债的增加记录为保险技术准备金的交易。以定期或一次性支付的形式对退休人员或其赡养者和遗属的支付将使负债减少。在收付实现制下，政府支付的福利记录为就业相关的社会福利费用。

对固定缴款计划，参与者的收益由其实际缴纳的款项决定。广义政府机构的保险技术准备金负债等于雇主、雇员、其他个人（以前参加计划的个体经营者、失业人员和退休人员）的缴款加上调整项目（用于支付投资收入的财务费用）减去应付的福利费。计划参与者则在资产方做相应的交易记录。在收付实现制下，保险公司的负债等于社会缴款和以现金形式收到的投资减去以现金形式支付的福利。

在特殊情况下，政府单位和另一个机构单位（往往是与养老金改革或公共公司私有化有关的公共公司）之间可能发生大规模的一次性交易。政府通过承担相关债务换取公共公司的一项或多项资产，消除公司资产负债表中现有的养老金负债，使上市公司财务更具有竞争力。具体来看，有三种处理方式。第一种，如果应收资产的价值等于承担负债的价值，该交易就记录为资产和负债的交易。第二种，如果应收资产的价值小于承担负债的价值，应将差额以资本转移的形式记为政府向上市公司支付的费用。此时，政府记录了养老金权益负债的增加、相关金融和/或非金融资产的增加以及以资本转移形式向上市公司支付的费用；公共公司记录了养老金权益负债的减少、金融和/或非金融资产的减少以及政府资本转移形式的收入。第三种，如果应收资产的价值大于承担负债的价值，则视为资本从公共公司转移到政府。公共公司记录养老金权益负债减少、金融和/或非金融资产的减少以及以资本转移形式向政府支付的费用。

假设政府单位通过社会保障基金承担养老金权益负债，随着养老金福利的支付，这些义务会逐渐消失。如第七章所示，未来社会保障福利的隐含债务净额应列示为资产负债表的一个备忘录项目。

（4）养老金经理人的养老基金债权。雇主可以与第三方签订合约，让它为自己的雇员管理养老基金。如果雇主承担了因资金不足可能引起的负债，或保留了资金盈余带来的收益，则养老基金在雇主（养老金经理人）的权益（或负债）应在出现赤字或盈余的情况下加以记录。

（5）标准化担保计划代偿准备金。标准化担保代偿准备金交易在金融账户中的记录与非寿险准备金类似，包括预收费用和未结算的代偿。

7. 金融衍生工具和雇员股票期权

（1）金融衍生工具。金融衍生工具的交易可能会在初始阶段、二级市场提供服务（如保证金的支付）以及结算时产生。一般来说，衍生工具交易需要同时在资产方和负债方记录，但如果数据不支持，也可以以净额在单方记录。在衍生工具交易中，支付给经纪公司或中介机构的佣金视为服务费用。有时金融衍生工具的交易涉及隐性服务收费，若其未单独列明或无法估算，则交易的全部价值均记入衍生工具交易中。

金融衍生工具可分为两类：一类是远期合同，另一类是期权合同。

对远期合同，其初始价值为零，因此不记录任何交易。如果远期合同是通过现金或其他金融工具来结清的，则记录为金融衍生工具交易；如果远期合同是通过交割标的项目来结清的，就要以标的项目在合同结清时的市场价格来记录，同时将合同价格与市场价格之差记录为金融衍生工具的交易。此外，远期合同在结清之前也可进行交易，这种交易记录为金融衍生工具的交易。

对期权合同，合同签订后期权交易的买方向卖方支付一定价格，卖方承诺在买方要求时出售或购买一定数量的标的项目。期权合同价格的支付记录为金融衍生工具的交易。在交易中，买方获得一项金融衍生工具资产，卖方产生一项金融衍生工具负债。

期权购买者向卖方支付的价格，是该工具的取得价格。不同类型的期权合同，期权价格的支付时间是不同的。它既可以在合同开始时，也可以在行使期权或期权到期时支付。如果在购买期权后再支付，期权的价值应在合同签订生效时进行记录，视同当时已经支付，同时注明是由期权卖方与购买者之间的其他应收/应付账款提供的资金。

许多期权合同是通过现金支付结清的，而不是交割与合同相关的标的资产或商品。当期权合同以现金方式结清时，期权合同交易记录为金融衍生工具的交易。如果行使期权并交割标的资产或商品，就要以标的资产或商品在合同结清时的市场价格进行记录，同时将市场价格与合同价格之差记录为金融衍生工具的交易。如果期权到期但未被行使，则不记录任何交易，而是记录其他经济流量，以便将有关资产和负债从资产负债表上删除。

以现金支付的可退还的保证金是存款或应收/应付款项的交易，而不是金融衍生工具交易。以担保品支付的可退还的保证金不是交易。不可退还的保证金的支付通常记录为金融衍生工具的交易。

（2）雇员股票期权。广义政府部门通常不发行股票期权。只有已发行股本的实体才能产生雇员股票期权，因此，广义政府下属的公共公司可能仅在特殊情况下存在雇员股票期权。在国民经济核算中，雇员股票期权包含三个重要时间。"授权日"指期权提供给雇员的日期，"含权日"指可行权的最早日期，"行权日"指实际行权（或权利消失）的日期。

在授权日要对雇员股票期权的价值作出估计，并将股权份额的市场价格超出含权日执行价格的部分记录为雇员工资和报酬（跨越授权日和含权日之间的时期）。在授权日到含权日的期间，若雇员股票期权价值发生波动，应记入雇员报酬；在含权日到行权日的期间，雇员股票期权价值变化则应作为持有损益处理，而不是雇员报酬。同样地，由于难以估算在授权日到行权日之间雇主相应的雇员股票期权成本，因此，价值在这一期间的全部增长均作为持有损益处理。

当行权时，资产负债表中的雇员股票期权项目消失，被所获得的股票（股份）

价值取代，这一变化应通过金融账户的交易实现，而不是资产的其他物量变化账户。需要注意的是，如果子公司先从母公司获取雇员股票期权，然后授权给雇员，则需要在子公司资产方和负债方同时记录该项目变化。

8. 其他应收/应付账款

机构单位之间经常会发生一些应收/应付账款的交易，形成由商业信用、预付款和其他延期收付的项目组成的金融资产，用来弥补经济事件发生和实际现金流出的时间差造成的差异。产生应收/应付账款的交易：（1）向商品和服务购买者提供信贷而产生的贸易信贷和预付款；（2）为在制品支付预付款而产生的贸易信贷和预付款交易，例如分期付款或预付款；（3）当税收、股息、购买或出售证券、租金、工资和薪金、社会缴款及类似交易应付但尚未支付时，产生其他应收/应付账款。

一般情况下，应计未付利息应视为资产的新增数额。但是一些国家对存款和贷款应计利息的处理方法有所不同，如有的将其作为应收/应付账款处理。因此，对存款和贷款应计利息的处理要遵循各国的具体做法，不能一概而论。

二、按机构部门和交易对手所在地对金融资产和负债交易进行分类

广义政府机构的金融资产和负债交易，还可以按机构部门和交易对手所在地进行分类。这种分类是为了更加全面地分析广义政府部门与其他机构部门之间的金融流量关系，更加清楚地反映金融流量在政府财政中所起的作用。通过这种分类，我们可以清晰地了解广义政府机构投融资的工具和部门。此外，分析广义政府内各子部门间的资金流动和流向情况也十分必要。

按机构部门和交易对手所在地分类有两步：首先按交易对手方是居民还是非居民将金融资产的交易（金融资产的净获得）划分为国内债务人和国外债务人，负债的交易（负债的净产生）划分为国内债权人和国外债权人。其次在国内债务人（国内债权人）项下，再按机构部门可分为广义政府、中央银行、除中央银行以外的其他存款公司、其他金融性公司、非金融性公司、住户及为住户服务的非营利机构六大机构部门；国外债务人（国外债权人）可划分为广义政府、国际组织、除国际组织外的金融性公司和其他非居民四大机构部门。当然，根据统计需要和资料可得性，还可以对这些机构部门进一步细分，如广义政府部门可细分为中央政府部门、州政府部门和地方政府部门等。

表9-2按交易对手部门和交易对手所在地对金融资产和负债交易进行分类，反映了金融资产净获得和负债净产生的情况。对于表中的某一项金融工具而言，如果是除广义政府机构外其他部门的金融负债，则对应广义政府机构持有的金融资产；如果是其他部门持有的金融资产，则对应广义政府机构的负债。

表 9-2　　　　　按交易对手部门和交易对手所在地划分的
金融资产的净获得和负债的净产生

金融资产的净获得	负债的净产生
国内债务人	国内债权人
广义政府	广义政府
中央银行	中央银行
除中央银行以外的其他存款公司	除中央银行以外的其他存款公司
公共存款公司	公共存款公司
私营存款公司	私营存款公司
其他金融性公司	其他金融性公司
其他公共金融性公司	其他公共金融性公司
其他私营金融性公司	其他私营金融性公司
非金融公司	非金融公司
公共非金融公司	公共非金融公司
私营非金融公司	私营非金融公司
住户及为住户服务的非营利性机构	住户及为住户服务的非营利性机构
国外债务人	国外债权人
广义政府	广义政府
国际组织	国际组织
除国际组织外的金融性公司	除国际组织外的金融性公司
中央银行	中央银行
其他未分类的金融性公司	其他未分类的金融性公司
其他非居民	其他非居民

资料来源：国际货币基金组织：《2014 年政府财政统计手册》，华盛顿，2014。

表 9-2 中的部门类别定义在第二章中已有提及，这里不再重复。值得注意的是，政府财政统计与《2008 年国民账户体系》中关于国外部门的划分方式有所不同。在《2008 年国民账户体系》中，"部门"代表一组居民单位，所有非居民单位组成世界其他地方，被视为一个虚拟部门，即国外部门，而不再进行更细的分类。但是对于政府财政统计体系而言，有必要了解广义政府从整个非居民单位（即国外部门）得到的融资总额、融资由何种非居民单位提供。因此，在政府财政统计体系中，要按与居民单位同样的方式对非居民单位进行"部门"分类，并且所有国际组织要作为一个单独的机构部门来反映其发生的金融资产和负债流量。

三、按债务工具期限对金融资产和债务负债进行分类

第七章介绍了按债务工具期限（短期和长期）对金融资产和负债余额进行补充

分类的方法，在实践中，若有分析需要，可以对金融资产和负债交易按此方法分类。

四、政府的债务操作

我们在第七章已提及各主要金融负债的定义，这里不再重复。政府单位地位特殊，除因自身债务而产生正常利息开支和本金偿还交易这两种金融负债外，还可能发生一些与金融债务有关的更为复杂的交易，如承担其他单位的债务、代表其他单位进行支付、重组债务、债务免除、债务废止等。下面介绍政府债务、与债务有关的操作所产生的经济流量特征，以及在政府财政统计中的处理方式。

（一）债务重组

债务重组是指债权人和债务人（有时是第三方）改变现有债务还本付息条件的合同。政府经常作为债务人、债权人或担保人参与债务重组。有几种情况不涉及债务合同的修改，因此不能视为债务重组。一是债务人未履行偿还义务（如违约），二是债务人因破产等原因无力偿还债务，债权人将该笔债权从自身资产负债表中注销。债务重组主要有四种类型：（1）债务豁免。债权人通过契约削减债务人部分或全部的债务义务。（2）债务展期或债务再融资。对欠付金额的期限或调解进行变更，可导致（或不导致）债务负担现值的降低。（3）债务转换。债权人将债务权益转换为具有经济价值的某物（而不是同一债务人的另外一项债务）。包括债权转股权，债权转房地产权益等。（4）涉及第三方的债务承担，以及代他人偿还债务。

1. 债务豁免

债务豁免是指债权人和债务人自愿撤销契约合同下的全部或部分债务义务。债务豁免包括全部或部分的未决本金、所有的欠付利息（既往应付利息）和已经发生的其他利息成本。撤销尚未发生、尚未成为欠款的未来利息不构成债务豁免。

债务豁免应记录为一笔资本转移，记录时点为债务豁免协议生效的时间，并在金融账户中记录债务人负债的偿还，以及债权人债权的收回。政府部门在债务豁免中，可能是借方，也可能是贷方。在资产负债表中，债务人的负债和债权人的资产均会减少所豁免的债务金额。除贷款采用名义价值估值外，其他豁免的债务均应按照市场价格估值。

值得注意的是，尽管在收付实现制下债务豁免不做任何交易记录，但资产负债表中相应的金融资产和负债头寸变化，可以反映出债务豁免的情况。

2. 债务展期或债务再融资

债务展期或再融资是对已有债务的条款和条件进行变更的契约，通常更有利于债务人。变更一般包括延长偿还时间、增加或延长利息和本金支付的宽限期、重新安排到期和拖欠债务的偿付等。债务展期是对同一种债务工具的重新安排，其本金价值和债权人均与原债务相同。再融资则涉及不同的债务工具，其价值不同于原债务，债权人也可能发生变化。在这两种安排下，被展期的债务工具消失，被新的债务工具（新的条款和条件）取代；如果新旧债务工具在价值上存在差异，在有些情况下可被认为是政府的债务豁免，记录为资本转移。

（1）债务展期。债务展期是债权人和债务人关于债务偿还正式推迟和设定新期限（一般是延长）的双边协议。新条款通常会包括以下一个或多个要素：偿还期限延长，协议利率降低，本息宽限期增加，将外汇债务的汇率固定在有利水平上等。

债务展期的核算处理是原债务消失，新债务生成。原债务记录为已被偿付，同时在新的条款和条件下，构建同种类型的新债务工具（债权人不变）。该项交易的记录时间应为双方在账户上变更债务条款的时点，入账价值为新债务的价值。

（2）再融资。再融资是以新债务工具置换已有债务工具（包括逾期贷款）。可能涉及同种债务工具的置换（以贷款置换贷款），或不同债务工具的置换（以贷款置换债券）。例如，公共部门将出口信用债务转换成单一贷款，或者债权债务双方将已有债券转换为一项新的债券（而不是变更条款和条件），均可以视作是一次再融资。

再融资交易的处理和债务展期类似，原债务消失，被新的债务工具取代。但与债务展期不同的是，除了非市场化债务以外，消失的原债务价值应等于新债务价值。资产负债表上记录原债务工具消失、新债务工具生成，新旧债务价值的差异记录为持有收益和损失。但是，如果是债权人为官方且无交易市场，则旧债务以其原始价值被消除，与新债务价值的差异被记录为债务豁免。

若新债务没有正常的市场价值，可使用替代法进行估值。一是若市场中存在正在交易的与之类似的债务（如债券），则用其价值替代；二是若债务是被债权人收购的，则用收购价格替代；三是若新债券的利率明显低于现有债券的市场利率，则用现有利率估算债券的贴现价值替代；四是若无法获取上述信息，则用债券的面值替代估价。

3. 债务转换和债务偿还

（1）债务转换。债务转换是一种债务交换，通常是以折扣价交换非债务负债（如股权）或可用于支持特定项目或政策的资金。在债务转换过程中，公共部门债务被消除，非债务负债产生。债务转换分为直接债务转换和间接债务转换，前者可以直接获得债务人的非债务负债（权益），后者可以获得另一项经济债权。债务转换最常见例子是债转股，此外还有转出口外债或支持债权人用于特定目的的债务转换，如野生动物保护、健康、教育和环境保护等。

（2）债务偿还。这里的债务偿还是指在债务人和债权人之间达成的回购或提前偿还债务的协议。若双方同意现金偿付，则该笔债务消除，并按债务提前偿付的价值入账。债务提前偿付的主要动因是债务人意图利用有利的经济状况或市场条件回购债务，以达到降低债务组合成本的目的。如果债权人是官方机构且该笔债务不可出售（如贷款），可能存在债务豁免情况（如提前偿付具有转移收益的属性），对于债务豁免，应记录为债权人向债务人的资本转让或赠与，且会减少未偿债权和负债的价值。

4. 债务承担和代其他单位偿还债务

（1）债务承担。债务承担是指由一个单位承担另一单位对债权人的未决负债责任。债务承担是债权人、前债务人和新债务人（通常是政府单位）之间的三边协议，新债务人承担前债务人对债权人的未偿债务，并负有偿还债务的责任。特殊情况下，原债务人不履行债务的，债权人可以添加保证人的合同条件。担保单位必须作为主要债务人（主债务人）偿还债务或对债务承担责任，原债务人的债务消除。公共部门单位可能是违约的债务人，也可能是担保人。

债务承担的统计处理取决于新债务人是否获得了原债务人有效的金融债权，如果没有取得有效的金融债权，需考虑新旧债务人的关系以及原债务人是否破产或不再盈利。有以下三种情况，见图9-1。

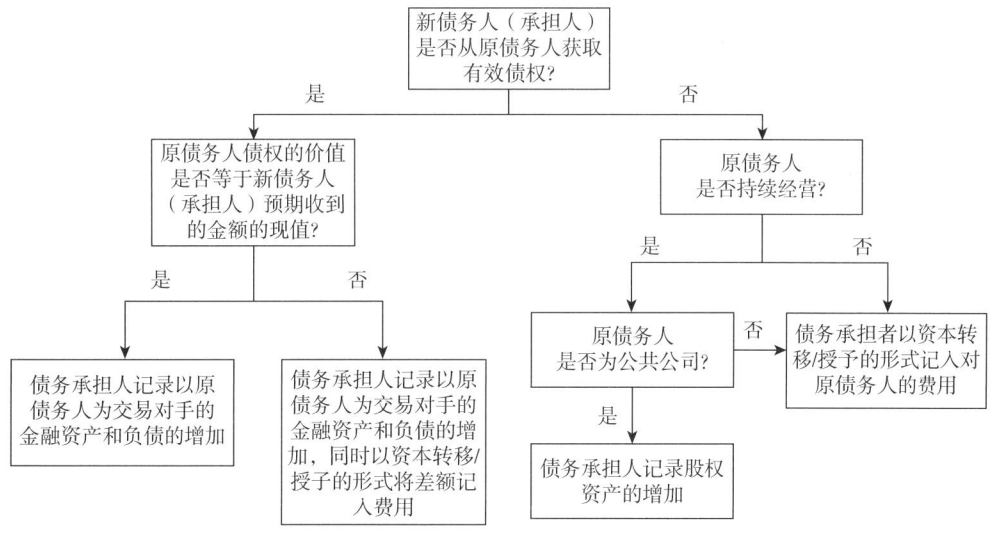

图9-1 债务承担统计处理的决策树

一是债务承担人（新债务人）取得原债务人的有效债权。新债务人记录以债权人为交易对手的负债增加和以原债务人为交易对手的资产增加（如贷款）。原债务人则记录以债权人为交易对手的负债减少和以新债务人为交易对手的负债增加（如贷款)。新债务人对原债务人债权的价值为新债务人预期收到金额的现值。如果该金额等于所承担的负债价值，则无须再做分录；如果该金额低于所承担的负债价值，差额以资本转移形式记入新债务人的费用。对于新债务人而言，总债务随着承担的债务数额的增加而增加。

二是债务承担人（新债务人）未取得原债务人的有效债权。这种情况可能发生在原债务人破产或不再盈利时，或者新债务人试图向原债务人输送利益时。这种情况下，新债务人在资产负债表上记录以原债务人为交易对手的资本转让费用和以债权人为交易对手的负债增加。原债务人以资本转让的形式记录收入，同时减记资产负债表的债务负债。

三是债务承担人（新债务人）未取得原债务人的有效债权，并且原债务人是一家持续经营的公共公司。这笔债务承担相当于新债务人对公共公司股权的增加。新债务人记录以债权人为交易对手的负债增加和以公共公司为交易对手的股权和投资基金份额资产的增加。公共公司记录以债权人为交易对手的负债减少和以新债务人为交易对手的股权和投资基金份额负债的增加。

债务承担也存在特例，如非金融资产（如固定资产或土地）的转移，新债务人记录对债权人的负债和非金融资产的增加。如果非金融资产的市场价值等于所承担负债的价值，则无须再做分录；如果存在价值差额，记录为新债务人与原债务人之间的资本转移/赠与。

在收付实现制下，不记录债务承担交易，所有与债务承担相关的现金支付均记录为利息或现金以外的金融资产和负债交易。

(2) 代表其他单位偿还的债务。在一些担保或类似的安排下，广义政府机构虽然不实际承担债务，但可能会代表其他单位偿还一项或多项债务。通常，在偿还债务时会涉及还本付息问题。由于这种债务不是广义政府机构实际承担的负债，所以由此产生的支付也不能记作广义政府机构的利息费用或本金偿还。这些支付交易的处理取决于广义政府机构是否获得了原债务人的有效金融债权，如果没有，则取决于该单位的性质。

如果广义政府机构获得了原债务人的有效金融债权，那么记录为广义政府机构金融资产的增加和现金的减少。如果广义政府机构没有获得有效的金融债权，则记录为费用交易。当广义政府机构对债务人负债的小部分进行一次性偿付或多次偿付时：如果债务人是另一广义政府机构或外国政府，则该项费用记为经常性赠与；如果债务人是非金融企业，则该项费用记为补贴；如果债务人是任何其他类别的单位，则划为其他杂项费用。如果广义政府机构在一笔付款中支付了债务人的全部负债，则该交易作为债务承担处理。

(二) 其他债务问题

1. 债务的注销和冲减

债务注销是指债权人单方面削减债务人欠付的金额，通常是某项债务部分或全部无法被偿付，致使债权人认为该项义务的价值已经减少或消失。在债务人破产等情况下，作为债权人的广义政府机构无须与债务人达成协议就可以注销金融资产。例如，从广义政府机构借款的公共公司资不抵债，其资产被清理，则广义政府机构的债权变得没有价值。与债务豁免不同，这种情况下广义政府机构不记录资本转移，而是通过记录一项资产物量其他变化将该项债权从资产负债表上删除。单边冲减债务部分价值的处理方式与上述类似，但是剩余债务数额仍保留在资产负债表上。债务人单方面注销的债务或拒付债款，债权人不予承认。

在通常情况下，在债权人和债务人的资产负债表上，贷款均按名义价值估值。但在二级市场上可交易的贷款要重分类为债务证券，并按市场价格重新估值。此外，广义政府机构可能发现一些贷款的价值要低于可在市场交易的同一债务，如贷款转股权掉期交易的名义价值。在这种情况下，应记录备忘项目，注明这些贷款的实际价值低于名义价值。

在收付实现制下，没有记录债务注销或减记交易，但资产负债表相关工具的头寸变化可以反映出注销或减记的情况。

2. 借新还旧

借新还旧是指债务人为克服暂时的融资困难，与债权人商定以新的资金偿还到期债务。这里涉及的两种债务工具（即将到期的债务和新债务）是分开处理的。债权人记录对债务人原债权的减少和新债权的增加，债务人记录对债权人原债务的减少和新债务的增加。如果新债权的条件是优惠性的，可以视为债权人向债务人的转移。

3. 债务废止

债务废止是指债务人通过将负债与等值金融资产相匹配，将负债从资产负债表上移除的一种活动。债务废止中与负债进行搭配的金融资产价值，要确保能够偿还所有债务。债务废止通常可以通过两种方式进行：一是将这些资产和负债放在有关机构单位的单独账户中操作，二是将这些资产和负债转到另一单位操作。无论采用哪一种方式，债务废止均不影响政府财政统计体系中债务人的债务余额。也就是说，只要债务人的法律义务没有发生变化，政府财政统计体系就不记录有关废止的任何交易。如果这些资产和负债转到该单位内的一个单独账户中，则资产和负债都按总额报告。如果设立单独的单位来持有这些资产和负债，那么新单位应作为附属单位处理，并与废除债务的单位进行合并。

4. 优惠债务

优惠债务并没有确切的定义。一般认为，优惠债务是指一个单位借款给另一个单位，协议利率低于同等情形下适用的市场利率，并可伴随宽限期、偿付频度和有利于债务人的利息日期等增强性优惠条款。优惠债务比同等情形下的市场条件更有利于债务人，因此优惠债务包含了一次债权人向债务人的转移。在宏观经济统计中尚无对优惠条款债务的一致性处理方法，暂且将其相关资料在资产负债表的备忘录项目和/或补充表格中记录。

5. 救助债务

救助是指将企业从财务困境中解救出来。常用于政府单位向企业提供短期金融援助使其度过财务困难期，或向企业注入更为永久的金融资源以助其调整资本结构。如果政府获得了救助企业的控制权，救助实际上可能会构成另一种国有化的方式。金融机构的救助就是常见的例子。救助一般会涉及社会影响面很广的一次性大额交易，因而很容易被识别。

广义政府的直接干预有多种形式：通过资本注入或承担破产公司的债务进行债务重组；向企业提供优惠条件的贷款或权益融资等；以高于市场价值的价格购买拟援助企业的资产。

同时，政府可以通过扩大其担保的范围来进行间接救助。

(1) 证券化的统计处理。如果政府部门以特殊目的实体或其他公共单位形式设立一个改组机构，为陷入困境的公司注销受损资产或偿还负债提供资金或进行管理，则应根据改组机构的基本经济性质，判别此类实体或单位属于广义政府部门还是公共金融公司部门。如果该单位只是承担救助的管理职能，不涉及市场生产，则应划分到广义政府部门。如果该单位还有其他职能，救助只是一项暂时性的任务，则将其划分为政府单位或公共金融公司，还需要遵从前文所述重组代理机构的一般规则。

(2) "资本注入"的统计处理。政府部门对陷入困境的企业提供的援助通常记录为资本转移、贷款或股本注入。图 9-2 显示了"资本注入"的统计处理。

当一个公共部门单位（如政府）用提供贷款以外的注资方式对陷入困境的公司进行干预时，统计处理方法取决于这种投资是否能获得实际回报。如果预期可以获得实际回报，则记录投资者资产方股权及投资基金份额的增加和负债方现金及存款的减少，而被投资公司则进行相反方向记录。如果无法预期实际回报，则记录为资本转移。

"资本注入"记录为资本转移需要三个条件：一是没有任何同等价值的交换发生；二是没有合理的预期回报；三是补偿因累积超过两年的经营亏损和不可控因素造成的特殊损失而产生的资产或资本减值。统计处理上，政府部门记录资本转移费用和金融资产（现金或存款）的减少，被投资公司记录资本转移收入的增加和金融资产的增加。

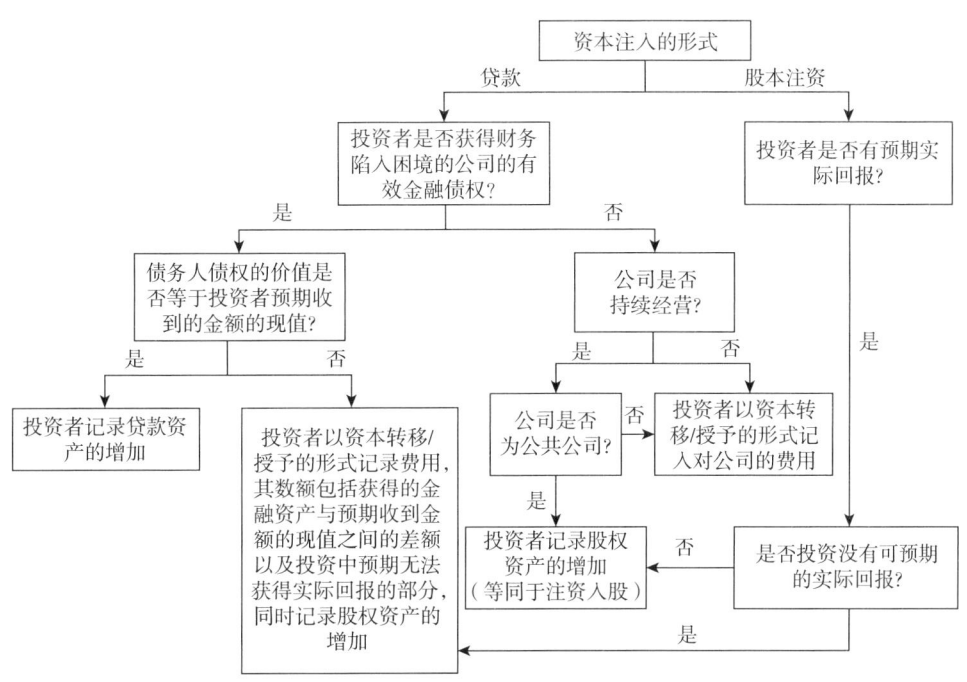

图 9 – 2　"资本注入"统计处理的决策树

在记录资本转移、确定规模（或价值）时，需要考虑以下三种情况。

一是政府购买了拟援助企业的资产，支付的金额高于该项资产的市场价格。所购买资产（不包括贷款）应该以实际市场价格记录，市场价格和支付金额之差记录为一笔资本转移。

二是在救助中，政府常会向金融机构购买贷款。如果贷款是不可交易的，或没有确定的市场价值，则该贷款应按名义价值记录。只有当该贷款具有交易市场并在市场中有了常规交易，才将该贷款重新划归为证券并以市场价值记录。

三是政府以名义价值购买某笔贷款，但其公允价值远低于支付金额，这时并不以差额记录资本转移。但是如果有可靠的信息表明某些贷款无法收回，其价值降为零，在企业资产负债表中应记录为数量的其他变化，同时应该记录一笔政府向企业的资本转移以反映其名义价值的减少。如果该笔贷款的一部分有可能在将来无法收回，在记录资本转移的同时，应该将贷款从企业的资产负债表重新划归政府的资产负债表。如果日后该笔贷款的价值增加了，则要在政府资产负债表的重估值项目下反映。

此外，还有一些情况下的注资可以视为资本转移，如为了补偿累积超过两年的经营亏损或不可控因素造成的特殊损失，政府向净资产为负的准公司注资，或是为落实公共政策向存在违约、不良资产或损失的银行注资等。特别地，如果在注资期间，有私人股东提供了大量股份（与他们现有的持股比例相当），那么注资就是股权投资而不是资本转移（主要是考虑股东对于这笔投资具有一定的投资回报预期）。

6. 特殊目的实体

政府可设立专门的公共公司向除政府以外的部门销售货物或服务，而不必与私营部门竞争就可获得政府的招标项目，这样的上市公司称为附属公司。通常，广义政府的附属公司是以特殊目的实体（SPE）形式设立，应归入广义政府部门，它们的负债也纳入广义政府负债。广义政府机构可以通过境外实体开展金融活动。例如，政府通过 SPE 在国外发行证券融资，该 SPE 不作为本国或东道国政府部门的组成部分。但是，必须对政府和 SPE 之间的交易和余额头寸进行估算，以确保通过非居民实体进行的金融活动都能反映在本国政府的交易和头寸中。因此，政府部门账户中将显示 SPE 代表政府所产生的每项债务的实际值或估算值。

当 SPE 出于财政目的，代表一个经济体中的政府向另一个经济体借款时，该政府账户的统计处理如下：

政府部门记录对借款人的债务增加，同时借款人记录对 SPE 的债权增加；当将借款或资产转移给政府时，SPE 记录资金或资产的减少，政府记录对 SPE 的权益减少。如果资金或资产是由 SPE 通过第三方实体转移给政府部门，在这种情况下，记录政府与该实体间的资金流动或资本转移以及政府对 SPE 的权益减少。

7. 证券化

证券化是指一个单位（发起人）将金融或非金融资产的所有权或获得特定未来流量的权利让与另一单位（证券化单位）。作为回报，证券化单位用自身资金向发起人支付一定的金额作为报酬。证券化单位利用发起人转移的资产或未来流量权利作为担保物通过发行证券获得其资金。这种融资方式已被政府单位广泛使用。

证券化产生的债务证券，其票息或本金支付（或两者同时）由资产或未来收入流决定。所有资产或未来收入流均可用于证券化，如住宅、抵押贷款、消费贷款、政府贷款和信用衍生品等。广义政府机构可以发行以专项收入为标的的债务证券。尽管在宏观经济统计系统中，未来税收收入现金流不是可证券化的政府资产，但将未来的收入，如公路收入，用于偿还广义政府（或公共部门）单位发行的债务证券的利息等，则可近似视为证券化。

在证券市场中，证券化计划品类丰富，最主要的区别在于证券化单位是否参与。证券化单位通常是 SPE，归类为金融公司部门中的金融中介机构。但是在这种情况下，SPE 属于被动运作以执行金融活动，因此，在宏观经济统计系统中没有作为单独的机构单位处理。这些 SPE 不论法律地位如何，都被视为广义政府部门的组成部分。

如果 SPE 参与，证券化计划可以分为四类。一是包含资产出售（或转移）的证券化计划，即通过证券化计划，资产从原始所有者的资产负债表中转移到 SPE 的资产负债表中；二是不包含资产出售（或转移）的证券化计划；三是无资产的证券化，即证券化的底层标的不是资产而是未来收入现金流；四是合成证券化，即只涉及信用风险转移（而不涉及资产转移）的计划。

如果没有 SPE 参与，证券化计划可以分为两类。一是资产负债表证券化，即原始资产所有者直接发行新的债务证券，不涉及资产转移；二是无 SPE 的合成证券化，即原始资产所有者发行只涉及信用风险转移（而不涉及资产转移）的债务证券。

资产出售（或转移）证券化计划是原始资产所有者将资产出售给 SPE，SPE 通过将证券化计划出售给投资者获取资金支付资产价值，而资产池的收入（通常是贷款的利息和本金带来的收入）用于支付投资者债务证券的票息和利息。如果公共部门单位进行资产出售证券化，原始资产所有者的总债务将保持不变。由于有价证券的发行，SPE 总债务增加，若其是一个公共金融公司，则债务纳入公共部门债务。如果是不含资产出售（转移）的证券化计划，视为公共部门从 SPE 借款，账户中处理为贷款。未来收入现金流资产证券化用作抵押的不是未来收入的权利，而是公共部门需要用未来收入足额偿还借款的义务，若收入大于应偿还金额，溢出部分由公共部门留存。因为未来收入的不确定性，对溢出收入的"权利"通常将用作偿付证券化单位借款的担保物。政府作为发起人所获得的金额应作为借款处理，通常表现为一笔贷款。

合成证券化资产池所有者以溢价方式从 SPE 购买信用违约掉期（CDS），以防范资产池可能出现的违约损失。证券化单位发行的债务证券投资于低风险、低回报的金融资产（如存款）。债券到期时，如果资产池没有违约，债券持有人就会得到偿还；如果出现违约，买方保护政策促使买方对资产池相关的违约损失进行补偿，因而债务证券的持有人（投资者）遭受相同价值的损失。不涉及 SPE 的合成证券化是资产所有者发行信用挂钩票据（CLN）。CLN 是由相关资产（如贷款和债券）支持的债务证券，内含 CDS，允许信用风险从发行者转移到投资者。一般会设有较高的利率来补偿投资者可能承担较高风险。对资产池的信用保护由投资者通过购买 CLN 出售给保护买家（或 CLN 的发行者）。偿还票据的本息取决于资产池的运营情况。如果在票据有效期内没有发生违约，票据的全部赎回价值将在到期时支付给投资者；如果发生违约，投资者将获得债券的赎回价值减去违约损失的价值。资产负债表证券化涉及由资产产生的未来收入现金流支持的债务证券。这些资产保留在债务证券发行者（原始资产所有者）的资产负债表上，通常作为一个单独的投资组合，不涉及证券化部门。债务证券的发行为原始资产所有者提供资金，债务证券是原始资产所有者债务的组成部分。

8. 与国际货币基金组织（IMF）相关的债务统计

本节简要介绍各国在加入 IMF 后所产生的金融资产和负债的存量和流量情况。债务数据的编制者需要明确，与 IMF 有关的存量和流量数据记录在哪个公共部门单位。一般来说，成员国会指定财政机构和存托机构代表自己与 IMF 进行金融交易以及存放 IMF 持有的该国货币。实践中，大多数成员国指定中央银行兼任财政机构和存托机构。

（1）配额。成员国在加入 IMF 时被分配了配额。配额是每个成员国在加入 IMF 时必须向 IMF 缴纳的资本认缴额，以特别提款权表示。配额由两部分组成：一是储备资产部分。成员国必须以特别提款权或 IMF 指定的货币支付 25% 的配额，作为成员国储备资产的一部分，被称为"储备档贷款"。在公共部门单位的账户中记录货币和存款等对外金融资产（即储备部分头寸）的增加以及对外金融资产（如信用等）的减少。二是本国货币部分。这部分占配额的 75%，成员国可使用本国货币（IMF 一号账户）在指定的存托处进行支付，或者通过发行本票（IMF 证券账户）支付。一号账户用于 IMF 的业务交易（如购买和回购），二号账户用于支付 IMF 的管理费用，一号账户可以向二号账户小额转账。本票一经 IMF 要求可随时兑现。由于配额部分为或有事项，因此本币的配额支付是不被记录在公共部门单位的账户中的。

（2）储备头寸。储备头寸是成员国储备资产的组成部分，它由两部分组成：一是储备档贷款，二是成员国的一般资源账户中对 IMF 的所有债务（双边贷款协议、票据等）。成员国在使用 IMF 中的储备档贷款时，必须提交一份国际收支需求声明，并通过一号账户用本币从 IMF 购买外汇或二号账户中的无息本票来支付。该交易记录为货币和存款等对外金融资产的减少（抵消了部分储备头寸）和外汇储备等对外金融资产的增加。

（3）信用和贷款。在签署一系列条件的前提下，成员国（主要低收入国家）可以利用 IMF 管理的信托基金的信用或优惠贷款，从 IMF 获得额外的外汇。IMF 的信用和优惠贷款在公共部门单位的账户中记录为贷款，但这两类合同的执行方式不同。当成员国使用 IMF 信用时，它从 IMF "购买"外汇，相对地，其本国货币存入 IMF 一号账户（或以发行本票作为担保）。使用 IMF 信用的公共部门单位，在其账户中记录为贷款负债（以特别提款权计值）。当成员国用外汇"回购"本国货币时，信用合同下的债务消除。当成员国使用以特别提款权计价的优惠贷款时，也需要成员国借入外汇并承诺偿还，但不会影响到一号账户，偿还时必须以特别提款权或可自由使用的货币支付。

如果成员国的国内货币相对于特别提款权的价值发生变化,则需要每年在一号账户、二号账户、证券账户中进行一次"支付价值维护"以保证 SDR 负债不变。由于债务是以特别提款权计价的,因此维护支付价值并不作为交易进入中央银行的账户,而是作为持有收益/损失记录。

当中央银行将从 IMF 的借款转移到广义政府机构时,则形成中央银行对广义政府机构的金融债权(贷款)以及广义政府对中央银行的债务。当履行偿还责任时,中央银行通过从政府获取资金来偿还 IMF 的债务。

(4)报酬。IMF 根据其成员国的储备部分头寸按季度(以特别提款权形式)支付其"报酬",在权责发生制下,该交易被记录为公共部门单位的利息收入以及货币和存款等对外金融资产的增加。

(5)二号账户。IMF 二号账户是 IMF 用来支付行政款项的,在公共部门单位的账户中反映为一项负债。二号账户的交易记录负债的增加或减少,以及相对应的资金来源(当负债增加时)或资金使用(当负债减少时)。当 IMF 从一号账户向二号账户转入资金时,公共部门的二号账户记录货币和存款等储备资金的增加,同时记录一号账户持有货币的减少以及与货币和存款有关负债的增加。

(6)特别提款权

特别提款权(SDR)是 IMF 在 1969 年创立的一种用于补充现有储备资产的国际储备资产。国际货币基金组织的特别提款权司负责管理 SDR 储备资金。

SDR 创立(称作 SDR 的分配)和消失(称作 SDR 的取消)的过程被视作交易。这些交易按分配总额记录,一方面记入一个参加国货币当局的金融账户,另一方面记入代表参加国全体的国外部门。对于政府财政统计和公共部门债务统计,SDR 持有和分配的记录账户非常重要。SDR 分配如果记录在政府资产负债表中,则视为广义政府债务的一部分,如果记录在中央银行资产负债表中,则视为公共部门债务的一部分。

SDR 由官方持有者(中央银行和其他某些国际机构)所专有,在参加国和其他官方持有者之间是可转让的。持有 SDR 代表了每一持有者能够从 IMF 其他会员那里获得其他储备资产(尤其是外汇)的一种有保证的、无条件的权利。SDR 是有对应负债的资产,但是它代表的是对参加国全体而不是对 IMF 的债权。参加国可将其持有的部分或全部 SDR 出售给其他参加国,并收到其他储备资产(特别是外汇)作为回报。由于参与者之间会发生 SDR 交易,其实际持有的 SDR 可能会少于或多于其分配的额度。SDR 会产生利息,但没有服务收费,因为持有多于其配额的参与者支付的利息和持有少于其配额的参与者应得的利息是完全匹配的。应付利息率的数据可以从 IMF 定期得到。SDR 价值是以包括四种关键货币的货币篮子为基础的，所以 SDR 价值总是存在名义和实际的持有损益。从动态来看，可能会出现 SDR 的新配额，此时，将该分配记录为一项交易。

本章小结

1. 金融资产和负债交易与存量之间的关系可用会计恒等式来表示。

2. 交易能够以不同的方式改变金融资产的存量。

3. 金融资产的交易结果可表示为总获得和总处置，或净获得。负债的变化可表示为总产生和总减少，或净产生。

4. 现有金融资产或负债的获得或处置的价值是其交换价值。新产生的金融债权的价值通常是债权人向债务人提供的数额。

5. 金融资产和负债的交易记录时间是：资产的所有权转移时，资产产生或清算时，或是金融工具的数额增加或减少时。

6. 政府财政统计中的金融资产和负债的交易为每一类金融资产的净获得和每一类负债的净产生，它们只表示某一类资产的存量的净变化。

7. 债务人由于未按期支付，实际上得到了额外的融资。为提供关于这类隐含融资的信息，当未如期支付时，应视为已经支付，然后替换为一项新的、通常是短期的负债进行记录。

8. 货币黄金和特别提款权的交易不能以发行单位的交易对手所在地进行分类。货币黄金的交易只能在两个货币当局或一个货币当局与一个国际金融机构之间进行。特别提款权仅由国际货币基金组织成员国的货币当局及有限数量的经授权的国际金融机构持有。

9. 通货是发行单位的负债。当一个单位将新的货币投入流通时，记录一项增加其通货负债的交易。与负债增加相对应的通常是该单位金融资产的增加，这种金融资产很可能是存款。

10. 折价发行的债券，发行价格与到期价格之间的差额是债券发行与到期之间整个期限内的全部利息。溢价发行的债券，发行价格与到期价格之间的差额视为负利息。

11. 贷款定期支付款项包括两个部分：一是支付自前一次定期支付以来累积的所有利息开支，二是偿还原始贷款额的一部分。记录时要分别记录这两笔交易，一笔是自前一次支付以来产生的利息，一笔是原始本金的偿还。

12. 股权和投资基金份额是持有者对发行单位资产的剩余索取权。股权代表机构单位中持有者的资金，与债务不同，股权持有者通常没有获得确定数额或按固定公式计算的数额的权利。投资基金份额是持有者的一种集合投资。对公开买卖的股票的交易的处理是直截了当的，而对准公司和公共公司股票和其他权益的记录则要根据具体情况进行不同的处理。

13. 准公司的资金和其他资源增加，包括非金融资产的实物转让被视为准公司所有者购买股权，所有者权益增加。同样地，准公司所有者出售该公司的任何资产中得到的收入、将准公司非金融资产以货代款转移出去以及从准公司留存收益中的提款均视为准公司所有者出售股权，所有者权益减少。

14. 私有化一般是指广义政府机构将所控制的公共公司或准公司的控股权转让给私人所有者，国有化通常是指政府单位从私人所有者手中收购私人公司或准公司的控股权。这两类均为视为股权交易，记录在金融资产和负债的交易中。

15. 在远期型合同开始时，不记录任何交易。当远期型合同结清时，如果是通过支付现金或提供某些其他金融工具来结清的，则记录为金融衍生工具交易；如果远期型合同是通过交割标的项目来结清的，则以标的项目在合同结清时的市场价格来记录标的项目的交易，同时将合同价格与市场价格之间的差额记录为金融衍生工具的交易。期权合同价格的支付记录为金融衍生工具的交易。在这一交易中，买方获得一项金融衍生工具资产，卖方产生一项金融衍生工具负债。

16. 广义政府机构的金融资产和负债可按机构部门和交易对手所在地进行分类。这种分类的目的是更加全面地反映和分析广义政府部门金融流量与其他机构部门之间的关系，更加清楚地反映出金融流量在政府财政中所起的作用。

17. 政府单位除因自身债务而产生正常利息开支和本金偿还交易这两种金融负债外，还可能发生一些更为复杂的与金融债务有关的交易，例如债务豁免、债务展期或再融资、债务转换和债务偿还、债务承担和代其他单位偿还债务以及债务的注销和冲减、债务废止、借新还旧等其他债务问题。

本章重要概念

金融资产和负债　会计恒等式　定值　记录的时间　权责发生制　合并　轧差　拖欠　金融资产和负债的分类　交易对手所在地　政府的债务操作

复习思考题

1. 列出金融资产和负债交易与存量的会计恒等式。
2. 简述改变金融资产和负债存量的重要交易类型。
3. 简述广义政府机构金融资产和负债交易的主要分类方式。
4. 列出广义政府机构债务处理的主要类型。

第十章
其他经济流量

本章描述的是政府财政统计体系中除交易以外的其他经济流量，以及其他经济流量的分类。

第一节 其他经济流量概述

这一节我们介绍其他经济流量的概念及分类，为接下来详细介绍其他经济流量的两个组成部分，即持有收益和资产数量的其他变化打下基础。

一、其他经济流量的概念

其他经济流量是指并非由交易引起资产数量或负债数量或价值变化的流量。

其他经济流量首先是流量。流量是各单位的经济行为以及在核算期间内发生的、影响各单位经济状况的其他事件的货币表现。它反映经济价值的创造、转移、交换或消失，并涉及一个单位的资产、负债和净值的数量、构成或价值的变化。其他经济流量引起资产数量或负债数量或价值的变化。它具有流量的特征，与交易一起构成了全部流量。

其次，其他经济流量是指并非由交易引起资产数量或负债数量或价值的变化，是交易外的流量。即其他经济流量是指那些不发生在交易中的资产和负债的价值变化。如前所述，交易是两个单位之间依据协议进行的相互作用。交易引起资产数量或负债数量或价值的变化是两个单位之间相互作用的结果。而其他经济流量引起资产数量或负债数量或价值变化并非是两个单位之间相互作用的结果。

最后，其他经济流量能改变资产、负债和净值的价值。多数其他经济流量以相同或相反的数额同时改变资产或负债以及净值的价值。只有少数的几种其他经济流量不影响净值，比如重新分类不会对总净值的大小产生影响，因为它们以相同的数额但相反的方向改变两项资产或两项负债的价值，或以相同的数额改变一项资产和一项负债的价值。

二、其他经济流量的分类

其他经济流量可分为两大类别,一类为持有收益,另一类为资产数量的其他变化。有关它们的详细内容我们将在下面分别详细论述。

其他经济流量按资产或负债类型分类的方法,与第七章给出的资产和负债分类方法相同(见表10-1)。表10-1中只仅仅将其他经济流量划分为持有收益或资产数量的其他变化两个类别。此外,出于分析需要,表10-1还可以详细地按产生的流量事件类型对其他经济流量进行其他形式的分类,扩展该表,以展现尽可能多的细节,比如列出持有收益或资产数量的其他变化的特定类型,资产数量的其他变化是由于资产和负债的出现或消失,还是由于分类变化所致。

表10-1　　　　　　　　　其他经济流量的分类

项目	持有收益	资产数量的其他变化	其他经济流量总量
其他经济流量总量/持有收益/资产数量的其他变化引起的净值变化			
非金融资产			
固定资产			
建筑物和构建物			
住宅			
非住宅建筑			
其他构建物			
土地改良			
机器和设备			
交通设备			
除交通设备以外的机器和设备			
其他固定资产			
培育性生物资源			
知识产权产品			
武器系统			
存货			
原料和供应品			
在制品			
制成品			
用于再出售的商品			
军事存货			

续表

项目	持有收益	资产数量的其他变化	其他经济流量总量
贵重物品			
非生产资产			
土地			
矿产和能源资源			
其他自然生成资产			
非培育性生物资源			
水资源			
其他自然资源			
无形非生产资产			
合同、租约和许可			
商誉和营销资产			
金融资产			
货币黄金及特别提款权			
通货和存款			
债务证券			
贷款			
股权和投资基金份额			
股权			
投资基金份额/单位			
保险、养老金和标准化担保计划			
非人寿保险技术准备金			
寿险和年金权益			
养老金权益			
养老基金对养老金经理的债权			
标准化担保计划索赔准备金			
金融衍生工具和雇员股票期权			
金融衍生工具			
雇员股票期权			
其他应收账款			
商业信用和预付款			
其他应收款			
境内债务人			
工具细分类别同上,但不包括货币黄金			
境外债务人			
工具细分类别同上			

续表

项目	持有收益	资产数量的其他变化	其他经济流量总量
负债			
货币黄金及特别提款权			
通货和存款			
债务证券			
贷款			
股权和投资基金份额			
股权			
投资基金份额/单位			
保险、养老金和标准化担保计划			
非人寿保险技术准备金			
寿险和年金权益			
养老金权益			
养老基金对养老金经理的债权			
标准化担保计划索赔准备金			
金融衍生工具和雇员股票期权			
金融衍生工具			
雇员股票期权			
其他应付账款			
商业信用和预收款			
其他应付款			
境内债权人			
工具细分类别同上			
境外债权人			
工具细分类别同上			

资料来源：国际货币基金组织：《2014年政府财政统计手册》，华盛顿，2014。

其他经济流量可以按上述分类法以表10-1的形式进行展现。上文列示的表10-1是一个通用的和缩略形式的其他经济流量报表，实际编制过程中可以根据实际情况进行相应的调整。表中的平衡项目为其他经济流量产生的净值变化，它等于持有收益产生的净值变化以及资产数量的其他变化产生的净值变化的总和。

持有收益（或重新估值）产生的净资产变动的平衡项，等于所有资产和负债的持有收益之和。

资产数量的其他变化产生的净资产的平衡项，等于资产和负债数量的正向和负向其他变化的总和。

专栏 10-1 "其他经济流量"核算的建立

政府财政统计是一国或地区重要的经济统计信息，国际货币基金组织的《政府财政统计手册》（GFSM）是世界各国公认的财政统计国际准则。该手册先后发布了三个版本，即 GFSM1986、GFSM2001 和 GFSM2014，其中，GFSM2001 创立了"其他经济流量"核算。

财政收入、支出、金融资产交易和非金融资产交易，反映了政府通过自身交易活动进行经济管理的情况。交易是广义政府部门管理国民经济最常用的财政操作，交易形成的流量影响广义政府的存量。但影响政府部门存量的并非只有交易，价格变动、资产损失等都可能会对政府部门的期末资产负债产生重大影响，它们就是"其他经济流量"。如果只核算财政收入和支出，显然没有完整反映广义政府资产负债和净值的影响因素。为此，GFSM2001 专门创立了"其他经济流量"核算。

根据 GFSM2001 定义，其他经济流量是除交易之外影响一个单位的资产、负债和净值存量的所有流量。其他经济流量非现金流量，它们反映了并非由交易造成的资产和负债的数量或价值变化。其他经济流量分为两类：一类反映由价格变动引起的非交易资产价值变化，称作资产持有收益和损失；另一类反映非价格变动引致的非交易资产价值变化，称作资产数量的其他变化。

GFSM2001 克服了以往的局限，大大拓展了政府财政统计的对象，扩大到包括非交易的其他经济流量导致的政府资产负债变化。这表明，目前政府财政统计核算对象已涵盖全部政府财政活动，能够详细反映非交易的其他经济流量对政府净值的影响。这样，其他经济流量和交易一起，形成了完整的政府财政的流量统计，从而全面阐释了广义政府部门期末资产负债的变动情况，以及影响政府净值变化的各项因素。

第二节 持有收益

这一节我们分别介绍持有收益的概念、计算持有收益的方法、特定类型资产的持有收益等。

一、持有收益的概念

（一）持有收益的含义

持有收益是假定资产或负债总额在质量和数量保持不变的情况下，由于价格水平和价格结构的变化而引起的资产或负债数量货币价值的变化。例如广义政府单位持有可交易的股票资产，当股票市场价格上涨，高于当初购买该股票的价格时，高出的那部分价值就是持有该股票资产的收益。相反，当股票市场价格下跌，低于当初购买该股票的价格时，低于的那部分价值就是持有该股票资产的损失。

持有收益或损失会对净值产生影响，增加资产价值或减少负债价值的流量会增加净值，称为持有收益；减少资产价值或增加负债价值的流量会减少净值，是持有损失。为便于表示，我们用"持有收益"一词作为持有收益或损失的简写。即"持有收益"这一术语习惯上被用来指代持有收益和持有损失双方，其确切的理解是，持有收益可为正数，也可为负数。

持有收益产生于价格的变化。不仅期初或期末持有的资产会产生持有收益，整个会计期间内任何时期持有的所有经济资产都可能产生持有收益。无论是在整个期间内持有资产、在期间内获得资产并持有到期间结束、在期间开始时持有资产并在期间内处置，还是在同一期间获得和处置资产，在上述每种情况下，都可能产生持有收益。为了准确解释期初资产负债表和期末资产负债表之间的整体差额，必须详细记录每一笔持有收益。

持有收益不仅包括对诸如固定资产、土地和金融资产等"资本"的收益，还包括生产者持有的各种类型的存货以及在制品带来的收益。对于以外币计值的资产和负债，持有收益还包括由于汇率变化而导致的收益和损失。对于货币资产和负债，如现金，其持有期间的价格是一致的，因此它的持有收益始终为零。

持有收益包括未实现持有收益和已实现持有收益：（1）未实现持有收益是指在会计期间内仍持有的资产或仍未偿还的负债所产生的收益。期末资产负债表中的资产和负债的价值包含未实现的持有收益。（2）已实现持有收益是指持有的资产已被出售、赎回、使用或以其他方式处置完毕，以及持有的负债得到偿还。交易时兑现的价值就包括了已实现的持有收益，换句话说，未实现持有收益是在交易发生时兑现其价值，成为已实现持有收益。

持有收益在价格发生变化时要进行记录，可能就存在与已实现持有收益记录时间不同的问题。因此，为了获得整个会计期间内所产生的持有收益的全部价值，记录持有收益时必须包括已实现持有收益和未实现持有收益。

（二）不包括在持有收益中的经济流量

依据定义，持有收益来源于价格变动，资产和负债本身质量和数量在持有期间并不发生变化，因此，诸如持有的、可归因于一段时间内发生物质或经济转变的建筑物、设备或存货等实物资产价值的变化（不论是改善还是恶化）均不计为持有收益。即持有收益不包括资产数量或质量变化所导致的资产价值的变化。其中特别是：

(1)因物理损耗、正常淘汰和正常意外损坏而导致的固定资产价值下降应记录为固定资本消耗,而不是持有收益(负收益);(2)由于利息的累计,折价发行的债券在到期赎回前价值可能逐渐增加。这种由应计利息产生的债券市场价值的增加,代表的是资产本身的增长,而不是价格的提高,因此记录为资产的交易,而不是持有收益。

二、计算持有收益的方法

持有收益可以分为名义持有收益、中性持有收益和实际持有收益,它们有不同的计算方法。名义持有收益取决于一定时期内资产和负债价格的变化,或更确切地说是取决于其货币价值的变化。这里所说的价格是资产可能在市场上出售的价格。出于分析的目的,我们还可以将某类资产累计的名义持有收益的总价值分为中性持有收益和实际持有收益。

(一)名义持有收益

根据定义可知,一笔特定类型资产在假定其本身质量或数量上不发生改变下的持有收益,等于该资产在较后一个时点的货币价值减去该笔资产在较早一个时点的货币价值。用公式表示为

$$G = (p_{t1} - p_{t0})q \tag{1}$$

式中,G 表示持有收益,p_{t1} 和 p_{t0} 分别为资产在时间 t_1 和 t_0 时的价格,q 为某笔资产的给定数量。

在计算持有收益时,不能仅用资产负债表数据来计算总持有收益,因为存量头寸并不能反映会计期间可能发生的每一经济事件。按照式(1),为精确计算持有收益,必须掌握以下数据:所有单个交易和资产数量的其他变化加上每一资产在期初和期末的价格,每一交易以及某一资产数量的每项其他变化。但在实际中,不太可能得到所有这些必需的信息,例如非金融资产的可观察市场价格一般不像金融资产和负债那样容易获得,因此,计算持有收益还必须依赖于一些其他的估计方法。

我们知道,金融资产和负债交易流量与存量间存在一个恒等公式,即某类资产的期末价值必须等于其期初价值加上交易的净值、资产数量的其他变化以及影响该类资产的持有收益。如果能得到关于资产负债表、交易及资产数量的其他变化的完整而准确的信息,那么持有收益的净值可以计算为使等式成立的残值。当然,这一公式并不意味着持有收益的价值是一个残项。即使用这种方法进行估计,也要对最后的结果进行仔细的检查和评估。

按照金融资产和负债交易流量与存量间恒等式得出持有收益的估算公式为

$$\text{持有收益} = \text{资产的期末价值} - \text{期初价值} - \text{交易的净值} - \text{资产数量的其他变化} \tag{2}$$

从概念上讲，持有收益是连续发生的，因为价格是连续变化的，因此持有收益也需要连续地计算。但实际中，通常是在一个会计期间结束时才估计整个期间的持有收益。

（二）中性持有收益

中性持有收益是指反映一般价格水平变化的持有收益，即某项资产的价格与一般价格水平同比例变化时产生的持有收益。如果资产价格按与其他平均物价相同的幅度变化，其实际价值即它能换取的其他货物和服务的数量不会提高也不会降低。也就是说，中性持有收益是在一段时间内需要使有关资产的实际价值保持不变的名义持有收益的价值。

一笔给定数量 q 的资产在时间 t_0 和 t_1 间的中性持有收益的计算公式如下：

$$NG = p_{t0}q(r_{t1}/r_{t0} - 1) \tag{3}$$

式中，NG 为中性持有收益，q 为给定资产的数量，p_{t0} 为 t_0 时资产的价格，则 $p_{t0}q$ 是 t_0 时资产的货币价值，r_{t1} 和 r_{t0} 分别为 t_1 和 t_0 时的一般物价指数。这里的 r_{t1}/r_{t0} 适用于所有的资产和负债。即中性持有收益的按比例变化对所有金融和非金融资产或负债都是相同的。

计算中性持有收益时，我们最好选用一种能覆盖尽可能多的货币、服务和资产的综合物价指数，例如最终支出物价指数。但最终支出物价指数通常只能得到年度或季度的数据，而且一般时滞较长。由于一些资产可能只持有较短时间并产生持有收益，因此，在选取利用什么样综合物价指数来衡量中性持有收益时，要考虑这一物价指数既能度量每月的综合物价水平变化，又能在较短时间内可以获取。一般来讲，消费价格指数（CPI）基本可以满足上述要求。利用消费价格指数进行内推或外推，按公式就可以计算出中性持有收益。

（三）实际持有收益

实际持有收益是指反映资产相对价格变化的持有收益，即是由某项资产的价格相对于商品和服务一般价格水平发生变化而产生的累计价值。一般来讲，资产相对价格的上升会导致正的实际持有收益，资产相对价格的下降会导致负的实际持有收益。

实际持有收益可以表示为该笔资产的名义持有收益与中性持有收益之差。因此，一笔给定数量 q 的资产在时间 t_0 和 t_1 间的实际持有收益的计算公式如下：

$$\begin{aligned} RG &= G - NG \\ &= (p_{t1} - p_{t0})q - p_{t0}q(r_{t1}/r_{t0} - 1) \\ &= (p_{t1}/p_{t0} - r_{t1}/r_{t0})p_{t0}q \end{aligned} \tag{4}$$

式中，G 表示持有收益，NG 为中性持有收益，q 为给定资产的数量，p_{t1} 和 p_{t0} 分别为

资产在时间 t_1 和 t_0 时的价格，$p_{t0}q$ 是 t_0 时资产的货币价值，r_{t1} 和 r_{t0} 分别为 t_1 和 t_0 时的一般物价指数。

从式（4）可知，一笔资产的实际持有收益取决于其价格在有关期间内相对于用一般物价指数度量的其他平均价格的变动幅度。不管用 r 度量的一般物价水平是提高、下降还是固定不变，如果一笔资产的价格上升幅度高于一般物价指数上升幅度时，就会导致一个正值的实际持有收益；相反，如果一笔资产的价格上升幅度低于一般物价指数上升幅度时，则会导致一个负值的实际持有收益。

如果一笔资产的相对价格在给定的一个时期内上涨，该笔资产能够换取的通过综合物价指数覆盖的货物、服务和资产的期末的数量就多于期初的数量。故而，称其为"实际的"持有收益，就是因为它度量的是资产所有者在期末而不是期初处理它时可能获得的额外的货物、服务和资产的价值。当然，这个额外获得的价值可能为正也可能为负。

前面曾提及用货币单位固定的金融资产或负债价值的名义持有收益始终为零。在通货膨胀期间，这种资产和负债的中性持有收益一定是正数，因此，实际持有收益一定是负数，并且其绝对值等于中性持有收益。换句话说，由于通货膨胀，固定货币价值的资产或负债的实际价值对债权人和债务人来说都下降了。当然，从债务人的观点看，一笔负债的实际价值降低代表实际净值提高。实际上，这里隐含着从债权人到债务人实际购买力的转移，这种转移的价值等于资产或负债的实际持有收益。当债权人预计到这种转移时，就可能相应提高贷款的名义利率，以补偿预期的转移或可能用按物价指数偿付的贷款取代固定货币价值的贷款。

由于相对价格的变化可以为正也可以为负，因此某些资产的所有者获得的可能是正的实际持有收益，而另一些资产的所有者获得的可能是负的实际持有收益（即损失）。即使在封闭的经济环境下，也不可能假定这种实际持有的正收益与负收益能够相互抵消，因为资产所有者可能是在牺牲不拥有任何资产单位的情况下受益的，反之亦然。不管实际的正收益与负收益抵消或不抵消，很显然实际持有资产收益可能导致机构单位、部门，甚至国家之间实际净值的重大再分配，其程度取决于发生的相对价格变化大小，这种变动甚至在不存在普遍通货膨胀时也可能发生。

实际持有收益的提高或降低会影响资产所有者的购买力，进而这种收益会对他们的经济行为产生一定影响。因此，实际持有收益是一个非常重要的经济变量。

三、特定类型资产的持有收益

（一）固定资产

由于固定资本消耗和价格变化都可能导致固定资产价值的变化，因此估计固定资产的持有收益较为复杂。固定资本消耗是按会计期间内的平均价格进行定值的。因此，估计给定年限和条件下的某一固定资产的价格变化，对于估计固定资本消耗和持有收益都是至关重要的。

固定资产的市场价格随着时间的推移而发生变化，因此可能出现持有收益。如果没有现成的市场价格，则应使用市价等值价格作为替代。当有同类资产在市场上生产和销售时，现有资产在资产负债表的期初或期末价值均应按新生产资产的当期收购价格减去固定资本（固定资产）的累计消耗（按重置成本的减记计算）来估值。

当市场上不再生产相同类型的资产时，现有资产的定值可能较为困难。如果类型基本相似的资产仍在生产，那么可以假设现有资产与新资产的价格以同样的方式变动。但当技术进步使新资产的特征显著改善时，这一假设就不再成立了。

（二）存货

在使用间接方法计算商品和服务的价值时，需要对存货的持有收益进行估计。但缺少关于交易或资产数量的其他变化的数据，可能给估计存货的持有收益带来一定困难，主要原因包括：（1）存货的许多交易是内部交易，其交易价格可能没有充分完整的记录；（2）存货的提取包括对经常性损失的减记，这是生产过程正常操作的一部分；（3）资产数量的其他变化还包括因自然灾害、重大火灾和其他特殊事件而被破坏的商品，其价格和数量难以估算。

因此，存货持有收益不包括存货的特殊损失和经常性损失。某些类型的存货（例如文具）价格稳定，持有时间较短，在这种情况下，持有收益通常很少。对于其他一些类型的存货，例如战略储备，则需要采用更复杂的方法来估算。如果无法获得交易记录和资产数量的其他变化数据，则可尝试通过其他途径，例如通过拆分存货头寸在期初和期末交易和持有收益中的价值差异，从期初和期末存货的价值和数量中推断出存货变化的价值。这种方法的前提假设是价格在短时间内没有发生显著变化。在通胀率高企的情况下，用这种方式则难以准确估计持有收益。

（三）贵重物品

贵重物品是为了价值储藏目的而持有的资产，其价值将随着时间的推移而增加，其价值的任何变化都被视为持有收益。

（四）报告期被处置的非金融资产

在将资产出售给新所有者时，旧所有者收取的金额等于新所有者支付的金额，因此资产价值中不包含所有权转让的剩余成本。这是因为固定资产的消耗是根据资产在整个生命周期内的价值（不包括所有权转移成本）计算的，而所有权转移成本带来的固定资产消耗仅在所有者预期持有该资产的期间内计算。

当非金融资产的市场交易价格与资产负债表价格不同时，应记录为资产重估，以便重新计算资产负债表上该资产的当前市场价值。这适用于所有非金融资产，但不适用于报废资产。

（五）货币黄金和特别提款权

黄金的价格通常以美元报价。因此，货币黄金（包括未分配的黄金账户）的持有收益会因汇率和黄金本身价格的变化而受到影响。

特别提款权的价值是以一篮子主要货币为基础的。因此，特别提款权的价值始终影响其持有收益。有时会对特别提款权进行重新分配，这种分配通常被记录为一种交易。

（六）具有固定货币价值的金融资产和负债

并非所有金融资产和负债都有市场价格。货币、存款、大多数贷款和其他应收/应付账款（如商业信贷和预付款）都按名义价值入账。因此，这些资产的市场价格变动所产生的持有收益按其计价货币计算总是为零。当这些金融资产以外币计价或以未分配黄金账户（或其他贵金属的类似账户）持有时，其本国货币价值可能会因汇率变化或贵金属价值的变化而改变。

（七）债务证券

债务证券的市场价格通常会随着时间的推移而变化，其在资产负债表日之间的变化来自债务证券的交易（如收购、处置和应计利息）、资产数量的其他变化（如注销）和重新估值（如市场利率、汇率、信誉变化等）。

当债券（特别是高折价债券和零息债券）折价发行时，如果没有其他变化，债券价格将在整个期限内逐渐上升，直到升至到期价值。价格的这种上升不是持有收益，而是视为债务人已提前支付了利息，然后债权人将这部分利息再投资于新增数额的债券中。溢价发行的债券以同样的方式处理。

当市场利率或汇率发生变化时，债务证券的价值也随之改变。除指数化证券外，因市场利率和汇率（以另一种货币计价的债务证券）的变化而引起的债务证券价值的变化是持有收益。利率的上升导致债券价值下降，这是债务人的持有正收益、债权人的持有负收益（即损失），利率下降时的情况则相反。债券的价值也可能因发行者或担保人的信誉变化而改变，这些改变同样会带来持有收益。

（八）股权和投资基金份额

一般政府单位可能持有股权和投资基金份额形式的金融资产或负债。例如，一般政府单位可能拥有上市公司或准上市公司的全部或部分股权。与任何其他资产一样，这些金融资产的货币价值因价格变化而产生的变化就是一种持有收益。

一些事件会影响股票和其他权益的估值。下面我们分情况进行解释：

（1）由上市公司（公开交易）和非上市公司发行的股票，其价值可以独立确定的。

如果上市公司的股票是公开交易的，或者其价值可以独立确定，那么持有该股份的政府单位或其他公共组织的持有收益是根据每股的市场价格或独立确定的每股价格来确定的。股票的市场价格可能受多种因素的影响，例如市场对公司盈利能力的看法、股票的除息日期等。股票的这种估值变化记录为持有收益。

（2）由股份有限公司发行的未上市股票以及非股份有限公司（如准法人公司）的其他权益，其价值不能独立确定的。

准法人公司和股份价值不能独立确定的上市公司的净资产为零，主要是因为其股权价值无法独立确定（如控股的政府单位拥有所有股份）。在这种情况下，其隐性权益价值等于资产总额减去其负债（非股权）总额。因此，需要对这种持有收益（也即按照上述方法计算出来的权益价值变动）进行记录，同时要考虑所有留存收益以及可能发生的其他增减和撤出股权的情况。

投资基金份额或外国直接投资企业的再投资收益被视为一种财产收入，而不是持有收益。

（九）保险、养老金和标准化担保计划

当非寿险准备金和标准化担保计划以本国货币计价时，一般不存在持有收益，就像货币、存款和贷款一样。在某些例外情况下，如果已就一项未决索赔的数额达成协议，并同意在付款前将其指数化，则可能需要记录持有收益。

养老金应享权利的负债包括未来支付养老金的负债和非养老金计划的其他退休福利的负债。这些负债的价值可能随时间的推移和其他原因发生变化。负债是按未来福利的现值计算的，每过一个期间，贴现期减少一个，负债就会相应增加。在政府财务统计体系中，这种负债因时间推移发生的变化，计为投资收入支出的财产支出。在政府财政统计体系中，对于规定的养老金计划，若因贴现未来福利所使用的利率发生变化而导致负债价值的变化，则记录持有收益。应定期检查负债，必要时根据市场利率的变化重新定值。

从上述的介绍看，养老金计划似乎不涉及其他经济流量，这是因为养老金缴款和投资收入支出的财产支出是与同等价值的养老金应享权利的增长相匹配的。但福利确定型养老金计划的福利应享水平是由一个公式决定的，因此还有其他因素可能影响应享水平的变化。这些因素包括价格上涨条款、用于确定福利的公式的变化以及关于寿命的人口统计学假设。改变福利应享水平的因素（即用于确定福利和人口假设的公式的变化）应记为资产数量的其他变化，价格上涨公式中的变化记录为持有收益。

晋升、业绩增长和其他实际薪金增加对应享权利的影响是一种特殊情况。许多固定收益养老金计划使用一个公式来确定福利，该公式以最终工资或平均工资作为关键决定因素。因此，这意味着任何晋升或其他实际薪金增加都应考虑到新的薪金水平，迄今应计养老金应享权利总额增加。这对个人是一项重大利好，对雇主的养老金负债也有影响。对此，一个简单而适当的处理办法是，将职位晋升对整个单位的影响视为价格变化，并将这种变化记录为持有收益。如果采用预期收益义务法来对养老金应享权利进行估值，则假如企业在奖励晋升和加薪的方式上发生结构性变化，就需要以资产数量的其他变化的形式进行调整。

在记录与养老基金资产有关的持有收益时，就应记录与养老金缴款的负债有关的同等价值的持有收益。固定缴款养老金计划中积累的养老金权益投资会产生持有收益（也可能是损失），这是通过管理基金所持有资产的投资来实现的。持有收益记录在养老基金相关资产的分录下，与养老基金对投保人（家庭）负债增加的分录相匹配。

（十）金融衍生工具和雇员股票期权

金融衍生工具有报价，也有从衍生工具标的项目中衍生出来的价格。因此，金融衍生工具需要记录持有收益。

雇员股票期权也可以记录持有收益。原则上，在授予日至含权日之间的任何价值变动，均应记作雇员的补偿，而在含权日至行权日之间的任何价值变动，均视为持有收益。实际上，在实际操作中，在授予日和行权日之间的全部增加都被视为持有收益。对雇主来说，股价高于执行价格的部分就是持有损失。

（十一）以外币计值的金融资产

政府财政统计是以本币统计的，对于以外币计值的金融资产，要按当期汇率，将外币价值折算成本币价值。因此，以外币计值的金融资产的持有收益，不仅产生于以外币表示的资产价格的变化，还有由于汇率变动而产生的持有收益变化。

（十二）不累积利息的债务工具

一些未清偿债务（或以债务工具形式出现的相应金融资产）可能要经过很长的时间才到期，且未兑付前不产生利息。在这种情况下，需要减记一定数量的本金价值，以反映合同期限和合同利率（类似债务工具的利率）。减记本金后，则可像其他累积利息的债务工具一样，在各会计期间按照合同利率计提和累积利息。

第三节 资产数量的其他变化

这一节我们介绍资产数量的其他变化的含义、分类及记录时间，经济资产的出现与消失，外部事件对资产价值的影响，分类和结构的变化等内容。

一、资产数量的其他变化的含义、分类及记录时间

（一）资产数量的其他变化的含义

资产数量的其他变化是指除交易或持有收益外其他因素导致的资产或负债价值变化。例如由于自然资源的发现或耗减，战争或其他政治事件造成的毁坏或自然灾害造成的毁坏等。导致资产数量发生其他变化的事件主要有：（1）作为经济资产的现有资源的出现或消失，即政府资产负债表上增加或减少了某项因交易以外事件而产生的资产；（2）特殊的、未预料到的事件的影响，该影响会涉及从资产（和相应负债）中可能获得的经济利益；（3）现有资产发生了的重新分类。

（二）资产数量的其他变化的分类

根据上述的事件，从描述的角度我们可以将资产数量的其他变化分为以下三类：第一类涉及现有经济资产的出现与消失，第二类为外部事件对资产价值的影响，第三类包括资产分类的变化。

第一类涉及除交易以外事物正常进程中资产和负债在本体系中出现和消失。这里的"出现"与"消失"一词是用来与本体系中界定的生产过程产生的"增加"相区别。资产和负债的出现和消失可能与自然存在的资产如地下资产有关。当机构单位与大自然之间相互作用时就会产生这种出现和消失现象，它与由于交易产生的出现和消失是不同的，交易一般是通过机构单位之间的共同协议而达成的。

第二类与特殊的、未预料到的事件和作用有关，这些事件会影响从资产（和相应的负债）中可能获得的利益，包括外部效益和灾害的影响，如自然灾害或战争毁坏资产等。这不是一种交易行为，因为它不具有共同协议的特征。

第三类为分类和结构变化导致资产负债价值的变化，包括反映机构单位在部门间分类的变化、机构单位结构的变化或资产负债分类的变化引起的资产和负债变化等。例如，当一个非法人企业在财务上与它的所有者分离开来，具有一个准公司特征时，那么，该企业和它持有的资产和负债就从住户部门移到非金融公司部门，这种资产和负债的移动被视为其他经济流量。

（三）资产数量的其他变化的记录时间

许多其他数量变化是在特定时间发生，应在事件发生时予以记录。一些其他数量变化连续或频繁发生，如地下资产的耗减、对资产的环境性破坏或专利的到期，这些变化应按与持有收益同样的方式进行记录。

二、经济资产的出现与消失

经济资产是指机构单位能对其实施所有权并且其所有者可以从中获得经济利益

的资产。也就是说，一项资源若要成为经济资产，其所有者必须对它行使所有权，并且能够从中获得经济利益。如果一项经济资源已经存在，但未划作经济资产，现在由于相对价格、技术或一些其他事件的变化而成为经济资产，那么就要对该资产的价值作出确认，并添加到资产负债表中，记录为资产数量的其他变化。相反，当一项经济资产不再能够提供经济利益，或所有者不再愿意或不再有能力对该资产行使所有权时，就需要将其从资产负债表上删除。资产的出现和消失的有关事项记录，可以根据是否涉及以下几个方面来判断：（1）生产资产经济承认；（2）进入或退出自然资源资产范围；（3）合同、租赁和许可证；（4）商誉和营销资产变化；（5）金融资产和负债。

（一）经济资产的出现

需要进行承认的经济资产主要有自然非生产资产、未计入资产负债表的生产实体、无形非生产资产。

1. 对自然非生产资产的承认

在一些情况下，可能需要对非生产资产作出承认，例如：（1）由于技术进步或相对价格变化，地下矿藏在经济上已变为可开采。（2）由于附近区域的总体经济发展，土地从荒芜或废弃的状态变更为可对其行使所有权并能从经济上加以利用。（3）由于可获得性的改善或相对价格的变化，木材出现大规模采伐、商业捕鱼或地下水的显著分流变得可行，带来森林、鱼群或地下水就被划入资产界限之内。（4）非培育性生物资源。许多有形非生产资产的数量能自动增加，例如森林、鱼群等。一片自然林木可能长得更高，鱼的数量可能自然增多。尽管这些资源是经济资产，这种生长不是在某一个机构单位的直接控制、负责和管理之下，因此它不是生产活动产生的。对于这种情况，非培育性生物资源的自然生长是一种资产的递增，被视为是一种经济资产的出现，按总额记录为资产数量的其他变化。（5）经济资产的创造。政府单位可通过对现有自然资产，如电磁波谱或专有经济区的鱼群行使所有权而创造经济资产。在这种情况下，该资产要作为其他经济流量变化记入资产负债表。土地的数量通常是固定的。然而，政府可以通过使用建筑堤坝或其他海洋障碍物来填海造田增加土地，这种土地的创造视为其他数量变化。

2. 对未计入资产负债表的生产实体的承认

这种方式可能存在未计入资产负债表的生产实体，例如：（1）高价或具重要意义的贵重物品。例如宝石，古董和其他艺术品。最初这些贵重物品的获得可能因其成本较小而记录为住户的最终消费支出，但后来其价值上升到应划作固定资产或贵重物品水平，则被视为具有经济价值。（2）构筑物或遗址也可能获得经济价值。例如对其赋予了特殊的建筑、历史或文化意义，并将其指定为历史古迹。资产负债表上可能未记录它们，因为它们是在有账户记录之前获得的，或因为其原始价值已通过固定资本消耗注销。对于以上这两种情况都需要重新进行经济资产的承认。

3. 对无形非生产资产的承认

多数无形非生产资产是通过法律或会计行为产生，并以其为证据的社会创造的产物。在这种情况下，这些现有实体为经济资产，例如：(1) 由于价格的变化或其他事件，当资产的价值能够实现时，在资产持有人的资产负债表中以合同、租赁或许可证的形式确认资产。例如签订的可转让的合同书，该合同书可使一项提供某种可转移给与该收益提供者无关的第三方经济利益的有约束力的协议生效。(2) 当以高于净值的价格出售某一生产单位时（对于公共公司，净值包括股票和其他权益），那么购买价格超过净值的部分是经济资产，称为"购买的商誉和营销资产"，通过其他数量变化承认购买的商誉和营销资产，从而使修正后的净值完全等于购买价格。商誉随后可与该生产单位的其他资产和负债一并出售。

(二) 经济资产的消失

1. 非金融资产

一些非金融资产因技术变化或相对价格的变化以及其他事件而不再具有经济价值，则必须从资产负债表中删除。例如，如果无法再对矿藏、土地、森林、鱼类、含水层和其他自然产生的资产进行商业开采，那么资产数量的其他变化将被记录为负数，从而将该资产从资产负债表中删除。又如，由于经济原因，具有较长建设周期的生产设施可能在完工或投入使用之前停工，那么资产数量的其他变化也将被记录为负数。

2. 金融资产

金融资产和负债可能以多种方式在资产负债表上出现或消失，例如，债权人由于债务人破产或其他因素而无法收回金融债权，则债权人应通过其他数量变化将该债权从资产负债表中删除。又如，雇员股票期权的注销也应记录为资产数量的其他变化。需要指出的是，特别提款权的分配和取消被视为交易，而不是资产数量的其他变化。

三、外部事件对资产价值的影响

导致现有经济资产数量发生变化的外部事件主要有巨灾损失、无偿没收和未分类的物量其他变化。

(一) 巨灾损失

巨灾损失是由大规模、任意和可识别事件导致的资产部分或全部破坏。这类事件通常较易识别，主要包括重大地震、火山爆发、飓风、海啸、干旱和其他自然灾害；战争行为、暴乱和其他政治事件；以及诸如大量有毒物质泄漏或放射性颗粒释放到空气中等技术事故。对于这种灾难发生而遭到损失的资产要记录为资产数量的其他变化，以减少或删除遭到损害或破坏的资产的价值。生产性资产是最有可能因灾难性损失而受到损害或破坏的一种资产，但是非生产性资产和金融资产也可能遭到损害或破坏。例如，由于受常年不遇的洪水或大风的破坏，土地和其他自然资产的质量出现明显恶化，其价值显著下降；旱灾或流动性疾病造成培育资产的破坏；森林大火或地震中建筑物、设备或珍贵物品的毁坏；以及由于自然灾害或非正常政治事件造成的货币或无记名证券的意外毁坏等。

（二）无偿没收

广义政府单位可以以其他机构单位未缴纳税收、罚金或类似征税以外的理由获得其他机构单位的资产而不给予全部补偿。广义政府单位没收的资产可能是合法的，也可能是违法的。但无论是合法的还是违法的，对这种资产的没收都不是资本性转移，因为它不是通过当事各方的共同协议而发生的。当被没收资产的价值超过所支付的任何补偿的价值时，其差额部分记录为其他数量变化。但如果债权人取消债务人对抵押品的赎回权和收回资产，这种情况属于交易，是债务人的处置和债权人的获得，因为债务人与债权人之间的合同协议允许这种追索手段。

（三）未分类的物量其他变化

1. 固定资产

（1）固定资本消耗的计算反映了对固定资产正常物理退化、过时和意外损坏比率的假设，这些假设每一个都可能是不准确的，必须在资产数量的其他变化中进行调整。（2）无法预见的环境变化对固定设备的影响，例如，空气和雨中的酸性物质对建筑物表面或机车等固定资产造成未预见到的环境性贬值，此时需要通过资产数量的其他变化来记录固定资产价值的变化。（3）新型号固定资产或固定资产的新生产技术，可能使资产以快于固定资本消耗的速度退化。由这一原因造成的固定资产价值的下降记录为其他数量变化。（4）固定资产遭受的实际损害数额高于其预期值，那么要将这部分未预见到的损害作为资产数量的其他变化来处理。（5）基于所有权转让成本原则，应在资产归买方所有的预期时间内注销，如果资产在所有权转让成本未完全冲销之前被处置，剩余部分应记为资产数量其他变动。（6）建设周期长的生产设施，在建成或投入使用前，可以停止经济使用，当决定放弃时，资产负债表中记录的固定资产（或在某些情况下的在建存货）的价值应通过资产数量的其他变化予以冲销，例如核电站或工业基地。

2. 存货异常损失

由于火灾、抢劫、粮仓虫害和家畜疾病异常严重等造成的存货异常损失，记为资产数量的其他变化。在计算存货净额变动时，如果实际损失少于已计提的减值准备，则这种调整可能会增加存货的账面价值。

3. 寿险和年金权益

就年金而言，预期净保险费和福利之间的关系通常在签订合同时确定，并考虑当时可用的死亡率数据。任何后续变化将影响年金提供者对受益人的责任，应记录为资产数量的其他变化。

4. 养老金权益

在固定福利退休计划下，承诺提供给参加计划的雇员的福利水平通常与参加者的工作年限和工资水平相挂钩（具体数额可由相应的计算公式得出），并不取决于基金中的资产。由福利结构变化导致的退休计划负债的变化视为其他数量变化，因为假设这是雇主作出的单边改变，而不是通过共同协议达到的资本性转移。

5. 标准化担保计划

非交易行为和持有收益导致的标准化担保计划下赎回准备金的变动，列为资产数量的其他变化。

四、分类和结构的变化

由于整个机构单位或一组资产和负债的重新分类，广义政府部门的资产构成可能发生变化。重新分类会对资产和负债做出重新安排，但不改变有关单位或部门的净值。

（一）部门分类和结构的变化

一个完整的单位可能在不改变所有权或控制权的情况下被重新分类。例如广义政府部门划入另一部门，或从另一部门划入广义政府部门。出现这种情况的原因通常是一个单位开始以具有经济意义的价格出售其产出，或者该单位停止以具有经济意义的价格出售其产出。对于这种情况，一个单位从广义政府部门划出后，该单位的资产和负债也要从广义政府部门划出，其资产和负债的净值由一项金融资产如股票和其他权益所替代，以反映广义政府部门仍然继续对该单位行使所有权或控制权。当一个单位划入广义政府部门时，情况相反。

机构单位结构的变化也记录为分类变化。例如，两个广义政府机构单位可能合并为一个单位，一个机构单位也可能拆成两个机构单位。当两个机构单位合并时，它们之间存在的包括股票和其他权益在内的所有金融债权和负债均予以全部勾销。相应地，当一个机构单位拆为两个或两个以上的机构单位时，新机构单位之间就可能出现包括股票和其他权益在内的新债权和负债。这种由于机构单位结构变化产生或取消的债权和债务，记录在资产数量的其他变化中。

（二）资产和负债分类的变化

通常在资产用途发生变化的情况下，依据资产分类的详细程度，现有资产和负债可能被重新分类，从一个类别划入另一个类别。如非货币黄金转变为货币黄金，牧地变为建筑用地。分类的变化记录为其他数量变化，两个账目具有同样的价值。如果一笔资产使用目的发生变化，并且其用途的变化意味着价值的改变，那么这种改变要作为质量改变处理，而不是持有收益，记录在另一个其他数量变化中。

当以金条形式持有的非货币黄金成为储备资产时，它就通过从贵重物品到货币黄金的其他资产数量变化进入到资产负债表中的金融资产。非货币黄金是一种商品，对非货币黄金的持有划作库存或贵重物品。当货币当局将非货币黄金重新分类为储备资产，即划作货币黄金时，就产生了非货币黄金的货币化。相反，货币当局也可将货币黄金从储备资产转变为存货或珍贵物品，随后将黄金存货或珍贵物品出售给机构单位或国外，货币黄金就被重新分类划作了非货币黄金，也就是发生了黄金的非货币化。黄金地位的这种变化在政府财政统计中作为重新分类处理。

构建物的用途可能从住宅变为政府办公楼，或从政府办公楼变为住宅。如果这些类型的构建物是单独分类的，那么记录其他数量变化。一个资产类别的正变化通过另一资产类别的负变化予以平衡。土地的用途可能改变，如从耕作土地变为建筑或娱乐用地。如果土地的这些用途是单独分类的，那么记录其他数量变化。

本章小结

1. 政府财政统计体系中除交易外的流量，我们统称为其他经济流量。即其他经济流量是指并非由交易引起资产或负债数量或价值变化的流量。

2. 其他经济流量能改变资产、负债和净值的价值。它可分为两大类别：一类为持有收益，另一类为资产数量的其他变化。

3. 持有收益是假定资产或负债总额在质量和数量保持不变的情况下，由于价格水平和价格结构的变化而引起的资产或负债数量货币价值的变化。

4. 持有收益产生于价格的变化。不仅期初或期末持有的资产会产生持有收益，整个会计期间内任何时期持有的所有经济资产都可能产生持有收益。某类资产累计的名义持有收益的总价值分为中性持有收益和实际持有收益。

5. 中性持有收益是指反映一般价格水平变化的持有收益，即某项资产的价格与一般价格水平同比例变化时产生的持有收益。

6. 实际持有收益是指反映资产相对价格变化的持有收益，即是由某项资产的价格相对于商品和服务一般价格水平发生变化而产生的累计价值。一般来说，资产相对价格的上升会导致正的实际持有收益，资产相对价格的下降会导致负的实际持有收益。实际持有收益的提高或降低会影响资产所有者的购买力，进而这种收益会对它们的经济行为产生一定影响。因此，实际持有收益是一个非常重要的经济变量。

7. 需要关注的特定类型资产的持有收益，主要包括：固定资产、存货、贵重物品、报告期被处置的非金融资产、货币黄金和特别提款权、具有固定货币价值的金融资产和负债、债务证券、股权和投资基金份额、保险养老金和标准化担保计划、金融衍生工具和雇员股票期权、以外币计值的金融资产、不累积利息的债务工具等。

8. 资产数量的其他变化是指除交易或持有收益外其他因素导致的资产或负债价值变化。导致资产数量发生其他变化的事件主要有：（1）资产负债表上增添了一项新的资产或取消了一项现有资产；（2）现有资产数量或质量的改变；（3）现有资产发生了的重新分类。

9. 如果一项经济资源已经存在但未划作经济资产，现在由于相对价格、技术或一些其他事件的变化而成为经济资产，那么就要对该资产的价值作出确认，并添加到资产负债表中，记录为资产数量的其他变化。相反，当一项经济资产不再能够提供经济利益，或所有者不再愿意或不再有能力对该资产行使所有权时，就需要将其从资产负债表上删除。

10. 导致现有经济资产数量发生变化的外部事件主要有巨灾损失、无偿没收和未分类的物量其他变化。

11. 由于整个机构单位或一组资产和负债的重新分类，广义政府部门的资产构成可能发生变化。重新分类会对资产和负债作出重新安排，但不改变有关单位或部门的净值。

本章重要概念

其他经济流量　持有收益　名义持有收益　中性持有收益　实际持有收益
资产数量的其他变化　经济资产的出现与消失　外部事件对资产价值的影响
分类和结构的变化

复习思考题

1. 什么是其他经济流量？它主要包括哪些类别？
2. 简述持有收益、名义持有收益、中性持有收益和实际持有收益的概念及相互间的关系。
3. 特定类型资产的持有收益主要有哪几种？
4. 简述资产数量的其他变化。
5. 简述分类和结构变化对资产数量其他变化的影响。

第十一章
政府财政统计分析

政府财政统计分析是指政府财政的宏观分析，主要有政府财政收支平衡的分析、政府财政收入的分析、政府财政支出的分析。

第一节 政府财政收支平衡的分析

政府财政账户收支总是平衡的，怎样分析财政收支的平衡状况、不平衡的程度及平衡的方法是本节介绍的主要内容。

一、政府财政收支平衡状况分析

政府财政收支平衡与否，可通过财政赤字（盈余）和政府储蓄投资缺口来分析。

（一）传统的财政赤字

就政府运营的现金流动而言，总收入总是与总支出相等的，政府的财政账户在此意义上总是平衡的。然而，出于分析和政策的目的，我们必须将注意力集中于政府的收入和赠与以及包括净贷款的政府支出。传统的财政赤字概念严格地遵循了这一原理，将财政赤字定义为总收入和总支出之差。

传统的财政赤字 = 总收入（包括赠与） – 总支出（包括净贷款）

传统的财政赤字反映了政府超过收入和赠与的那部分支出和净贷款。弥补财政赤字的方法反映在融资方面，政府通过借款来解决。传统财政赤字的概念对于财政分析非常重要，因为这一概念提供了政府全部金融头寸以及货币状况、国内需求和国际收支影响的综合画面。不过尽管传统财政赤字这一概念常用，但其在衡量对总需求的影响，以及对资源在经济中的分配和收入分配的影响时存在若干缺陷。首先，同样的赤字水平可能会对宏观经济产生不同的影响。这种不同影响产生于财政税收和支出结构的不同。长期以来，人们普遍认为，税收的变化与支出的变化对宏观经济总量的影响不尽相同。其次,对某一给定的财政赤字所采取的不同融资方法对宏观经济产生明显不同的影响。

政府财政赤字只给出了财政收支不平衡的概念,这个概念非常重要,但没有对不平衡的程度及其弥补等方面进行分析,而上述是我们进行宏观经济分析必须探究的问题,因此我们将在下文对这些问题进行分析。

(二)政府的储蓄—投资缺口

如同其他部门一样,政府部门也存在着储蓄与投资以及两者差额的融资。

政府部门的储蓄(Sg)与投资的缺口大致与总财政赤字相等,即

政府储蓄 - 政府投资 = 总财政差额

如果将政府部门的总收入(Rg)定义为政府的经常性收入和资本性收入之和,将政府总支出(Eg)定义为政府的经常性支出(Cg)和政府投资(Ig)的总和。则

政府部门储蓄 = 政府部门总收入 - 政府部门经常性支出

即

$$Sg = Rg - Cg$$

还可以表述为

政府部门储蓄 - 政府部门投资 = 政府部门总收入 - 政府部门总支出

即

$$Sg - Ig = Rg - Eg$$

政府部门出现资源缺口,一般通过下列途径来解决:一是向国外借款,即获得净国外借款($NFBg$);二是向国内银行系统借款($NDCg$);三是向国内实体部门借款(NB)。如果我们将 Fg 定义为政府部门可获得的净融资额,则

净融资额 = 净国外借款 + 国内银行系统借款 + 国内实际部门借款

即

$$Fg = NFBg + NDCg + NB$$

因为政府部门的资源缺口需完全弥补,所以

$$(Sg - Ig) + Fg = 0$$

二、政府财政失衡的度量

前面我们已经指出,政府财政平衡与否,可以用总赤字的概念来反映。但实际上它并不是衡量财政平衡的唯一方法,选用不同的赤字概念反映财政失衡的状况取决于我们政策选择的目的。

(一)选择不同赤字概念来度量财政失衡需要考虑的因素

应根据以下因素选择适当的赤字概念度量财政失衡状况。

1. 财政赤字的类型

依据财政失衡产生的原因及计算口径的不同,一般把财政失衡划分为结构性赤字与周期性赤字、软赤字与硬赤字等类型。结构性赤字是指发生在已给定的充分就业水平条件下的赤字,也称为充分性赤字。它假定经济已经在充分就业水平上运行,当经济中还存在未被动员的资源时,由政府财政政策决定增加赤字,直接引致总需求的增加,从而影响总供给与总需求的关系。周期性赤字是指由于经济周期的波动而自动产生和增减的赤字,体现经济运行对财政平衡的决定作用。以上两种赤字产生的原因不同,财政政策所起的作用不同,所采用的指标度量也不相同。软赤字是指经常性收入与经常性支出的差额;与此对照,硬赤字是经常性收入和债务收入与经常性支出和债务支出的差额。软硬是相对可否动用债务来弥补赤字而言的。

2. 所涉及的范围

所涉及的范围是指广义政府,或者是包括整个公共部门。如果我们要度量广义政府的赤字情况,就可以用相对较小的度量口径指标来反映;如果要度量整个公共部门的赤字情况,就要采用相应较大的口径度量指标。

3. 会计方法

会计方法是指采用权责发生制记账还是收付实现制记账。不同的记账方法所反映的赤字情况是不一样的。

4. 所有或有债务的情况

或有债务可能直接影响财政赤字的情况。例如,政府一笔贷款担保,在贷款到期前,政府不知道这笔贷款是否违约,若违约政府就要全额赔偿。

(二)度量财政失衡的赤字概念

由于度量财政赤字考虑的因素不同,度量赤字的概念也就不一样。

1. 财政赤字占 GDP 的比重

如果说总赤字额是一个绝对额,我们无法判断其程度的话,那么财政赤字占 GDP 的比重就是一个相对指标,可以看到 GDP 中的债务负担。

2. 政府部门借款需求

这是用于度量整个公共部门赤字的一个传统概念。由于这一概念包括了整个公共部门金融资源的净债权,因此也是度量财政赤字最综合性的标准。我们可以将这一度量财政赤字的综合概念应用于政府的每一个层次上。中央政府的借款需求和广义政府的借款需求是公共部门借款需求的一部分。后者实际上可以通过适当地扣除各部门之间的转移,从广义政府和公共企业的借款需求中得出。

3. 经常性财政赤字(经常账户赤字)

它是政府财政经常性收入减去经常性支出的差额。这一概念通常被用来衡量政

府的储蓄,也就是衡量政府储蓄对经济中总储蓄的贡献。这一概念可以列成如下等式:

$$经常性财政赤字 = 政府储蓄 = 经常性总收入 - 经常性总支出$$

然而,在实际进行财政分析时,上述概念的应用存在一定的局限。该概念取决于资本性和经常性支出和收入的差别。资本性支出包括资本转移和购买生产中使用期限超过一年的资产,除此之外的支出皆被列为经常性支出。这种划分具有武断性。更为重要的是,政府财政投资的公共项目都为经济的增长作出了贡献,因此这一假设是否成立值得怀疑。

4. 基本或非利息财政赤字

它是从传统赤字中扣除利息支付的差额。它能够准确地衡量现行的、可自行决定的预算政策产生的影响,显示出政府近期的财政行为是如何影响其净债务的,因而在评价政府赤字可承受性方面起着至关重要的作用。以公式表示为

$$基本财政赤字 = 传统的财政赤字 - 利息支付$$

5. 操作性赤字

它是传统的财政赤字减去通货膨胀而引起的那部分利息支付,或相当于基本财政赤字加利息支付的实际付款。通货膨胀降低了没有偿还的公共债务的实际价值,但它可以获得较高的名义利率得到补偿。这种价值通常称为"货币性纠正"。在通货膨胀时,把这部分利息加上,实际是高估了财政赤字,因为这些利息除实际支付部分体现在当年的赤字中外,其余部分是要分期支付的。操作性赤字这一概念则能解决这一问题。特别是在那些具有较高通货膨胀和较大公共债务的国家中,这一概念显得尤为重要,因为这一概念衡量了某一特定年份财政政策在多大程度上影响公共债务的实际存量。

在通货膨胀环境下,实际公共债务的概念能够比名义公共债务更准确地提供关于财政政策可承受能力的信息。在高通货膨胀的国家中,使用传统的财政赤字概念与操作性赤字概念所得的结果大不相同,而且从趋势上看,这一差别可能会越来越大。

操作性赤字与传统的财政赤字的关系可以表示如下:

$$操作性赤字 = 传统的财政赤字 - 利息支付中的通货膨胀部分$$

或

$$操作性赤字 = 基本财政赤字 + 实际支付利息$$

三、赤字融资分析

前面我们已经指出,政府赤字通过三种途径融资:(1)向国外借款或动用外汇

储备；(2) 向国内银行系统借款；(3) 向国内实体部门借款。考虑向国内银行系统借款中，向中央银行借款与向其他银行借款对宏观经济影响有差异，两者应分开，因此政府融资实际有四种途径。

政府财政赤字的融资途径对宏观经济的影响可能存在差异：向国外借款或动用储备可能与汇率危机相关；向中央银行借款引起过度的货币创造可能与通货膨胀相关。因此，过度的国内借款与较高实际利率相关，赤字和债务之间的强烈作用易引起公共债务爆炸性增长；过度的国外借款与债务有关。

（一）向国外借款

政府可以通过向国外非居民发行债券或动用外汇储备来融资。不过，使用外汇储备来融资存在一定的限度。如果实际部门预计该国将达到这一限度，就会出现资本外逃和加剧通货膨胀压力的汇率贬值。20世纪80年代的债务危机就是由于1982年8月墨西哥出现的外汇实际枯竭而引起的，其后又出现了财政失控，最后表现为20世纪80年代初出现的难以承受的大量财政赤字。

利用国外借款和动用外汇储备来融资，在开始时可能会使汇率升值，从而损害对外贸易部门的竞争性。对许多发展中国家而言，以往过度借款和缺乏信誉严重地限制了当前融资来源。即使这些国家能从国外商业部门借到贷款，其利率可能还是会高得无法接受。

（二）向中央银行借款（赤字的货币化）

政府从中央银行借款相当于创造高能货币或基础货币。在当时的价格水平上，以超过需求的比例创造货币将增加过多的现金余额，并最终促使整个价格水平上升，成为通货膨胀的主要来源。政府通过印刷货币来控制实际资源的能力有时被称为铸币税。据统计，在大多数工业化国家中，铸币税的最大限度约为国内生产总值的 $1\% \sim 2\%$。但在一些发展中国家，最大上限介于其国内生产总值的 $5\% \sim 10\%$。

（三）向中央银行以外的银行系统借款

与从中央银行借款不同，从存款货币银行借款不会自动导致创造高能货币。如果中央银行通过向存款货币银行提供附加储备来满足其对信贷的过度需求，那么这种借款将类似于从中央银行借款。然而，如果中央银行不去满足存款货币银行对信贷的过度需求，存款货币银行则将被迫减少向私人部门发放的贷款，以满足政府信贷的过高需求，这种局面被称为挤出私人支出现象。这一现象主要是通过提高利率来实现的。

（四）非银行借款

财政赤字融资的一种非货币性方法是发行国内公共债券。非银行借款允许政府在短期内，在不增加货币基数或不耗尽国际储备的情况下，保持一种赤字的水平。

因此，此方法通常被视为是防止通货膨胀和对外危机的一个有效方法。但也存在一些问题。第一，通过发行证券对赤字进行融资虽然能够推迟通货膨胀的发生，但如果政府对其不加控制，其债务存量可能会在将来导致出现更高的通货膨胀率。第二，如同向银行借款，政府向公众直接借款能够将私人部门挤出去，从而对国内利率形成向上的压力。高实际利率不仅会损害经济增长，按此利率发行的公债还增加了今后的偿债成本，从而增加了未来的财政赤字。如果实际利率超过了经济增长率，偿债负担将会爆炸性地增长，从而使公债变得无法承受。

在那些高通货膨胀国家中，政府证券的价值消失得很快，而且购买这种证券的自愿性需求也非常有限。政府往往试图强迫（直接或间接）银行，甚至公众持有这种债权。但这种强迫行为以及以往出现的没收行为将严重损害政府今后的信誉。在此情况下，政府必须耐心地经历一个重建信任和信誉的过程。在此过程中，政府需坚持实行持续不断的非通货膨胀性的宏观经济政策和保持金融稳定。

（五）支付拖欠

如果财政账户是按权责发生制编制的，则会产生另外一种赤字融资方式——支付拖欠。

四、政府财政政策的可承受性分析

近年来，关于财政政策的可承受性问题吸引了很多的注意力。人们在何时能说财政政策态势是无法持续的？如何设计出一个操作标准来指导决策人？虽然尚没有一个广为接受的关于可承受的财政政策构成的定义，但人们普遍同意如果目前和未来的财政态势能够导致公共债务占国内生产总值的比率持续和迅速上升，那么这种财政政策就是不可承受的。因此，关于可承受性的一个关键性指标是建立在债务占国内生产总值比率的规模和增长率之上的。事实上，正如许多国家的经验表明，持续性较高的债务与国内生产总值之比的代价很高，并最终会变得难以承受，从而不得不进行政策调整。高债务比率的代价很高，其原因在于其对实际利率形成压力，并会增加赤字中用于偿债部分的比率，从而缩小财政的回旋余地和政策的灵活性。高债务比率的不可承受性的原因是，在某一时点上，当金融市场意识到目前的政策不可信且将要被修正时，市场预期就会发生变化。这种预期的变化将使政府的债券销售变得越来越困难，并最终变得不可能再销售债券。事实上，市场将会意识到债务占国内生产总值的比率越高，政府就越难以通过财政紧缩（通过较高的基本性盈余）来实现其预算限制的目标，并且还会增加赤字货币化或拒付债务和债务重组的风险。

上述讨论表明，描述财政可承受性的方法之一是将可承受的财政政策态势定义为一种不会导致债务占国内生产总值的比重升高的政策，即一种能够在适当的增长率、利率和通货膨胀状况下稳定债务占国内生产总值比重的政策。尽管这一标准能够为可承受性提供一个简单的指标，但其具有两个主要弱点：第一，经济理论基本上未就最佳或可取的债务占国内生产总值的比重提供任何指导；第二，实践证明，关于稳定债务占国内生产总值的比重的努力能够为政策附加一项更严格的条件。人们已经根据清偿能力这一概念制定了一个限制性不太强的要求。

清偿能力是实现财政可承受性的一个必要条件，它要求债务占国内生产总值的比重以低于实际利率减去实际国内生产总值增长率的速度增长。与此相同，债务的名义存量增长必须低于名义利率的增长速度。

为了观察清偿能力概念在制定可承受性的操作指标时的有用性，我们可以考虑政府预算的局限性。可将暂时的预算局限写成如下等式：

$$债务占GDP比率的变化 = \left|\frac{利率减GDP的增长率与利率加GDP的增长率的比率}\right| \times \left|前期债务与GDP的比率\right| - \left|基本余额与GDP的比率\right| - \left|应计政府的铸币税与GDP的比率\right|$$

即

$$\Delta\left(\frac{D}{Y}\right) = \frac{i-g}{i+g} \times \frac{D_{t-1}}{Y_{t-1}} - \frac{PB_t + S_t}{Y_t}$$

式中，$\Delta\left(\frac{D}{Y}\right) = \frac{D_t}{Y_t} - \frac{D_{t-1}}{Y_{t-1}}$（或债务/GDP比率的变化）；$PB$ 为基本余额；i 为利率；g 为GDP的增长率；S 为应计政府的铸币税；D 为政府债务；Y 为国内生产总值。

需指出的是，政府的暂时性预算限制意味着以下几个方面。

（1）债务占国内生产总值比重的变化取决于基本余额、应计政府的铸币税和国内生产总值的增长，或统称为债务占国内生产总值比重的内在因素。当利率超过增长时，由于利息支付额的增加所造成的债务额的增加大于国内生产总值的增长额，因此债务比重趋于自身促进性的增长，除非基本赤字能够控制在低于铸币税所能融资的水平以下（基本盈余减去铸币税为负值）。换言之，当利率超过国内生产总值的增长率时，政府就不可能在超出源于铸币税收入的水平上保持持久性的基本赤字。此外，政策调整拖延的时间越长，债务占国内生产总值的比重就会越高，政府所能采取行动的余地就会越小。

（2）如果实际利率低于国内生产总值的增长率，那么一国就能够摆脱其债务。在此情况下，该国能够承受一个相对较高的债务占国内生产总值的比重，并能够在超过可取的铸币税水平上保持一个持久性的基本赤字。不过，这里还会存在债务占国内生产总值比重的限制。如果一国大量地增加其借债，则该国将面临利率上升超过国内生产总值增长率水平的风险，从而使原来可承受的政策变为不可承受。

（3）财政政策的承受性不只取决于那些财政当局能够控制的因素，如收入和支出计划，可承受性还取决于其他因素，如政府债务的利率、经济的长期增长率和人口的发展趋势。

（4）对政府预算等式中债务的适当衡量方法应建立在净值，而非毛值的基础上，因为净债务与政府赤字总额的联系更为密切。净债务与衡量政府的净值（资产减去负债）更为接近，尽管它是以账面价值记录金融资产的，并可能不对非资助的负债和非金融资产进行调整。

（5）我们可以用政府预算等式来计算那些能够实现某一债务目标的预算目标，如稳定或具体降低债务占国内生产总值比重的指标。稳定与债务占国内生产总值的比重要求，包括债务付息的赤字占国内生产总值的比重，不得超过初始时的债务占国内生产总值的比重和名义国内生产总值增长的乘积。

以临时性的预算限制表示的公式为

$$\text{以国内生产总值衡量的债务存量} = \text{以国内生产总值衡量的预期今后将出现的基本余额的} PDV + \text{以国内生产总值衡量的今后预算将获得的铸币税的} PDV$$

式中，PDV 代表现时折扣值，其折扣率为实际利率和实际增长率之差。

清偿力可以被定义为一种情形，在此情形下，政府能够全部偿还其债务（全部偿还其未偿的公债）。评价一国政府的清偿能力不仅要考虑经常性收入和支出，而且还要考虑今后的收入和支出。从传统上看，评价清偿能力的起点首先是评价公共部门的资产负债表，该表概括了政府的资产和负债。政府的资产包括当前的资产存量（国内和国外），以及预计的未来收入（未来收入的现值）；政府的负债包括当前的负债，以及预计的未来支出的现值。因此，公共部门的资产负债是一个前瞻性的资产负债表，既包括短期也包括长期的财政绩效。在这种扩大了的资产和负债的概念下，政府（公共部门）的净值可以定义为资产和负债之间的差额。如果净值为正值（资产大于负债），那么政府（公共部门）就可称为具有清偿能力。否则，政府将被视为无清偿能力。换言之，政府在不增加其资产（现时和未来的）的情况下，将无力偿还其债务。

因此，如果政府遵循上述预算限制，那么初始时的债务存量比率必须同以国内生产总值衡量的未来的基本余额的现时折扣值和货币发行收益相匹配。

第二节 政府财政收入的分析

本节主要讨论政府财政收入规模的分析、税收弹性和税收增长趋势的分析、税收制度的评价和税收努力的分析。

一、政府财政收入规模的分析

(一) 政府财政收入规模的含义

政府财政收入规模是指政府可以组织多少财政收入，也称政府财政收入的数量界限。一般认为，财政收入占国内生产总值的比率是衡量财政收入规模的指标。

在任何国家的任何时期，对于政府财政收入总存在一个客观的数量界限。如果超出这个数量界限，就会对社会经济产生不良影响。但政府组织的财政收入也不能太少，否则影响政府履行其基本的财政职能。合理确定财政收入占GDP的比重的意义有以下三点。

第一，财政收入占GDP的比重影响资源的有效配置。在市场经济中，市场主体主要包括企业、居民和政府等部门。各主体对国民经济和社会发展具有不同的职能作用，并以一定资源消耗为实现其职能的物质基础，而社会经济资源是有限的，各利益主体对资源的占有、支配和享用客观上存在着此消彼长的关系。按边际效益递减规律，无论哪一个利益主体的资源投入增量超过了客观上所需要的数量，就整个社会经济资源配置而言，都不会实现资源配置的最优化。财政收入占GDP的比重，集中反映了政府对有限经济资源的配置程度，它的高低也就直接影响经济资源的配置。

第二，财政收入占GDP的比重影响经济结构的优化。在一定时期内，可供分配使用的GDP是一定的。但是经过工资、利息、利润、财政税收等多种分配形式的分配和再分配，最终形成的GDP分配结构有可能是多种多样的，分配结构不同对产业结构的影响也不同。在GDP一定时，如果政府财政集中过多，就会改变个人纳税人的可支配收入中用于消费和投资的量的变化；税负过高也会降低企业纳税人从事投资经营活动的积极性，从而使再投资与消费之间结构失衡，进而影响国民经济的协调发展。

第三，财政收入占GDP的比重既影响公共需要的满足，也影响个别需要的实现。经济中的任何需要，包括公共需要和个别需要，都要以GDP所代表的产品和劳务来满足。政府征集财政收入的目的在于实现国家职能，满足公共需要。GDP中除财政集中分配以外的部分,主要用于满足实际部门的个别需要。公共需要是推动社会经济发展的公共动力,个别需要是经济生活中形成的个别动力源泉。因此,公共需要满足程度与个别需要满足程度的最佳结合点实际上就是财政收入占GDP的合理比重。

财政收入占GDP多大比重较为合理,至今仍是一个需要探讨的问题。实证分析表明,财政收入规模随国家职能的转变而逐步扩大,财政与经济发展之间存在着相互促进、相互制约的关系。

(二) 影响政府财政收入规模因素的分析

保证财政收入持续增长历来都是各国政府十分关注的问题,因为财政收入规模的大小反映了政府支配和使用财力的规模。但是财政收入规模的大小,不是或不仅仅是以政府的意志为转移的,而是要受到多种政治经济条件的制约和影响的。这些条件包括以下几点。

(1) 经济发展水平。经济发展水平反映了一个国家社会产品的丰富程度和经济效益的高低。一般而言,经济发展水平高、社会产品丰富,则该国的财政收入总额较大,占国内生产总值的比重也比较高。从世界各国的现实状况来看,发达国家的财政收入规模大都高于发展中国家,而在发展中国家,中等收入国家的财政收入又大都高于低收入国家。依相对指标来衡量,发达国家财政收入占GDP的比例为40%~50%;新兴市场经济国家为20%~30%。

(2) 生产技术水平。一般认为,生产技术水平是影响财政收入规模的另一个重要因素。它对财政收入规模的影响表现为:一是生产技术的提高,可使生产产品数量和质量都大大提高,从而提供更加丰富的社会总产品,创造出更多的国民生产总值,使财政收入有更加丰裕的财源;二是生产技术水平的提高,可使生产率得到提高,生产技术更加先进,成本更低,物耗更少,生产利润更高,从而使人们收入更高,企业利润更好,财政收入规模自然也会扩大。

(3) 收入分配政策和分配制度。政府的分配政策和分配制度也是影响财政收入规模的重要因素。经济决定财政,财政收入规模的大小归根结底受生产发展水平的制约。但在经济发展水平已定的条件下,还存在通过分配进行调节的可能性。所以在不同的国家和一个国家的不同时期,财政收入规模都是不同的。

(4) 价格。价格因素对财政收入的影响是,产品或劳务的价格上涨导致名义财政收入的增加。具体地讲,一是价格上涨会相应扩大税基,使名义税收增加。在税率一定时,价格上涨,税基扩大,财政收入增加。二是名义收入的增加和税基的扩大,会引起税率的变化。在累进税制下,甚至原来不纳税的人也会因名义税收的增加而自动进入纳税人的行列,因而也使名义财政收入增加。

(5) 财政政策。财政收入占 GDP 的比例还要受到财政政策的制约。在财政支出一定时，如果经济运行状况需要政府实施扩张性财政政策，则要求减税，降低财政收入占 GDP 的比例；或者说，这一比例的降低反映了财政政策的扩张性。同理，紧缩性财政政策要求提高这一比例；或者说，这一比例的提高反映了财政政策的紧缩性。

二、税收弹性和税收增长趋势的分析

税收是一国财政收入的主要来源。在评价税收体制的效率时，税收弹性和税收增长趋势是两个非常有用的概念。

（一）税收弹性

税收弹性是指在一定的税制下（保持不变），源于某一税种收入的相对变化同税基相对变化的比较。弹性为税制提供了内在的灵活性。税收弹性可以用公式表示如下：

税收弹性 = 税收变化的百分比（在税制不变的情况下）÷ 税基变化的百分比

如果以国内生产总值代表税基，那么与国内生产总值相关的税收弹性就为

$$税收弹性 = \Delta AT/AT \div \Delta GDP/GDP$$

式中，AT 代表从一个不变的税制中获得的税收；Δ 代表在某一时期内发生的变化。

当某一税制的弹性超过 1 时，我们可以说该税制是有弹性的，表明在不增加新的税种或提高税率（税收政策无任何变化）的情况下，税收增长率高于国内生产总值的增长率。弹性在税收制度中极为可取，在那些政府支出增长率倾向高于国内生产总值增长率的国家中，应鼓励这种弹性。在下述几种情况下，与国内生产总值相关的税收体制会具有弹性：当征税对象为新兴的经济部门；税率为累进式的，且是按价而非按具体数量征集；以及税收是即时征集的。最后一点，在高通货膨胀时期尤为重要，在此情况下，估税和征税之间的过长时滞会减少税收的实际价值。

从经济增长的角度看，由于经济增长需持续维持社会和经济基础设施和维修支出的增长，因此税收制度具有弹性至关重要。如果这些支出的增加没有相应的收入增加相伴随，那么就要过分地依赖来自国外（将增加外债负担）或国内的赤字融资。在税制具有弹性的情况下，通常不需进行频繁和预料之外的增税，这种增税将会产生不良影响，并降低对政府的信心。

我们不仅可以计算出税收的弹性，而且还可以计算出某一种税收的弹性。例如，按价征税通常比按具体数量征税的弹性大。个人所得税也具有相对较高的弹性。

（二）税收增长趋势

税收增长趋势是征收税款的增加与国内生产总值的相对增长之比。其公式为

$$税收增长率 = \Delta T/T \div \Delta GDP/GDP$$

式中，ΔT 衡量某一时期内实际税收的变化。而在税收弹性公式中，ΔAT 衡量某一时期内对税制变化的预计影响加以调整后的税收变化，即排除所有自定性变化的影响。如果税制的变化有利于增加收入，那么税收增长趋势将大于弹性，因为实际税收将超过无税制变化时可能出现的数量。

三、税收制度的评价和税收努力的分析

（一）税收制度的评价

对一国税制进行研究的分析人员还应考虑到税制的适应性，并探讨对其进行改革的可能的方向。尽管税收的主要目标是增加收入，但其同时还可以纠正市场的错误和对收入进行再分配。在这些目标下，我们制定了若干用于衡量税制运行状况的标准。Tanzi 诊断检验是可用于评估一国税收的指南。

Tanzi 建议使用八种质量诊断检测来评估某一税制中的"收入生产率"。这些检测包括以下几个方面。

（1）集中指标。总税收中的相当一部分是否仅来源于少数几种税种和税率。

（2）离散指标。是否存在只为少数能带低收入的小额消费品税。

（3）接近指标。实际税收基数是否尽可能地接近潜在的税收基数。

（4）征收滞后指标。纳税人缴纳税款时滞是否比较短，是否在接近应税时缴纳税款。

（5）特种指标。税制是否尽可能少地依赖特殊税率的税种。

（6）客观指标。大多数税收是否都是根据客观衡量的税基征收的。

（7）实施指标。是否完全和有效地实施税收制度。

（8）征收成本指标。征税的财政成本是否为最低。

根据 Tanzi 的解释，对上述所有的检测指标作出了肯定的答复，将使一国的税收制度在收入生产率评估上获得较高的分数。

（二）税收努力的分析

税收制度的最基本职能之一是使用最有效的方式产生充足的收入。具体而言，税收制度需要以一种有秩序和非膨胀的方式将经济资源从私人使用者手中转移给政府。我们可以使用一种被称为税收努力分析的方法来评价任何一种税收制度的收入生产率。

构成评价某种税收制度的收入生产率的一个基本问题是政府能否在必要时，在

不造成很大不良后果的前提下提高税收收入的水平。在此方面一个广为采用的衡量税收绩效的指标是税收占国内生产总值的比重。我们采用税收占国内生产总值比重的国际比较方法来大致衡量一国政府在提高税收收入所作出的努力。不过,使用实际税收来判断这些努力可能会造成误解,因为实际税收占国内生产总值的比率由于假定国内生产总值是判断这种能力的适当指标,从而忽略了一国的征税能力。

征税能力的定义是,假定在某种平均强度下对税基征税时,可能会产生的税收收入水平。因此,实际收进的税收收入额同纳税能力的比例能够反映在税收当前的努力。当然,征税能力并不是一个精确的概念,但这一概念能够为评估税收努力提供一个大致的原则。决定纳税能力主要有三种因素:(1)经济的开放度;(2)发展和收入水平;(3)收入的构成。

尽管税收努力分析在评估税收绩效上很有用,但它有明显的局限性。它不是一种标准的衡量方法,即一个低于平均税收努力水平的国家反而会发现其税收比率在本国是合适的。而且,税收努力分析在本质上是属于静态的,因为它未考虑到税收比率和税后努力的迅速变化,除非这一分析能够每隔一段时间就对税收努力进行一次评估。在动态意义上,人们普遍认为与国内生产总值相关的税收弹性是一个更有用的指标。

第三节 政府财政支出的分析

本节主要讨论政府财政支出的结构、支出的政策及对宏观经济的影响。

一、政府财政支出的结构分析

政府财政支出的主要种类有工资和薪金、商品和劳务、补贴、社会保障支出和资本支出等。

(一) 工资和薪金

政府对行政机构的就业和工资的政策能够对政府的支出效率产生重要影响。对有技能的技术人员支付较低的工资以及不适当的薪金差别会瓦解人员的士气,并导致政府部门生产率的下降。同样普遍存在着将公共部门作为最终雇主的行为也会大幅度增加费用。许多国家近年来通过改革压缩工资费用支出,包括普查和清除行政机构工资单上的挂名雇员、消除空缺和临时性职位、冻结招工、暂停就业担保、自愿性退休计划、削减工资、工资封顶和冻结,以及难度最大的措施——解雇。有些国家还实行若干有利于高级雇员扩大工资级别差距的尝试。

(二)商品和劳务

大部分国家的经常性支出中的相当大的一部分属于此类支出,反映了政府运作的管理和行政费用。尽管通常可在此项目下节省大部分的支出,但至关重要的一点是,需保证削减商品和劳务不会妨碍有效地提供政府服务。商品和劳务的经常性支出中的一个重要组成部分是资本存量的运营和维修。缺乏运营支出(不论是供货还是人员费用)将会导致政府的教育和卫生部门出现低效率。同样,缺乏维修支出将会导致实物资本的迅速恶化。实行偏重建造新设施,而任由现有基础设施恶化的政策不仅最终要付出极大的代价,而且也是无效率的。在若干情况下,如果能够准确地衡量现有资产的折旧率,那么净投资就可能为负数。同样,在宏观经济调整规划中,还应避免"一刀切"地削减物资、供货和劳务,以避免对规划的有效性产生不良影响。

(三)补贴

补贴是指政府向生产商或消费者提供无须偿还的所有援助。补贴可以采取各种形式:(1)对生产商和消费者的直接付款(现金赠款);(2)以低于政府借款的利率发放由政府担保的贷款(信贷补贴);(3)减少某些税收负债(税收补贴);(4)以低于市场的价格提供商品和劳务(实物补贴);(5)政府以高于市场的价格购买商品和劳务(采购补贴);(6)通过可改变市场价格和市场进入的政府管理行为提供隐蔽性支付(管理补贴);(7)维持定值过高的货币(汇率补贴)。

在许多转轨经济国家中,不论是公开的(直接的),还是隐蔽的(间接的),补贴都是政府预算的一个主要支出项目。如果政府预算将补贴完全列入支出项目内,那么这种补贴就是公开性的补贴,反之则为隐蔽性的补贴。隐蔽性补贴可以产生于以下两种情况:将价格定得低于或高于自由市场价格,如能源价格;支持不现实的利率和定值过高的汇率。由于政府补贴相当大的一部分是隐蔽性的,因此预算尚不能完全反映其范围和价值。补贴还能通过降低经济中的灵活性来影响资源的分配,并往往影响结构性改革的障碍。补贴产生扭曲的事例之一是将能源定在市场价格以下,从而导致浪费型的能源消费。在评价补贴时,应考虑以下五个方面。

1. 有效性

并非所有的补贴都不好,但只有那些通过以最小的扭曲把最小的资源转移给鼓励体系,从而达到既定的政策目标的补贴才能称为有效。有效的补贴还应是目标明确的补贴,即不能将其转移给那些不在目标之内的群体和活动。

2. 持续的时间

补贴计划持续多长时间是一个值得关注的问题。因为人们能够改变其行为以使其被纳入补贴计划中,而且还可能在其情况发生变化后拒绝被排除在补贴计划之外。

正是这种行为使许多补贴渐渐失去效益。尽管一些补贴在开始时就应加以限制，但有效地实施一项补贴计划，如要求政府定期重新评估发放补贴的理由，并在必要时对其加以修改，重新界定受益者，或中止该项补贴计划。

3. 透明性

在公共预算中应明确列出补贴计划的规模和所需要的融资要求。不论从公共还是从私人的角度出发，都要求补贴具有透明度，应明确找出每种补贴的好处和成本。作为一般原则，政府应在公共预算中明确列出补贴支出和融资，并在可能的情况下，将补贴作为现金赠款，而非采购、税收、利息或管理性支付。只有现金赠款能够给政府和受益人提供一个明确和公开的补贴支出数量的总貌。反过来，这一透明性也为政府判断补贴的可负担性和可取性提供了基础。

4. 融资

补贴应当总是从预算中获得融资。试图通过预算外工具，如政府销售委员会、准政府机构和特殊的预算外基金，或通过中央银行来解决补贴的融资问题是危险的。这些方式往往会降低补贴的透明性，并导致商品价格的下降，从而不利于调动生产商的积极性。

5. 选择切实可行的方式

补贴计划必须同政府的机构和管理能力保持一致。与明确的（直接的）补贴相比，隐蔽的（不公开的）补贴可能更难加以有效地控制。为简化管理上的负担，应尽可能地实行明确的补贴计划。

（四）社会保障支出

在许多国家中，社会保障支出旨在保护社会中较贫困阶层的支出，包括发给老人的退休金和失业者的失业保险构成了预算支出中的一个重要部分。在中央计划下，公共企业直接或间接地负责提供社会保障支出中相当大的一部分。在转轨过程中，随着这些企业改革的深化和其社会责任的缩小或消失，政府有必要迅速地建立充分的社会安全保障网。

许多转轨经济国家已经开始着手建立社会安全保障网，其目的是减少经济改革给穷人带来的短期不良影响，如因减少对基本必需品的补贴而造成的价格上涨和因国有企业改革和行政机构改革而产生的失业。社会安全保障网应根据各国的情况而定，其中包括行政管理框架，以及正式和非正式的社会保障体系。

社会安全保障网的主要构成部门：对指定商品的补贴和现金补偿，其目的是保护国民在通货膨胀时期有能力购买基本的食品；社会保障安排，其中包括退休金、残疾保险和照顾儿童费用。这些安排应具备有效的指定目标和激励性的结构，能够降低因低收入阶层失业而增加产生影响的失业救济和公共就业计划。

在设计社会安全保障网时面临的主要问题是，指定收益人和激励机制，社会福利应限定在那些最需要的阶层内。在没有发达的衡量手段的情况下，许多国家都依靠根据类别划定受益人的方法，如将福利限定于儿童或退休金领取者。就激励而言，如果随着家庭收入的增加能够逐渐取消福利的话，那么社会安全保障网的财政成本就会下降，但这一下降是以增加对受益人的隐蔽的边际税率和增加对激励可能带来的不良影响为代价的。

（五）资本支出

增长导向型调整要求政府进行有效投资，并实行能够纠正相对要素和商品价格上的扭曲的政策。至关重要的一点是，确保具有设计恰当的投资规划和经济上可行的项目，因为设计不当或效率不佳的项目的成本很高。应将投资的重点放在对市场起补充和支持的项目上，并非放在与市场决定的活动相竞争的投资上。教育、卫生、城市服务和农村基础设施是政府投资的重点领域。

二、政府财政支出的政策

政府财政支出是要追求效率包括公平。但有效率的政府财政支出和无效率的政府财政支出的区别是什么？这里涉及三个重要的基本问题：规模、效率和组合。

（一）规模问题

政府财政支出应该是多少比较合适。在任何一个时点上，一国通过税收和借款为财政支出提供融资都有一定的局限性。任何超过这一局限性的努力都将形成反面的作用，并导致出现宏观经济和金融的失衡。衡量政府财政支出的水平或规模通常除了绝对数额外，一般用财政支出占同期的国内生产总值的比率来表示。这个比率又称财政支出比率。近二三十年来，世界各国政府财政支出水平的趋势是不断扩大的。对此的解释主要有以下四点。

1. 政府活动扩张论

德国经济学家阿道夫·瓦格纳（Adolgh Wagner）最早关注财政支出规模不断扩大的现象并作出了理论解释。他通过对19世纪的欧洲国家和日本、美国的考察分析发现，这些国家的财政支出都呈现不断增长的趋势。他认为，随着人均收入的提高，政府财政支出的相对规模也会随之提高，这就是财政支出的相对增长，后人把这一思想称为"瓦格纳法则"。

关于财政支出增长的原因，瓦格纳认为有两个方面：一方面是政治因素。由于社会不断变化产生新的矛盾和问题，政府职能扩展或国家活动范围扩大，政府财政支出呈现增长的趋势。另一方面是经济因素。随着工业化经济的发展，扩大的市场与市场主体之间的关系日益复杂，对政府保护和管理服务方面的需求扩大；对政府干预经济及从事直接生产经营活动的需求扩大；对具有极大外部性经济效益行业要求政府直接生产和经营的需求扩大；对政府提供教育、文化、卫生、福利服务方面的需求扩大等，所有这些都必然导致财政支出的增长。

2. 梯度渐进增长理论

这一理论是英国经济学家皮考克（Peacock）和威斯曼（Wiseman）于20世纪60年代提出的。皮考克和威斯曼在瓦格纳分析的基础上，根据他们对1890—1955年英国财政支出增长情况的分析研究，提出了梯度渐进增长理论。

他们的理论分析建立在这样的假设前提上：政府喜欢多花钱，居民不愿意多纳税。政府的支出是由纳税人提供资金来源的，因此政府在决定预算支出规模时，应该密切关注公民对于赋税承受能力的反应，公民所能容忍的税收水平是政府公共支出的约束条件。在正常条件下，经济增长、国民收入增加，政府以不变税率征得的税收也会随之增加，政府支出也就随着GDP的上升而增加，从而出现财政支出渐进增长的趋势。但当社会发生外部冲突，如战争、自然灾害等，这种渐进增长过程就会被打破。为了处理突发事件，政府不得不大幅提高财政支出，税率也会被迫提高，而公众在紧急时期"租税容忍水平"也会提高，愿意接受更高的税收负担。在这种情况下，政府财政支出在渐进的过程中呈现急剧上升的状态。当战争等危机时期过去后，财政支出水平虽会下降，但政府不会轻易允许已经上升的"租税容忍水平"降到原来的水平，财政支出也不会回到原来的水平，从而财政支出表现出一种进二退一的梯度渐进增长规律（见图11-1）。

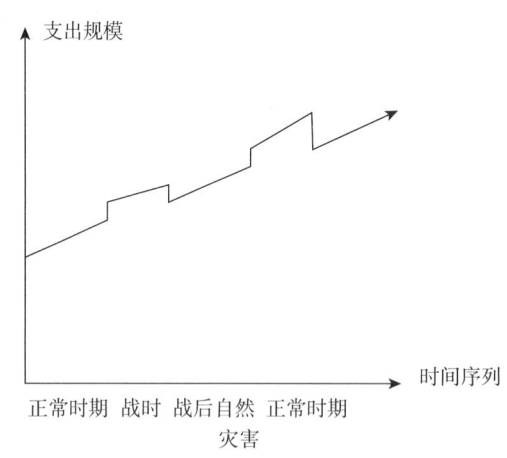

图11-1 财政支出的梯度渐进增长

3. 经济发展阶段论

经济发展阶段论主要由美国著名财政学家R. A. 马斯格雷夫（R. A. Musgrave）

和经济史学家 W. W. 罗斯托（W. W. Rostow）提出。马斯格雷夫在其著作《经济发展和支出政策》《拉丁美洲工业化与发展所需的财政政策》《财政体制》，罗斯托在其著作《增长的政策与阶段》中从经济发展的各个阶段来解释财政支出增长的原因。

他们认为在经济发展的不同阶段导致财政支出增长的原因是不同的。在经济发展的早期阶段，社会对政府在社会基础设施，如运输系统、法律与秩序、环境卫生系统、健康与教育以及其他用于人力资本投资等方面的需求较旺盛，因而使政府投资在社会总投资额中所占比例较高；在经济发展中期阶段，政府投资只是作为私人投资的补充，并开始将注意力转移到解决社会贫富分化的收入分配问题上来，使政府的转移性支出增加；在经济发展的成熟阶段，政府支出的重心将从基础设施投资支出转移到不断增加的对教育、保健和福利服务等项目的支出上，政府转移性支出明显上升并超过购买性支出。

4. 官僚行为增长论

按照公共选择理论的观点，官员是指负责执行通过政治制度作出的集体选择的代理人集体，也就是负责政府提供服务的部门。虽然官员制度通过建立一系列特定的限制和激励来影响官员的行为，但官员作为理性的"经济人"，他们有自身利益最大化的追求。美国经济学家尼斯克南（Niskanen）认为，官员与其他所有人一样，都是自我效用最大化者。官员的效用函数变量包括薪金、为他工作的职员人数和薪金、额外收入、权力或地位、公众声誉、现代化的办公设施、公费活动等。为了效用最大化，官员会竭力追求机构最大化，因为机构规模越大，官员们的权力就越大。因而，同私人部门提供私用品相比，官僚机构在提供公用品的过程中表现出三方面的特点：（1）政府官僚机构在提供公用品的过程中缺乏竞争，导致公共部门的服务效率低下；（2）官僚机构不以利润最大化为追求目标，官僚行为的成本相对较高；（3）公用品通常无法定价，使社会成员对公共部门的工作成效进行评价往往缺乏确切的依据。正因为官僚机构以机构规模最大化为目标，再加上公共部门的上述三个特征，导致财政支出规模不断扩大，甚至财政支出规模的增长超出了公用品最优产出水平所需要的支出水平。

另外，由于官僚机构通常拥有提供公用品的垄断权，在很多情况下官员们独家掌握着特殊信息，使他们能够让政治家们相信他们确定的产出水平的社会效益比较高，从而实现预算规模最大化的产出。对于这种官僚行为，交易成本很高，拨款机构很难控制，官僚机构想尽办法扩大预算规模，结果必然导致投入的滥用。

（二）效率问题

怎样才能有效地提供公共部门的产出？公共部门的产出可以是公路、教育服务或国防服务，有效地提供意味着以最低的成本实现既定的目标。这些成本不仅仅包括资金和管理性支出，而且包括公共支出和融资对实际部门所造成的反面作用。

（三）组合问题

什么是公共部门产出的组合？在公共支出总量受其融资能力限制的情况下，一国必须找出其公共产出的正确组合。其所选择的任何一种商品和劳务的组合都应反映该国国民的集体利益。

规模问题主要是宏观经济问题，而效率和组合问题则主要是微观问题。从短期看，许多发展中国家的融资能力有效地限制了这些国家的公共支出。在这些国家中，当局已实施了许多控制公共支出的机制，以应付收入下降或融资有限的局面。这些机制包括冻结政府支出，或将其限制在低于预算批准的水平上。这些措施尽管有效，但只是一种临时性的应急措施，并且会产生许多不良的影响。由于冻结支出涉及大范围的削减支出，因此会影响有效的分配支出，以及合理地制订长期规划的进程。

规模和效率问题主要是正面的问题。分析家们可以一种相当客观的方式观察总支出的宏观经济效果。组合问题具有正面和规范两个方面的特征。我们可以提供对实现增长目标所需人力和实物资本之组合的技术分析，但我们不能在没有价值判断的情况下比较教育和国防的相对优点或公共投资的地理分布。这些证明和规范性问题相互交织在一起，从而使公共支出评价成为一个极具争议的问题。

三、政府财政支出对宏观经济的影响

公共支出能够影响总供应（或生产）和总需求（或支出）。在实物和人力资本方面的有效公共支出一般能够提高资本的收益，从而鼓励私人投资和促进经济增长；对供应的影响可能会比较快，能够消除若干关键性的基础设施瓶颈。不过，全部实现对公共投资的收益需要很长的时间，特别是在教育等领域。同时，公共部门与私人部门竞争有限的资源，而且公共支出（不论是资金源于税收，还是源于借款）挤走了包括私人投资的私人支出。转轨经济国家通过税收或借款为其支出融资的能力往往有一定的局限性。从短期看，这类国家既无增加税收的行政能力，也无足以支持公共借款的发育完善的国内资本市场，而且会引发通货膨胀，因此从中央银行借款的代价很高。在此情况下，政府增加支持的尝试实际上通过促进通货膨胀的上升而加剧了其融资的难度，促使纳税人尽量延迟纳税，从而降低了税收收入的实际价值。

增加公共部门的借款将提高国内利率，增加投资和政府借款的成本，减少该国经济增长的潜力，并造成债务负担。除非政府能够有效地使用借入的资源，创造出足以用来为今后偿债还本息的税收收入所需要的产出和收入外，公共部门在今后将不得不通过减少服务来对其债务负担进行融资。在国际资本流动的情况下，国内利率的提高会导致大量的资本流入，汇率升值和对外竞争力的恶化。

本章小结

1. 传统的财政赤字＝总收入（包括赠与）－总支出（包括净贷款）；政府储蓄－政府投资＝总财政差额。

2. 选择不同赤字概念来度量财政失衡需要考虑的因素：财政赤字的类型、所涉及的范围、会计方法、所有或有债务的情况。

3. 度量赤字的概念：财政赤字占GDP的比重、政府部门借款需求、经常性财政赤字（经常账户赤字）、基本的或非利息赤字、操作性赤字。

4. 政府赤字通过四种途径融资：向国外借款或动用外汇储备、向国内中央银行借款、向国内其他银行系统借款、向国内实际部门借款。

5. 如果目前和未来的财政态势能够导致公共债务占国内生产总值的比率持续和迅速上升，那么这种财政政策就是不可承受的。清偿能力是实现财政可承受性的一个必要条件，它要求债务占国内生产总值的比重以低于实际利率减去实际国内生产总值增长率的速度增长。与此相同，债务的名义存量的增长速度必须低于名义利率的增长速度。

6. 政府财政收入规模是指政府可以组织多少财政收入也称政府财政收入的数量界限。合理确定财政收入占GDP的比重的意义：财政收入占GDP的比重影响资源的有效配置；财政收入占GDP的比重影响经济结构的优化；财政收入占GDP的比例既影响公共需要的满足，也影响个别需要的实现。

7. 影响政府财政收入规模的因素：经济发展水平、生产技术水平、收入分配政策和分配制度、价格、财政政策。

8. 税收弹性是指在一定的税制下（保持不变），源于某一税种的收入的相对变化同税基相对变化的比较。

9. 税收增长趋势是征收税款的增加与国内生产总值的相对增长之比。

10. Tanzi建议使用八种质量诊断检测来评估某一税制：集中指标、离散指标、接近指标、征收滞后指标、特种指标、客观指标、实施指标、征收成本指标。

11. 政府财政支出的主要种类：工资和薪金、商品和劳务、补贴、社会保障支出和资本支出等。

12. 政府财政支出的政策涉及三个重要的基本问题：规模、效率和组合。

13. 公共支出能够影响总供应（或生产）和总需求（或支出）。增加公共部门的借款将提高国内利率，增加投资和政府借款的成本，减少该国经济增长的潜力，并造成债务负担。

本章重要概念

传统的财政赤字　政府的储蓄—投资缺口　经常性财政赤字
基本或非利息财政赤字　操作性赤字　清偿力　财政收入规模　税收弹性
征税能力　税收增长趋势　Tanzi 诊断检验　财政支出结构　财政支出政策

复习思考题

1. 怎样分析财政收支的平衡状况？
2. 简述财政赤字融资的不同途径对宏观经济的不同影响。
3. 如何对财政政策的可承受性进行分析？
4. 如何对税收弹性和税收增长趋势进行分析？
5. Tanzi 诊断检测评估某一税制的指标有哪些？
6. 简述政府财政支出结构、支出政策分析的内容。
7. 简述政府财政支出对宏观经济的影响。

第十二章
中国政府财政统计概述

本章介绍中国政府财政统计涉及的机构对象、统计内容、组织框架、会计核算，以及最终统计信息的披露等内容。本章是对中国政府财政统计基本规则的描述，详细内容将在其后各章展开介绍。

第一节　中国政府财政统计范围

从理论上讲，中国政府财政统计的范围应涵盖履行政府职能的所有部门。根据国际货币基金组织的定义，纳入政府财政统计对象的是广义政府和公共公司，广义政府包含所有政府单位和所有由政府单位控制的非市场、非营利机构。中国财政统计的对象包括各级党政机关及其部门、事业单位、政府控制的非营利机构、社会保障基金以及国有企业。

一、党政机关及其部门

党政机关及其部门又分为中央政府及其部门和地方政府及其部门。

（一）中央政府及其部门

中央政府包括组成中央政府的机构单位以及由中央政府控制并主要资助的非营利机构。纳入我国中央财政统计对象的中央党政机关及其部门主要是全国人民代表大会、中国人民政治协商会议全国委员会、国务院及国务院各部委、国务院各直属机构、国务院各直属单位和部委管理的国家局，以及最高人民检察院和最高人民法院，也包括中共中央、各民主党派中央机关及其部门。

中央政府拥有国家公共事务的决策权，在政府间的事权划分中占据主导地位。中国中央政府主要负责提供国防、外交、司法、行政等纯公共产品，高等教育、科技、基础设施等准公共产品以及建立法律制度、研究确定国家发展规划、履行收入分配、经济稳定等职能，满足社会的公共需要，实现公共服务均等化目标。

（二）地方政府（地方党政机关及其部门）

按级别分，我国地方政府共分四级：（1）省、自治区、直辖市；（2）设区的市、自治州；（3）县、自治县、不设区的市、市辖区；（4）乡、民族乡、镇。一级政府、一级财政、纳入各级地方政府财政统计范围的地方各级党政机关及其部门包括各级人大、各级政协、各级政府机构及其管辖的部门（直属和非直属行政机构），以及各级人民检察院和人民法院，也包括中国共产党、各民主党派在各地相应的派出机构及其部门。

我国地方政府的基本职能是提供地方公共品，地方政府隶属于中央政府，在政府间的事权划分中处于被领导的地位。地方政府以满足区域内社会公共服务为财政的主要目标，包括辖区内行政、基础教育、基本医疗卫生服务、基本社会保障、公用事业以及其他涉及地方政府职能分工的公共服务的提供。

地方政府财政主要承担本地区政权机关运转所需支出以及本地区经济、事业发展所需支出，具体包括地方行政管理费，公检法支出，部分武警经费，民兵事业费，地方统筹的基本建设投资，地方企业的技术改造和新产品研制经费，支农支出，城市维护和建设经费，地方文化、教育、卫生等各项事业费，价格补贴支出以及其他支出等。地方政府获得营业税（不含各银行总行、铁道部门、各保险总公司集中缴纳的营业税）、地方企业所得税（不含上述地方银行和外资银行及非银行金融企业所得税）、地方企业上缴利润、个人所得税、城镇土地使用税、固定资产投资方向调节税、城市维护建设税（不含各银行总行、铁道部门、各保险总公司集中缴纳的部分）、房产税、车船使用税、印花税、屠宰税、农牧业税、农业特产税、耕地占有税、契税、遗产和赠与税、土地增值税、国有土地有偿使用收入等固定收入，以及中央政府按一定比例共享的增值税、营业税、所得税、资源税和证券交易税等财政收入。

二、事业单位

事业单位是指国家为了社会公益目的，由国家机关举办或者其他组织利用国有资产举办的，从事教育、科技、文化、卫生等活动的社会服务组织，其主要职能是提供教育、医疗、科研、文娱、体育等领域的公共服务。例如，国家办的学校和医院。纳入财政统计范围的事业单位不但包括在各级政府行政机关内部的事业性编制机构，也包括相对独立于政府机关但为各级政府所属的事业性单位。

三、政府控制的非营利机构

从广义上讲，政府控制的非营利机构应该包括事业单位、政府控制的社会服务机构、社会团体、基金会、其他服务机构、宗教机构等。前文我们已经对事业单位做了介绍。这里主要是指政府控制的社会服务机构、社会团体、基金会、宗教机构等。

社会服务机构是指民政所有业务机构，主要有老年人与残疾人服务机构、智障与精神疾病服务机构、其他社会服务机构（婚姻登记服务机构、殡仪馆、公墓、骨灰堂等）。

社会团体是存在于政府与个人之间，以自治为核心，承担部分公共行政职能的非政府法人组织，具有非政府性、非营利性、公益性、公共权力、中介性的特征。社会团体的类型很多，包括社区组织（居民委员会和村民委员会）、行业组织、职业组织、学术组织、农业合作社、技术性监督机构、公证和仲裁机关、利益团体（妇联、工会、青年团、残联等）、基金会等。

纳入政府财政统计范围的社会团体有三类：（1）由国务院机构编制管理机关核定，并经国务院批准免予登记的团体，如工会、妇联组织；以及机构调整后由原政府机构转变但依然部分行使政府职能的社会团体，如机械工业协会、纺织工业协会等，其运营资金依靠或部分依靠财政拨付。（2）机关、团体、事业单位、公共企业内部经本单位批准成立，在本单位内部活动的团体，虽然依法不需要在民政部门登记，但其工作人员属于设立单位雇用，其活动经费依靠设立单位支付，相当于间接的财政支付。（3）各政府机构、行政事业单位批准设立，业务活动范围超越设立机构内部，且依托设立机构的行政管理权力开展营运的社会团体，如各种协会、学会、基金会，但其运营的资金往往不来源于财政，而是各种会员费、赞助费收入，其资金性质相当于政府的强制征收或规费性收入，应纳入财政统计的范围。最后一种社会团体可能与事业单位存在交叉。

四、社会保障基金

社会保障基金是一般政府部门中一类特殊的机构单位，它是由政府单位强制和控制的社会保障项目，其目的是利用主要通过社会缴款筹集的资金，向社会成员或个人团体及有关人员提供社会福利。通常，个人缴款的数量与其所遭遇的风险并无直接关系，不同于由雇主和雇员相互达成的、福利与其缴款多少有直接关系的养老基金项目和其他保险项目，从本质上看，社会保障基金是一种国民收入再分配的手段。

自20世纪80年代初开始，中国政府对社会保障制度进行了一系列的改革。目前，已建立起具有养老、医疗、失业、工伤和生育五个险种的完善的社会保险体系，相应的社会保险基金被纳入财政专户，实行收支两条线管理，专款专用。各级社保障行政部门专门设立了社会保障基金监督管理机构，负责对社会保障基金的征缴、管理和支付等运营业务。2000年，中央政府专门建立"全国社会保障基金"，同时设立"全国社会保障基金理事会"，专司投资管理由国有股减持划入资金及股权资产、中央财政拨入资金、经国务院批准以其他方式筹集的资金及其投资收益形成的由中央政府集中的社会保障基金。

五、国有企业

国有企业是指国有独资企业和国有控股企业。国有独资企业是指企业全部资产归国家所有，并按《中华人民共和国企业法人登记管理条例》规定登记注册的非公司制的经济组织，包括国有独资企业和国有联营企业。国有控股企业是指企业的全部资产中国有资产（股份）相对其他所有者中的任何一个所有者占资（股）最多的企业。政府部门与国有企业之间的交易属于政府财政统计的内容。国有独资企业的全部资产、国有控股企业中的国有资产属于国家拥有的资产，从理论上讲，也在财政统计的范围之内。国有及国有控股企业包括国有独资及国有控股金融性公司和国有及国有控股非金融性公司。

（一）国有金融性公司

国有金融性公司由政府所有或控制的主要从事金融中介活动或辅助金融活动的常住金融公司和准公司组成。具体可以分类为：（1）其他存款性公司，包括所有常住存款性公司和准公司，这些公司主要从事金融中介活动，其负债包括在广义货币中；（2）保险公司；（3）其他金融中介机构，包括信托公司、证券公司、基金公司，金融租赁公司和资产管理公司等；（4）金融辅助机构子部门，包括主要从事辅助金融活动的金融公司和准公司，其主要功能是促进金融中介活动的顺利进行。如有组织的交易所、证券存放公司、结算与清算公司等，这些金融机构提供有关证券和外汇交易的服务。

（二）国有非金融性公司

国有非金融性公司是指由政府单位控制的常住非金融公共公司和准公司。这里所说的控制是指拥有或控制公司半数以上的表决权。

各级国有资产监督管理部门代表国家对国有及国有控股非金融性公司行使出资人的职责，包括通过统计、稽核对所监管企业国有资产的保值增值进行监督，维护国有资产出资人的权益；通过法定程序对企业负责人进行任免、考核并根据其经营业绩进行奖惩等。同级政府财政部门负责对企业国有资产进行资本经营预算管理，收取企业国有资本收益，并汇总编制全国国有资本经营预算和决算。

第二节 中国政府财政统计的基本框架

中国政府财政统计的基本框架包括财政统计的基本内容、组织和反映形式体系。

一、财政统计的基本内容

财政统计的基本内容主要是指财政资金收支和资产负债。

（一）财政收入

我国现阶段财政收入主要有税收收入、社会保险基金收入、非税收入、债务收入、转移性收入等。

（1）税收收入。税收收入包括增值税、消费税、企业所得税、个人所得税、资源税、房产税、城市维护建设税、土地增值税、城市土地使用税、印花税、关税等。

（2）社会保险基金收入。社会保险基金收入主要包括基本养老保险基金收入、失业保险基金收入、基本医疗保险基金基金收入、工伤保险基金收入等。

（3）非税收入。非税收入包括政府性基金收入、专项收入、行政事业性收费收入、罚没收入、国有资本经营收入、国有资源有偿使用收入、其他收入等。

（4）债务收入。债务收入指政府通过举债形成的收入。

（5）转移性收入。转移性收入指政府间的转移支付以及不同性质资金之间的调拨收入。

关于财政收入的统计的具体内容，我们在第十三章还要做详细介绍。

（二）支出

财政支出是指财政资金的支付。一般公共预算支出按照其功能分类，包括一般公共服务支出，外交、公共安全、国防支出，农业、环境保护支出，教育、科技、文化、卫生、体育支出，社会保障及就业支出和其他支出。一般公共预算支出按照其经济性质分类，包括工资福利支出、商品和服务支出、资本性支出和其他支出。

财政支出的统计的具体内容，我们在第十四章还要做详细介绍。

（三）资产负债

如果说前面统计内容基本是财政资金的流量，资产负债统计的基本内容是财政资金的存量，即编制政府资产负债表。

编制政府资产负债表的具体内容，我们将在第十五章做详细介绍。

二、中国政府财政统计的组织体系

财政统计的组织形式与国家预算的组织形式相吻合。在现代社会，大多数国家都实行多级预算。通常有一级政府就有一级财政收支活动主体，也就有一级预算以及相应的一级财政统计，即通常所说的"一级政府、一级预算、一级政府财政统计"。

我国宪法规定，国家机构由全国人民代表大会、国务院、地方各级人民代表大会和各级人民政府组成。与政权结构相适应，并同时结合我国行政区域的划分，我国政府预算组成体系是按照一级政权设立一级预算的原则建立的。政府预算是各预算级次和预算单位按一定组合方式组成的统一体。

政府预算级次分为中央预算和地方预算。政府预算按照收支管理范围又分为总预算和单位预算两类。一级政府的总预算不仅包括本级一般财政收支和特别预算，还包括下级政府总预算，从而形成完整的政府预算体系。

地方预算由省（自治区、直辖市、计划单列市）、市、县（市、自治县）和乡镇预算组成。省总预算由本级各部门单位预算以及县总预算组成；县总预算由本级各部门单位预算组成。由于县、乡财政管理方式的改革，乡一级政府预算推行"乡财县管乡用"的方式，在本级预算上存在弱化的趋势。

中国政府财政统计按管理权限可分为中央财政统计和地方财政统计。需要指出的是，各级政府的财政统计除了覆盖本级政府预算收支统计外，还应该将与政府活动相关的其他交易纳入统计范围。

三、中国政府财政统计反映形式体系

政府财政统计反映的形式取决于反映核算的内容的特点。财政资金是实有资金，以完善的会计核算为基础，一般不需要通过调查测算获得数据。因此，在政府财政核算上，统计核算与会计核算密切相联系。我国狭义政府财政统计表主要由三部分组成：预算收支统计表、国库收支统计表和政府资产负债表。

（一）预算收支统计表

政府预算收支统计表分为：一般公共预算收支统计表、政府性基金收支统计表、国有资本经营收支统计表、财政专户管理资金收支统计表、专用基金收支统计表和社会保险基金收支统计表。

1. 一般公共预算收支统计表

一般公共预算收支统计表是反映政府财政在某一期间一般公共预算收支的统计表，格式如表12-1所示。

2. 政府性基金收支统计表

政府性基金收支统计表是反映政府财政在某一期间政府性基金预算收支执行结果的统计表，格式如表12-2所示。

表 12-1 一般公共预算收支统计表

项目	本月（旬）数	本年（月）累计数
一般公共预算收入		
101 税收收入		
10101 增值税		
1010101 国内增值税		
101010101 国有企业增值税		
……		
一般公共预算本级收入合计		
一般公共预算支出——功能分类		
201 一般公共服务支出		
20101 人大事务		
2010101 行政运行		
……		
一般公共预算本级支出（功能分类）合计		
一般公共预算支出——经济分类		
501 机关工资福利支出		
50101 工资奖金津贴补贴		
……		
一般公共预算本级支出（经济分类）合计		

表 12-2 政府性基金收支统计表

项目	本月（旬）数	本年（月）累计数
政府性基金预算收入		
10301 政府性基金收入		
1030102 农网还贷资金收入		
103010202 地方农网还贷资金收入		
……		
政府性基金预算本级收入合计		
政府性基金预算支出——功能分类		
207 文化体育与传媒支出		
20707 国家电影事业发展专项资金及应对专项债务收入安排的支出		
2070701 资助国产影片放映		
……		
政府性基金预算支出（功能分类）合计		

续表

项目	本月（旬）数	本年（月）累计数
政府性基金预算支出——经济分类		
501 机关工资福利支出		
50101 工资奖金津贴补贴		
……		
政府性基金预算支出（经济分类）合计		

3. 国有资本经营收支统计表

国有资本经营收支统计表是反映政府财政在某一期间国有资本经营预算收支执行结果的统计表，格式如表12-3所示。

表12-3　　　　　　　　　国有资本经营收支统计表

项目	本月（旬）数	本年（月）累计数
国有资本经营预算收入		
10306 国有资本经营收入		
1030601 利润收入		
103060103 烟草企业利润收入		
103060104 石油石化企业利润收入		
……		
国有资本经营预算收入合计		
国有资本经营预算支出——功能分类		
208 社会保障和就业支出		
20804 补充全国社会保障基金		
223 国有资本经营预算支出		
22301 解决历史遗留问题及改革成本支出		
2230101 厂办大集体改革支出		
……		
国有资本经营预算支出（功能分类）合计		
国有资本经营预算本级支出——经济分类		
501 机关工资福利支出		
50101 工资奖金津贴补贴		
……		
国有资本经营预算支出（经济分类）合计		

4. 财政专户管理资金收支统计表

财政专户管理资金收支统计表是反映政府财政在某一期间纳入财政专户管理的财政专户管理资金全部收支情况的统计表，格式如表12-4所示。

表 12-4　　　　　　　　　　财政专户管理资金收支统计表

项目	本月数	本年（月）累计数
财政专户管理资金收入		
教育收费：		
103040171 公安行政事业性收费收入——教育收费		
103040271 法院行政事业性收费收入——教育收费		
103040371 司法行政事业性收费收入——教育收费		
103040471 外交行政事业性收费收入——教育收费		
……		
财政专户管理资金收入合计		
财政专户管理资金支出		
教育收费：		
205 教育支出		
20502 普通教育		
2050204 高中教育		
2050205 高等教育		
……		
财政专户管理资金支出合计		

5. 专用基金收支统计表

专用基金收支统计表是反映政府财政在某一期间专用基金全部收支情况的统计表，格式如表 12-5 所示。

表 12-5　　　　　　　　　　专用基金收支统计表

项目	本月数	本年（月）累计数
专用基金收入		
粮食风险基金		
……		
专用基金收入合计		
专用基金支出		
粮食风险基金		
……		
专用基金支出合计		

6. 社会保险基金预算决算收支统计表

社会保险基金预算决算收支统计表反映了社会保险基金收支的预决算情况，格式如表 12-6 所示。

表 12-6　　　　　　　　　社会保险基金预算决算收支统计表

项目	本月数	本年（各月）累计数
一、资产		
现金		
支出户存款		
财政专户存款		
债券投资		
资产合计		
二、负债及基金		
临时借款		
暂收款		
保障保险基金		
负债及基金合计		

（二）国库收支统计表

国库是负责办理国家财政资金收纳、拨付业务的机构。国家的全部预算收入都由国库收纳入库，一切预算支出都由国库拨付，是预算执行的一项基础工作。

国库收支统计表是反映国库收入、国库支出、国库库存和政府债务的统计报表。

1. 国库收入统计表

国库收入统计表反映的是某一定时期内资金流入国库账户的情况，格式如表 12-7 所示。

表 12-7　　　　　　　　　　国库收入统计表

项目	年度预算数	本期执行数			本年累计数			
		金额	比去年同期		金额	占预算（%）	比去年同期	
			增减（±）	增减（%）			增减（±）	增减（%）
一般预算收入小计								
10101 增值税								
10102 消费税								
……								
基金预算收入小计								
债务预算收入								
社会保险基金收入小计								
基本养老保险基金								
……								
收入合计								

2. 国库支出统计表

国库支出统计表反映某一定时期内资金流出国库账户的情况,格式如表 12 – 8 所示。

表 12 – 8　　　　　　　　　　　国库支出统计表

项目	年度预算数	本期执行数			本年累计数			
		金额	比去年同期		金额	占预算（%）	比去年同期	
			增减（±）	增减（%）			增减（±）	增减（%）
一般预算支出小计								
201 一般公共服务								
其中：债务利息支出								
202 外交								
……								
一般预算收支轧差								
基金预算支出小计								
债务预算支出								
社会保险基金支出小计								
其中：养老保险								
医疗保险								
支出合计								

3. 国库库存统计表

国库库存统计表反映的是某一定时期内国库库存的情况,格式如表 12 – 9 所示。

表 12 – 9　　　　　　　　　　　国库库存统计表

级次	指标	库存余额			上日余额	增减额		
		人民银行	商业银行及信用社	小计		较上日	较上月末	较上年末
中央库存	库存现金							
	定期存款							
	中央级小计							
地方库存	省级							
	地市级							
	县乡级							
	地方级小计							
全国库存	库存现金							
	定期存款							
	合计							

4. 政府债务统计表

政府债务统计表反映政府债务的发行兑付及持有量的情况,格式如表12-10、表12-11所示。

表12-10　　　　　　　　　　　　　国债发行统计表

类别	日期	投资者(发行对象)	发行期	期限(年)	发行方式	票面利率(%)	本月计划发行额(面值)	本月实际发行额(面值)	发行价格(每100元面值)	本月发行额(缴款)	累计发行额(面值)	累计发行额(缴款)
一、储蓄类国债												
(一)凭证式国债												
……												
(二)储蓄国债(电子式)												
……												
小计												
二、记账式国债												
……												
小计												
三、其他国债												
……												
小计												
合计												

表12-11　　　　　　　　　　　　　国债兑付统计表

类别	日期	品种	投资者(发行对象)	兑付日	期限(年)	利率	实际兑付额	年初累计国债余额	本年累计国债余额
一、储蓄类国债									
……									
小计									
二、记账式国债									
……									
小计									
三、其他国债									
(一)定向国债									
(二)实物国债									
(三)其他									
小计									
合计									

(三) 中国政府资产负债表

政府资产负债表是反映政府资产负债的核算表。这部分内容我们在第十五章还将详细介绍。

第三节 中国政府财政统计的基本规定

中国政府财政统计的基本规定主要有核算科目分类、记账原则、计价原则，以及汇总、轧差和合并等。

一、中国政府财政统计的科目分类

政府收支分类科目是编制政府预决算、组织预算执行以及预算单位进行会计明细核算的重要依据。2007 年，政府收支分类体系改革全面实施，此次改革在收支分类范围、分类体系和具体科目设置办法等方面都有了较大变化。

新的政府收支分类，不仅对政府收入的划分更趋完整和规范，并且对政府支出的功能分类和经济分类也进行了进一步完善。改革后的支出分类更加全面、清晰地反映了政府的各项职能活动和各项支出的具体用途。从收入分类结构看，分设类、款、项、目四级；支出功能分类是根据政府管理和部门预算的要求，统一按支出功能设置类、款、项三级科目，分别有 17 类、170 款、1000 多项；支出经济分类则按照简便和实用的原则设置类、款两级，分别有 12 类和 90 多款。

二、中国政府财政统计的记账原则

财政统计可采用权责发生制，也可采用收付实现制。由于财政的特殊性，不少国家财政核算采用收付实现制，即交易流量记录的时间以现金收到或拨付的时间为准。我国财政统计核算遵循的会计基础是收付实现制。在收入统计中，收付实现制得到了严格的遵守，但由于统计年度的跨期影响，在具体支出执行中，收付实现制也根据情况适当调整，调整主要是因为预算执行进度并不能完全与预算安排一致，在预算已经批复但在本年度并没有及时拨款的情况下，这部分款项在年度结束时作为已经拨付记录。

与权责发生制相比，收付实现制没有引入"应收账款""应付账款"等概念，其缺点是不能够直接反映欠缴税款、欠发工资、社会保障基金缺口、亏损挂账等。但财政使用权责发生制记账，可能会出现部分收入不能用做安排，不利于财政资金的运用。

我国企业自1993年起采用权责发生制，行政单位自新中国成立以来一直实行现金收付实现制，事业单位除经营业务收入采用权责发生制方法外，其他业务也采用现金收付实现制。为了真实地反映我国行政事业单位履行职能的情况，适应经济市场化、全球化和财政改革深化的要求，提高财政统计数据质量，有必要探讨是否将我国行政事业单位现行的收付实现制改为权责发生制，使财政统计数据更好地与国民经济核算体系中的其他部门的数据相衔接等问题。

与我国的会计制度和预算制度相一致，财政统计时期以公历年度为准，从1月1日到12月31日为一个完整的财政统计年度。

三、中国政府财政统计的计价原则

财政的收支交易以实际发生的交易价格为计价准则。财政征收的税收、规费、产权性收益等收入以实际取得的收入金额计价，财政支出、转移的项目也依据实际发生的金额计价。对政府机构拥有的固定资产，根据扣除折旧后的净值计价。财政如果是参与市场的购买性交易，相应的财政收入与支出都按照市场价格计价。国有企业上市后，政府对国有企业产权按市价记录。

2007年新的会计准则引入公允价值计量的观念。财政统计中涉及的金融资产与金融负债应以公允价值计量且其变动计入当期损益。公允价值（FairValue）是指在公平交易中，熟悉情况的当事人自愿据此进行资产交换或负债结算的金额。公允价值计量是根据当前的市场状况对资产和负债的真实经济价值进行计量。相对于历史成本而言，公允价值计量能及时反映因市场风险所产生的利得和损失以及因信用质量发生变动所产生的影响，更加真实公平地反映企业的财务状况和经营成果，减少金融不稳定性事件的发生及其严重性。

四、中国政府财政统计的汇总、轧差和合并

在一般情况下，财政统计以汇总为主。在特殊情况下作轧差处理。例如，在财政收入统计中，企业亏损补贴做财政收入轧差项处理；在税收统计中，退税作为税收收入的轧差项处理。

不同级次预算之间存在收入上缴和转移支付活动，在汇总时要合并本级预算与下属级次预算之间的收入上缴和转移支付，避免重复计算。

本章小结

1. 中国财政统计的对象包括各级党政机关及其部门、事业单位、政府控制的非营利机构、社会保障基金以及国有企业。

2. 现在财政统计的基本内容主要是指财政资金收支和资产负债。

3. 通常有一级政府就有一级财政收支活动主体，也就有一级预算以及相应的一级财政统计，我国的财政预算由中央、省（直辖市、自治区、计划单列市）、市、县（市、自治县）和乡镇预算组成。

4. 我国狭义政府财政统计表主要由三部分组成：预算收支统计表、国库收支统计表和政府资产负债表。

5. 政府预算收支统计表分为一般公共预算收支统计表、政府性基金收支统计表、国有资本经营收支统计表、财政专户管理资金收支统计表、专用基金收支统计表和社会保险基金收支统计表。

6. 国库收支统计表是反映国库收入、国库支出、国库库存和政府债务的统计报表。

7. 2007年，政府收支分类体系改革全面实施。新的政府收支分类不仅对政府收入进行了完整规范的分类，还在支出功能分类和支出经济分类体系的建立上更加清晰地反映政府各项职能活动和各项支出的具体用途。

8. 我国财政统计核算遵循的会计基础是收付实现制。

本章重要概念

中央政府　地方政府　事业单位　政府控制的非营利组织　国有企业

财政收入　政府性基金　国有资本经营预算　社会保障基金

复习思考题

1. 简述我国财政统计范围。
2. 我国财政统计的基本内容有哪些？
3. 谈谈你对基于整个财政统计的分析框架建立全面的政府收支统计的看法。
4. 2007年，新的政府收支分类体系内容有哪些？
5. 我国财政统计的记账原则和计价原则是什么？

第十三章
中国政府财政收入

本章先介绍财政收入的范围和分类,然后在其基础上,详细介绍我国以税收、收费、举债方式形成的一般公共预算收入、政府性基金收入、国有资本经营收入和社会保险基金收入等财政收入的具体内容。

第一节　中国政府财政收入的范围及分类

一、财政收入的范围及作用

(一)财政收入范围

财政收入是指政府为履行公共职能,满足公共支出需要,以法定方式筹集、纳入政府预算并支配的各种收入。这一定义回答了"政府的钱从哪里来、怎样来、由谁负担"等问题。主要包含两层含义:第一,财政收入是政府掌握的一定数量的公共性质货币资金,是政府占有的以货币表现的社会产品价值。第二,财政收入表现为政府筹集这部分货币资金的过程,是国家参与国民收入分配的主要形式。因此,从定义可以看出,财政收入范围的确定主要取决于公共产品的供给及公共部门的活动范围。

一般来讲,财政收入有广义和狭义之分。广义财政收入包括政府的一切进项或收入,主要有税收收入、国债收入、国有资产收入和各种行政收入等。其中,税收收入是财政收入最主要的构成部分。狭义财政收入仅指政府每年的定期收入,只包括税收收入和除国债外的非税收入,如规费、管理费、政府提供劳务的工本费、公产收入及国内外援助收入等。其中,规费是政府向公民个人提供特定服务或特定行政管理所收取的费用,包括护照费、商品检测费、毕业证费等行政收费和民事诉讼费、出生登记费、结婚登记费等司法收费。

财政收入的概念在不同时代有不同的内容。在古代自然经济时期,财政收入主要表现为实物与劳务,如《孟子·尽心下》中记载:"有布缕之征、粟米之征、力役之征,君子用其一,缓其二,用其二而民有浮,用其三而父子离。"在封建社会后期,劳务形式的财政收入逐步取消。随着商品经济的发展,构成财政收入的实物也逐渐由货币取代。

新中国成立至改革开放前,财政具有统收统支的特点,其收入主要用于满足全社会的生产建设资金需要。改革开放后,在社会主义市场经济体制下,财政收入的目的主要是提供公共服务。由于我国的市场经济建立在公有制基础上,国家在财政收入用途上比西方国家更为宽广。如为加速走完成熟市场国家上百年工业化、城市化进程而密集提供公共品,为落实现代化发展战略实现中华民族伟大复兴而承担特定经济发展职责等,这些投向决定了我国财政收入具有更为丰富的内涵。

(二)财政收入的作用

财政收入是政府理财的重要环节,是政府宏观调控的重要手段之一,是衡量一国政府财力的重要指标,为公共产品的生产提供了重要的经济基础。政府在社会经济活动中提供公共物品与服务的范围和数量,在很大程度上取决于财政收入状况。财政收入对于国民经济运行和社会发展的作用具体表现在以下几个方面。

第一,财政收入是财政支出的前提条件。财政分配是收入和支出的统一过程。在财政资金循环中,包含"财政收入—财政支出"两个相互连接的阶段。财政收入是财政资金循环的前提和起点。在通常情况下,财政收入的数量决定财政支出的规模。

第二,财政收入是国家各项职能得以实现的物质保证。财政收入规模的大小是衡量一国经济实力的重要标志。

第三,财政收入是国家加强宏观调控的重要经济杠杆。宏观调控的首要任务是社会总需求与总供给平衡,包括总量平衡和结构平衡。财政收入既可以通过增加收入或减少收入来发挥总量调控作用,也可以通过影响不同财政资金缴纳者财政负担大小来发挥结构调整作用。

第四,财政收入可以调整国民收入初次分配格局,缩小贫富差距,是实现社会财富公平合理分配的主要工具。在我国逐步建立以国内大循环为主体、国内国际双循环相互促进新发展格局下,需要更加重视财政收入对国民收入分配格局影响的问题。

二、中国政府财政收入的分类及其统计沿革

(一)财政收入的分类

对财政收入进行分类,有助于全面了解和分析财政收入的结构及其变化趋势,

研究影响财政收入的各种因素，把握和分析财政收入结构与实际社会政治经济结构的适应性，制定相应的财政政策和制度，正确处理组织财政收入过程中的各种利益分配关系。

财政收入按收入形式可以分为税收收入、非税收入、社会保险基金收入、债务收入和转移性收入。税收收入是我国财政收入的主体，可以按照不同的目的做进一步细分。例如，按照征税对象不同，可分为流转税、所得税、财产税、资源税和行为税五类；按照税负能否转嫁，可分为直接税和间接税等。

按收入有无连续性和稳定性，财政收入可分为经常性收入和临时性收入。其中，经常性收入是政府每个财政年度都能连续、稳定、经常地取得的财政收入，是财政收入的主体部分，主要包括税收收入、社会保险基金收入、国有资产经营收入等。临时性收入是政府非连续、不规则地取得的财政收入，是财政收入的辅助部分。常见的临时性收入有债务收入、罚没收入、捐赠收入等。

按管理权属，财政收入可分为中央财政收入和地方财政收入。

按财政预算编制与管理的方式，财政收入可以分为一般公共预算收入、政府性基金收入、国有资本经营收入和社会保险基金收入。

（二）中国政府财政收入的统计沿革

新中国成立以来，与预算管理体制改革和国家重大经济政策调整相适应，我国财政收入分类在不同时期也有较大的变化和调整。

1. 改革开放前高度集中的预算管理体制时期财政收入的分类

新中国成立初期，我国预算收支科目表现出较强的"统收统支"色彩，是一种典型的高度集中的预算管理体制。1953 年，各级财政统一预算科目包括各项税收类、企业收入类、信贷保险收入类、其他收入类。其中，企业收入类包括企业利润收入、企业提缴折旧基金收入、企业固定资产变价收入、企业缴回流动资金收入；其他收入类包括事业收入、特种资金收入等。

1956 年，收入分类适当简化。类级科目按收入性质划分为：税收收入、国营企事业单位收入、借款收入、其他收入、调拨收入。

1979 年，由于合并税种，简化税制，收入科目划分进一步简化。类级科目主要包括：企业收入、企业上缴基本折旧基金、各项税收、其他收入、预算调拨收入。

这种预算管理体制的基本特点是财力与财权高度集中于中央，地方的财权相对较小。这在当时特定的历史条件下，对集中必要的财力恢复和调整国民经济发挥过积极的作用，但不利于调动地方各级财政部门当家理财的积极性。

2. 改革开放以后"分级包干"预算管理时期财政收入的分类

改革开放以后，我国于 1980 年开始实行"划分收支、分级包干"体制。

1984—1986年，经过国营企业第一步、第二步利改税，税收成为我国财政收入的主要形式。为体现新税制和加强财务管理的需要，国家对预算收入分类体系进行较大的调整，主要收入大类包括：工商税收类、关税类、农业税类、国营企业所得税类、国营企业调节税类、国营企业上缴利润类、国营企业计划亏损补贴类、国家能源交通重点建设基金收入类、债务收入类、专款收入类、其他收入类、预算调拨收入类。

这种预算管理体制的特点是在中央统一领导和统一计划下，通过多收多留的激励机制调动地方的积极性，赋予地方较大的财权，是我国预算管理体制的一次重大改革。但随着经济体制改革的深化和经济的快速增长，该体制的弊端日益明显，主要表现在：税收调节功能弱化，影响统一市场的形成和产业结构优化；国家财力偏于分散，制约财政收入合理增长，特别是中央财政收入比重不断下降，弱化了中央政府的宏观调控能力；财政分配体制类型过多，不够规范。

3. 分税制预算管理体制下财政收入的分类

1994年，国务院决定改革分级包干制，实行分税制。分税制改革与工商税制改革同时并行，构成社会主义市场经济体制改革的重要内容。分税制改革的基本内容是：根据中央政府和地方政府的不同职能划分财政支出范围；按税种划分中央收入和地方收入；分设国税与地税两套税务机构，分别征税；中央预算通过转移支付制度实现对地方预算的调剂和控制。

随着政府性基金逐步纳入预算管理，财政收入分设为一般预算收入科目和基金预算收入科目。其中，一般预算收入科目分类体系有所调整，主要包括：增值税、消费税、营业税、企业所得税、企业所得税退税、个人所得税、资源税、国有资产经营收益、国有企业计划亏损补贴、行政性收费收入、罚没收入、海域场地矿区使用费收入、专项收入、其他收入、一般预算调拨收入等。基金预算收入科目包括：工业交通部门基金收入、商贸部门基金收入、文教部门基金收入等。

这次财税体制改革是新中国成立以来改革力度最大、范围最广、影响最为深远的一次财税制度创新，是我国财政管理体制的一次重大调整。通过这次改革，我国基本上建立起了适应社会主义市场经济发展要求的财政管理体制框架。分税制改革后，我国财政收入保持较快的增长态势。1993—2019年，全国财政收入由4349亿元增加到19.04万亿元，占国内生产总值的比重由12.3%提高到19.2%。中央本级收入占全国一般公共预算收入的比重由22.0%提高到46.9%。

专栏13-1 中央和地方政府财政收入划分改革

1994年实施的分税制改革，初步构建了中国特色社会主义制度下中央与地方财政事权和支出责任划分的体系框架，为我国建立现代财政制度奠定了良好基础。然而，中央与地方财政事权和支出责任划分还不同程度存在不清晰、不合理、不规范等问题。地方政府的税收收入占比相对偏低，造成地方财权和事权并不完全匹配。

其中的一个突出现象是地方政府对土地财政的依赖度较高。2000—2009 年，全国土地出让金收入从 595 亿元增长到 1.72 万亿元，土地财政收入［包括土地增值税、城镇土地使用税、耕地占用税、契税、房产税、所得税（建筑业）和土地出让金］从 1432 亿元增长到 2.46 万亿元，土地财政占预算内财政总收入的比重，从 22.4% 增加到 75.6%。从积极意义上看，土地财政对解决地方财政困难、促进地方招商引资、扩大公共基础设施支出、加速地方经济增长起到重要的作用。不过，其弊端也逐步涌现，导致耕地减少，土地违法案件增加，房价增速过快及城市无序扩张等。

中央与地方财政事权和支出责任划分被称为财税体制改革中"最难啃的骨头"。2016 年，国务院印发《关于推进中央与地方财政事权和支出责任划分改革的指导意见》，对推进中央与地方财政事权和支出责任划分改革作出总体部署。2018 年，中共中央办公厅、国务院办公厅印发《关于建立健全基本公共服务标准体系的指导意见》，明确中央政府在幼有所育、学有所教、劳有所得、病有所医、老有所养、住有所居、弱有所扶等方面制定国家基本的公共服务标准，并承担兜底职能，减轻地方政府支出压力。

与此同时，中央与地方收入划分改革一直在着力推进。从 2016 年 5 月 1 日起，与全面推开营改增试点同步实施调整中央与地方增值税收入划分过渡方案，所有行业企业缴纳的增值税均纳入中央和地方共享范围，中央和地方各分享 50%。2019 年，国务院印发《实施更大规模减税降费后调整中央与地方收入划分改革推进方案》，出台三大举措：一是保持增值税"五五分享"比例稳定。引导各地因地制宜发展优势产业，鼓励地方在经济发展中培育和拓展税源，增强地方财政"造血"功能。二是调整完善增值税留抵退税分担机制。建立增值税留抵退税长效机制，并保持中央与地方"五五"分担比例不变。三是后移消费税征收环节并稳步下划地方。按照健全地方税体系改革要求，在征管可控的前提下，将部分在生产（进口）环节征收的现行消费税品目逐步后移至批发或零售环节征收，拓展地方收入来源。

4. 中国政府财政收支分类改革

我国原有的政府财政预算收支科目分类方法是计划经济时期参照苏联模式确定的，基本分类方法与市场经济国家存在较大差别。1999 年起，财政部开始研究构建与市场经济发展中政府职能转变相一致的、适应公共财政管理要求的政府收支分类体系。2004 年，财政部完成《政府收支分类改革方案》的前期设计工作，2005 年 3 月进行试点，并于 2007 年 1 月 1 日起在全国范围内实施政府收支分类改革。这次政府收支分类改革是新中国成立以来财政分类统计体系最为重大的一次调整,直接关系到政府预算的公开透明与政府职能的合理转换。

改革后的政府收支分类体系由收入分类、支出功能分类和支出经济分类三个部分构成。新的收入分类具有以下特点:一是对所有政府收入按来源和性质进行统一分类,使政府收入分类形式更趋规范;二是拓宽收入涵盖范围,既包括原政府预算收支科目中的一般预算、基金预算和债务预算收入,也纳入社会保险基金收入和财政专户管理的预算外收入,使收入分类更加完整;三是按照科学标准和国际通行做法将政府收入划分为税收收入、社会保险基金收入、非税收入、贷款转贷回收本金收入、债务收入以及转移性收入等,为进一步加强收入管理和数据统计分析创造了有利条件;四是分设类、款、项、目四级,比原收入分类多了一个层次,增加一些汇总统计科目,如税收收入、非税收入。四级科目逐级细化,以满足不同层次的管理需求,便于财政收支统计和分析。

表13-1　　　　　　　2007年改革后中国政府财政收入分类科目

科目编码				科目名称
类	款	项	目	
101				税收收入
	01			增值税
		01		国内增值税
			01	国有企业增值税
			……	
		02		进口货物增值税
		……	……	
	02			消费税
	……	……	……	
102				社会保险基金收入
103				非税收入
104				贷款转贷回收本金收入
105				债务收入
110				转移性收入

2007年的政府财政收支分类改革并不改变原有的预算管理方式。按照新的政府收入分类科目,既可以分别编制一般收入预算、政府性基金收入预算、预算外资金收入预算等,也可以进行全部政府收入预算的汇总统计,能够全面、规范、细致地反映政府各项收入。

2011年1月,财政收支统计再次进行重要改革。全面取消预算外资金,将所有政府收支纳入预算管理。相应修订《政府收支分类科目》，取消全部预算外收支科目。公共财政预算进一步完善，政府性基金预算更加细化，国有资本经营预算实施范围逐步扩大，全国社会保险基金预算顺利开展。

5. 新《预算法》实施后的财政收入分类

针对分税制改革存在的政府间事权与支出责任划分不清晰、政府间收入划分不尽合理、政府间转移支付有待完善等问题，2013年11月党的十八届三中全会提出"完善立法、明确事权、改革税制、稳定税负、透明预算、提高效率，建立现代财政制度"，并指出"财政是国家治理的基础和重要支柱"。2014年6月，中共中央政治局会议审议通过的《深化财税体制改革总体方案》指出"在保持中央和地方收入格局大体稳定的前提下，进一步理顺中央和地方收入划分，合理划分政府间事权和支出责任"。2015年1月起，新《预算法》实行，我国加快建立全面规范透明、标准科学、约束有力的现代预算制度。为适应国家治理现代化，我国政府财政收入分类也在积极调整。如2016年"营改增"试点全面推开后，税收收入下不再设立营业税；2018年《中华人民共和国环境保护税法》施行后，税收收入下增设环境保护税。

为进一步完善政府收支分类体系，科学反映政府收支状况，财政部每年会根据预算管理的需要，对政府收支分类科目进行完善，并在当年印发下一年度《政府收支分类科目》，供各级财政部门提前编制下年度预算使用。目前，我国的财政收入分类科目从类看，分为五类，即为税收收入、社会保险基金收入、非税收入、债务收入和转移性收入。

第二节　税收收入

一、税收的原则

税收原则是指导一国税制建立、发展和制定税收政策的准则或规范。国家的税收制度和税收政策需建立在一定的税收原则上。

最早提出税收原则的经济学家是威廉·配第（William Petty），针对当时英国税制存在的严重不公平问题，他在著作《赋税论》和《政治算术》中提出"公平"、"简便"和"节省"是税制设计的三条基本原则。之后，经过攸士第、亚当·斯密、萨伊、瓦格纳的总结完善，形成带有共性的两大原则：公平与效率。除此之外，从"发生学"意义上讲，还应有"税收法定"原则列于这两条原则之前。对于需完成现代化转轨的中国而言，应特别强调与重视税收法定原则。

（一）税收法定原则

税收法定原则是指由立法者决定全部税收问题的税法基本原则。税收主体须依法律的规定征税，纳税主体须依法律的规定纳税。税收法定原则是税法中一项十分重要的基本原则，包括税种法定、税收要素法定和程序法定三个部分。它肇始于英国，现已为当今各国所公认，其基本精神在各国宪法或税法中都有体现，如《中华人民共和国宪法》和《中华人民共和国税收征收管理法》。

税收法定是党的十八届三中全会确定的财税改革的目标之一。"十三五"时期，在我国现行 18 个税种当中，实现税收法定的已达 11 个，我国税收立法的目标已经基本实现。

（二）税收公平原则

税收公平原则是指纳税人在相同的经济条件下应被给予同等对待。税收必须普遍课征和平等课征。衡量税收公平原则的标准有两个。一是受益原则，根据纳税人从政府提供的公共物品中受益的多少，判定其应纳税的多少和税负是否公平。比较适用于公路使用的课税、社会保险和城市设施建设，但不适用于大多数的公共产品，如国防、教育、社会治安等。二是能力原则，根据纳税人的纳税能力来判断其应纳税额的多少和税负是否公平。在税收公平与否的衡量方面，能力原则一般被认为较为合理且易于实行。以纳税人所拥有财富的多少作为衡量其纳税能力的标准，国家因此开征相应的税目——财产税、所得税和消费税（或商品税）。

税收公平对我国向市场经济体制转轨过程中的税制建设与完善具有重要的指导意义。我国市场发育还不健全，造成不公平竞争的外部因素较多，同时，适应市场经济发展要求的税制体系也有待完善，因此，如何使税制更具公平，为市场经济发展创造一个公平合理的税收环境，是我国进一步税制改革的重要课题。

（三）税收效率原则

税收效率原则是指国家征税必须有利于资源的有效配置和经济机制的有效运行，有利于提高税务行政效率，包括税收经济效率原则和税收行政效率原则。

税收经济效率原则是指国家征税应有助于提高经济效率，保证经济的良性、有序运行，实现资源的有效配置。该原则侧重于考察税收对经济的影响。现实生活中，一方面，应尽可能压低税收的征收数额，减少税收对资源配置的影响；另一方面，应尽可能保持税收对市场机制运行的中性，并在市场机制失灵时，将税收作为调节杠杆加以纠正。

税收行政效率原则是指国家征税应以最小的税收成本去获取最大的税收收入，以使税收的名义收入与实际收入的差额最小。该原则侧重于对税务行政管理方面的效率考察，可用管理费用占全部税收收入的比重来估算。

二、税收的基本特征

税收是国家普遍采用的取得财政收入的形式，具有强制性、无偿性和固定性的特征。

（一）强制性

税收的强制性是指国家以社会管理者的身份，凭借政权力量，通过颁布法律或政令进行强制征收。负有纳税义务的社会集团和社会成员，必须遵守国家强制性的税收法令，在税法规定的限度内依法纳税，这是税收具有法律地位的体现。其强制性特征表现为税收分配关系的建立具有强制性，以及税收的征收过程具有强制性两个方面。

（二）无偿性

税收的无偿性是指通过征税，社会集团和社会成员的一部分收入转归国家所有，国家不向纳税人支付任何报酬或代价。这种无偿性是与国家凭借政治权力进行收入分配的本质相联系的，反映的是一种社会产品所有权、支配权的单方面转移关系，而不是等价交换关系，是区分税收收入和其他财政收入形式的重要特征。

（三）固定性

税收的固定性是指税收是按照国家法令规定的标准征收的，即纳税人、课税对象、税目、税率、计价办法和期限等，都是税收法令预先规定的，是一种固定的连续收入。征税和纳税双方必须共同遵守税收预先规定的标准，非经国家法令修订或调整，不得违背或改变这个固定的比例或数额以及其他制度规定。

三、税收的分类

税收分类是指按照一定的标准对各种税所进行的归类，是研究税收特殊性和普遍性的一种方法。

（一）按税种类别分类

征税对象是税法的一个基本要素，是一种税区别于另一种税的主要标志。按征税对象进行分类，是税收分类最基本和最主要的分类方法。

按征税对象，我国税收可分为五类：（1）对流转额的征税，如增值税、消费税、关税。流转税是政府财政收入的重要来源。（2）对所得额的征税，如企业所得税、个人所得税。（3）对财产的征税，如房产税、土地增值税、车船税等。（4）对资源的征税，如资源税、城镇土地使用税。（5）对行为的征税，如印花税、车辆购置税、环境保护税等。具体税种详见表13-2。

表 13-2　　　　　　　中国政府财政五大类十八种税收

税类	税种	特征
流转税类	01 增值税	间接税、中央地方共享税（除海关代征）
	02 消费税	间接税、中央税
	17 关税	间接税、中央税
所得税类	04 企业所得税	直接税、中央地方共享税
	06 个人所得税	直接税、中央地方共享税
财产税类	10 房产税	直接税、地方税
	13 土地增值税	直接税、地方税
	14 车船税	直接税、地方税
	15 船舶吨税	直接税、中央税（由海关征收）
	19 契税	直接税、地方税
资源税类	07 资源税	间接税、中央地方共享税
	12 城镇土地使用税	间接税、地方税
行为税类	09 城市维护建设税	间接税、地方税
	11 印花税	直接税、地方税（除证券交易印花税）
	16 车辆购置税	直接税、中央
	18 耕地占用税	间接税、地方税
	20 烟叶税	间接税、地方税
	21 环境保护税	间接税、地方税

（二）按税收能否转嫁分类

按税负能否转嫁，可分为直接税和间接税。直接税是指税负不能转嫁，由纳税人直接负担的税收，如所得税、土地使用税、房产税等，主要特征如下：一是直接税的纳税人较难转嫁税负；二是直接税税率可以采用累进结构，根据私人所得和财产的多少决定负担水平，使税收收入较有弹性，一定程度上可自动平抑国民经济的剧烈波动；三是直接税中所得税的征税标准，可以根据纳税人本人及家庭等的生活状况设置各种扣除制度和政府补助等，使居民的基本生存权利得到保障。

间接税是指纳税人能将税负转嫁给他人负担的税收，如消费税、增值税、关税等。间接税通常可以通过提高商品售价或劳务价格等办法转嫁出去，最终由消费者负担，主要特征如下：一是税款可以转嫁给第三者，在政府公共财政收入中相对不稳定；二是间接税几乎可以对一切商品和劳务征收，征税对象普遍，税源丰富，具有突出的保证财政收入的内在功能；三是间接税最终由消费者负担，有利于奖励储蓄；四是间接税的计算和征收可以采用比例税率，较为简便易行。

（三）按计税依据分类

按计税依据分类，税收可分为从价税、从量税、复合税。从价税是以课税对象的价格或金额，按一定税率计征的税种。从价税的税负轻重与征税对象的价格或金额的高低成正比。税收负担比较合理，尤其在物价上涨时，税额也随之增加，能够保证税收的稳定。从价税的不足在于，一是价格提高、税额增加不利于改进商品包装；二是确定和计算从价税的价格和金额在方法和手续上都比较复杂，容易发生纠纷。

从量税是以货物的数量、体积、重量等计量单位为计税标准的一种关税计征方法。从量税额计算的公式是：税额＝商品的数量×每单位从量税。征收特点是手续简便，无须审定货物的规格、品质、价格，便于计算。我国对啤酒、原油、感光胶片等进口货物采用从量税的课税标准。

复合税是指对某种进（出）口货物同时使用从价和从量计征的一种关税计征方法。我国目前实行的复合税都是先计征从量税，再计征从价税。

（四）按税收和价格的关系分类

按税收和价格的组成关系分类，税收可分为价内税和价外税。价内税是包含在产品价格内的流转税，是计划价格体制下，国家提取企业盈利的一种重要课税方式。计划价格定价的一般原则为：产品价格由价值决定，价值则由产品成本和产品盈利（产品利润和产品税金）构成。这种包含产品税金的价格，通常称为含税价格。

价外税是税款不包含在商品价格内的税。在市场经济条件下，生产经营者以生产价格（生产成本加平均利润）为基础制定价格，价外税的变动不直接影响商品价格和企业利润，税收透明度高，税收负担转嫁明显。

（五）其他分类

根据征收管理权和收入支配权，将税收分为中央税、地方税和中央地方政府共享税。中央税是指由一国中央政府征收、管理和支配的税收。在实行中央与地方分税制的国家，通常是将一些收入充足和稳定的税种作为中央税。地方税是由地方政府征收的税，属于地方财政的固定预算收入。地方税种主要包括环境保护税、房产税、城镇土地使用税、城市维护建设税、土地增值税、资源税等。

中央地方政府共享税是中央财政和地方政府财政按照一定比例分享收入的各种税。1994年以来我国的共享税经历了几次调整，截至2019年，主要包括以下几种：一是增值税，中央和地方各50%；二是证券交易税，中央97%，地方3%；三是个人所得税，中央60%，地方40%；四是企业所得税，中央60%（铁道部、各银行总行及海洋石油天然气企业收入除外），地方40%；五是城市维护建设税，铁路运输、人民银行和各专业银行总行、保险公司等集中缴纳归中央，其他企业缴纳归地方；六是资源税，海洋石油企业缴纳归中央，其他企业缴纳归地方。

此外，在我国，按征收管理的分工体系进行分类划分，税收可分为工商税类和关税类。按税收的用途分，税收可分为一般税和目的税。

因此，根据不同分析目的，税收可以有不同的分类方式，下面我们对按税种类别分类的情况进行详细介绍。

四、流转税

流转税是指以纳税人商品生产流通环节的流转额或者数量以及非商品交易的营业额为征税对象的一类税收，主要包括增值税、消费税、关税等，是政府财政收入的重要来源。

流转税的主要特征：一是以商品生产、交换和提供商业性劳务为征税前提，征税范围较为广泛，税源比较充足；二是以商品、劳务的销售额和营业收入作为计税依据，一般不受生产、经营成本和费用变化的影响，保证国家能够及时、稳定、可靠地取得财政收入；三是一般具有间接税的性质，便于国家通过征税服务于产业政策和消费政策；四是在计算征收上较为简便易行，容易为纳税人所接受。

（一）增值税

增值税是对生产、销售商品或提供服务实现的增值额征收的一个税种，1954年在法国首先推行，是目前各国普遍征收的一种税收。目前，在一般公共预算收入科目中，我国增值税下设五项：国内增值税、进口货物增值税、出口货物退增值税、改征增值税、改征增值税出口退税。

增值税的最大优点在于避免重复征税，可适应社会化大生产的需要，在促进生产的专业化和技术协作、保证税负分配相对公平等方面，有较大作用。此外，增值税还有其他优点：一是可以使关联企业在纳税上互相监督，减少偷税、漏税；二是不受流转环节以及企业的兼并和分解影响，税收稳定；三是对出口需要退税的商品实行"零税率"，比退税不彻底的一般流转税更能鼓励外向型经济的发展。

我国自20世纪80年代开始试行增值税，当时的增值税是由原产品税转化过来的，仅限于对部分工业品征收，且设置多档税率。1994年全面改革工商税制时，增值税被列为改革的核心内容，征税范围扩大到所有货物和加工修理修配劳务，对其他劳务、无形资产和不动产征收营业税。2009年，为鼓励投资、促进技术进步，在地区试点的基础上，全面实施增值税转型改革，将机器设备纳入增值税抵扣范围。2011年，经国务院批准，财政部、国家税务总局联合下发营业税改增值税试点方案。2012年1月，"营改增"试点在上海交通运输业和部分现代服务业推行，之后推广到全国，并相继纳入广播影视服务业、铁路运输和邮政服务业，2016年5月纳入建筑业、房地产业、金融业、生活服务业，至此，营业税退出历史舞台，增值税全面推行。这是自1994年分税制改革以来，财税体制的又一次深刻变革。截至

2017年底,"营改增"累计实现减税近2万亿元。

我国增值税的纳税人是指在中华人民共和国境内销售或进口货物,提供加工、修理修配劳务,以及销售服务、无形资产或者不动产的单位和个人,分为一般纳税人和小规模纳税人两类。一般纳税人按照销项税额抵扣进项税额的办法计算缴纳应纳税额,小规模纳税人则实行简易办法计算缴纳应纳税额。2018年5月1日起统一增值税小规模纳税人的年销售额标准为500万元。

"营改增"试点前,我国增值税有两档税率,分别是标准税率17%和低税率13%。"营改增"试点后,为确保新旧税制平稳转换,新增11%和6%两档低税率。经2017年、2018年、2019年三次改革,目前税率为13%、9%、6%三档。

（二）消费税

消费税的课税对象是特定的消费品和消费行为,是1994年工商税制改革中新设置的一种商品课税。凡从事生产和进口应税消费品的单位和个人均为消费税的纳税人。在对商品普遍征收增值税的基础上,选择少数消费品再征收一道消费税,主要是为了调节消费结构,引导消费方向,保证国家财政收入。对烟、酒、汽油等消费品实行高税率或单独设置税种课以较重的税收,是国际上普遍的做法。目前在一般公共预算收入科目中,我国消费税分为三类：国内消费税、进口消费品消费税、出口消费品退消费税。

消费税自实施以来,对组织财政收入和引导消费方向发挥了重要作用,但随着经济形势的发展变化,在征收范围、税目设置、税率结构等方面逐渐出现一些不相适应的问题,因此自2006年4月1日起对消费税制度进行重大调整。这次调整突出两个重点：一是突出环境保护和资源节约,二是突出合理引导消费并间接调节收入分配。比如,对高尔夫球及球具和游艇等高档消费和消费品开征消费税,对已具有大众消费特征的护肤护发品停征消费税,提高白酒、小汽车税率。

2009年1月在修订增值税暂行条例过程中,鉴于营业税、消费税与增值税之间存在较强的相关性,为保持这三个税种相关政策和征管措施之间的有效衔接,同时对消费税条例进行了相应修改：一是将1994年以来出台的政策调整内容,更新到新修订的消费税条例中,如对部分消费品（金银首饰、铂金首饰、钻石及钻石饰品）的消费税调整在零售环节征收,对卷烟和白酒增加复合计税办法,调整消费税税目税率等；二是与增值税条例衔接,将纳税申报期限从10日延长至15日,对消费税的纳税地点等规定进行调整。

（三）关税

关税是对进出国境的货物或物品征收的一种税。按货物或物品的流向,关税可分为进口税、出口税、过境税或转口税；按征税目的,分为财政关税和保护关税；

按计税标准,分为从价关税、从量关税、复合关税、选择关税和滑动关税;按关税政策标准,分为普通关税、优惠关税和加重关税。目前在一般公共预算收入科目中,我国关税下设五项:关税,特别关税,关税和特别关税税款滞纳金、罚款收入,关税退税。

征收关税的目的:一是可以增加国家财政收入。西方国家在20世纪初的关税税收占其总收入的40%以上,如今由于所得税地位的提升,发达国家关税占总税收的比例不到5%。二是可以保护民族经济,让外国产品在本国的售价提升,使本国国内的同类产品拥有价格优势。

为适应对外开放不断发展的需要,我国关税的税率从新中国成立至今经过多次变革。主要方面是按照国际通行的《海关合作理事会商品分类目录》对税则、税目重新编排,大幅度降低税率。我国现行关税的主要特点是只对少量出口商品征收出口税,且税负较轻。对进口商品按必需品、需用品、非必需品、限制进口品分别制定不同的税率。我国为加入世界贸易组织曾多次降低关税税率。加入世界贸易组织后,我国降低关税税率的速度进一步加快。截至2018年,我国加权平均关税税率在3.5%左右,略高于发达国家。依据国际经验,随着一国经济实力的增强,关税收入占财政收入比重会逐渐下降,关税作为财政收入的来源的功能将被逐渐弱化,而调节对外贸易将成为关税政策的主要目标。

五、所得税

所得税是指以法人、自然人和其他经济组织在一定时期内的各种所得额为课税对象的税种的总称,它具有四个方面优点:一是税负相对公平。以纯收入或净所得为计征依据,一般实行多所得多征、少所得少征的累进征税办法,合乎量能课税的原则。规定起征点、免征额及扣除项目,可以在征税上照顾低收入者,不会影响纳税人的基本生活。二是一般不存在重复征税问题,不影响商品的相对价格。以纳税人的总收入减去准予扣除项目后的应税所得额为课征对象,征税环节单一,只要不存在两个以上课税主体,则不会出现重复征税。三是有利于维护国家的经济权益。利用所得税可以跨国征税的天然属性,参与纳税人跨国所得的分配。四是课税有弹性。所得来源于经济资源的利用和剩余产品的增加,随着资源利用效率的提高,剩余产品也会不断增长,因而所得税可根据国家的需要灵活调整,以适应政府支出的增减。

同时,所得税也存在一些缺陷:一是开征及其财源受企业利润和人均收入水平的制约;二是所得税的累进课税方法会在一定程度上压抑纳税人的生产和工作积极性;三是计征管理比较复杂,需要较高的税务管理水平,在发展中国家广泛推行往往遇到困难。

所得税是国家筹措资金的重要手段，也是促进社会公平分配和稳定经济的杠杆，成为各国社会政策和经济政策的主要传导工具。通过累进课征，所得税可以缩小社会贫富的差距，还可通过减税免税对特殊困难的纳税人给予照顾，缓解社会矛盾，是一种有效的再分配手段。

此外，所得税也是政府稳定经济的重要工具。政府可根据社会总供给和总需求的平衡关系，灵活调整税负水平，抑制经济波动。由于所得税一般实行累进税率，当经济过热、社会总需求过大时，企业和个人的所得会大幅度增加，原来按较低税率纳税的人要改按较高税率纳税，税收收入会自然增加，从而可以抑制纳税人的投资和消费冲动，维持经济稳定。所得税内在的稳定功能，在西方发达国家构成国家财政政策的核心内容。

我国现行所得税的主要税种有企业所得税和个人所得税。

1. 企业所得税

企业所得税是对我国境内的企业和其他取得收入的组织的生产经营所得和其他所得征收的一种所得税。目前在一般公共预算收入科目中，我国企业所得税下设48项：国有企业所得税（31项），集体企业所得税，股份制企业所得税，联营企业所得税，港澳台和外商投资企业所得税，私营企业所得税，其他企业所得税，预缴所得税（分支机构、总机构、跨市县分支机构、跨市县总机构），汇算清缴所得税（分支机构、总机构、跨市县分支机构、跨市县总机构），企业所得税待分配收入，省以下企业所得税待分配收入，企业所得税税款滞纳金、罚款、加收利息收入等。

改革开放初期，内资、外资企业实行两种不同的所得税法规。由于内资、外资企业名义税率和优惠待遇不同，实际税收负担率存在较大的差异，内资企业为25%左右，外资企业仅11%左右，在统一的市场下使内资企业长期处于非公平竞争的地位。加入世界贸易组织以后，我国按照世界贸易组织规则的非歧视原则统一内资、外资企业所得税法，实行"两税合一"。经多年的酝酿和论证，2007年我国制定《中华人民共和国企业所得税法》，2018年进行修订。目前，我国企业所得税的税率为25%。

同时，国家也通过退税、减免税等优惠政策方式，对重点扶持和鼓励发展的产业和项目给予企业所得税优惠，如从事农、林、牧、渔业项目的所得，从事国家重点扶持的公共基础设施项目投资经营的所得，从事符合条件的环境保护、节能节水项目的所得，符合条件的技术转让所得免征所得税；国家需要重点扶持的高新技术企业，减按15%的税率征收企业所得税；创业投资企业从事国家需要重点扶持和鼓励的创业投资，可以按投资额的一定比例抵扣应纳税所得额等。

2. 个人所得税

个人所得税是对个人的所得征收的一种所得税。目前在一般公共预算收入科目中，我国个人所得税下设四项：个人所得税，个人所得税汇算清缴退税，个人所得税代扣代缴手续费退库，个人所得税税款滞纳金、罚款、加收利息收入。

1980年9月，我国审议通过了《个人所得税法》。此后，经过多次修订，2018年8月第七次修订形成了现行的《个人所得税法》，标志着我国个人所得税制度逐步走向法制化、科学化、规范化和合理化。现行《个人所得税法》的主要内容：

第一，个人所得税的课征对象是个人所得，包括：（1）工资、薪金所得；（2）个体工商户的生产、经营所得；（3）对企事业单位的承包经营、承租经营所得；（4）劳务报酬所得；（5）稿酬所得；（6）特许权使用费所得；（7）利息、股息、红利所得；（8）财产租赁所得；（9）财产转让所得；（10）偶然所得；（11）经国务院财政部门确定征税的其他所得。

第二，个人所得税规定了三种不同的税率。综合所得（工资、薪金所得，劳务报酬所得，稿酬所得，特许权使用费所得）适用7级超额累进税率，按月应纳税所得额计算征税，最高一级为45%，最低一级为3%。个体工商户的生产、经营所得和对企事业单位的承包经营、承租经营的全年应纳税所得适用5级超额累进税率，按年计算、分月预缴税款，最低一级为5%，最高一级为35%。对个人的利息、股息、红利所得，财产租赁所得，财产转让所得，偶然所得和其他所得，按次计算征收个人所得税，适用20%的比例税率。

第三，应纳税所得额＝月度收入－5000元（起征点）－专项扣除（"三险一金"等）－专项附加扣除－依法确定的其他扣除。个税专项附加扣除项目包括子女教育、继续教育、大病医疗、住房贷款利息或者住房租金、赡养老人等支出。

六、财产税

财产税是对纳税人拥有或支配的应税财产征收的一类税收的总称。可分为两大类：一类是对财产的所有者或者占有者课税，另一类是对财产的转移课税。财产税的主要特征有：第一，土地、房屋等不动产位置固定，标志明显，作为课税对象具有收入上的可靠性和稳定性。第二，纳税人的财产情况，一般当地政府较易了解，适宜由地方政府征收管理。第三，以财产所有者为纳税人，对于调节各阶层收入、促进财产的有效利用，有特殊的功能。

我国现行的具有对财产课税性质的税种有房产税、土地增值税、车船税、船舶吨税、契税等。

(一) 房产税

房产税是对规定的房产征收的一种税收，由地方税务局负责征收管理，所得收入归地方政府所有。目前在一般公共预算收入科目中，我国房产税下设八项：国有企业房产税，集体企业房产税，股份制企业房产税，联营企业房产税，港澳台和外商投资企业房产税，私营企业房产税，其他房产税，房产税税款滞纳金、罚款收入。其中，其他房产税反映对其他单位和个人征收的房产税。

1986年9月，国务院发布《房产税暂行条例》，从当年10月1日开始实施。房产税的纳税人包括房屋产权的所有人和房产的经营管理单位、承典人、代管人、使用人。房地产的计税依据是房产余值和房屋租金收入，房产余值为房产原值一次性减除10%~30%费用后的余额，依照房产余值计算纳税，税率为1.2%，依据房产租金计算纳税的，税率为12%。房产税实行按年计算，分期预缴的方法。但由于多种原因，房产税从颁布之日起，对居住性房产和非商业用途的商业房产一直没有征收。直到2011年1月，才在上海、重庆对部分个人住房开展房产税征收试点。

(二) 土地增值税

土地增值税是指转让国有土地使用权、地上的建筑物及其附着物并取得收入的单位和个人，以转让所取得的收入包括货币收入、实物收入和其他收入减去法定扣除项目金额后的增值额为计税依据向国家缴纳的一种税负，不包括以继承、赠与方式无偿转让房地产的行为。

我国的土地增值税是一种财产税，但按其课征对象则属于所得税的性质。目前在一般公共预算收入科目中，我国土地增值税下设八项：国有企业土地增值税，集体企业土地增值税，股份制企业土地增值税，联营企业土地增值税，港澳台和外商投资企业土地增值税，私营企业土地增值税，其他土地增值税，土地增值税税款滞纳金、罚款收入。其中，其他土地增值税反映对其他单位和个人征收的土地增值税。

1993年，国务院发布《土地增值税暂行条例》，自1994年1月1日起对转让国有土地使用权、地上建筑物及附着物的单位和个人征收土地增值税。1998年，我国进行房地产市场化改革，房地产成为国民经济的支柱产业。国家出台规定，从1999年8月1日开始，对居民个人拥有的普通住宅，在转让时暂免征收土地增值税；赠送、继承、房屋互换等情况，同样免征土地增值税。之后，所有个人拥有的住宅性质房屋，买卖时也免征土地增值税。目前，房地产企业仍是缴纳土地增值税的主力。

(三) 车船税

车船税是指对在中国境内应依法到公安、交通、农业、渔业、军事等管理部门办理登记的车辆、船舶，根据其种类，按照规定的计税依据和年税额标准计算征收的一种财产税。

（四）船舶吨税

船舶吨税又称吨税，是指海关对外国籍船舶航行进出本国港口时，按船舶净吨位征收的一种税。

（五）契税

契税是对被转移的不动产（如土地、房屋）产权权属征收的一种税收。

七、资源税

资源税是以各种应税自然资源为课税对象，为了调节资源级差收入并体现国有资源有偿使用而征收的一种税。目前在一般公共预算收入科目中，我国资源税下设四项：海洋石油资源税，水资源税收入，其他资源税，资源税税款滞纳金、罚款收入。

我国于1984年10月开征资源税，征收范围包括原油、煤炭、金属矿产品和非金属矿产品。1994年税制改革后资源税的征税范围包括所有矿产资源，征税品目有原油、天然气、煤炭、其他非金属矿原矿、黑色金属矿原矿、有色金属矿原矿和盐。资源税实行按产品类别从量定额计算征税的办法，设置上下限的幅度税额。2010年6月，我国启动新疆矿产资源税改革试点，明确扩大范围，从价计征，提高税率。2016年7月1日起全面推进资源税改革。2019年8月，我国通过了首部资源税法。

资源税法主要有三个方面的变化：一是统一税目。对税目进行统一的规范，将当前所有的应税产品在资源税法中列明，所列税目达164个，涵盖已经发现的所有矿种和盐。二是调整具体税率确定的权限。资源税法按不同的资源税目分别实行固定税率和幅度税率，实行固定税率的包括原油、天然气、中重稀土9个税目，其他155个税目实行幅度税率。对实行幅度税率的资源，按照落实税收法定原则的要求，明确其具体的适用税率由省级人民政府提出，报同级人大常委会决定。三是规范减免税政策。资源税法授权国务院对有利于资源节约集约利用、保护环境等情形可以规定减免资源税。

八、行为税

行为税是以纳税人的特定行为为征税对象而课征的一种税。具有税种多、税源分散，政策性强、调解范围明确，税负直接、难以转嫁，稳定性较差等特点。目前我国行为税的主要税种有车辆购置税、耕地占用税、印花税、环境保护税等。

（一）车辆购置税

车辆购置税是对购置车辆征收的一种税收，由国家税务局负责征收管理，所得收入归中央政府所有，专门用于交通事业建设。车辆购置税的纳税人包括在中国境内购置规定车辆的国有企业、集体企业、私营企业、外商投资企业和事业单位、社会团体、国家机关和其他个人等。征收范围包括汽车、摩托车、电车、挂车、农用运输车等。车辆购置税按照规定的应税车辆计税价格和适用税率计算应纳税额，其计算公式为计税价格乘以适用税率。同时，国家还规定了一些项目可以免征或减征车辆购置税，包括：外国驻华使馆和外交代表自用车辆，中国人民解放军和武警部队列入武器装备订货计划的车辆等。

目前在一般公共预算收入科目中，我国车辆购置税下设两项：车辆购置税，车辆购置税税款滞纳金、罚款收入。

（二）耕地占用税

耕地占用税是在全国范围内对占用农用耕地建房或从事其他非农产业建设的单位和个人按照规定税额一次性征收的税种。耕地占用税的纳税人是在中国境内占用农用耕地建房或从事其他非农产业建设的企事业单位、国家机关、个体经营者和其他个人。在某些情况下，外商投资企业也应缴纳耕地占用税。耕地占用税采用定额税率，以县为单位，按人均耕地多少，规定幅度差别税额。耕地占用税以纳税人实际占用的耕地面积为计税依据，从量定额征收。耕地占用税在占用耕地建房或从事其他非农产业建设行为时一次征收。

目前在一般公共预算收入科目中，我国耕地占用税下设三项：耕地占用税，耕地占用税退税，耕地占用税税款滞纳金、罚款收入。

（三）印花税

印花税是对经济活动和经济交往中订立、使用和领受具有法律效力的凭证行为征收的一种税。印花税由国家税务局和地方税务机关负责征收管理，所得收入归中央政府和地方政府共享。印花税的纳税人是在我国境内订立、使用和领受应税凭证的单位和个人。应当缴纳印花税的凭证有五类，即购销、加工承揽、财产租赁、货物运输、财产保险和具有合同性质的凭证；产权转移书据；营业账簿；权利、许可证照；经财政部确定征税的其他凭证。印花税的计税依据是按凭证所载金额和按件征收两种，税率分别实行比例税率和定额税率。应纳税额计算公式为应纳税凭证记载的金额或应纳税凭证的件数乘以适用税率或适用税额标准。

在一般公共预算收入科目中，我国印花税下设三项：证券交易印花税，其他印花税，印花税税款滞纳金、罚款收入。

（四）环境保护税

环境保护税是指主要针对在我国领域及管辖海域，直接向环境排放应税污染物的行为征税。2018年1月1日起，全国范围内正式开始征收环境保护税（前身为排污费），收入全部作为地方收入。开征环境保护税的主要目的不是取得财政收入，而是使排污单位承担必要的污染治理与环境损害修复成本,并通过"多排多缴、少排少缴、不排不缴"的税制设计,发挥税收杠杆的绿色调节作用,引导排污单位提升环保意识,减少污染物排放,助推生态文明建设。

目前在一般公共预算收入科目中,我国环境保护税下设两项:环境保护税,环境保护税税款滞纳金、罚款收入。

第三节 税收以外的财政收入

税收以外的财政收入主要包括非税收入、社会保险基金收入、债务收入和转移性收入。

一、非税收入

非税收入是指各级政府及所属部门和单位依法利用行政权力、政府信誉、国家资源、国有资产或提供特定公共服务征收、收取、提取、募集的除税收以外的财政收入。非税收入的适用性比较广泛。按照现行《预算法》,一般公共预算收入、政府性基金收入和国有资本经营收入中均包含非税收入。

(一) 非税收入的特征

相对于税收的强制性、固定性、无偿性,非税收入的特征是:

第一,灵活性。非税收入可以按照受益原则采取收费形式收取,也可以为特定项目筹集资金而采取各种基金形式收取,还可以为矫正外部效应而采取罚款形式收取等。有的非税收入,如三峡工程建设基金等有特殊用途的基金收入,具有明显的阶段性和时效性。此外,收取标准也灵活,如各地方可根据经济发展和气候条件,确定不同的排污费标准。

第二,不稳定性。非税收入是对特定的行为和其他特定的管理对象征收,会因该行为或该对象消失或剧减而随之变化,使其难以成为国家财政收入的主要来源,因而其征收目的并不是筹集财政资金。

第三,非普遍性。非税收入和社会管理职能结合在一起,有特定的管理对象和收费对象。

第四,部分资金使用上的特定性。非税收入的使用经常与其收入来源挂钩。如行政事业性收费收入应用于补偿使用政府提供的公共服务的成本,罚没收入往往用于补偿外部负效应,国有资产与资源收益原则上应用于国有资产的营运和国有资源的开发利用等。

专栏 13-2　非税收入的演变

围绕概念与范围，非税收入的演变史可分为起步探索、全面管理、纳入预算三个阶段。

第一阶段：起步探索期可追溯到 21 世纪初。2001 年 12 月，国务院办公厅转发了财政部《关于深化收支两条线改革进一步加强财政管理意见的通知》（国办发〔2001〕93 号），第一次将纳入预算管理的原"预算外资金"称为非税收入。2003 年 5 月财政部、国家发展和改革委员会、监察部、审计署发布的《关于加强中央部门和单位行政事业性收费等收入"收支两条线"管理的通知》（财综〔2003〕29 号）文件中，第一次对"非税收入"概念提出了一个较明确的界定："中央部门和单位按照国家有关规定收取或取得的行政事业性收费、政府性基金、罚款和罚没收入、彩票公益金和发行费、国有资产经营收益、以政府名义接受的捐赠收入、主管部门集中收入等属于政府非税收入。"这种从"预算外资金"到"非税收入"的转变，标志着我国在建立公共财政体系、规范政府收入机制上认识的深化。

第二阶段：历经 4 年探索，步入非税收入全面管理的新时期。2004 年 8 月，财政部发布《关于加强政府非税收入管理的通知》（综合〔2004〕53 号），宣告预算外资金管理时期结束，全面进入非税收入管理的新时代。该通知指出"政府非税收入是指除税收以外，由各级政府、各级机关、事业单位、代行政府职能的社会团体及其他组织依法利用政府权力、政府信誉、国家资源、国有资产或提供特定公共服务、准公共服务取得并用于满足社会公共需要或准公共需要的财政资金。"同时指出："政府非税收入管理范围包括：行政事业性收费、政府性基金、国有资源有偿使用收入、国有资产有偿使用收入、国有资本经营收益、彩票公益金、罚没收入、以政府名义接受的捐赠收入、主管部门集中收入以及政府财政资金产生的利息收入等。"此外，还将国有资源和国有资产有偿使用收入、应缴财政资金产生的利息收入等纳入非税收入管理范畴，为全面规范非税收入管理奠定了坚实的政策基础。

第三阶段：进一步完善制度体系，逐步纳入财政预算管理。2016 年 3 月，财政部《关于印发政府非税收入管理办法的通知》（财税〔2016〕33 号）对非税收入的设立、征收、资金管理等作出全面规定，新增特许经营收入、中央银行收入等，并明确"非税收入是政府财政收入的重要组成部分，应当纳入财政预算管理"。还更新了非税收入概念："指除税收以外，由各级国家机关、事业单位、代行政府职能的社会团体及其他组织依法利用国家权力、政府信誉、国有资源（资产）所有者权益等取得的各项收入。"具体范围包括：行政事业性收费收入；政府性基金收入；罚没收入；国有资源（资产）有偿使用收入；国有资本收益；彩票公益金收入；特许经营收入；中央银行收入；以政府名义接受的捐赠收入；主管部门集中收入；政府收入的利息收入；其他非税收入等。

(二) 一般公共预算中的非税收入

一般公共预算收入中的非税收入包括八款：分别为专项收入、行政事业性收费收入、罚没收入、国有资本经营收入、国有资源（资产）有偿使用收入、捐赠收入、政府住房基金收入、其他收入。具体科目及定义如表13-3所示。

表13-3　　　　　　　　　一般公共预算中的非税收入科目明细

科目代码				说明
类	款	项	目	
103 非税收入	02 专项收入	教育费附加收入、铀产品出售收入、三峡库区移民专项收入、场外核应急准备收入、地方教育附加收入、文化事业建设费收入、残疾人就业保障金收入、教育资金收入、农田水利建设资金收入、森林植被恢复费、水利建设专项收入、油价调控风险准备金收入、专项收益上缴收入、其他专项收入	略	反映纳入一般公共预算管理的有专项用途的非税收入。
	04 行政事业性收费收入	按收费单位及事由分，包括公安行政事业性收费收入、法院行政事业性收费收入、司法行政事业性收费收入、外交行政事业性收费收入等	略	反映依据法律、行政法规、国务院有关规定、国务院财政部门会同价格主管部门共同发布的规章或者规定以及省、自治区、直辖市的地方性法规、政府规章或者规定，省、自治区、直辖市人民政府财政部门会同价格主管部门共同发布的规定所收取的各项收费收入。
	05 罚没收入	一般罚没收入、缉私罚没收入、缉毒罚没收入、罚没收入退库	略	反映执法机关依法收缴的罚款（罚金）、没收款、赃款，没收物资、赃物的变价款收入。
	06 国有资本经营收入	利润收入、股利股息收入、产权转让收入、清算收入、国有资本经营收入退库、国有企业计划亏损补贴、烟草企业上缴专项收入、其他国有资本经营收入	略	反映各级人民政府及其部门、机构履行出资人职责的企业（即一级企业）上缴的国有资本收益。
	07 国有资源（资产）有偿使用收入	海域使用金收入、场地和矿区使用费收入、特种矿产品出售收入、专项储备物资销售收入、利息收入、非经营性国有资产收入、矿产资源专项收入、排污权出让收入、水资源费收入等	略	反映有偿转让国有资源（资产）使用权而取得的收入。

续表

科目代码				说明
类	款	项	目	
103 非税收入	08 捐赠收入	国外捐赠收入、国内捐赠收入	略	反映按《财政部关于加强非税收入管理的通知》(财综〔2004〕53号)规定以政府名义接受的捐赠收入。
	09 政府住房基金收入	上缴管理费用、计提公共租赁住房资金、公共租赁住房租金收入、配建商业设施租售收入、其他政府住房基金收入	略	反映按《住房公积金管理条例》等规定收取的政府住房基金收入。
	99 其他收入	主管部门集中收入、免费商品特许经营费收入、基本建设收入、差别电价收入、债务管理收入、南水北调工程基金收入、其他收入	略	反映除上述各款收入以外的其他收入。

资料来源:《2020年政府收支分类科目》。

（三）政府性基金中的非税收入

政府性基金中非税收入包括两款,分别为政府性基金收入和专项债券对应项目专项收入。政府性基金收入是指各级政府及其所属部门根据法律、行政法规规定并经国务院或财政部批准,向公民、法人和其他组织征收的政府性基金,以及参照政府性基金管理或纳入基金预算、具有特定用途的财政资金,包括农网还贷资金收入、铁路建设基金收入、民航发展基金收入等项目。专项债券对应项目专项收入反映地方政府专项债券对应项目形成、可用于偿付专项债券本息的经营收入,包括港口建设费专项债务对应项目专项收入、国家电影事业发展专项资金专项债务对应项目专项收入、国有土地使用权出让金专项债务对应项目专项收入等项目。

（四）国有资本经营收入中的非税收入

国有资本经营收入中的非税收入,是指经营、使用国有财产等取得的非税收入,其与一般公共预算非税收入中的国有资本经营收入既相互联系又存在一定差异。从定义上看,两者均反映各级人民政府及其部门、机构履行出资人职责的企业（即一级企业）上缴的国有资本收益,体现了国家以国有资本所有者身份取得的收益,包括利润收入、股利股息收入、产权转让收入、清算收入和其他国有资本经营预算收入等内容。从功能上看,国有资本经营收入是衔接一般公共预算收入与国有资本经营预算收入之间的桥梁,方便根据实际需要在两类预算中调节资金。从用途上看,一般公共预算非税收入中的国有资本经营收入用于满足一般公共预算支出的需要,而国有资本经营收入中的非税收入是用于国有资本的再投入、扩大投资,包括对新建项目的资本金投入、向不同所有制企业参股控股、对国家鼓励发展的建设项目予以贴息等。

二、社会保险基金收入

社会保险基金是国家为实施各项社会保险计划而建立起来的,用于保障受保人在年老、疾病、失业、伤残、生育等情况下基本生活和基本医疗康复所需的资金。

我国社会保险基金采用统筹的方式进行管理。统筹就是在社会范围内对社会保险基金的来源和用途作出统一的规定、计划和安排,以发挥社会保险的功能,促进保险基金的保值和增值的一种基金管理制度,或基金管理方式。社会保险基金有三种统筹方式:一是现收现付式,又称统筹分摊式或年度评估式。先对近期(一年或几年)社会保险基金需求量进行预测,按照以收定支的原则,将基金按比例分摊给企业和劳动者。按照这种方式,所筹集的基金与同期的保险金支出基本平衡。二是半积累式,又称部分基金式或混合式,是指在现收现付式的基础上,按收大于支、略有结余的原则,按比例征收企业的投保费用。其收大于支的部分基金用于转投经营,进行保值和增值。这是目前采用较多的一种筹资方式。三是完全积累式,又称全基金式,是指对被保险群体的生命过程和劳动风险及其影响因素进行远期预测,在此基础上计算出被保险人在保险期内所需保险金开支总和,然后按一定比率分摊到就业期的每一个年度,投保人按比率逐月缴纳保险费,同时将积累的保险基金有计划地转投经营,使其保值增值。

社会保险基金收入主要来源于企业和投保人依法缴纳的社会保险费和社会滞纳金,社会保险基金的增值性收入,政府投入资金以及各种捐赠收入等。《2020年政府收支分类科目》中,我国社会保险基金收入科目下设九个子款:企业职工基本养老保险基金收入、失业保险基金收入、职工基本医疗保险基金收入、工伤保险基金收入、城乡居民基本养老基金收入、机关事业单位基本养老保险基金收入、城乡居民基本医疗保险基金收入、国库待划转社会保险费利息收入和其他社会保险基金收入。

(一)基本养老保险收入

基本养老保险与失业保险、基本医疗保险、生育保险、工伤保险等共同构成现代社会保险制度,并且是社会保险制度中最重要的险种。

基本养老保险是国家根据法律、法规的规定,强制建立和实施的一种社会保险制度。在这一制度下,用人单位和劳动者必须依法缴纳养老保险费,在劳动者达到国家规定的退休年龄或因其他原因而退出劳动岗位后,社会保险经办机构依法向其支付养老金等待遇,从而保障其基本生活。目前我国的基本养老保险基金包括企业职工基本养老保险基金、城乡居民基本养老基金和机关事业单位基本养老保险基金。

相应地基本养老保险收入也分为三类,即企业职工基本养老保险基金收入、城乡居民基本养老基金收入和机关事业单位基本养老保险基金收入。

基本养老保险收入主要包括五个子项:(1)基本养老保险费(或缴费)收入,反映参加基本养老保险的单位和个人缴纳的基本养老保险费,以及财政代困难人员代缴纳的收入;(2)基本养老保险基金财政补贴(或补助)收入,反映财政对基本养老保险基金的补贴收入,以及财政对基本养老保险基金的缺口补助;(3)基本养老保险基金利息收入,反映基本养老保险基金获得的利息收入;(4)基本养老保险基金委托投资收益,反映该类保险基金委托投资获得的收益;(5)其他收入,反映基本养老基金的如滞纳金、罚款和其他方式获得的收入。此外,在城乡居民基本养老保险收入中除包括以上五项外,还包括基本养老保险基金集体补助收入,主要反映集体经济组织对参保居民个人缴费基于的补贴收入,以及其他经济组织、社会公益组织、个人为参保人缴费提供资助的收入。

这里要说明的是,委托投资收益是基本养老保险基金特有的收入来源。《基本养老保险基金投资管理办法》规定:"各省、自治区、直辖市养老基金结余额,可按照本办法规定,预留一定支付费用后,确定具体投资额度,委托给国务院授权的机构进行投资运营……委托人、受托机构、托管机构、投资管理机构因养老基金资产的管理、运营或者其他情形取得的财产和收益归入养老基金资产,权益归养老基金所有。"基本养老保险基金的投资范围包括银行存款、中央银行票据、同业存单;国债,政策性、开发性银行债券,信用等级在投资级以上的金融债、企业(公司)债、地方政府债券、可转换债(含分离交易可转换债)、短期融资券、中期票据、资产支持证券,债券回购;养老金产品,上市流通的证券投资基金,股票,股权,股指期货,国债期货等境内金融工具,也可以参与与国有重点企业改制、上市、国家重大工程和重大项目建设有关的投资。

(二)失业保险基金收入

失业保险是指国家通过立法强制实行的,由用人单位、职工个人缴费及国家财政补贴等渠道筹集资金建立失业保险基金,对因失业而暂时中断生活来源的劳动者提供物质帮助以保障其基本生活,并通过专业训练、职业介绍等手段为其再就业创造条件的制度。失业保险基金收入包括保险费收入、财政补贴收入、利息收入和滞纳金、罚款等其他收入。

(三)基本医疗保险基金收入

基本医疗保险是为补偿劳动者因疾病风险造成的经济损失而建立的一项社会保险制度。通过用人单位和个人缴费,建立医疗保险基金,参保人员患病就诊发生医疗费用后,由医疗保险经办机构给予一定的经济补偿,以避免或减轻劳动者因患病、治疗等所带来的经济风险。

我国基本医疗保险基金收入主要包括职工基本医疗保险基金收入和城乡居民基本医疗保险基金收入。其中，职工基本医疗保险基金收入反映与职工医保和生育保险有关的各项收入，主要包括基本医疗保险费收入、基本医疗保险基金财政补贴收入、基本医疗保险基金利息收入和其他收入（如滞纳金、罚款等）；城乡居民基本医疗保险基金收入反映与城镇基本医疗个人缴费、集体扶持、城乡医疗救助资助参保等有关的收入，主要包括城乡居民基本医疗保险基金缴费收入、财政补贴收入、利息收入和其他收入。目前尚未整合的新型农村合作医疗基金、城镇居民基本医疗保险基金也包含在这一类别中。

（四）工伤保险基金收入

工伤保险是指劳动者在工作中或在规定的特殊情况下，遭受意外伤害或患职业病导致暂时或永久丧失劳动能力以及死亡时，劳动者或其遗属从国家和社会获得物质帮助的一种社会保险制度。工伤保险基金收入包括保险费收入、财政补贴收入、利息收入和滞纳金、罚款等其他收入。

（五）国库待划转社会保险费利息收入

国库待划转社会保险费利息收入反映中国人民银行国库待划转财政专户的社会保险费计息产生的利息收入。

（六）其他社会保险基金收入

其他社会保险基金收入指除上述以外的基本社会保险基金收入。从核算科目上看，主要包括三个子项，即其他社会保险基金收入、财政补贴收入和其他收入（包括利息收入、滞纳金、罚款和其他收入）。这一科目的设立，主要是考虑不重不漏的核算原则，未来随着社会保险的发展，社会保险基金收入可能会发生一些变化，或增加也可能会减少。

三、债务收入

债务收入是指政府通过举债形成的收入，在我国主要包括国债、特别国债、地方政府一般债券、地方政府专项债券、国外发债或借款等。按照现行《预算法》，一般公共预算收入和政府性基金收入中均包含债务收入。

（一）一般公共预算中的债务收入

一般公共预算中的债务收入包括中央政府债务收入和地方政府一般债务收入。2014年修订的《预算法》允许地方政府适度举债，并实行限额管理。同年国务院《关于加强地方政府性债务管理的意见》进一步明确，没有收益的公益性事业发展确需政府举借一般债务的，由地方政府发行一般债券融资，主要以一般公共预算收入偿还。一般公共预算中的债务收入的具体科目及定义如表13-4所示。

表13-4　　　　　　　　一般公共预算中的债务收入科目明细

科目代码				说明
类	款	项	目	
105 债务收入	03 中央政府债务收入			反映中央政府取得的债务收入。
		01 中央政府国内债务收入		反映中央政府从国内取得的债务收入。
		02 中央政府国外债务收入		反映中央政府从国外或境外取得的债务收入。
			01 中央政府境外发行主权债券收入	反映中央政府在境外发行本外币主权债券取得的收入。
			02 中央政府向外国政府借款收入	反映中央政府向外国政府借款的收入。
			03 中央政府向国际组织借款收入	反映中央政府向国际金融组织和联合国各基金组织借款的收入。
			04 中央政府其他国外借款收入	反映除上述项目以外中央政府向国外借款取得的收入。
	04 地方政府债务收入			反映地方政府取得的债务收入。
		01 一般债务收入		反映地方政府取得的一般债务收入。
			01 地方政府一般债券收入	反映地方政府取得的一般债券收入。
			02 地方政府向外国政府借款收入	反映地方政府通过中央政府直接转贷或委托银行转贷向外国政府借款的收入。
			03 地方政府向国际组织借款收入	反映地方政府通过中央政府直接转贷或委托银行转贷向国际金融组织和联合国各基金组织借款的收入。
			04 地方政府其他一般债务收入	反映地方政府取得的其他一般债务收入。

资料来源：《2020年政府收支分类科目》。

（二）政府性基金中的债务收入

政府性基金中的债务收入包括中央政府债务收入和地方政府专项债务收入。目前，前者是指中央政府取得的抗疫特别国债收入，后者是指地方政府通过发行专项债券筹措的收入，如地方政府专项债券。

2014年国务院《关于加强地方政府性债务管理的意见》指出："有一定收益的公益性事业发展确需政府举借专项债务的，由地方政府通过发行专项债券融资，以对应的政府性基金或专项收入偿还。"专项债务收入被纳入政府性基金预算收入管理，其收入应当用于公益性资本支出，不得用于经常性支出。专项债券的发行主体为省级政府，这项收入一般只存在于省级财政政府性基金预算平衡表。地方政府专项债务实行限额管理，新增限额与地区财力直接挂钩。目前，现有的政府性基金中的地方政府专项债务收入包括国有土地使用权出让金债务收入、城市基础设施配套费债务收入、污水处理费债务收入、政府收费公路专项债券收入、棚户区改造专项债券收入、车辆通行费债务收入等共16项。

四、转移性收入

转移性收入是指政府间的转移支付以及不同性质资金之间的调拨收入，适用性最为广泛。按照现行《预算法》，四类预算收入中均包含转移性收入。

（一）一般公共预算中的转移性收入

一般公共预算收入中，转移性收入分为9类：返还性收入、一般性转移支付收入、专项转移支付收入、上解收入、上年结余收入、调入资金、债务转贷收入、接受其他地区援助收入、动用预算稳定调节基金。具体科目及定义如表13-5所示。其中，返还性收入、一般性转移支付收入和专项转移支付收入反映的都是上级政府对下级政府的资金支持。其中，一般性转移支付和专项转移支付收入主要是为弥补财政实力薄弱地区的财力缺口，均衡地区间财力差距，实现地区间基本公共服务均等化，由上级政府安排给下级政府的补助资金。经济相对落后的地区对转移性收入的依赖性相对较高。

表13-5　　　　　　　　一般公共预算中的转移性收入科目明细

科目代码				说明
类	款	项	目	
110 转移性收入	01 返还性收入	所得税基数返还收入、成品油税费改革税收返还收入、增值税税收返还收入等7项	略	反映下级政府收到上级政府的返还性收入。
	02 一般性转移支付收入	体制补助收入、均衡性转移支付收入、县级基本财力保障机制奖补资金收入、结算补助收入等35项	略	反映政府间一般性转移支付收入。
	03 专项转移支付收入	一般公共服务、外交、国防等21项	略	反映政府间专项转移支付收入。

续表

类	科目代码 款	项	目	说明
	06 上解收入	体制上解收入、专项上解收入	略	反映上级政府收到下级政府的上解收入。
	08 上年结余收入		略	反映各类资金的上年结余。
	09 调入资金	调入一般公共预算资金	略	反映不同预算资金之间的调入收入。
	11 债务转贷收入	地方政府一般债务转贷收入	略	反映下级政府收到的上级政府转贷的债务收入。
110 转移性收入	13 接受其他地区援助收入	无	无	反映受援方政府接受的可统筹使用的各类援助、捐赠等资金收入。该科目反映的是以受援方政府名义接收的、援助方政府安排且没有限定用途的公共预算援助资金。该科目使用主体为各级财政部门，其他部门不得使用；反映的内容为一般公共预算资金，其他性质的资金不在本科目反映。对于援助方政府按照国家统一要求安排的对口援助西藏、新疆、青海藏区的支出，受援方政府不在本科目反映。
	15 动用预算稳定调节基金	无	无	反映用于弥补收支缺口的预算稳定调节基金。

资料来源：《2020 年政府收支分类科目》。

（二）政府性基金中的转移性收入

这部分转移性收入包括政府性基金转移收入、上年结余收入、调入资金和债务转贷收入四类内容。其中，政府性基金转移收入是政府性基金预算收入的特有项目，可进一步分为政府性基金补助收入和政府性基金上解收入。政府性基金补助收入反映下级政府收到的上级政府性基金补助收入。政府性基金上解收入反映上级政府收到的下级政府性基金上解收入。

（三）国有资本经营收入中的转移性收入

这部分转移性收入包括国有资本经营预算转移支付收入和国有资本经营预算上解收入。国有资本经营预算转移支付收入反映下级政府收到上级政府的国有资本经营预算转移支付收入。国有资本经营预算上解收入反映上级政府收到的下级政府国有资本经营预算上解收入，包括由国库在本级预算收入中直线划解给上级财政的款项、结算补解给上级财政的款项和各种专项上解款项。

(四) 社会保险基金收入中的转移性收入

这部分转移性收入包括上年结余收入、社会保险基金上解下拨收入和社会保险基金转移收入。社会保险基金上解下拨收入包括社会保险基金上级补助收入和下级上解收入，前者反映下级政府收到的上级政府拨付的社会保险基金收入，后者反映上级政府收到的下级政府上解的社会保险基金收入。社会保险基金转移收入反映社会保险参保对象跨统筹地区或跨制度流动而划入的社会保险基金，是中央与地方共用科目。

第四节 预算法中对财政收入的分类

现行《预算法》规定，我国的财政预算包括一般公共预算、政府性基金预算、国有资本经营预算和社会保险基金预算。一般公共预算、政府性基金预算、国有资本经营预算和社会保险基金预算应当保持完整、独立。相应地，财政收入也可以依此分为一般公共预算收入、政府性基金收入、国有资本经营收入和社会保险基金收入。

一、预算法中的四类财政收入

(一) 一般公共预算收入

一般公共预算收入是指各级政府及其所属部门根据法律、行政法规规定获取的收入，其主体是税收收入。按照管理权属，一般公共预算收入可分为中央一般公共预算收入和地方一般公共预算收入。中央一般公共预算收入包括中央本级收入和地方向中央的上解收入，地方一般公共预算收入包括地方本级收入、上级政府对本级政府的税收返还和转移支付、下级政府对本级政府的上解收入。

按照收入类型分，一般公共预算收入可分为税收收入、非税收入、债务收入和转移性收入。

(二) 政府性基金收入

政府性基金收入是指各级政府及其所属部门根据法律、行政法规规定并经国务院或财政部批准，在一定期限内向特定对象征收、收取或者以其他方式筹集的资金，以及参照政府性基金管理或纳入基金预算、具有特定用途的财政资金。政府性基金收入预算需要按基金项目编制，并作为确定支出规模的依据。

按照收入类型分,政府性基金收入可分为非税收入、债务收入和转移性收入。

政府性基金收入具有以下特点:一是非补偿性。政府性基金是政府凭借行政权力强制、无偿征收,与税收性质接近,具有"准税收"性质。二是专款专用性。政府性基金所筹资金一般只能用于支持特定项目的公共事业发展,具有"专款专用"的特点。三是临时性。政府性基金往往是在政府财政资金不足以支持特定项目的公共事业发展,必须通过其他方式筹资时临时设立的。一般都有明确的征收年限,期满后收费项目自动失效。

(三) 国有资本经营收入

国有资本经营收入是各级人民政府及其部门、机构根据法律、行政法规和国务院的规定,履行出资人职责,由企业(一级企业)上缴的国有资本收益,体现了国家以国有资本所有者身份取得的收益。

按照收入类型分,国有资本经营收入可分为非税收入和转移性收入。

(四) 社会保险基金收入

按照《预算法》的定义,广义的社会保险基金收入是指各级政府及其所属部门根据法律、行政法规和国务院的规定,由社会保险缴款、一般公共预算安排和其他方式筹集资金形成的收入,包括狭义的社会保险基金收入、非税收入和转移性收入。狭义的社会保险基金收入仅包括政府社会保险基金的各项收入。这部分收入需要按照统筹层次和社会保险项目分别编制。

二、四类财政收入之间的衔接

《预算法》规定,政府性基金预算、国有资本经营预算和社会保险基金预算应当与一般公共预算相衔接,各级政府应当建立跨年度预算平衡机制。

(一) 四类财政收入之间的横向衔接

各类财政收入之间的横向衔接,主要是通过转移性收入中的调入/调出资金和动用预算稳定调节基金科目衔接的。

一般公共预算收入的调入资金科目下,分别设有从政府性基金预算调入一般公共预算、从国有资本经营预算调入一般公共预算和从社会保险基金预算调入一般公共预算科目,实现一般公共预算收入与其他三类财政资金之间的衔接。政府性基金收入中的调入政府性基金预算资金科目反映从其他财政收入中调入政府性基金的资金。社会保险基金收入中的社会保险基金上解下拨收入科目反映社会保险基金收到的上级补助和下级上解收入。按照复式记账原则,政府性基金支出和国有资本经营支出中的调出资金科目,反映从政府性基金预算和国有资本经营预算调出的资金。

一般公共预算收入中的动用预算稳定调节基金科目,反映用于弥补收支缺口的预算稳定调节基金。按照财政部《预算稳定调节基金管理暂行办法》，预算稳定调节基金来自一般公共预算和政府性基金预算中符合条件的资金。

(二) 四类财政收入之间的纵向衔接

《预算法》规定，国有资本经营预算应当按照收支平衡的原则编制，不列赤字，并安排资金调入一般公共预算。因此，国有资本经营预算无须建立跨年度预算平衡机制，不存在相关收入的纵向衔接。

《预算法》还规定，各级政府上一年预算的结转资金，应当在下一年用于结转项目的支出；连续两年未用完的结转资金，应当作为结余资金管理。这适用于一般公共预算收入、政府性基金收入和社会保险基金收入。这些收入中，均在转移性收入中的上年结余收入科目，反映各类资金的上年结余情况，实现资金的纵向衔接。

本章小结

1. 财政收入是指政府为履行公共职能，满足公共支出需要，以法定方式筹集、纳入政府预算并支配的各种收入。政府在社会经济活动中提供公共物品与服务的范围和数量，在很大程度上取决于财政收入状况。

2. 2007年，我国政府按照科学标准和国际通行做法对收入分类进行大的调整，财政收入科目分设类、款、项、目四级，其中包括税收收入、社会保险基金收入、非税收入、贷款转贷回收本金收入、债务收入和转移性收入六类。

3. 税收原则是指导一国税制建立、发展和制定税收政策的准则或规范。任何国家的税收制度和税收政策都要建立在一定的税收原则基础上，具体包括税收法定原则、税收公平原则和税收效率原则。

4. 税收是国家普遍采用的取得财政收入的形式，具有强制性、无偿性和固定性。

5. 我国财政统计中的税收收入按具体的税种统计。以征税对象为标准，我国目前的税收分为五大类十八种：(1) 对流转额的征税，包括增值税、消费税和关税。(2) 对所得额的征税，如企业所得税、个人所得税。(3) 对财产的征税，如房产税、土地增值税、车船税、船舶吨税和契税。(4) 对资源的征税，如资源税、城镇土地使用税。(5) 对特定行为的征税，如城市维护建设税、印花税、车辆购置税、耕地占用税、烟叶税和环境保护税。

6. 非税收入是政府财政收入的重要组成部分，是指各级政府及所属部门和单位依法利用行政权力、政府信誉、国家资源、国有资产或提供特定公共服务征收、收取、提取、募集的除税收和政府债务收入以外的财政收入，具有灵活性、不稳定性、非普遍性和部分资金使用上的特定性。

7. 按财政预算编制与管理的方式，我国政府财政收入可分为四类：一般公共预算收入、政府性基金预算收入、国有资本经营预算收入、社会保险基金预算收入。每类财政收入依据情况分别下设非税收入、转移性收入、债务收入、社会保险基金收入。

本章重要概念

财政收入　财政收入的分类　税收原则　税的分类　流转税　所得税　财产税　资源税　行为税　直接税　间接税　地方税　中央税　中央地方共享税　增值税　消费税　关税　企业所得税　个人所得税　非税收入　转移性收入　债务收入　政府性基金收入　国有资本经营收入　社会保险基金收入

复习思考题

1. 国家的财政收入来源主要有哪些？
2. 我国财政收入主要有哪些分类？为什么要对财政收入进行不同角度的分类？
3. 税收的原则和基本特征是什么？
4. 税收有哪些不同的分类方法？目前，我国有哪些主要税种？
5. 除税收收入外，当前我国的财政收入还有哪些内容？非税收入的特征是什么？
6. 现行预算法中的四类财政收入是什么？不同类型的财政收入之间是如何衔接的？

第十四章
中国政府财政支出

本章先描述财政支出的范围及分类,然后在此基础上,详细介绍目前我国财政支出的功能分类、经济分类以及交叉分类的基本情况。

第一节 中国政府财政支出的范围及分类

一、财政支出范围的界定

认识政府财政支出需要首先界定财政支出的范围及分类。政府财政支出范围是指依据政府职能所确定的政府财政资金分配使用领域。财政支出也被称为政府支出或公共财政支出,是政府为履行其职能,将通过各种形式筹集到的财政收入由财政部门按照预算计划,向有关部门和方面作出支付的活动,是政府存在的经济基础。财政支出是财政收入的归宿,它与财政收入一起构成财政分配的闭环。财政支出体现了政府活动的范围和方向、重点及政策取向,而且反映着政府介入经济社会生活的广度和深度,是全体居民的共同利益的集中体现。同时,财政支出结构与市场经济发展休戚相关,调整公共财政支出结构是推进国家治理体系和治理能力现代化的重要途径。政府支出与政府提供公共商品、满足社会公共需要的过程是一致的,因此政府财政支出范围取决于政府职能的范围。据此,政府财政支出的范围可以界定为以下领域。

(一)政权建设领域

政权建设领域是指财政支出支持我国国家政权机关包括国家立法、行政、监察、审判、检察和国防等中央和地方各级国家机构以及驻外机构,对人民负责,受人民监督,行使社会管理及保卫国家安全等重要职能。由国家政权机关提供的公共服务为纯公共商品,无法通过市场交换方式补偿其耗费的成本,如日常发生各种经费、业务费、干部培训费等,必须以政府预算拨款的形式来保障其正常运转的资金需要。

在我国现行的政治制度下，依法成立的政党组织、政协常设机构及部分人民团体等，也由政府预算拨付资金以保证其开展正常活动所需的财力。

(二) 公共事业发展领域

公共事业发展领域是指财政支出支持满足全体社会成员"共同需要"的事业产品提供，我国政府财政支出所覆盖的公共事业发展领域可以分为两类：

一是提供纯公共品属性的事业发展领域，如义务教育、基础科学研究、卫生防疫、文物保护、图书馆和博物馆、通信广播、体育、地震预报预警、海洋公共服务等，它们提供的产品具有很强的收益外部性，私人难以承担相关建设和运营费用，只有政府出面组织建设运营，并由政府预算支出全额补贴，保证其正常运行。

二是提供半公共品属性的事业发展领域，如高等院校、应用基础研究单位、保护和弘扬民族文化遗产的特殊艺术团体等。它们提供的产品虽具有公共品的部分性质，但其发生的耗费也可以通过市场化方式向消费者收费获得部分补偿。政府预算支持对这类单位支持只是合理补贴其正常收入，不能抵补支出的资金差额。在我国，一些传统上由财政预算供给资金的事业单位，如职业技术学校、应用技术研究与开发单位、大众化的艺术表演团体、出版社、杂志社、社会中介机构等，由于其提供的产品属于具有排他性和竞争性的私人产品，所发生的耗费完全可以通过服务性收费来补偿并可获取利润。因此，随着供给侧结构性改革不断深入，按照分类推进事业单位改革的指导意见，提供半公共品属性的事业单位应合理有序退出政府预算支持，在市场竞争中求得生存和发展。

(三) 公共投资支出领域

公共投资支出领域是指由政府出于公共利益目的通过预算支出而进行的专项投资，主要针对非经营性、非竞争性以及对国家经济发展有重大战略影响的项目，通常由以下几个方面构成。

一是公共设施和基础设施，如道路、桥梁、机场、码头、水利设施、污染治理、环保工程、国防设施等。这类项目往往投资规模较大，具有显著的经济正外部性，难以产生直接经济收益并由私人部门完成，因此需要政府财政进行支持。

二是自然垄断产业，如铁路、邮政、供水、供电、供气等。这类产业具有规模收益递增和成本递减的特征，难以实现竞争性经营。若由市场调节，就会出现供给不足问题，降低乃至丧失配置效率，因此需要政府财政适度补贴投资。

三是高风险、高技术产业，首先是重大的先导性高技术产业，如航天、新能源、新材料等。此外，对发展中国家而言，由于私人部门的资本积累有限，对投资风险的承受能力不足，为扶持和促进资本积聚程度高、对改善经济结构和实现经济快速发展有重大影响的一些基础产业的发展，往往也需要进行由政府财政支持的公共投资活动，如矿产资源开发、能源建设、基本原材料生产等。

四是农业领域。农业在市场经济中属于弱质和风险较大的产业，并且农业的发展状况对社会经济的稳定有重大影响，因而农业投资也是公共投资的重要内容。政府需要扶持和保护农业发展，特别是加大对落后地区、环保项目和农业科技成果的推广、应用，支持农业公益性事业发展。

（四）再分配性转移支出领域

再分配性转移支出领域是指通过政府预算支出进行的收入分配调节，以保护社会分配公平、提高社会保障程度，通常以财政转移支付的形式安排。与收入分配调节有关的财政转移支付，主要包括以下两个层次：

一是公共财政体系内各级政府间转移支付。政府间转移支付是指在一定的预算管理体制下，一个国家的各级政府之间在既定的职责、支出责任和税收划分框架下财政资金的无偿拨付，包括上级政府对下级政府的各项补助，下级政府上解的收入、共享税的分配，发达地区对不发达地区的补助等。我国政府间的转移支付主要是着重解决各地方政府财政能力均等化和促进欠发达地区经济发展问题，如对收入水平较低地方的财政补助、对贫困地区的资金援助等。这类转移支付虽未构成政府预算对社会公众的直接支出，但它是合理配置公共资金，实现地区间均衡发展的重要手段。

二是政府预算对企业和居民的转移支付。对企业的转移支付主要是各种专项资金，这些资金是为了扶持和鼓励新兴产业和弱质产业的发展，以及弥补因公共定价政策造成的部分公共企业的亏损；对居民的转移支付主要是以社会保障为主的各类补贴、救济，如养老保险、失业保险、医疗保险、最低收入保障、灾害救济等。通过社会保障进行的收入分配调节，在公共财政体系中占有十分重要的地位，是政府发挥收入公平分配职能的重要内容，它使社会成员享有基本的生活权利和收入来源，有利于社会的稳定和经济的正常发展。

政府预算支出归根结底是为了满足社会公共需要，由于社会公共需要的范围和内容会随着社会经济的发展而不断变化，因此政府财政支出范围也在与时俱进不断优化调整。换句话说，在市场有效和市场失灵之间并非绝对的泾渭分明。政府财政支出的安排，应随着客观条件的变化而相应调整，但无论如何，在市场经济条件下，政府预算的支出范围应该逐步退出经营性领域，着重于市场失灵和低效的公共性领域，更好地促进市场发挥在资源配置中的基础性作用。

专栏 14-1 公共财政目标视角下的财政支出范围

从公共财政目标来看，财政支出的范围包括供给公共品、治理外部性、调控经济波动和调节收入分配四大领域，具体如下。

一是供给公共品。公共品最优供给的萨缪尔森定理认为，供给公共品的边际成本应该等于此公共品的所有消费者的边际收益之和。在竞争性均衡下，由于个体"搭便车"动机始终存在，私人市场无法实现公共品的有效供给。政府作为公民的代理，为实现最优公共品供给，需识别居民的公共品偏好，判断最优公共品供给水平，多措并举进行筹资，保证达到公共品最优供给水平。现实中决定最优公共品供给必须考虑财政的其他功能，在综合的情境中确定不同工具之间的替代和互补。

二是治理外部性。外部性是指个人行为的社会成本（收益）不等于个人成本（收益），由其他社会成员承担了额外的成本（收益）。在理性经济人的假定下，对具有外部性产品的消费会偏离社会最优水平。政府是治理正负外部性的主体，治理的主要手段包括识别私人成本和社会成本之间的差距，确定外部性的程度，并采用合理的手段消除外部性影响。经典的庇古税理论指出，修正负外部性的税收规模应该等于外部性的规模。现实中，庇古税减少负外部性消费和降低其他扭曲税收的征收力度的"双重红利"的实现依赖于现有财政收支结构、社会福利函数的设定等多方面因素，当考虑政府的多目标属性时，不同政策工具之间的替代和互补关系会发生变化，并直接影响最优财政工具的选择。

三是调控经济波动。财政政策应对经济波动的理解是随实践不断发展的，凯恩斯主义的总需求理论强调了财政支出在应对经济波动中的作用，但在20世纪70年代的"滞胀"危机后，供给学派的减税、削减福利开支和缩减预算规模等主张弱化了财政支出的功能。随着菲利普斯曲线、泰勒规则和理性预期等理论不断发展，货币政策应对宏观经济波动的重要性不断上升。2008年国际金融危机爆发后，学术界再次达成了单一的货币政策并非调控经济波动的良方，积极的财政政策可以取得相同甚至更好的调控效果。财政政策调控更为灵活，一方面财政支出可以建立特定商品的战略储备，抵御关键性商品的价格波动；另一方面财政支出政策可以为弱势群体提供保障，帮助他们平滑消费。通过制度约束能够使财政工具在相机抉择的灵活性、精准性和自行其是的随意性之间达到平衡。

四是调节收入分配。通过调节收入分配提升社会总效用水平的基础理论有两个。第一，人们普遍偏好社会公平。如果货币的边际效用递减，将给定金额的货币分配于低收入群体，可以达到比分配给高收入群体更高的社会总福利。第二，增加教育和公共卫生投入，提高低收入人群的人力资本，有助于提升劳动生产率，并由劳动生产率的正向溢出效应惠及低收入群体的合作伙伴。市场机制难以自发实现收入分配的目标，财政工具中的累进式税收和政府债务都具有调节收入分配的功能，并且当政府债务更多用于公共投资而非债务利息支付时，经济可以达到更高的长期增长率和社会总福利水平。

二、财政支出的分类

政府财政支出分类是指按一定标准和依据对财政预算支出所做的划分和归类。从不同的角度对财政支出进行分类，不仅具有理论意义，而且具有现实意义。合理地将政府财政支出划分为不同类别有利于掌握财政资金的支出规律，服务于财政分配的管理操作，提高财政资金的使用效率。随着社会经济不断发展，财政支出的规模相应扩大，种类也越来越复杂，为正确安排、合理分配和有效使用财政资金，有必要根据不同标准和需要对财政支出进行科学分类，深刻认识和正确把握政府预算支出的发展规律，加强支出管理和控制，提高支出的社会经济效果，更好地发挥政府支出对经济高质量发展的支持作用。

（一）按用途分类

政府财政支出用途由职责决定，不同国家不同时期政府承担的具体职责和任务并不一致。按支出用途分类，便于安排各项支出，及时组织资金供应；同时使财政支出指标同国民经济和社会发展指标相互衔接，能够比较直接地反映政府各项支出之间的比例，有利于考核财政支出的使用情况和政府各项政策的实施与运作，加强对财政支出的管理监督等。

按支出用途进行分类，是我国财政支出的传统分类方法，也是我国财政支出主要分类方法。我国财政部门在编制每年的收支预算时，就是以财政支出的具体用途作为其支出类科目的划分标准。目前，我国财政支出按用途划分的具体科目主要有：基本建设支出、流动资金支出、挖潜改造资金和科技三项费用、地质勘探费、工交商部门事业费、支援农村生产支出和各项农业事业费、文教科学卫生事业费、农林水利等部门支出、城市建设维护费、抚恤和社会救济费、国防费、行政管理费、价格补贴支出等。

（二）按经济性质分类

按支出的经济性质进行分类，可以反映政府支出经济性质概念下的具体用途，较为明确地反映出政府的钱究竟是花在哪些经济性质的支出事项上。

按支出的经济性质可将我国财政支出分为经常性支出和资本性支出。经常性支出是指维持公共部门正常运转或保障住户基本生活所必需的支出，主要包括工资福利支出、商品和服务支出、对个人和家庭的补助、债务利息及费用支出及社会保障支出等。经常性支出的特点是，其耗费会直接增加居民和企业部门当期福利。资本性支出是指用于购买或生产使用年限在一年以上的耐久品所需的支出，主要包括资本性支出和对企业补助（基本建设）等，其中有用于建筑厂房、购买机械设备、修建铁路和公路等生产性支出，也有用于建筑办公楼和购买汽车、复印机等办公用品等非生产性支出。资本性支出的明显特点是，其耗费的结果将形成供一年以上长期使用的固定资产。

（三）按政府职能分类

财政支出还可按政府公共职能分工进行分类。这种分类一是可以反映出国家政治、经济、文化、军事等活动的全貌；二是清晰地揭示政府执行了怎样一些职能以及侧重于哪些职能；三是能够体现各个时期政府职能与活动范围的变化情况；四是可以反映出各个国家职能的差别。各国按政府职能进行财政支出分类没有固定形式。市场经济较发达国家往往将财政支出分为国防支出、国际事务支出、一般行政支出、司法支出、一般科学空间与技术支出、农业支出、社会保障支出、卫生保健支出等十几类。

我国依据国家职能一般将财政支出划分为经济建设费、社会文教费、国防费、行政管理费和其他支出五大类。（1）经济建设费包括基本建设拨款支出、国有企业挖潜改造资金、科学技术三项费用、简易建筑费支出、国家物资储备支出、抚恤和社会福利救济费支出等。（2）社会文教费包括用于文化、教育、科学、卫生、出版、通信等方面的经费、研究费和补助费等。（3）国防费包括各种武器和军事设备支出，军事人员给养支出，有关军事的科研支出，对外军事援助支出，用于实行兵役制的公安、边防、武装警察部队和消防部队的各种经费，防空经费等。（4）行政管理费包括用于国家机关、事业单位、公安机关、司法机关、检察机关、驻外机构的各种经费、业务费、干部培训费等。（5）其他支出包括政府因公共服务需要的各类其他开支。

（四）按支出是否与商品和服务相交换分类

按支出是否与商品和服务相交换进行分类，是从财政支出是否得到补偿角度进行的一种分类，在此标准下，财政支出可分为购买性支出和转移性支出。购买性支出是指政府以购买者的身份，按照等价交换原则在市场上购买商品和劳务的支出。购买性支出一方面包括购买政府进行日常活动所需的商品和服务支出，另一方面也包括购买政府用于投资所需的商品和劳务支出。前者涵盖政府用于国防、外交、行政、司法等方面的支出，后者包含政府用于道路、桥梁、港口、码头等公共工程的支出。这些支出的目的和用途虽然有所不同，但却具有一个共同点：财政一手付出了资金，另一手相应地购得了商品和服务，并运用这些商品和服务，实现国家的职能。

转移性支出是指政府按照一定方式，将一部分财政资金无偿地、单方面转移给居民、企业、不同层级或同层级的其他政府，以及其他收益主体，直接表现为资金无偿的、单方面的转移。转移性支出主要有社会保障支出、补助支出、捐赠支出、政府间转移支付和债务利息支出等。这类支出具有一个共同点：财政付出了资金，只是转移了资金的所有权，却无任何所得，它所体现的是政府的非市场性再分配活动。由于在转移性支出中，政府只是将其所掌握的一部分财政资金无偿转移给其他经济主体，政府既不直接购买商品和劳务，也不直接占有并消耗与该支出等价的经济资源，因而转移性支出属于以政府为主体的再分配，直接影响收入分配，而对生产和就业的影响是间接的。

这种分类便于分析财政支出对经济的影响。在财政支出总额中，如果购买性支出所占比重较大，表明财政活动对生产和就业产生的直接影响就较大，财政所能直接配置的经济资源规模也比较大，此时的财政主要执行资源配置职能和经济稳定职能；如果转移性支出所占的比重较大，则表明财政活动对国民收入分配产生的直接影响较大，这时的财政更多地执行了收入分配的功能。

（五）按政府层级分类

按政府层级，可以将财政支出分为中央财政支出和地方财政支出。中央财政支出和地方财政支出是指根据政府在经济和社会活动中的不同职责，划分中央和地方政府的责权，按照政府的责权划定确定的支出。中央财政支出一般包括国防支出，武装警察支出，中央级行政管理费和各项事业费，重点建设支出以及中央政府调整国民经济结构、协调地区发展、实施宏观调控的支出。地方财政支出主要包括地方行政管理、辖区社会治安、各项事业费、地方统筹的各项发展支出等。

世界各国基本上都依据政府层级设置各相应级次的财政支出。我国现有五级政府层级，分别是中央政府、省级政府、市级政府、县级政府、乡（镇）级政府，根据以往一级政府、一级财政的要求，我国有五级财政级次，财政支出也由五级组成。近年来，随着推进财政层级与政府层级"扁平化"改革的提出，减少财政层级已成为财政改革的一个重要理念，未来方向应是将财政层级由中央到乡镇的五级，扁平化为中央、省和县三级，与此相适应，未来财政支出会逐步简化为中央财政支出、省级财政支出和市县财政支出三级。政府间的转移支付支出，包括中央对省、市、县，省对市、县两种自上而下的形式，也包括地方政府间的横向转移支付（如"对口支援"）。

按照政府层级对财政支出分类，可清晰反映中央政府和地方各级政府在政府财政资源配置中的地位和相互关系。

（六）按支出的汇总关系分类

按不同部门支出的汇总关系，可以将财政收入划分为财政总支出、部门支出和单位支出。部门支出是政府财政总支出的基础，基层单位支出是部门支出的基础。

财政总支出是指各级政府管辖的行政区域的预算总支出，不仅包括本级政府的一般财政支出和特别预算支出，也包括下级政府的预算总支出。国家财政总支出是中央预算总支出和地方预算总支出的汇总，即国家预算总支出。

部门支出是指各级政府所辖的国家机关、军队、政党组织和社会团体在本系统内各级单位的支出，包括与本级财政部门直接发生预算收支关系的事业和企业单位的全部财政支出。如中央政府设置的人事部、教育部等行政职能机构的财政总支出。

单位支出就是列入部门预算（部门财政支出）的国家机关、社会团体和其他单位的支出，它以资金形式具体体现出预算单位的各种活动。

财政支出还可以进行其他分类。一是按财政支出的目的性分类，财政支出可以分为预防性支出和创造性支出。预防性支出是指用于维持社会秩序和保卫国家安全的支出，主要包括国防、司法、公安与政府行政部门的支出。创造性支出是指用于改善人民生活、发展经济的支出，主要包括经济、文教、卫生和社会福利等项支出。二是按政府对财政支出的控制能力分类，财政支出可以分为可控制性支出和不可控制性支出。可控制性支出是指不受法律和契约的约束，可由政府部门根据每个预算年度的需要分别决定或加以增减的支出，即弹性较大的支出。不可控制性支出是指根据现行法律、法规必须进行的支出，即刚性很强的支出，主要包括失业救济、养老金、食品补贴、债务利息、对地方政府的补贴等项支出。三是按财政支出的受益范围分类，财政支出可以分为一般利益支出和特殊利益支出。一般利益支出是指全体社会成员均可享受其所提供的利益的支出，主要包括国防、司法、行政管理等项支出。特殊利益支出是指对社会中某些特定居民或企业给予特殊利益的支出，主要包括教育支出、医疗卫生支出、企业补贴支出、债务利息支出等。此外，2014年以前，财政支出按照预算管理权限还可以分为预算内支出和预算外支出。2014年修订的《预算法》在第四条明确"政府的全部收入和支出都应纳入预算"，并删除了"预算外资金"的表述，意味着在法律层面上，2014年以后预算外资金的概念正式取消，预算外资金正式退出历史舞台。

总之，从不同角度对财政支出进行科学分析，通过不同分类统计，经过综合分析，以便全面、准确地掌握财政资金的支出规律，提高财政资金的使用效率，使政府的各项支出都能发挥出最大效用。

三、中国政府现行财政支出分类的基本规定

（一）我国政府财政支出分类的沿革

改革开放以前，我国参照苏联财政管理模式确立了与计划经济体制下建设型财政管理体制相适应的政府收支科目分类。随着社会主义市场经济体制的完善，公共财政体制的逐步建立和财政管理改革的不断深入，原有的财政支出分类体系不完整、

分类不科学、反映不明细、与国际口径不可比等弊端也越来越明显。为适应市场经济条件下转变政府职能、建立健全公共财政体系的总体要求，逐步形成一套既适合中国国情又符合国际通行做法的、规范合理的政府收支分类体系，自2007年1月1日起，我国政府收支分类实施了按公开透明、便于操作和参照国际经验原则的全面改革，正式实施按支出功能分类和按支出经济性质分类的财政支出分类。随着预算管理体制改革的推进，财政支出全部纳入预算，党的十八届三中全会提出"审核预算的重点由平衡状态、赤字规模向支出预算和政策拓展"，如地方政府举借债务只能用于公益性资本支出，不得用于经常性支出。财政支出分类改革成为我国公共财政框架建立和完善的重要组成部分，并成为国家治理体系和治理能力现代化要求下财税改革的先行部分。因此，政府财政支出分类逐年进行修订，最新的分类标准为《2020年政府收支分类科目》。

（二）我国政府当前的财政支出分类

1. 按功能分类

这种分类方法能够更加清晰地反映政府各项职能活动，建立支出功能分类体系。支出按功能分类不再按基本建设费、行政费、事业费等经费性质设置科目，而是根据政府管理和部门预算的要求，统一按支出功能设置类、款、项三级科目。《2020年政府收支分类科目》中，支出功能分类共包括27类、250多款、1200多项。类级科目综合反映政府职能活动，如一般公共服务、外交、国防、公共安全、教育、科学技术、社会保障和就业、节能环保等；款级科目反映为完成某项政府职能所进行的某一方面的工作，如"教育"类下的"普通教育"；项级科目反映为完成某一方面的工作所发生的具体支出事项，如"人大事务"款下的"行政运行""一般行政管理事务"等。三级支出科目能够清楚地反映政府支出的内容和方向。

2. 按经济分类

这种分类方法能够全面、规范、明细地反映政府各项支出的具体用途。按简便、实用的原则，支出经济分类科目设类、款两级，《2020年政府收支分类科目》中，支出经济分类共包括15类和62款。类级科目具体包括：机关工资福利支出、机关商品和服务支出、机关资本性支出、对事业单位经常性补助、对个人和家庭的补助、转移性支出、预备费及预留等。款级科目是对类级科目的细化，主要体现部门预算编制和预算单位财务管理等有关方面的具体要求。如机关资本性支出进一步细分为房屋建筑物购建、基础设施建设、公务用车购置等。全面、明细的支出经济分类是进行政府预算管理、部门财务管理以及政府统计分析的重要手段。

专栏14-2 我国政府财政支出分类的四个阶段

我国的财政支出分类与当时的历史背景密切相关，大致可分为四个阶段。

第一个阶段：计划经济时期高度集中的财政支出分类（1950—1977 年）。计划经济时期我国实行的是高度集中的统收统支的财政体制，一切收入都由地方政府上缴中央，一切支出由中央划给地方。财政支出方面地方的权力很小，财政支出权完全由中央掌握。这一安排是为了适应我国当时百废待兴和财政收入有限的经济形势，必须集中财力办大事，实践也证明集中有限的财力保障了国民经济快速恢复，城市和农村社会主义改造完成，奠定了我国的工业化基础，稳定了市场物价，安定了社会秩序，巩固了人民政权。计划经济时期财政收支分类具有三个突出特点：一是财政支出包揽一切，不仅要负责公共物品的提供，还要负责为国营企业进行直接的资金投入和弥补亏损；二是财政支出中公共事务支出和企业事务支出不分，预算体现为简单的财政收支计划；三是财政预算附属于指令性计划，财政支出也跟着计划走。计划经济时期的财政分类相对简单笼统，支出预算只编到大类，没有细化到具体项目，存在"外行看不懂，内行看不清"的现象，以及在基数增长法下计划总预算分配和需求不相适应等问题。

第二个阶段：改革开放后至政府收支分类改革前的财政支出分类（1978—2006年）。改革开放以来，我国财政收支体制经历了史无前例的重大改革。一是实行复式预算支出改革。国务院决定从 1992 年起将中央预算和部分地方预算按照复式预算编制。复式预算分为经常性预算支出和建设性预算支出。复式预算改革弥补了单式预算不能反映各项财政收支性质的缺陷，清晰反映了政府财政活动的资金来源和用途，透明度较高。二是实行部门预算支出改革。2000 年中央一级预算单位全部编制了部门预算。部门预算支出改革涵盖了基本组织、项目资金、编制标准，有利于全国人大审查和监督，提高预算支出管理水平，增强政府宏观调控能力。三是实行国库集中收付制度改革。对财政资金实行集中收缴和支付，通过国库单一账户对现金进行集中管理，使财政资金支付快速、便捷、准确到位。四是实行政府采购改革。2002 年《政府采购法》出台实施，从中央到地方各级政府都建立了财政部门作为政府采购管理机构的政府采购管理体制，使政府采购向透明运行、规范运作方向不断发展。在财政收支体制重大改革推动下，我国财政收支分类随着社会主义市场经济不断发展进行调整，充分配合复式预算、部门预算、集中收付和政府采购等重大财政体制改革的调整。

第三个阶段：政府收支分类改革后的财政支出分类（2007—2013 年）。随着社会主义市场经济体制、公共财政管理框架的逐步确立和各项财政改革的逐步深入，1999 年财政部开始启动政府收支分类改革，2004 年财政部拿出了比较成熟的改革方案，2005 年在部分省试行，从 2007 年起全面实行改革。政府收支分类改革主要由"收入分类""支出功能分类""支出经济分类"构成。财政支出分类改革确立了新的政府收支分类，明确反映政府各项支出的具体用途。收支分类改革是新中国成立以来我国财政收支分类统计体系最为重大的一次调整，也是我国政府预算管理制度的又一次深刻创新。

第四个阶段：新《预算法》实施后的财政支出分类（2014年至今）。党的十八届三中全会在推进国家治理体系和治理能力现代化的核心概念下提出"财政是国家治理基础和重要支柱"。2014年6月，中共中央政治局会议审议通过的《深化财税体制改革总体方案》重点提出了改进预算管理制度、深化税收改革和调整中央和地方政府间财政关系等内容。2014年8月，我国新《预算法》的出台标志着我国深化财税体制改革，推进预算制度现代化取得重要进展。在新发展理念和国家治理现代化的改革要求下，我国政府财政支出分类也在积极调整，如不断丰富"节能环保支出"的款级科目，在"农林水支出"下增设"普惠金融发展支出"等。支出分类的新变化体现了强化财政支出管理运行的绩效导向，服务于经济社会现代化与长治久安的财税体制改革进展，也是国家治理体系现代化要求下财政政策权责清晰、财力协调和区域均衡改革的直接反映。

第二节　中国政府财政支出的功能分类

一、支出功能分类的含义

支出功能分类也称为政府支出费用类别的分类。这里的"类"是指政府职能的分类，所以支出功能分类又可称为按政府职能活动分类。我国政府支出功能分类设置一般公共服务、外交、国防、公共安全等大类，与原财政支出科目相比，新支出功能分类能够更加清晰地反映政府各项职能活动支出的总量、结构与方向，具体体现在以下五个方面。

一是分类范围完整，即涵盖预算内外所有政府支出。新分类涵盖包括财政预算内、预算外和社会保险基金在内的所有政府支出，能够清晰反映政府各项职能活动支出，从而改变了财政预算外资金长期游离于政府收支分类体系之外的状况，便于根据公共财政体制的要求和宏观调控的需要，有效地进行总量控制和结构调整。

二是分类标准规范，即统一按支出功能分类，确保集中、直观地反映政府职能活动。过去政府用于教育方面的支出，分散在基本建设支出、企业挖潜革新改造资金、科技三项费用、教育事业费、行政管理费等好几类科目中。新分类体系对教育单独设类，可全面反映各项教育支出。

三是科目设置明细，充分体现预算细化、透明的要求。如在"卫生健康"类科目下设置了"卫生健康管理事务""公立医院""基层医疗卫生机构""公共卫生"等款级科目；在款级科目"财政对基本医疗保险基金的补助"之下又设置了"财政对职工基本医疗保险基金的补助""财政对城乡居民基本医疗保险基金的补助""财政对其他基本医疗保险基金的补助"等社会各方面普遍关注的支出事项。

四是充分考虑国情，为有关方面的管理与改革提供便利。如为适应科教兴国战略要求，同时考虑我国科技组织经费管理的特殊需要，在支出功能分类中单独设立了"科学技术"类科目；另外，为了更明细地反映我国政府经济活动，将国际货币基金组织进行总体反映的"经济事务"科目拆分为"交通运输""农林水"等几个大类。这些特殊处理在充分考虑我国国情的前提下，可为有关方面的管理与改革提供较大便利。

五是与国际口径衔接，便于国际比较交流。支出按功能分类符合国际通行的做法，这种分类方法将各部门和单位相同职能的支出归于同一功能下，不受国家政府组织机构差别的影响，从而有利于进行国际比较。

需要说明的是，在现行预算管理方式不变的情况下，除一般公共预算需要单独按支出功能分类编制预算外，政府性基金预算支出、国有资本经营预算支出、社会保险基金预算支出也要单独进行编制。但是，由于新的政府支出功能分类具有统一性，可以对上述分别编制的预算进行并表汇总，从而形成全部政府支出按功能分类的财政统计。

二、支出功能分类的结构划分

支出功能分类主要反映政府各项职能活动及其政策目标。根据政府职能活动情况及国际通行做法，我国政府支出功能分类按照由大到小、由粗到细分层次设置类、款、项三级，分别为27类、250多款和1200多项。其中，类级科目综合反映政府职能活动，款级科目反映为完成某项政府职能所进行的某一方面的工作，项级科目反映为完成某一方面的工作所发生的具体支出事项。

国际货币基金组织将财政支出按照功能分为十大类。我国支出的功能分类更加细致，但是两种分类方法的总体框架和分类原则是基本一致的。与国际货币基金组织的做法相比，我国的分类体现出五方面特点。一是将"外交"和"援助其他地区"从"一般公共服务"中独立出来，设为专门的类别。二是将"科学技术"从"经济事务"和"教育"中分离出来，设为一类。三是将"经济事务"分解成"农林水"、"交通运输"、"商业服务业"和"金融"四类。四是为年初预留设置了"其他"，"预备费"单独设置科目，以对应"未划分的支出"。五是单设"转移性支出"（见表14-1）。

表 14-1　　　　　　　　支出功能分类：类科目表

中国		国际货币基金组织	
科目编码 类	科目名称	科目编码 类	科目名称
201	一般公共服务	701	一般公共服务
202	外交	702	国防
203	国防	703	公共秩序和安全
204	公共安全	704	经济事务
205	教育	705	环境保护
206	科学技术	706	住房和社区服务设施
207	文化旅游体育与传媒	707	医疗卫生
208	社会保障和就业	708	娱乐、文化和宗教
210	卫生健康	709	教育
211	节能环保	710	社会保护
212	城乡社区		
213	农林水		
214	交通运输		
215	资源勘探工业信息等		
216	商业服务业等		
217	金融		
219	援助其他地区		
220	自然资源海洋气象等		
221	住房保障		
222	粮油物资储备		
224	灾害防治及应急管理		
227	预备费		
229	其他		
230	转移性		
231	债务还本		
232	债务付息		
233	债务发行费用		

考虑到行政事业单位的不同特点以及部门预算管理的实际需要，我国在支出功能分类项级科目的设置方面采取了几种较为灵活的处理方法。

一是对所有行政单位的支出，均按三块设置项级科目。即设"行政运行"科目,反映行政单位的基本支出情况;设一个或多个特殊专项活动科目,反映较为特殊的项目支出;设"一般行政管理事务"科目,反映一般项目支出。

二是设"机关服务"科目,统一反映行政单位所属为机关工作服务的事业单位的支出。

三是对部分事业单位的支出,在相关类、款科目之下,严格按功能分类原则设置项级科目。如"教育"类、"普通教育"款下设"小学教育"、"初中教育"等项级科目,完整反映小学、初中的全部教育支出情况。

四是对部分事业单位的支出分设三块反映,包括设一个反映机构基本支出的科目、设一个或多个特殊专项业务活动科目反映较为特殊的项目支出、其他一般专项业务支出统一在"其他"项级科目反映。

五是凡事业单位未设对应的支出项级科目的,其支出均在"其他"项级科目反映,如财政部所属投资评审中心的支出等。

三、支出功能分类的细项

(一)一般公共服务

该类反映政府提供一般公共服务的支出。政府收支分类将一般公共服务类科目分为二十七款,包括人大事务、政协事务、政府办公厅(室)及相关机构事务、发展与改革事务、统计信息事务、财政事务、税收事务、审计事务、海关事务、人力资源事务、纪检监察事务、商贸事务、知识产权事务、民族事务、港澳台事务、档案事务、民主党派及工商联事务、群众团体事务、党委办公厅(室)及相关机构事务、组织事务、宣传事务、统战事务、对外联络事务、其他共产党事务支出、网信事务、市场监督管理事务、其他一般公共服务支出。

(二)外交、国防、公共安全

1. 外交

该类反映政府外交事务支出。人大、政协、政府及所属各部门(除国家领导人、外交部门)的出国费、招待列相关功能科目,不在本科目反映。政府收支分类将外交类科目分为九款:外交管理事务、驻外机构、对外援助、国际组织、对外合作与交流、对外宣传、边界勘界联检、国际发展合作和其他外交支出。

2. 国防

该类反映政府用于国防方面的支出。政府收支将国防类科目分为五款:现役部队、国防科研事业、专项工程、国防动员和其他国防支出。

3. 公共安全

该类反映政府维护社会公共安全方面的支出。政府收支分类将公共安全类科目分为十一款：武装警察部队、公安、国家安全、检察、法院、司法、监狱、强制隔离戒毒、国家保密、缉私警察和其他公共安全支出。

（三）教育、科学技术、文化旅游体育与传媒

1. 教育

该类反映政府教育事务支出。政府收支分类将教育类科目分为十款：教育管理事务、普通教育、职业教育、成人教育、广播电视教育、留学教育、特殊教育、进修及培训、教育费用附加安排的支出和其他教育支出。

2. 科学技术

该类反映科学技术方面的支出。政府收支分类将科学技术类科目分为十款：科学技术管理事务、基础研究、应用研究、技术研究与开发、科技条件与服务、社会科学、科学技术普及、科技交流与合作、科技重大项目和其他科学技术支出。

3. 文化旅游体育与传媒

该类反映政府在文化、旅游、文物、体育、广播电视、电影、新闻出版方面的支出。政府收支分类将文化旅游体育与传媒类科目分为六款：文化和旅游、文物、体育、新闻出版电影、广播电视和其他文化旅游体育与传媒支出。

（四）社会保障和就业、卫生健康

1. 社会保障和就业

该类反映政府在社会保障与就业方面的支出。政府收支分类将社会保障与就业类科目分为二十一款：人力资源和社会保障管理事务、民政管理事务、补充全国社会保障基金、行政事业单位养老支出、企业补助改革、就业补助、抚恤、退役安置、社会福利、残疾人事业、红十字事业、最低生活保障、临时救助、特困人员救助供养、补充道路交通事故社会救助基金、其他生活救助、财政对基本养老保险基金的补助、财政对其他社会保险基金的补助、退役军人管理事务、财政代缴社会保险费支出、其他社会保障和就业支出。

2. 卫生健康

该类反映政府卫生健康方面的支出。政府收支将卫生健康类科目分为十三款：卫生健康管理事务、公立医院、基层医疗卫生机构、公共卫生、中医药、计划生育事务、行政事业单位医疗，财政对基本医疗保险基金的补助、医疗救助、优抚对象医疗、医疗保障管理事务、老龄卫生健康事务、其他卫生健康支出。

（五）节能环保、城乡社区、农林水

1. 节能环保

该类反映政府节能环保支出。政府收支分类将节能环保类科目分为十五款：环境保护管理事务、环境监测与监察、污染防治、自然生态保护、天然林保护、退耕

还林还草、风沙荒漠治理、退牧还草、已垦草原退耕还草、能源节约利用、污染减排、可再生能源、循环经济、能源管理事务和其他节能环保支出。

2. 城乡社区

该类反映政府城乡社区事务支出。政府收支分类将城乡社区类科目分为六款：城乡社区管理事务、城乡社区规划与管理、城乡社区公共设施、城乡社区环境卫生、建设市场管理与监督和其他城乡社区支出。

3. 农林水

该类反映政府农林水事务支出。政府收支将农林水类科目分为八款：农业农村、林业和草原、水利、扶贫、农村综合改革、普惠金融发展支出、目标价格补贴和其他农林水支出。

（六）交通运输、资源勘探工业信息等、商业服务业等、金融、援助其他地区、自然资源海洋气象等

1. 交通运输

该类反映交通运输和邮政业方面的支出。政府收支分类将交通运输类科目分为七款：公路水路运输、铁路运输、民用航空运输、成品油价格改革对交通运输的补贴、邮政业支出、车辆购置税支出和其他交通运输支出。

2. 资源勘探工业信息等

该类反映用于资源勘探、制造业、建筑业、工业信息等方面的支出。政府收支分类将资源勘探工业信息等类科目分为七款：资源勘探开发、制造业、建筑业、工业和信息产业监管、国有资产监管、支持中小企业发展和管理支出、其他资源勘探工业信息等支出。

3. 商业服务业等

该类反映商业服务业等方面的支出。政府收支分类将商业服务业等类科目分为三款：商业流通事务、涉外发展服务支出和其他商业服务业等支出。

4. 金融

该类反映金融方面的支出。政府收支将金融类科目分为五款：金融部门行政支出、金融部门监管支出、金融发展支出、金融调控支出和其他金融支出。

5. 援助其他地区

该类反映援助方政府安排并管理的对其他地区各类援助、捐赠等资金支出。政府收支分类将援助其他地区类科目分为九款：一般公共服务、教育、文化体育与传媒、医疗卫生、节能环保、农业、交通运输、住房保障、其他支出。

6. 自然资源海洋气象等

该类反映政府用于自然资源、海洋、测绘、气象等公益服务事业方面的支出。

政府收支分类将自然资源海洋气象等类科目分为三款：自然资源事务、气象事务和其他自然资源海洋气象等支出。

（七）住房保障、粮油物资储备、灾害防治及应急管理

1. 住房保障

该类集中反映政府用于住房方面的支出。政府收支分类将住房保障科目分为三款：保障性安居工程支出、住房改革支出和城乡社区住宅。

2. 粮油物资储备

该类反映政府用于粮油物资储备方面的支出。政府收支分类将粮油物资储备科目分为五款：粮油事务、物资事务、能源储备、粮油储备和重要商品储备。

3. 灾害防治及应急管理

该类反映政府用于自然灾害防治、安全生产监管及应急管理等方面的支出。政府收支分类将灾害防治及应急管理类科目分为八款：应急管理事务、消防事务、森林消防事务、煤矿安全、地震事务、自然灾害防治、自然灾害救灾及恢复重建支出和其他灾害防治及应急管理支出。

（八）预备费、转移性支出、其他支出

1. 预备费

该类反映预算中安排的预备费。

2. 转移性支出

该类反映政府的转移支付以及不同性质资金之间的调拨支出。政府收支分类将灾害防治及应急管理类科目分为十款：返还性支出、一般性转移支付、专项转移支付、上解支出、调出资金、年终结余、债务转贷支出、援助其他地区支出、安排预算稳定调节基金和补充预算周转金。

3. 其他支出

该类反映不能划分到其他功能科目的其他政府支出。政府收支分类将其他类科目分为两款：年初预留和其他支出。

（九）债务还本支出、债务付息支出、债务发行费用

1. 债务还本支出

该类反映归还债务本金所发生的支出。政府收支分类将债务还本支出科目分为三款：中央政府国内债务还本支出、中央政府国外债务还本支出、地方政府一般债务还本支出。

2. 债务付息支出

该类反映用于归还债务利息所发生的支出。政府收支分类将债务付息支出科目分为三款：中央政府国内债务付息支出、中央政府国外付息债务支出、地方政府一

般债务付息支出。

3. 债务发行费用

该类反映用于债务发行兑付费用的支出。政府收支分类将债务发行费用类科目分为三款：中央政府国内债务发行费用支出、中央政府国外债务发行费用支出、地方政府一般债务发行费用支出。

> **专栏 14 - 3　我国政府性基金、**
> **国有资本经营和社会保险基金支出功能分类**
>
> 在我国现行的全口径预算体制下，除一般公共预算支出外，政府性基金、国有资本经营和社会保险基金支出也对公共财政支出有重要贡献。因此，政府性基金、国有资本经营和社会保险基金也存在相应的支出功能分类，并和一般公共预算支出功能分类一起完整地反映"钱花到哪些领域"，其科目设置如下：
>
> 政府性基金预算按功能可分为十四类：科学技术支出，文化旅游体育与传媒支出，社会保障和就业支出，节能环保支出，城乡社区支出，农林水支出，交通运输支出，资源勘探信息等支出，金融支出，其他支出，转移性支出，债务还本支出，债务付息支出和债务发行费用支出。
>
> 国有资本经营预算支出按功能可分为三类：社会保障和就业支出，国有资本经营预算支出和转移性支出。
>
> 社会保险基金预算支出按功能可分为两类：社会保障基金支出和转移性支出。
>
> 从政府性基金、国有资本经营和社会保险基金的功能分类可以看出，政府性基金支出主要用于保障和改善民生，推动社会经济发展以及土地收储整理、基础设施建设等领域；国有资本经营支出主要用于国有经济和产业结构调整、重大技术创新、补充社保基金支出以及改革重组补助支出；社会保险基金支出主要用于养老金发放、医保等社保支出。政府性基金、国有资本经营和社会保险基金的支出共同构成了对一般公共预算支出的重要补充，形成了对财政支出薄弱环节的有力支撑。

第三节　中国政府财政支出的经济分类

一、支出经济分类的含义

支出经济分类是按支出的经济性质和具体用途所做的一种分类，主要反映政府支出经济性质概念下的具体用途。在支出功能分类明确反映政府职能活动的基础上，支出经济分类则反映了政府的钱究竟是怎么花出去的,是付了人员工资、会议费还是买了办公设备等。支出经济分类与支出功能分类从不同侧面、以不同方式反映政府支出活动,它们既是两个相对独立的体系,又相互联系。

全面、明细的支出经济分类是进行政府预算管理、部门财务管理以及政府统计分析的重要手段,因此设立支出经济分类对进一步规范和强化预算管理具有十分重要的意义。

一是使政府收支分类体系更加完整。依照国际通行做法,政府收入分类、支出功能分类以及支出经济分类共同构成一个全面、明晰地反映政府收支活动的分类体系。如果我们只设支出功能分类而不设支出经济分类,政府每一项支出的具体用途便无法反映。

二是使原有支出科目反映的内容更加明晰、完整。我国在 2001 年以前只设有 12 个反映支出经济性质、具体用途的支出科目。2002 年以后有关具体科目虽然细化、扩展到 30 多个,但仍存在不够完整、不够明细的问题。比如,一些资本性支出就无法得到明细反映。改革后的支出经济分类设类、款两级,2020 年财政支出按款级科目分类达到 60 多个,可以更加全面、清晰地反映政府支出情况。

三是便于规范管理。支出经济分类既是细化部门预算的重要条件,同时也是预算单位执行预算和进行会计核算的基础。因此,单设支出经济分类对进一步规范和强化预算管理具有十分重要的意义。

值得注意的是,支出经济分类科目的细化虽为管理的细化创造了有利条件,但我们仍应根据各项管理的实际需要合理选用科目,不宜一味强调越细越好。

二、支出经济分类的结构划分

支出经济分类主要反映政府支出的经济性质和具体用途。

按构成分,政府交易包括两部分:一是外部交易,二是内部交易。外部交易表现为货币流出政府,流入家庭、企业和社会非营利机构。内部交易表现为政府与政府、政府单位与单位之间货币的流进流出。

在政府与家庭的交易中,一种为有偿的交易,即政府支付货币,家庭提供劳务,如政府工作人员的工资、津贴补贴,这部分构成政府的工资福利支出;另一种为无偿的交易,仅政府货币单位的单方面转移,如政府支付给居民的各类抚恤金、救济费、生活补助、各类补贴。这部分支出构成政府对个人和家庭的补助。

同政府与家庭的交易类似,政府与企业、社会非营利机构的交易中,一种是有偿的,即政府支付货币,企业与社会非营利机构提供商品、劳务。但与政府和家庭的交易不同,政府与企业、社会非营利机构的有偿交易,通常按交易对象划分为两部分：一部分为经常性支出，如购置低值易耗的办公用品、支付邮电费，这类支出形成政府的商品和服务支出；另一部分是购置资本性资产，如房屋建筑物、办公设备、专用设备，这类构成政府的资本性支出。另一种是无偿的，也是政府货币的单方面转移，如对企业的政策性补贴、对事业单位的补贴，这类支出构成政府对企事业单位的补贴。还有一种与政府金融等资产有关的交易，如贷款、产权参股，这构成政府贷款与产权参股的交易分类。

政府的内部交易，有些涉及货币、商品和服务的流转，如政府单位与单位之间商品和服务的购买，有些仅涉及货币资金的单方面转移，如上级政府对下级政府的转移支付，下级政府对上级政府的上解支出。对后一种情况，新科目对政府间的转移设置了同级政府间转移支出、不同级政府间转移支出两个科目。对前一种情况，则适用政府与家庭、企业交易的相关分类。

采用上述方法对整个政府交易进行分类后，2020年支出经济分类设置类、款两级科目。类级科目包括工资福利支出、商品和服务支出、对个人和家庭的补助、债务利息及费用支出、资本性支出（基本建设）、资本性支出、对企业补助（基本建设）、对企业补助、对社会保障基金补助和其他支出共计十类；款级科目设置了基本工资、津贴补贴、住房公积金、办公费、印刷费、离休费、房屋建筑物购建、基础设施建设等97个科目。与国际货币基金组织的八大类相比，我国的大类设置更细一些，主要是依据我国国情对"固定资本消耗"、"补贴"和"社会福利"的经济分类进行了细化，突出了我国财政支出在这些领域的针对性支持，以适应经济高质量发展的财政统计要求。

表14–2　　　　　　　　　　　　支出经济分类：类科目表

中国		国际货币基金组织	
科目编码	科目名称	科目编码	科目名称
类		类	
301	工资福利支出	21	雇员报酬
302	商品和服务支出	22	商品和服务的使用
303	对个人和家庭的补助	23	固定资本消耗
307	债务利息及费用支出	24	利息
309	资本性支出（基本建设）	25	补贴
310	资本性支出	26	赠与
311	对企业补助（基本建设）	27	社会福利
312	对企业补助	28	其他费用
313	对社会保障基金补助		
399	其他支出		

三、支出功能分类的细项

（一）工资福利支出

反映单位开支的在职职工和编制外长期聘用人员的各项劳动报酬，以及为上述人员缴纳的各项社会保险费等支出。政府收支分类将工资福利支出科目分为 13 款：基本工资、津贴补贴、奖金、伙食补助费、绩效工资、机关事业单位基本养老保险缴费、职业年金缴费、职工基本医疗保险缴费、公务员医疗补助缴费、其他社会保障缴费、住房公积金、医疗费和其他工资福利支出。

（二）商品和服务支出

反映单位购买商品和服务的支出，不包括用于购置固定资产、战略性和应急性物资储备等资本性支出。政府收支分类将机关商品和服务支出科目分为 27 款：办公费、印刷费、咨询费、手续费、水费、电费、邮电费、取暖费、物业管理费、差旅费、因公出国（境）费用、维修（护）费、租赁费、会议费、培训费、公务接待费、专用材料费、被装购置费、专用燃料费、劳务费、委托业务费、工会经费、福利费、公务用车运行维护费、其他交通费用、税金及附加费用、其他商品和服务支出。

（三）补助类支出

1. 对个人和家庭的补贴

该类反映政府用于对个人和家庭的补助支出。政府收支分类将对个人和家庭的补助科目分为十二款：离休费、退休费、退职（役）费、抚恤金、生活补助、救济费、医疗费补助、助学金、奖励金、个人农业生产补贴、代缴社会保险费和其他对个人和家庭的补助。

2. 对企业补助（基本建设）

该类反映由发展改革部门安排的基本建设支出中对企业补助支出。政府收支分类将对企业补助（基本建设）科目分为两款：资本金注入和其他对企业补助。

3. 对企业补助

该类反映政府对各类企业的补助支出，由发展改革部门安排的基本建设支出中对企业补助支出不在此科目反映。政府收支分类将对企业补助科目分为五款：资本金注入、政府投资基金股权投资、费用补贴、利息补贴和其他对企业补助。

4. 对社会保障基金补助

该类反映政府对社会保险基金的补助以及补充全国社会保障基金的支出。政府收支分类将对社会保障基金补助科目分为两款：对社会保险基金补助和补充全国社会保障基金。

（四）资本性支出

1. 资本性支出（基本建设）

该类反映由发展改革部门安排的基本建设支出，对企业补助支出不在此科目反映。政府收支分类将资本性支出（基本建设）科目分为十二款：房屋建筑物购建、办公设备购置、专用设备购置、基础设施建设、大型修缮、信息网络及软件购置更新、物资储备、公务用车购置、其他交通工具购置、文物和陈列品购置、无形资产购置和其他基本建设支出。

2. 资本性支出

该类反映各单位安排的资本性支出，由发展改革部门安排的基本建设支出不在此科目反映。政府收支分类将资本性支出科目分为十六款：房屋建筑物购建、办公设备购置、专用设备购置、基础设施建设、大型修缮、信息网络及软件购置更新、物资储备、土地补偿、安置补助、地上附着物和青苗补偿、拆迁补偿、公务用车购置、其他交通工具购置、文物和陈列品购置、无形资产购置和其他资本性支出。

（五）债务利息及费用支出

反映单位的债务利息及费用支出。政府收支分类将债务利息及费用支出科目分为四款：国内债务付息、国外债务付息、国内债务发行费用和国外债务发行费用。

（六）其他支出

反映不能划分到以上经济分类科目的其他支出。政府收支分类将其他支出科目分为四款：赠与、国家赔偿费用支出、对民间非营利组织和群众性自治组织补贴和其他支出。

第四节 中国政府财政支出的交叉分类

前面两节已经介绍，功能分类是按政府职能对政府支出进行的分类，经济分类是按支出的经济性质和具体用途对政府支出的分类，两者从不同侧面、不同环节反映政府的支出。即每一项功能支出，都要在经济分类中得到细化，每一款经济分类的支出，都包含在某项或多项具体的功能分类中。

支出的经济和功能分类可以进行交叉分类。交叉分类可以从投入端显示政府如何行使其职能，也可以从产出端显示政府正在开展的工作。按照财政支出功能分类与经济分类的设计思路，交叉分类还能够有效克服原政府预算收支分类的弊端，基本实现"体系完整、反映全面、分类明细、口径可比、便于操作"等具体改革要求,清晰地显示政府如何行使其公共支出政策职能以实现各项社会目标。以人大机关的预算为例,由行政运行反映的基本支出,可在经济分类的机关工资福利支出的工资奖金津补贴,机关商品和服务支出的办公经费中反映;人大各专门活动的支出,如人大会议、代表培训的支出,也应在商品和服务支出的会议费、培训费等款中反映。最后,功能分类的人大事务各项支出,等于经济分类各款支出的合计。人大事务功能科目的支出,等于经济分类支出的合计。

我国的政府财政支出交叉分类统计表编制方法原则和国际货币基金组织一致,但经济分类和功能分类科目按我国财政统计分类进行设置。这里以表14-3和表14-4为例,加以说明。

表14-3是支出功能分类与支出经济分类交叉表。为简化问题,假定在各种按照经济分类的类别下,不同功能类别项下的金额均是一致的。从表中可以看出,由于支出经济分类是按具体支出元素设计的,任何一个功能分类科目支出都能通过经济分类的相关科目进行分解;任何一项经济分类科目支出也都可以通过有关功能分类科目分解。两种支出分类反映的政府支出总量是一样的。

表14-3　　我国政府财政支出功能分类与经济分类交叉表

经济分类 功能分类	工资福利支出	商品和服务支出	对个人和家庭的补助	对企业补助	资本性支出	……	合计
一般公共服务	45	110	125	180	210	100	770
外交	45	110	125	180	210	100	770
国防	45	110	125	180	210	100	770
公共安全	45	110	125	180	210	100	770
教育	45	110	125	180	210	100	770
科学技术	45	110	125	180	210	100	770
卫生健康	45	110	125	180	210	100	770
……	45	110	125	180	210	100	770
合计	360	880	1000	1440	1680	800	6160

表14-4将支出分类与部门分类、项目分类相结合。如某水利局在其部门预算中要列其对本地区水利工程建设方面的支出,在编码和科目的相应栏里,分别列部门、支出功能分类、款、项的编码和名称,即"××水利局"、"农林水"、"水利"和"水利工程建设",在项级科目下挂接各个项目,如"××建设"项目、"××改造"项目等;在支出经济分类的栏中,按照涉及的款项相应填列支出。利用上述信息都有相应的代码可以快速了解此项支出按功能、经济和项目进行的具体财政统计情况。

表 14-4　我国政府财政支出分类与部门分类、项目分类的联用

单位编码	功能分类			科目名称	项目分类	经济分类			合计
	类	款	项			工资福利支出	资本性支出	……	
415				××水利局					
	213			农林水事务					
		03		水利					
			05	水利工程建设		105	287	……	811
					××建设	41	96	……	300
					××改造	23	63	……	168
					……	……	……		……

从财政统计的角度来看，对任何一项支出，都可以进行部门属性、功能属性、项目属性、经济属性等多种属性定位。这样，政府收支分类体系就能充分发挥其"数据辞典"的作用，可对任何一项财政收支进行"多维定位"，清清楚楚地说明政府的钱是怎么来的，最终用到了什么地方，为统计分析、宏观决策、财政管理和财政监督等提供全面、真实、准确的财政统计信息。从坚持和完善中国特色社会主义财政制度，推进财政治理体系和治理能力现代化发展，推动经济高质量发展的角度讲，不断推进政府收支分类体系改革为推动建立科学、高效的现代财政预算管理制度，进一步完善公共财政体制提供了必要的基础，也是不断提升财政促进社会公平、实现国家长治久安的重要支柱。

本章小结

1. 政府财政支出范围是指依据政府职能所确定的政府财政资金分配使用领域。政府财政支出的范围可以界定为以下领域：（1）政权建设领域；（2）事业发展领域；（3）公共投资支出领域；（4）再分配性转移支出领域。

2. 政府财政支出分类是指按一定标准和依据对财政预算支出所做的划分和归类。合理地将政府财政支出划分为不同类别有利于掌握财政资金的支出规律，服务于财政分配的管理操作，提高财政资金的使用效率。

3. 2007年我国政府对政府支出体系进行了大的调整，建立了以功能分类和经济分类为框架的财政支出分类体系。支出经济分类与支出功能分类从不同侧面、以不同方式反映政府支出活动，它们既是两个相对独立的体系，又相互联系。

4. 支出功能分类也称为费用类别的分类。这里的"类"是指政府职能的分类，

所以支出功能分类又可称为按政府职能活动分类。我国政府支出功能分类设置一般公共服务、外交、国防、公共安全等大类。

5. 支出经济分类是按支出的经济性质和具体用途所做的分类，反映政府的钱究竟是怎么花出去的，对进一步规范和强化预算管理具有十分重要的意义。

6. 从财政统计信息系统的角度来看，对任何一项支出，我们都可以进行部门属性、功能属性、经济属性等多种属性定位。这样，政府收支分类体系可对任何一项财政收支进行"多维定位"，清清楚楚地说明政府的钱最终用到了什么地方，为统计分析、宏观决策、财政管理和财政监督等提供全面、真实、准确的财政统计信息。

本章重要概念

财政支出　财政支出范围　财政支出分类　经常性支出　资本性支出
购买性支出　转移性支出　预防性支出　创造性支出　可控制性支出
不可控制性支出　一般利益支出　特殊利益支出　财政支出功能分类
一般公共服务支出　外交支出　国防支出　公共安全支出　教育支出
科学技术支出　文化旅游体育与传媒支出　社会保障和就业支出
卫生健康支出　节能环保支出　城乡社区支出　外部交易　内部交易
财政支出经济分类　对企业补助　对企业资本性支出　对个人和家庭的补助

复习思考题

1. 政府财政支出的范围包括哪些领域？中央政府和地方政府在财政支出领域上有什么不同？

2. 2007年，我国政府支出体系做了哪些调整？结合国际货币基金组织对财政支出的分类，谈谈你对支出分类改革必要性的认识。

3. 政府财政支出主要有哪些分类？为什么要对财政支出进行不同角度的分类？

4. 什么是支出功能分类统计？为什么要对财政支出进行功能分类？我国政府支出功能分类主要包括哪几大类？

5. 什么是支出经济分类统计？支出经济分类有何意义？

6. 支出功能分类和经济分类的联系和区别是什么？如何利用财政支出的功能分类和经济分类分析财政支出的结构，监督财政资金的运用？

第十五章
中国政府资产负债表

本章介绍广义政府资产负债表的编制，包括狭义政府资产负债表的编制、事业单位资产负债表的编制、政府控制的非营利机构资产负债表的编制等内容。

第一节 狭义政府资产负债表

狭义政府的主体由行政预算单位、社会保险基金、财政总预算和政府投资基金等构成。这一节，我们主要介绍狭义政府资产的界定及分类、负债的定义及分类以及狭义政府资产负债表的编制等内容。

一、狭义政府资产核算的界定及分类

狭义政府资产是指政府机构单位占有、使用或控制的，能以货币计量的经济资源，分为金融资产与非金融资产。金融资产包括现金和存款、借出款项、有价证券、应收转贷款（包括应收地方政府债券转贷款和应收主权外债转贷款）、应收预付款、出资额、其他金融资产等；非金融资产包括固定资产、在建工程、公共基础设施、存货、土地、文物文化资产、无形资产、其他非金融资产等。

（一）金融资产

金融资产包括现金和存款、借出款项、有价证券、应收转贷款（包括应收地方政府债券转贷款和应收主权外债转贷款）、出资额、与下级往来、应收预付款、其他金融资产等。

1. 现金和存款

现金是指库存现金，是指行政单位和社会保障保险基金持有的法定纸币和硬币。存款是指银行存款，是指政府财政、行政单位和社会保障保险基金在银行和其他金融机构的各项存款。存款包括：（1）政府财政的国库存款、国库现金管理存款、其他财政存款；（2）行政单位的各项存款；（3）社会保障保险基金的支出户存款、财

政专户存款。

2. 借出款项

借出款项是政府财政借给预算单位临时急需并按期收回的款项。

3. 有价证券

有价证券是指政府财政持有的证券类金融工具和社会保障保险基金购买的证券类金融工具。

4. 应收转贷款

政府财政应收转贷款包括应收地方政府债券转贷款和应收主权外债转贷款。应收地方政府债券转贷款是本级政府（如中央政府和省级政府等）代下级政府代发行的地方政府债券（包括地方政府专项债券、地方政府一般债券等），需要下级政府偿还的本金和利息。应收主权外债转贷款是本级政府代下级政府向外国政府和国际金融组织贷款等主权外债，需要下级政府偿还的本金和利息。

5. 应收预付款

应收预付款包括：（1）政府财政的在途款、预拨经费、应收股利、应收利息、其他应收款。在途款是政府财政决算清理期和库款报解整理期发生的需过渡处理的属于上年度收入、支出等业务的资金。预拨经费是政府财政预拨给预算单位尚未列为预算支出的款项。应收股利和应收利息是政府财政因持有股权投资应当收取的现金股利或利润，以及应当收取的利息。其他应收款是指政府财政临时发生的其他应收、暂付、垫付款项。（2）行政单位的应收账款、应付账款、其他应收款等。应收账款是行政单位出租资产、出售物资等应当收取的款项。应付账款是行政单位按照购货、服务合同预付给供应单位的款项。其他应收款是行政单位除应收账款、应付账款以外的其他各项应收及暂付款项。（3）社会保障保险基金的暂付款。

6. 出资额

出资额是政府对企业股权投资、事业单位、非营利机构和其他机构等的出资的金额。

7. 其他金融资产

其他金融资产是除上述金融资产以外的金融资产。

（二）非金融资产

非金融资产包括生产资产、非生产资产和其他非金融资产。生产资产包括固定资产、在建工程、公共基础设施、存货、文化文物资产；非生产资产包括土地、无形资产、租赁；其他非金融资产是指除上述之外的非金融资产。

1. 固定资产

财政部发布的《固定资产分类与代码》将我国固定资产分为六类：土地、房屋及购建物；通用设备；专用设备；文物和陈列物；图书、档案；家具、用具及动植物。

2. 在建工程

在建工程是指已经发生必要支出，但尚未达到交付使用状态的各种建筑（包括新建、改建、扩建、修缮等）、设备安装工程和信息系统建设工程。

3. 公共基础设施

这里的公共基础设施是指行政单位占有并直接负责维护管理、供社会公众使用的工程性公共基础设施，包括城市交通设施、公共照明设施、环保设施、防灾设施、健身设施、广场及公共构建物等其他公共设施。

4. 存货

存货核算项目应包括三部分内容：战略性储备、政府储备物资和其他存货。

5. 文物文化资产

文物文化资产是指用于展览、教育或研究等目的的历史文物、艺术品以及其他具有文化或历史价值并长期或永久保存的典藏等。

6. 土地

土地主要是指政府持有的土地。

7. 无形资产

无形资产指不具有实物形态而能为行政单位提供某种权利的非货币性资产，包括著作权、土地使用权、专利权、非专利技术等。

8. 其他非金融资产

其他非金融资产是除上述非金融资产以外的非金融资产。

二、狭义政府负债核算的界定及分类

狭义政府负债是指政府机构单位承担的能以货币计量的，需以资产等偿付的债务。狭义政府负债包括应付政府债券、应付转贷款（应付地方政府债券转贷款和应付主权外债转贷款）、社会保障保险基金、暂收应付款、有价证券、其他负债等。

1. 应付政府债券

应付政府债券包括政府财政的应付短期政府债券和应付长期政府债券。（1）应付短期政府债券是指政府财政以政府的名义发行的期限不超过 1 年（含 1 年）的国债、地方政府一般债券和地方政府专项债券；（2）应付长期政府债券是指政府财政部门以政府的名义发行的期限超过 1 年（不含 1 年）的国债、地方政府债券。

2. 应付转贷款

应付转贷款包括应付地方政府债券转贷款和应付主权外债转贷款。应付地方政府债券转贷款是上级政府（如中央政府和省级政府等）代本级政府发行的地方政府债券（包括地方政府专项债券、地方政府一般债券等），需要本级政府偿还的本金和利息。应付主权外债转贷款是上级政府代本级政府向外国政府和国际金融组织贷款等主权外债，需要本级政府偿还的本金和利息。

3. 社会保障保险基金

社会保障保险基金是社会保障保险基金全部收入扣除全部支出后的滚动结余。

4. 暂收应付款

暂收应付款包括：（1）政府财政的应付利息、其他应付款、应付代管资金。其他应付款是指政府财政临时发生的暂收、应付和收到的不明性质款项，以及税务机关代征的社会保险费、项目单位使用并承担还款责任的外国政府和国际金融组织贷款等。应付代管资金是指政府财政代为管理的、使用权属于被代管主体的资金。（2）行政单位的应付职工薪酬、应付账款、应付政府补贴、其他应付款、长期应付款等。应付职工薪酬是指行政单位按照有关规定应付给职工及为职工支付的各种薪酬，包括基本工资、奖金、津贴补贴、社会保险费、住房公积金等。应付账款是指行政单位因购买物资或服务、工程建设等而应付的偿还期在1年以内（含1年）的款项。应付政府补贴是指负责发放政府补贴的行政单位，按规定应当支付给政府补贴接受者的各种政府补贴款。其他应付款是指行政单位除应付短期政府债券、应缴财政款、应缴税费、应付账款、应付职工薪酬、应付政府补贴以外的其他各项偿还期在1年以内（含1年）的应收及暂付款项；政府财政临时发生的暂收、应付和收到的不明性质款项，以及税务机关代征的社会保险费、项目单位使用并承担还款责任的外国政府和国际金融组织贷款等。长期应付款是指行政单位发生的偿还期限超过1年（不含1年）的应付款项，如跨年度分期付款购入固定资产的价款等。（3）社会保障保险基金的暂收款。它是社会保障保险基金收支活动中形成的暂收款。

5. 有价证券

有价证券是指社保基金投资基金等发售的有价证券。

6. 其他负债

其他负债是指除上述负债以外的所有负债。

三、狭义政府资产负债表的编制

狭义政府资产负债表的编制，就是搜集狭义政府机构的资产负债的数据，估值整理并以资产负债表的形式加以反映。

（一）表式的设计

要反映狭义政府资产负债表核算的情况，就要设计一个表式。狭义政府资产负债表的表式如同其他资产负债表一样,也涉及主栏项目和宾栏项目两个部分。

主栏项目是反映核算的主体及其分类。主体分类既有横向分类,也有纵向分类。主体横向分类前面研究已经指出,包括政府财政总预算、行政单位、社会保险保障基金。主体纵向分类包括本级和下级。表式主栏项目的设计见表15-1。

宾栏项目是反映核算的客体及其分类。宾栏项目分为资产项目、负债项目和净值。资产项目又分为金融资产和非金融资产。金融资产项目应有现金和存款、借出款项、有价证券、应收转贷款(包括应收地方政府债券转贷款和应收主权外债转贷款)、出资额(包括股权投资、事业单位出资、非营利机构出资、其他出资等)、与下级往来、应收预付款、其他金融资产。非金融资产项目应有固定资产(包括建筑物和构建物、机器和设备、公共基础设施、其他固定资产等)、在建工程、存货(包括政府储备物资和库存)、文化文物资产、非生产资产(包括土地等自然资产和无形资产)、其他非金融资产。

负债项目应有应付政府债券(包括应付短期政府债券和应付长期政府债券)、应付转贷款(包括应付地方政府债券转贷款和应付主权外债转贷款)、与上级往来、借入款项、应缴款、保障保险基金、暂收应付款、其他负债。表式宾栏项目的设计见表15-1。

表15-1　　　　　　　　　狭义政府资产负债表

资产负债 \ 机构	政府财政总预算			行政单位			社会保障保险基金			合计		
	本级	下级	小计	本级	下级	小计	本级	下级	小计	本级	下级	总计
一、资产												
(一) 金融资产												
现金和存款												
借出款项												
有价证券												
应收转贷款												
应收地方政府债券转贷款												
应收主权外债转贷款												
出资额												
股权投资												
事业单位出资												
非营利机构出资												
其他机构出资												
与下级往来												
应收及预付款												

续表

机构\资产负债	政府财政总预算			行政单位			社会保障保险基金			合计		
	本级	下级	小计	本级	下级	小计	本级	下级	小计	本级	下级	总计
其他金融资产												
（二）非金融资产												
固定资产												
建筑物和构建物												
机器和设备												
公共基础设施												
其他固定资产												
在建工程												
存货												
文化文物资产												
非生产资产												
土地												
无形资产												
租赁												
其他非金融资产												
总资产合计												
二、负债												
应付政府债券												
应付短期政府债券												
应付长期政府债券												
应付转贷款												
应付地方政府债券转贷款												
应付主权外债转贷款												
与上级往来												
借入款项												
应缴款												
保障保险基金												
暂收应付款												
其他负债												
负债合计												
三、净值												

净值或净资产项目是一个数值平衡项目，即净值或净资产＝资产－负债。净值或净资产可能是正值，也可能是负值。当资产大于负债时，净资产为正；当资产小于负债时，净资产为负。

狭义政府资产负债表的表式见表15－1。

(二) 数据搜集

我国还没有建立健全编制狭义政府资产负债表的统计制度，编制狭义政府资产负债表所需数据，主要从已有的财务会计报表搜集和调查获得。对已有的财务会计报表的数据需要分析其制度的合理性、执行制度的偏差。对于制度的不合理性、执行制度的偏差以及制度未覆盖的有关数据，需要调查搜集。

编制狭义政府资产负债表所需数据来源于已有的财务会计报表，分别是政府财政总预算资产负债表、行政单位资产负债表、社会保障保险基金资产负债表、土地储备资金财务报表、公共基础设施统计表、固定资产统计表、公共储备物资统计表等。

由于我国还没有健全编制狭义政府资产负债表的统计制度，依靠现有财务会计报表提供的数据还不能满足编制狭义政府资产负债表需要，还需要通过其他途径搜集数据。主要有以下几种方式：(1) 通过对国有企业、事业单位、政府控制的非营利机构、政府控制的基金等机构报表分析确定政府对国有企业、事业单位、政府控制的非营利机构、其他机构的出资额；(2) 到财政等部门调查搜集行政部门的固定资产的分类数据；(3) 到财政和国家物资储备等部门调查确定公共储备物资余额；(4) 到国家档案局、国家文物管理局及文博部门等调查确定文化文物金额；(5) 到土地管理等部门调查确定土地、地下资产等非生产资产金额；(6) 到水利管理部门调查搜集水利公共设施和其他固定资产数据；(7) 到交通管理部门调查搜集交通公共设施和其他固定资产数据。

(三) 估值

狭义政府资产负债表每一项目的价格都应当是编表日期的价格。而日常记录的项目价格与编表日期的项目价格可能不一致，这需对这些项目数据进行估值和调整。

从估值的角度，可将资产分为金融资产和非金融资产。金融资产又可分为货币性金融资产和非货币性金融资产，金融负债的分类与金融资产相同。非金融资产包括固定资产、在建工程、政府储备物资、库存、非生产资产等。货币性金融资产包括现金和存款、借出款项、出资额（非上市部分）、应收转贷款、出资额、应付转贷、与上级往来、与下级往来、应收预付款、应付政府债券、应缴款、暂收应付款、保障保险基金等。非货币性金融资产包括有价证券、出资额（上市部分）等。货币性金融资产账面价值就是市场价值。因此，估值主要是对非金融资产、非货币性金融资产项目的价格进行调整。

1. 固定资产

原则上,固定资产应当按照相同技术规格的年龄的资产在市场中的通行价格进行估值。在实际中无法获得详细的信息,因此必须求助于其他方法进行估值。最常用的估值方法是用资产负债表期初(或获得新资产的时间)价值加上核算期内资产的重估价因素,减去核算期内的固定资产的消耗以及任何其他物量变化和处置价值。

固定资产中的购建物、机器设备可采用永续盘存法,按编表时的市场价格重置估价。对其他固定资产可按购进成本价调整估价。

2. 在建工程

对超过一年以上的在建工程可根据在建期的实际投入按生产者价格或购买者价格指数进行调整。

3. 公共基础设施

公共基础设施可按账目价值加市场价格变化因素,减去消耗摊提或耗减进行估值。

4. 存货

对于生产过程已经完成的存货可根据账目价值按编表时点的生产者价格进行估算;对于商品可按市场销售价格估算;对于中间投入存货可根据账目价值按购买者价格估算。对政府储备物资按账目价值计价。

5. 文化文物资产

有市场价格的文化文物资产按现期市场价格对其进行估值。如缺乏有组织的市场,根据可获得信息的程度,利用为防火、防盗等投保的价值数据对文化文物资产进行估值,或组织拍卖方面的专家进行估值。

6. 非生产资产

土地的现期价值会因为其地理位置不同以及用途不同而有明显的区别,因此需要识别每一块土地的地理位置和用途或土地的地域范围,然后予以估值。城市建设用地价值可根据国家征用土地的最低价作为估价的基础进行测算调整。

无形资产或按合同规定的支付金额估值,或按市场销售价格估算,或按预期未来收益价值调整估价。

7. 有价证券

有价证券可以在市场上获得足够的价格信息,可以根据有价证券的种类按市场上的价格定值。出资额中的上市部分,其定值已包括在有价证券之中。

(四) 数据整理

数据整理是编表的最后一个环节。编制狭义政府资产负债表所需的数据产生于狭义政府机构的各个部门及各个部门的各级机构，要把这些数据归类为三张表，即政府财政总预算资产负债表、行政单位资产负债表和社会保险保障基金资产负债表，就需要对这些数据进行汇总、合并和轧差。

数据整理分为横向和纵向两个方面。从横向来说，首先是政府财政总预算、行政单位和社会保险保障基金各自的汇总、合并和轧差，其中主要是行政单位的数据整理。从理论上讲，行政单位之间的资金往来，如应收应付款、资金的借出借入等，都应合并冲销。但由于现行的会计核算科目还不能清晰地界定应收预付及应付预收款是否发生在行政单位之间，除非有详细的二级科目核算或典型调查推算，一般不采用合并的整理方法。其次是政府财政总预算、行政单位和社会保险保障基金之间的数据整理。同理，政府财政总预算、行政单位和社会保险保障基金之间的资金往来，都应合并冲销。在我国的财务核算中，并未设立相应反映它们之间资金往来的核算项目，而是从各自管理的角度设立相应的核算项目。如政府财政总预算借给预算单位的借出款项和预拨经费等，行政单位等预算单位并未设立相应的核算项目。行政单位设立的应缴财政款和应缴税费核算项目，政府财政总预算也未设立相应的核算项目。尽管如此，只要是从某政府机构的一方确定为是核算部门间的核算项目我们就从另一方冲销。如政府财政总预算借给预算单位的借出款项和预拨经费等资产，可以从行政单位等预算单位的应付预收款的负债中抵销。

从纵向方面来看，政府财政总预算、行政单位和社会保险保障基金各自的上下级之间数据的整理。重点研究政府财政总预算上下级之间数据的整理。政府财政总预算上下级之间的核算项目合并主要有与下级往来、与上级往来、应收地方政府债券转贷款、应收主权外债转贷款、应付地方政府债券转贷款、应付主权外债转贷款等。

第二节 事业单位资产负债表

这一节我们介绍事业单位资产核算的范围与分类、事业单位负债核算的范围与分类以及事业单位资产负债表的编制。

一、事业单位资产核算的范围与分类

根据事业单位会计准则，资产是指事业单位占有或者使用的能以货币计量的经

济资源，包括各种财产、债权和其他权利。事业单位资产分为流动资产与非流动资产。流动资产是指预计在1年内（含1年）变现或者耗用的资产。非流动资产是指流动资产以外的资产。

（一）流动资产

事业单位的流动资产包括货币资金、短期投资、应收及预付款项、存货（库存）、其他流动资产等。

1. 货币资金

货币资金包括库存现金、银行存款、零余额账户用款额度等。库存现金是指存放在事业单位会计部门的现金，主要用于事业单位的日常零星开支。银行存款是指事业单位存入银行或其他金融机构的各种存款，包括人民币存款和外币存款。

2. 短期投资

短期投资是指事业单位依法取得的，持有时间不超过1年（含1年）的投资，主要是国债投资。

3. 应收及预付款

应收及预付款包括应收票据、应收账款、预付账款和其他应收款等。

应收票据是指事业单位因开展经营活动销售产品、提供有偿服务等收到的商业汇票，包括银行承兑汇票和商业承兑汇票。

应收账款是指事业单位因开展经营活动销售产品、提供有偿服务等应收取的款项。

预付账款是指事业单位按照购货、劳务合同规定预付给供应单位的款项。

其他应收款是指事业单位除财政应返还额度、应收票据、应收账款、预付账款以外的其他各项应收及暂付款项，如职工预借的差旅费、拨付给内部有关部门的备用金、应向职工收取的各种垫付款项等。

4. 存货（库存）

存货（库存）是指事业单位在开展业务活动及其他活动中为耗用而储存的各种材料、燃料、包装物、低值易耗品及达不到固定资产标准的用具、装具、动植物等的实际成本。事业单位随买随用的零星办公用品，可以在购进时直接列作支出，不纳入库存核算。它还包括：彩票机构中的库存材料和库存彩票；现有测绘事业单位中的库存材料和已完成测绘项目；地质勘查单位度中的器材采购、材料、管材、管材摊销、器材成本差异、委托加工器材、产成品、地质成果等；科学事业单位中的库存材料、科技产品；医院事业单位中的库存物资、在加工物资。

5. 其他流动资产

其他流动资产是指除上述之外的流动资产。

（二）非流动资产

事业单位的非流动资产包括长期投资、固定资产、公共基础设施、在建工程、文物文化资产、无形资产等。

1. 长期投资

长期投资是指事业单位依法取得的，持有时间超过1年（不含1年）的股权和债权性质的投资。

2. 固定资产

固定资产是指事业单位持有的使用期限超过1年（不含1年）、单位价值在规定标准以上，并在使用过程中基本保持原有物质形态的资产。单位价值虽未达到规定标准，但使用期限超过1年（不含1年）的大批同类物资，作为固定资产核算和管理。事业单位的固定资产一般分为六类：房屋及构筑物；专用设备；通用设备；文物和陈列品；图书、档案；家具、用具、装具及动植物。

3. 公共基础设施

这里的公共基础设施是指事业单位占有并直接负责维护管理、供社会公众使用的工程性公共基础设施，包括城市交通设施、公共照明设施、环保设施、防灾设施、健身设施、广场及公共构建物等其他公共设施。

4. 在建工程

在建工程是指事业单位已经发生必要支出，但尚未完工交付使用的各种建筑（包括新建、改建、扩建、修缮等）和设备安装工程。

5. 文物文化资产

文物文化资产是指用于展览、教育或研究等目的的历史文物、艺术品以及其他具有文化或历史价值并长期或永久保存的典藏等。

6. 无形资产

无形资产是指事业单位持有的没有实物形态的可辨认非货币性资产，包括专利权、商标权、著作权、土地使用权、非专利技术、商誉等。专利权是指政府有关部门向发明人授予的在一定期限内生产、销售或以其他方式使用发明的排他权利。商标权是指商标主管机关依法授予商标所有人对其注册商标受国家法律保护的专有权。著作权是指文学、艺术和科学作品等的著作人依法对其作品所拥有的专门权利。土地使用权是指事业单位，依照法定程序或依约定对国有土地或集体土地所享有的占有、利用、收益和有限处分的权利。非专利技术是指不为外界所知、在生产经营活动中已采用了的、不享有法律保护的、可以带来经济效益的各种技术和诀窍。商誉是指能在未来期间为事业单位活动带来超额利润的潜在经济价值，或超过可辨认资产正常获利能力（如社会平均投资回报率）的资本化价值。

二、事业单位负债核算的范围与分类

根据事业单位会计准则，负债是指事业单位所承担的能以货币计量，需要以资产或者劳务偿还的债务。事业单位负债分为流动负债与非流动负债。流动负债是指在1年内（含1年）偿还的负债。非流动负债是指流动负债以外的负债。

（一）流动负债

事业单位的流动负债包括短期借款、应缴款项、应付及预收款项、其他流动负债等。

1. 短期借款

短期借款是指事业单位借入的期限在1年内（含1年）的各种借款。

2. 应缴款项

应缴款项包括应缴税费、应缴国库款、应缴财政专户款。

应缴税费是指事业单位按照税法等规定计算应缴纳的各种税费，包括营业税、增值税、城市维护建设税、教育费附加、车船税、房产税、城镇土地使用税、企业所得税等，还包括事业单位代扣代缴的个人所得税。应缴国库款是指事业单位按规定应缴入国库的款项（应缴税费除外）。应缴财政专户款是指事业单位按规定应缴入财政专户的款项。

3. 应付及预收款

应付及预收款包括应付职工薪酬、应付票据、应付账款、预收账款和其他应付款等。

应付职工薪酬是指事业单位按有关规定应付给职工及为职工支付的各种薪酬，包括基本工资、绩效工资、国家统一规定的津贴补贴、社会保险费、住房公积金等。应付票据是指事业单位因购买材料、物资等而开出、承兑的商业汇票，包括银行承兑汇票和商业承兑汇票。应付账款是指事业单位因购买材料、物资等而应付的款项。预收账款是指事业单位按合同规定预收的款项。其他应付款是指事业单位除应缴税费、应缴国库款、应缴财政专户款、应付职工薪酬、应付票据、应付账款、预收账款之外的其他各项偿还期限在1年内（含1年）的应付及暂收款项，如存入保证金等。

4. 其他流动负债

其他流动负债是指事业单位除上述流动负债之外的其他流动负债款项。如彩票机构中应付返奖奖金、应付代销费、彩票销售结算等；中小学校以及高等学校中的代管款项；医院会计科目中的预提费用。

（二）非流动负债

事业单位的非流动负债包括长期投资、长期借款、长期应付款、其他长期负债等。

1. 长期投资

长期投资是指事业单位从上级财政、外部事业单位或者非营利组织和企业获得的各种投资，包括有偿使用和捐赠等形成的固定资产、在建工程、无形资产等。

2. 长期借款

长期借款是指事业单位借入的期限超过 1 年（不含 1 年）的各种借款。

3. 长期应付款

长期应付款是指事业单位发生的偿还期限超过 1 年（不含 1 年）的应付款项，如以融资租赁租入固定资产的租赁费、跨年度分期付款购入固定资产的价款等。

4. 其他长期负债

其他长期负债是指事业单位除长期投资、长期借款、长期应付款之外的各类余项和漏损项。

三、事业单位资产负债表的编制

事业单位资产负债表的编制，包括表式、数据搜集、估价等。

（一）事业单位资产负债表表式

主栏项目是反映核算的主体及其分类。主体分类既有横向分类，也有纵向分类。主体横向分类前面研究已经指出，可以按行业分为教育、科研、文化艺术、卫生、体育、农林渔和水利、社会福利、城市公用、交通、信息咨询、中介服务、勘察（探）、气象、地震测防、海洋、环保、检验检测、知识产权、机关后勤服务 19 个大类；也可按行政隶属系统分为党委、政府、人大、政协、检察院、法院、民主党派、社会团体、其他系统事业单位等十类；还可划分为全额拨款、差额拨款和自收自支三种类型。主体纵向分类包括中央所属、省属、地市属、县属、乡属事业单位五类。表式主栏项目的设计见表 15 - 2。

宾栏项目是反映核算的客体及其分类。宾栏项目设计是在原有核算项目的基础上新设、分类和归并。宾栏项目也分为资产项目和负债项目两个方面。资产项目又分为流动资产与非流动资产。流动资产包括货币资金、短期投资、应收及预付账款、存货和其他流动资产五大类。非流动资产包括长期投资、固定资产、在建工程、文化文物资产、非生产资产、其他非流动资产六大类。负债分为流动负债与非流动负债。流动负债包括短期借款、应缴款、应付及预收款、其他流动负债等。非流动负债包括长期借款、长期应付款、其他长期负债等。

表15-2　　　　　　　　　　事业单位资产负债表

项目	教育	科研	文化艺术	卫生	体育	农林渔和水利	社会福利	城市公用	……	机关后勤服务	合计
一、资产											
（一）流动资产											
货币资金											
短期投资											
应收\预付款											
存货											
其他流动资产											
（二）非流动资产											
长期投资											
固定资产											
公共基础设施											
在建工程											
文化文物资产											
非生产资产											
其他非流动资产											
二、负债											
（一）流动负债											
短期借款											
应缴款											
应付预收款											
其他流动负债											
（二）非流动负债											
长期借款											
长期应付款											
其他长期负债											
三、净值											

（二）数据收集

编制事业单位资产负债表所需数据主要从两个方面收集：一是现有报表，二是统计调查。

现有事业单位资产负债表主要包括事业单位资产负债表以及彩票机构、测绘机构、地质勘察机构、中小学校、高等学校、基层医疗卫生机构、科学事业单位、医院八个特定行业事业单位的资产负债表。

调查的内容大体分为两部分：一是需要调查确定事业单位（机构）及其资产负债增减比例；二是核算项目的调查，这主要是现在还没有核算的项目，如文化文物资产、非生产资产等。

（三）估价

估价是指以一定的货币单位计量事业单位的资产负债。事业单位资产负债估价可以划分为：一是直接以票面金额或账面金额估价，如库存现金、银行存款、应付账款、长期借款、长期应付款等；二是以实际成本估价；三是以年限平均法或工作量法估价，如累计折旧和累计摊销；四是以先进先出法、加权平均法或者个别计价法估价，此类方法主要是针对发出的存货。

第三节 政府控制非营利组织资产负债表

这一节我们介绍政府控制的非营利组织资产的定义和分类、负债的定义和分类以及资产负债表的编制。

一、政府控制的非营利组织资产的定义和分类

政府控制非营利组织的资产是指过去的交易或者事项形成并由非营利组织拥有或者控制的资源，该资源预期会给其带来经济利益或者服务潜力。资产按照流动性，一般分为流动资产和非流动资产。流动资产是指预期可在1年内（含1年）变现或者耗用的资产。非流动资产是指流动资产以外的资产。

（一）流动资产

流动资产主要包括货币资金、短期投资、应收款项、预付账款、存货、待摊费用等。

1. 货币资金

货币资金包括现金、银行存款和其他货币资金。现金是指非营利组织持有的库存现金。银行存款是指非营利组织存入银行或其他金融机构的存款。其他货币资金包括外埠存款、银行汇票存款、银行本票存款、信用卡存款、信用证保证金存款、存出投资款等各种其他货币资金。

2. 短期投资

短期投资是指非营利组织持有的各种能够随时变现（或变现成本较低）并且持

有时间不准备超过 1 年（含 1 年）的投资，包括短期股票、债券投资和短期委托贷款、委托投资等。

3. 应收款项

应收款项是指非营利组织在日常业务活动过程中发生的各项应收未收债权，包括应收票据、应收账款和其他应收款。

4. 预付账款

预付账款是指非营利组织预付给商品供应单位或者服务提供单位的款项。

5. 存货

存货是非营利组织在日常业务活动中持有以备出售或捐赠的，或者为了出售或捐赠仍处在生产过程中的，或者将在生产、提供服务或日常管理过程中耗用的材料、物资、商品等，包括材料、库存商品、委托加工材料，以及达不到固定资产标准的工具、器具等。

6. 待摊费用

待摊费用是指非营利组织已经支出，但应当由本期和以后各期分别负担的、分摊期在 1 年以内（含 1 年）的各项费用，如预付保险费、预付租金等。

（二）非流动资产

非流动资产主要包括长期投资、固定资产、在建工程、文物文化资产、无形资产和受托代理资产等。

1. 长期投资

长期投资是指除短期投资以外，非营利组织持有时间超过 1 年的各种投资，包括长期股权投资、长期债权投资和其他长期投资等。

2. 固定资产

固定资产是指为行政管理、提供服务、生产商品或者出租目的而持有的、预计使用年限超过 1 年、单位价值较高的资产。

3. 在建工程

在建工程是指已经发生必要支出，但尚未达到交付使用状态的各种建筑（包括新建、改建、扩建、修缮等）、设备安装工程和信息系统建设工程。

4. 文物文化资产

文物文化资产是指用于展览、教育或研究等目的的历史文物、艺术品以及其他具有文化或历史价值并作长期或永久保存的典藏等。

5. 无形资产

无形资产是指非营利组织拥有的为开展业务活动、出租给他人或为管理目的而持有的、没有实物形态的非货币性长期资产，包括著作权、商标权、土地使用权、专利权、非专利技术等。

6. 受托代理资产

受托代理资产是非营利组织接受委托方委托，从事受托代理业务而收到的资产。

二、政府控制的非营利组织负债的定义和分类

负债是指过去的交易或者事项形成的现时义务，履行该义务预期会导致含有经济利益或者服务潜力的资源流出非营利组织。负债按照流动性，分为流动负债和非流动负债。流动负债是指将在1年内（含1年）偿还的负债。非流动负债是指偿还期限在1年以上（不含1年）的负债。

（一）流动负债

流动负债主要包括短期借款、应付款项、应付工资、应交税金、预收账款、预提费用、预计负债和其他流动负债等。

1. 短期借款

短期借款是指非营利组织向银行或其他金融机构等借入的、尚未偿还的期限在1年以下（含1年）的各种借款。

2. 应付款项

应付款项是指非营利组织在日常业务活动过程中发生的各项应付票据、应付账款和其他应付款等应付未付款项。

3. 应付工资

应付工资是指非营利组织应付未付的员工工资。

4. 应交税金

应交税金是指非营利组织按照税法等规定应交纳的各种税费，包括增值税、所得税、房产税、个人所得税等。

5. 预收账款

预收账款是指非营利组织向服务和商品购买单位预收的各种款项。它是买卖双方协议商定，由供货方或提供劳务方预先向购货方或接受劳务方收取一部分货款或订金而形成的负债。

6. 预提费用

预提费用是指非营利组织预先提取的已经发生但尚未支付的费用，如预提的租金、保险费、借款利息等。

7. 预计负债

预计负债是指非营利组织对因或有事项所产生的现时义务而确认的负债。或有事项是指过去的交易或事项形成的一种状况，其结果必须通过未来不确定事项的发

生或不发生予以证实,包括对外提供担保、商业承兑票据贴现和未决诉讼等。

8. 其他流动负债

其他流动负债是指除上述负债之外的流动负债。

(二)非流动负债

非流动负债主要包括长期借款、长期应付款、其他长期负债和受托代理负债等。

1. 长期借款

长期借款是指非营利组织向银行或其他金融机构借入的期限在 1 年以上(不含 1 年)的各项借款。

2. 长期应付款

长期应付款是指非营利组织发生的偿还期限超过 1 年(不含 1 年)的应付款项,如融资租入固定资产的租赁费等。

3. 其他长期负债

其他长期负债是指除以上长期负债项目之外的其他长期应付未付款项。

4. 受托代理负债

受托代理负债是指民间非营利组织因从事受托代理业务、接受受托代理资产而产生的负债。

三、政府控制的非营利组织资产负债表的编制

政府控制的非营利组织资产负债表的编制包括表式设计、数据搜集、估价等。

(一)表式设计

政府控制的资产负债表也包括主栏项目和宾栏项目两个部分。主栏项目主要有:基金会、社会团体、民办非企业单位、村委会、居委会、宗教机构等。宾栏项目也分为资产项目和负债项目两个方面。政府控制的非营利组织资产负债表格式见表 15 - 3。

表 15 - 3　　　　　　　政府控制的非营利组织资产负债表

部门	广义政府	狭义政府	事业单位	政府控制的非营利性组织
一、资产		.		
(一)金融资产				
通货和存款				
借出款项				
有价证券				
应收预付款				
其他金融资产				

续表

部门	广义政府	狭义政府	事业单位	政府控制的非营利性组织
（二）非金融资产				
固定资产				
在建工程				
公共基础设施				
存货				
文物文化资产				
非生产资产				
其他非金融资产				
二、负债				
借款				
有价证券				
社会保障保险资金				
权益性负债				
应付预收款				
其他负债				
三、净值				

（二）数据收集

资产负债表的主栏数据主要来源于社会团体、基金会、民办非企业单位等社会组织需向民政部各级部门报送本组织（含分支和代表机构）的资产负债表、业务活动表和现金流量表。

（三）估价

常用的资产价值评估方法如下。

1. 历史成本

历史成本又称为实际成本，是取得或制造某项财产物资时所实际支付的现金或其他等价物。

2. 重置成本

重置成本又称为现行成本，是指按照当前市场条件，重新取得同样一项资产时所需支付的现金或现金等价物金额。

3. 可变现净值

可变现净值是指在正常生产经营过程中，以预计售价减去进一步加工成本和销售费用以及相关税费后的净值。

4. 现值

现值是对未来现金流量以恰当的折现率进行折现后的价值，是考虑货币时间价值的一种计量属性。

5. 公允价值

公允价值是指在公平交易中，熟悉情况的交易双方自愿进行资产交换或者债务清偿的金额。

第四节　广义政府资产负债表

这一节，我们主要介绍广义政府资产的界定及分类、负债的定义及分类以及广义政府资产负债表的编制等内容。

一、广义政府资产的界定及分类

广义政府资产是指政府机构单位占有、使用或控制的，能以货币计量的经济资源。它分为金融资产与非金融资产。

（一）金融资产

金融资产包括通货和存款、借出款项、有价证券、应收预付款、其他金融资产等。

（二）非金融资产

非金融资产包括固定资产、在建工程、公共基础设施、存货、文物文化资产、非生产资产、其他非金融资产。

二、负债的定义及分类

广义政府负债是指广义政府承担的能以货币计量的，需以资产等偿付的债务。它包括权益性负债、借款、有价证券、社会保障保险基金、应付预收款、其他负债等。

三、广义政府资产负债表的编制

广义政府资产负债表的编制包括广义政府资产负债表表式的设计和数据的填录等。

（一）广义政府资产负债表表式的设计

广义政府资产负债表的主栏为狭义政府、事业单位、政府控制的非营利组织；

宾栏为资产、负债和净值。广义政府资产负债表格式见表15-4。

表15-4　　　　　　　　　广义政府资产负债表　　　　　　　　单位：亿元

部门	广义政府	狭义政府	事业单位	政府控制的非营利性组织
一、资产				
（一）金融资产				
通货和存款				
借出款项				
有价证券				
应收预付款				
其他金融资产				
（二）非金融资产				
固定资产				
在建工程				
公共基础设施				
存货				
文物文化资产				
非生产资产				
其他非金融资产				
二、负债				
借款				
有价证券				
社会保障保险资金				
权益性负债				
应付预收款				
其他负债				
三、净值				

（二）数据的填录

1. 金融资产

（1）通货和存款，其数据为狭义政府资产负债表中的"现金和存款"、事业单位资产负债表中的"货币资金"和政府控制的非营利组织资产负债表中的"货币资金"项目数据的汇总。

（2）借出款项，其数据为狭义政府资产负债表中的"借出款项"。

（3）有价证券，其数据为狭义政府资产负债表中的"有价证券"和"出资额"，事业单位资产负债表中的"短期投资"和"长期投资"，政府控制的非营利组织资产负债表中的"短期投资"、"长期投资"和"一年内到期长期债权"数据的汇总。

（4）应收预付款，其数据为狭义政府资产负债表中的"应收预付款"和"应收转贷款"，事业单位资产负债表中的"应收预付款"，政府控制的非营利组织资产负债表中的"应收款项"、"预付账款"、"长期应付款"项目数据汇总。

（5）其他金融资产，其数据为狭义政府资产负债表中的"其他金融资产"，事业单位资产负债表中的"其他流动资产"，政府控制的非营利组织资产负债表中的"其他流动资产"和"待摊费用"项目数据的汇总。

2. 非金融资产

（1）固定资产，其数据为三张报表相同项目的汇总。

（2）在建工程，其数据为三张报表相同项目的汇总。

（3）公共基础设施，其数据为狭义政府资产负债表和事业单位资产负债表中相同项目的汇总。

（4）存货，其数据为三张报表相同项目的汇总。

（5）文物文化资产，其数据为事业单位资产负债表和政府控制的非营利组织资产负债表中的相同项目的汇总。

（6）非生产资产，其数据为狭义政府资产负债表中的"非生产资产"，事业单位资产负债表中的"非生产资产"，政府控制的非营利组织资产负债表中的"无形资产"项目数据的汇总。

（7）其他非金融资产，其数据为狭义政府资产负债表中的"其他非金融资产"，事业单位资产负债表中的"其他非流动资产"，政府控制的非营利组织资产负债表中的"受托代理资产"项目数据的汇总。

3. 负债

（1）权益性负债，其数据为狭义政府资产负债表中的"有价证券"。

（2）借款，其数据为事业单位资产负债表中的"短期借款"和"长期借款"，政府控制的非营利组织资产负债表中"短期借款"和"长期借款"项目数据的汇总。

（3）有价证券，其数据为狭义政府资产负债表中的"应付政府债券"和政府控制的非营利组织资产负债表中的"一年内到期长期负债"、"长期债券"项目数据的汇总。

（4）社会保障保险基金，其数据为狭义政府资产负债表中的"保障保险基金"。

（5）应付预收款，其数据为狭义政府资产负债表中的"暂收应付款"、"应付政府转贷款"、"应缴款"等，事业单位资产负债表中的"应付预收款"、"长期应付款"和"应缴款"等,政府控制的非营利组织资产负债表中的"应付款项"、"应付工资"、"应付税金"、"预收账款"和"长期应付款"等的汇总。

(6)其他负债,其数据为狭义政府资产负债表中的"其他负债",事业单位资产负债表中的"其他流动负债"、"其他非流动负债",政府控制的非营利组织资产负债表中的"其他流动负债"、"其他长期负债"、"预提费用"、"预计负债"和"受托代理负债"项目数据的汇总。

4. 净值

其数据为狭义政府资产负债表中的"净值",事业单位资产负债表中的"净值",政府控制的非营利组织资产负债表中的"净资产"项目数据的汇总。

本章小结

1. 广义政府资产负债表的编制,包括狭义政府资产负债表的编制、事业单位资产负债表的编制、政府控制的非营利机构资产负债表的编制等内容。

2. 狭义政府资产负债表的编制包括资产的界定及分类、负债的定义及分类以及表式设计、数据收集、估价、整理等内容。

3. 事业单位资产负债表的编制包括事业单位资产核算的范围与分类、事业单位负债核算的范围与分类以及表式设计、数据收集、估价、整理等内容。

4. 政府控制非营利组织资产负债表的编制包括政府控制非营利组织的资产界定和分类、负债的定义和分类以及表式设计、数据收集整理等内容。

5. 广义政府资产负债表的编制包括广义政府资产的界定及分类、负债的定义及分类以及表式设计、数据填录等内容。

本章重要概念

狭义政府资产负债表 事业单位资产负债表 政府控制非营利组织资产负债表 广义政府资产负债表

复习思考题

1. 如何编制狭义政府资产负债表?
2. 如何编制事业单位资产负债表?
3. 如何编制政府控制非营利组织资产负债表?
4. 如何编制广义政府资产负债表?

第十六章 中国财政统计分析

这一章我们从宏观方面介绍中国财政统计分析基本方法和基本内容,主要包括中国财政收支平衡分析、财政收入分析、财政支出分析和财政政策分析。

第一节 中国财政收支平衡分析

一、国民经济循环流动中的财政收支

政府是现代市场经济中的重要参与者。政府管理经济活动,提供公共产品和服务,并利用税收和补贴影响要素市场。如图16-1所示,在国民经济循环中,政府

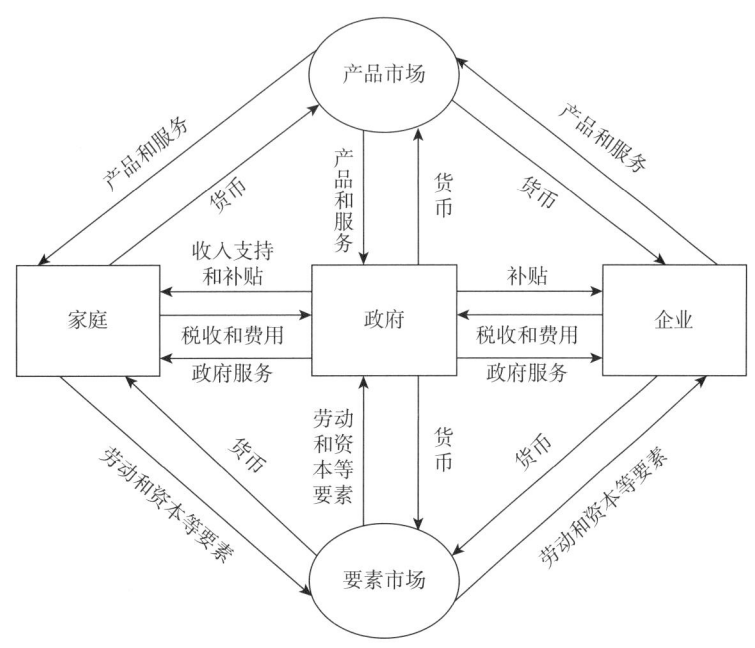

图16-1 国民经济循环中的政府财政收支

从产品市场购买产品和服务，从要素市场获得劳动和资本等生产要素，并通过非市场的手段将产品、服务以及生产要素提供给家庭和企业。另外，政府通过税收以及发债等方式获得财政收入，以满足财政支付。在我国，政府性基金、国有资本和社会保险基金等也是国民经济循环流动中政府部门收支的重要组成。政府的财政收支是国民经济循环中不可分割的一部分，其运行效率直接影响家庭和企业部门的经济行为，进而影响整个国民经济循环的健康度，在促进国民经济高质量发展中具有重要的引领支撑作用。

二、财政收支平衡的概念

（一）财政收支平衡是制定财政政策的轴心

财政收支平衡是财政运行最重要的特征之一。收支是否平衡表面上反映的是政府收支关系，实际上反映了政府和企业、居民的关系，反映各阶层之间的利益关系，反映中央与地方以及政府各部门之间的关系。财政收支平衡是制定财政政策的轴心。财政围绕这个轴心，合理安排支出规模和结构，提高资金使用效率，制定合理的税收和收费制度，保证收入及时、足额入库，发挥国债的积极作用，防止赤字和国债发行失控，完善财政管理体制，合理调节中央与地方关系，依据经济形势发展及时调整财政政策。

（二）正确理解财政收支平衡

从数量角度看，财政收支平衡是指预算年度预算收支在量上的对比关系。一是收大于支有结余，二是支大于收有逆差，即赤字，三是收支相等。但是财政收支平衡要远比数量对比关系复杂。

首先要理解财政收支平衡是相对平衡、动态平衡，通常情况下都是不平衡的。财政收支平衡是在收与支这对矛盾不断产生又不断解决的过程中实现的。例如，某些年份有赤字，但如果将某些有结余的年份结合起来，从动态上看，财政收支仍可能是平衡的，在一个财政年度内也是如此。实行年度滚动预算，建立跨年度预算平衡机制，就是从动态平衡观出发的。

其次要理解财政收支平衡有不同的层次。比如，有局部平衡和全局平衡之分。财政状况是国民经济运行的综合反映。财政收支作为国民经济运行中货币收支体系的一部分，同住户、企业以及对外部门的货币收支存在密切联系，是相互交织、相互转化、互补余缺的。只有从国民经济全局出发研究财政收支平衡，才能全面、深入地分析财政平衡的原因和后果，探讨改善财政状况的对策，也才能运用财政政策工具有效调节经济运行，实现优化资源配置、公平分配以及稳定和发展等目标。财政收支平衡还有中央预算平衡和地方预算平衡之分。我国实行分税制改革以后，地方财政已经成为一级相对独立的财政主体,在中央预算与地方预算分立的情况下,有必要分别考察中央预算的平衡与地方预算的平衡。

再次要理解预算赤字、决算赤字和赤字政策的不同含义。预算赤字是指在编制预算时在收支安排上就有赤字;但预算列有赤字,并不意味着预算执行的结果也一定有赤字,因为在预算执行的过程中可以通过采取增收节支的措施,实现收支平衡。决算赤字是指预算执行结果支大于收,出现赤字。决算有赤字,可能是因为在预算编制时就有赤字,也可能是预算执行过程中出现新的减收增支的因素而导致赤字。预算赤字或决算赤字不一定是财政政策指导思想上要刻意安排赤字,而是经济运行中各类复杂情况和突出矛盾难以解决而导致的赤字。赤字政策则是国家有意识地运用赤字来调节经济的政策,也就是通过财政赤字扩大政府支出,实行扩张性财政政策,刺激社会有效需求增长。

最后要认识到有真实平衡和虚假平衡之分。虚假平衡主要表现为由隐性债务和虚假债务引起的"财政性挂账"。这些隐性债务、或有债务实际上构成隐性财政赤字,减少当年显性的财政赤字,不利于正确认识财政运行状况。

专栏 16-1 财政赤字的产生与弥补

1. 财政赤字的产生

财政赤字即预算年度内的财政支出超过财政收入的部分。发展中国家的赤字主要源于建设需要,发达国家的赤字主要源于民生福利需要。根据赤字和经济运行的关系,可将赤字分为周期性赤字和结构性赤字。周期性赤字是指因经济周期性波动而自动地产生、增减的赤字。比较典型的例子是经济下行阶段因税收收入减少、失业津贴等福利支出上升而产生的赤字。结构性赤字是指在充分就业水平下的赤字,也称为充分就业赤字。结构性赤字是由政府的财政政策决定的。例如,近年我国推行了一系列供给侧结构性改革措施,以优化经济结构、推动产业升级。其中,在充分就业水平下由减税降费而产生的赤字就属于结构性赤字。我国既有周期性赤字,又有结构性赤字,以结构性赤字为主。

2. 财政赤字的弥补

一般弥补财政赤字的方法有两种:债务化融资和货币化融资。债务化融资是指通过发行政府债券为赤字融资。这种融资方式只是实现了资金在部门间的转移,一般不会增加货币供给,不会导致通货膨胀,但会改变 M_1 和 M_2 的结构,影响市场均衡。货币化融资是指政府借助其对货币发行的垄断权,通过货币创造为赤字融资。而货币创造又有两种方式:一是直接方式,即财政部直接向中央银行借款或透支;二是间接方式,即财政部向公众出售债券,随后由中央银行在公开市场上购入国债。这种融资方式会直接增加基础货币量,并在货币乘数的作用下扩大货币供应量,是将新的需求叠加在原有需求之上,对总需求具有较强的扩张作用,极有可能导致通货膨胀。1995年之前,我国一部分财政赤字是通过向中央银行直接借款或透支弥补的。1995年《中华人民共和国中国人民银行法》规定:中央银行不得向财政提供借款和透支,也不得直接购买政府债券。因此,发行政府债券是我国弥补赤字的唯一方法。当然,中央银行可以通过公开市场业务购买国债,间接地为财政赤字融资。

三、中国财政收支失衡的计量与分析

（一）财政赤字的计算方法

国际上有两种常用的计算财政赤字的方法:

$$财政赤字 = (经常收入 + 债务收入) - (经常支出 + 债务支出)$$

$$财政赤字 = 经常收入 - 经常支出$$

这两种口径的差别在于债务收入是否计入经常收入、偿债支出是否计入经常支出。第一种方法将债务收支纳入财政收支,由此得到的赤字称为"硬赤字";第二种方法不考虑债务收入和偿还债务本金的支出,但是将偿债支出中的利息支出列入正常的财政支出,由此得到的赤字称为"软赤字"。

随着实践的发展,我国计算财政赤字的方法也在不断完善。目前,我国计算财政赤字的方法为

$$财政赤字 = (一般公共预算收入 + 从预算稳定调节基金调入收入 + 其他预算资金)$$
$$- (一般公共预算支出 + 补充预算稳定调节基金支出 + 其他预算支出)$$

预算稳定调节基金设立于2006年。将预算稳定调节基金等内容纳入赤字统计,有助于保持预算的稳定性、财政政策的连续性、建立健全跨年度预算平衡机制。

专栏16-2 预算稳定调节基金

为更科学合理地编制预算,自2006年起,中央财政建立中央预算稳定调节基金。中央预算稳定调节基金可理解为中央财政为调剂预算年度内季节性收支差额而设置的预算周转金,起到"蓄水池"的作用,是中央财政通过超收、结余安排的具有储备性质的基金。其用途在于弥补以后年度预算资金的不足,以及根据预算平衡情况,在安排年初预算时调入并安排使用。中央预算稳定调节基金的安排使用接受全国人大及其常委会的监督。这种安排打通了将部分中央财政超收收入转至下年度

年初安排使用的制度通道。

相关经验被地方政府借鉴，各地陆续建立当地的预算稳定调节基金。2014年修订的《预算法》明确，"各级一般公共预算按照国务院的规定可以设置预算稳定调节基金，用于弥补以后年度预算资金的不足"。2018年财政部印发《预算稳定调节基金管理暂行办法》（以下简称《办法》），明确预算稳定调节基金是"为实现宏观调控目标，保持年度间政府预算的衔接和稳定，各级一般公共预算设置的储备性资金。各级政府性基金预算、国有资本经营预算和社会保险基金预算不得设置预算稳定调节基金"。

《办法》规范了预算稳定调节基金的设置、补充、动用及科目和账务处理。预算稳定调节基金主要来自以下三类资金：一是一般公共预算连续结转两年仍未用完的资金，二是政府性基金预算结转资金规模超过该项基金当年收入30%的部分，三是政府性基金预算连续结转两年仍未用完的资金。各级政府财政部门负责提出预算稳定调节基金设置、补充和动用的具体方案，报经同级政府同意后，编入本级预决算草案或者本级预算的调整方案。

（二）我国的财政赤字

对于工业化市场经济高度发达的国家，将财政赤字区分为周期性赤字和结构性赤字基本可以满足对财政平衡问题分析的需要。但是，我国财政赤字的产生及其政策含义的复杂性与经济发展和经济体制改革密切相关。例如，在"八五"时期几乎每项改革措施的出台对财政的影响不是减收就是增支，"九五"时期由于经济面临需求不足的压力，为了促进经济持续增长，开始实行积极的财政政策，财政赤字继续加大。"十五"时期，尤其是"十五"后期随着经济稳定快速增长和社会主义市场经济体制改革的深化，根据国民经济和社会发展面临的新形势，以及宏观调控的新要求，财政政策的取向由扩张逐步转变为稳健，财政赤字的相对规模缩小。"十一五"时期，面对2008年国际金融危机的挑战，为扩大内需、促进经济平稳较快发展，实行积极的财政政策，财政支出大幅增加，2009年、2010年的财政赤字率激增至2.7%、2.4%。党的十八大以来，积极财政政策在收入侧、支出侧同时发力，财政赤字规模持续增大，2015年《中华人民共和国预算法》重新修订后，允许地方政府自主发行债券，地方政府债券快速增长，赤字率明显上升，2019年为2.8%（见表16-1）。因此，改革和发展中的赤字是我国财政赤字的主要特征。我国财政赤字在很大程度上属于经济改革和社会发展的代价。

表 16-1　　　　　　　　1991 年以来我国财政赤字的情况

年份	财政收入（亿元）	财政支出（亿元）	收支差额（亿元）	财政收入增长速度（%）	财政支出增长速度（%）	财政赤字占GDP比重（%）
1991	3149	3387	-237	7.2	9.8	-1.1
1992	3483	3742	-259	10.6	10.5	-1.0
1993	4349	4642	-293	24.8	24.1	-0.8
1994	5218	5793	-575	20.0	24.8	-1.2
1995	6242	6824	-582	19.6	17.8	-0.9
1996	7408	7938	-530	18.7	16.3	-0.7
1997	8651	9234	-582	16.8	16.3	-0.7
1998	9876	10798	-922	14.3	16.9	-1.1
1999	11444	13188	-1744	15.9	22.1	-1.9
2000	13395	15887	-2491	17.0	20.5	-2.5
2001	16386	18903	-2517	22.3	19.0	-2.3
2002	18904	22053	-3150	15.4	16.7	-2.6
2003	21715	24650	-2935	14.9	11.8	-2.1
2004	26396	28487	-2090	21.6	15.6	-1.3
2005	31649	33930	-2281	19.9	19.1	-1.2
2006	38760	40423	-2163	22.5	19.1	-1.0
2007	51322	49781	-508	32.4	23.2	-0.2
2008	61330	62593	-354	19.5	25.7	-0.1
2009	68518	76300	-9500	11.7	21.9	-2.7
2010	83102	89874	-10000	21.3	17.8	-2.4
2011	103874	109248	-8500	25.0	21.6	-1.7
2012	117254	125953	-8000	12.9	15.3	-1.5
2013	129210	140212	-12000	10.2	11.3	-2.0
2014	140370	151786	-13500	8.6	8.3	-2.1
2015	152269	175878	-16200	5.8	13.2	-2.4
2016	159605	187755	-21800	4.5	6.3	-2.9
2017	172593	203085	-23800	7.4	7.6	-2.9
2018	183360	220904	-23800	6.2	8.7	-2.6
2019	190382	238874	-27600	3.8	8.1	-2.8

注：1. 财政收入中不包括国内外债务收入。

2. 从 2000 年起，财政支出中包括国内外债务付息支出。

3. 从 2006 年起，收支差额含预算稳定调节基金。

四、中国财政融资的分析

（一）政府债务规模衡量

1995 年之前，我国的一部分财政赤字是通过向中央银行直接借款或透支弥补的。1995年的《中华人民共和国中国人民银行法》规定，中央银行不得向财政提供借款和透支，也不得直接购买政府债券。我国的赤字主要依靠发行政府债券弥补。政府债券包括国债和地方政府一般债务。中央银行可以通过公开市场业务购买国债，间接地为财政赤字融资。

GDP是政府债务最广泛的应债来源。债务负担率是政府债务余额相对于GDP的比重，是我国和国际上常用的衡量政府债务规模的指标。例如，欧盟将政府债务负担率警戒线设定为60%。此外，还可以从住户部门的应债能力考察政府债务的规模，即将政府债务发行规模与同期居民新增金融资产规模进行比较。表16-2分别反映了政府债务负担和居民的应债负担。从表中可以看出，2015年以前，我国国债整体负担水平相对稳定，2015年以后，面对经济增速放缓、财政支出规模增大，以及地方政府债发行规模的快速上升等因素影响，政府债务负担率有所提高。

表16-2　　　　　　　　　　2000年以来我国的债务负担

年份	政府债券发行额（亿元）	政府债券余额（亿元）	储蓄存款余额（亿元）	GDP（亿元）	政府债券余额/GDP（%）	政府债券发行额/储蓄存款余额（%）
2000	4657	13020	64332	100280	13.0	7.2
2001	4884	15618	73762	110863	14.1	6.6
2002	5934	19336	86911	121717	15.9	6.8
2003	6280	22604	103617	137422	16.4	6.1
2004	6924	25778	119555	161840	15.9	5.8
2005	7042	28774	141051	187319	15.4	5.0
2006	8883	31449	161587	219439	14.3	5.5
2007	23139	48741	172534	270092	18.0	13.4
2008	8558	49768	217885	319245	15.6	3.9
2009	17927	57950	260772	348518	16.6	6.9
2010	19778	67685	303302	412119	16.4	6.5
2011	17100	75832	343636	487940	15.5	5.0
2012	16154	71994	399551	538580	13.4	4.0
2013	20230	95471	447602	592963	16.1	4.5
2014	21747	107275	485261	643563	16.7	4.5
2015	59408	154524	546078	688858	22.4	10.9
2016	91086	225734	597751	746395	30.2	15.2
2017	83513	281538	643768	832036	33.8	13.0
2018	78278	330069	716038	919281	35.9	10.9
2019	85187	377273	813017	990865	38.1	10.5

注：1. 数据来源于国家统计局、Wind。
　　2. 政府债券包含国债和地方政府债券。

专栏 16-3　当前地方政府面临较大债务压力

地方政府通过举债融资，满足社会公共发展的需求，在一定程度上可以促进地方经济发展和民生改善，但其"双刃剑"的作用不能忽视。当前我国地方政府债务规模日渐庞大，所含风险与日俱增。极端情况将导致系统性金融危机爆发，从而阻碍经济增长，影响社会稳定。

2019 年全国新增地方债 43624 亿元，其中一般债 17742 亿元，专项债 25882 亿元。截至 2019 年底，我国地方债务余额 214150 亿元，比 2015 年底的 147568 亿元增长 45.1%。分地域看，我国东中西部的地方债规模和增速分化明显。东部沿海地区经济相对发达，地方债总量较大，呈"东部＞中部＞西部"的态势。其中，西部地区的直接债务占比较低，这主要受经济结构影响，西部地区以第一产业为主，第二产业，第三产业相对落后。中东部地区发达的工业和服务业能够为政府创造更多的税收，同时税收结构更加合理，相对容易举债，使其直接债务占比更高。从政府层级角度看，省、市、县、乡各级政府债务均有覆盖。其中，省、市政府债务结构相对简单，主要包括公共支出和大型城市建设项目。县、乡政府的债务结构相对复杂，债务压力整体高于省、市政府，如县级政府的债务构成有养老金、医疗卫生、城市管理等分支比较细的社会保障资金缺口。同时，教育债务、公务人员工资、基础设施贷款等均加大了县、乡级政府负担，低层级政府收入来源相对较少，收支不平衡进一步加大了政府债务压力。

（二）政府债务融资对经济的影响

政府债券融资对经济的影响主要体现在三个方面。

第一，政府债券的需求效应。增加税收和发行债券都能增加财政收入。二者相比，加税会减少居民可支配收入，影响消费；而居民增持政府债券则会改变其资产结构，并且当政府债券收益高于居民原有资产的收益时，会增加居民的财富，促进消费。

政府债券的投资需求效应在不同经济环境下作用也不尽相同。在经济繁荣时期，政府发行债券会带动利率上升，可能对民间投资产生"排挤"效应，不利于民间投资增长；在经济萧条时期，政府发行债券有利于将闲置资金转由财政使用，将居民储蓄转化为投资，弥补储蓄和投资之间的缺口，可以推动经济增长。

政府债券对需求的影响，难以用具体的统计指标衡量。不少经济学家利用更为复杂的计量经济学方法，研究我国实施积极财政政策期间国债对需求的影响。郭庆旺（2003）曾经利用协整检验研究民间消费与国债发行额和国债余额的关系，表明国债发行带动了民间消费的增加。张屹、陈默、张鹤（2014）采用基于状态空间方程的可变参数模型对我国 1981—2011 年间的国债发行对城乡居民消费影响的动态弹性进行了实证检验,发现我国国债发行对城镇居民中收入最高的居民消费产生了显著的正向引导效应,而对其他阶层影响很小。

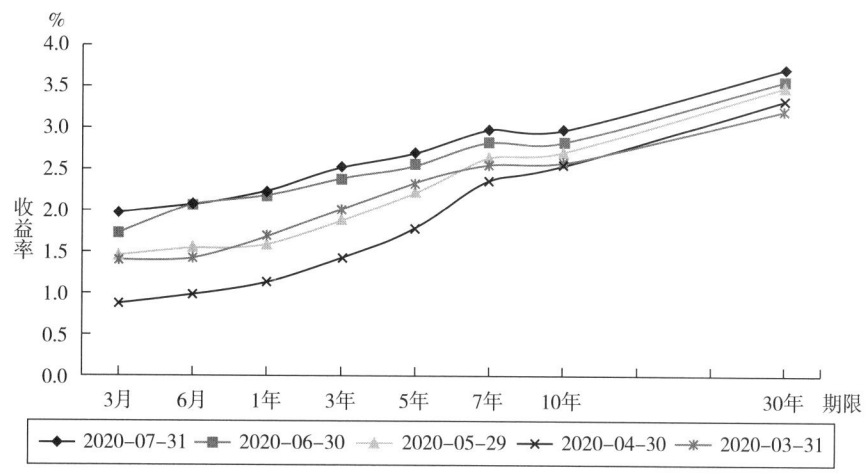

图 16 – 2　国债收益率曲线

(资料来源:中华人民共和国财政部)

第二,政府债券的供给效应。这体现为使用债券资金的可以增加有效供给,改善供给结构。比如,我国通过发行长期建设国债、专项建设债和地方政府专项债,投资建成大批重点基础设施建设项目,既完善了基础设施,又发挥了"稳增长"的重要作用。

第三,国债收益率在金融市场的基准效应。在市场化国家,国债的收益率是金融市场的基准收益率。从微观看,国债收益率是各类金融产品定价的主要基准;从宏观看,国债收益率的变化体现了市场对经济增长、物价和利率变动的预期。十八届三中全会明确提出"健全反映市场供求的国债收益率曲线"的命题,"十三五"规划纲要提出"更好发挥国债收益率曲线定价基准作用"。图 16 – 2 反映的是 2020 年 3 月到 2020 年 7 月我国国债收益率曲线的变化,从中可以看到 2020 年 7 月国债收益率曲线明显上移,反映市场通货膨胀上升预期增强。

专栏 16 – 4　长期建设国债、专项建设债、特别国债和地方政府债

1. 长期建设国债

为克服亚洲金融危机不利影响、扩大内需、维持经济增长,财政部于 1998 年 9 月向中国银行、农业银行、工商银行、建设银行定向发行 1000 亿元的十年期国债。后续每年都有长期建设国债发行,资金主要投向基础设施建设、企业技术改造、西

部开发、生态建设等领域。随着国内经济复苏、通胀抬头，财政政策从积极转为稳健，长期建设国债发行规模逐年减少，2008年后的《政府工作报告》不再提及建设国债。1998—2008年共发行长期建设国债1.13万亿元。

2. 专项建设债

2015年下半年制造业投资低迷、基建资金来源收缩、市场对"股灾"担忧加剧，经济面临"稳增长"压力。在此背景下，根据国务院专题会议精神，2015年8月国开行、农发行向邮储银行定向发行专项建设债，采用设立专项建设基金的方式支持国家重大项目建设。专项建设债券主要投资领域包括棚户区改造等民生改善工程、重大水利工程等"三农"建设、轨道交通等城市基础设施建设、交通能源等重大基础设施以及增强制造业核心竞争力转型升级项目共5大类，每批次会有一定的调整。专项建设基金本身存在资金沉淀、挤出社会资本等问题。随着国内经济逐渐复苏，专项建设债于2017年下半年开始逐渐退出公众视线。

3. 特别国债

20世纪90年代以来，我国发行过三次特别国债。第一次是1998年，经第八届全国人大常委会第30次会议审议批准，财政部向四大国有独资商业银行发行2700亿元长期特别国债，筹集的资金全部用于补充国有独资商业银行资本金。第二次是2007年，经第十届全国人大常委会第28次会议批准，发行15500亿元特别国债，用于购买约2000亿美元外汇，作为国家外汇投资公司的资本金。第三次是2020年3月27日中央政治局会议决定发行特别国债，5月14日国务院总理李克强代表国务院向十三届全国人大三次会议做《政府工作报告》时提出：中央财政发行抗疫特别国债1万亿元，不计入财政赤字。这次特别国债的期限分为5年、7年和10年，于2020年7月30日发行完毕。

4. 地方政府债

2014年修订的《预算法》明确，允许地方政府适度举债，并从举债主体、举债方式、规模控制、预算管理、举债用途、风险控制、责任追究等方面对地方政府债务管理作出了规定。2014年9月，国务院印发《关于加强地方政府性债务管理的意见》，进一步明确了地方政府债务管理的整体制度安排，指出地方政府举债采取政府债券方式，包括一般债券和专项债券。没有收益的公益性事业发展确需政府举借一般债务的，由地方政府发行一般债券融资，主要以一般公共预算收入偿还。有一定收益的公益性事业发展确需政府举借专项债务的，由地方政府通过发行专项债券融资，以对应的政府性基金或专项收入偿还。自2017年财政部发文鼓励发行地方政府土地储备专项债券、地方政府棚户区改造专项债券等项目收益与融资自求平衡的地方政府专项债券以来，立足我国国情、从我国实际出发的地方政府项目收益专项债发行扩容且品种不断创新，除土地储备、棚户区改造、收费公路外，用于轨道交通、教育、乡村振兴、水务、医疗、生态保护等领域项目收益专项债券品种相继涌现。2015—2019年，专项债券（包括新增专项债券、置换专项债券、再融资专项债券）累计发行金额分别为9744亿元、25119亿元、19962亿元、19460亿元和25882亿元。2019年，专项债发行规模（占比59%）超越一般债券（占比41%）。

第二节　中国财政收入分析

一、财政收入分析主要指标

（一）财政收入规模分析

财政收入规模分析主要有两个方面：一是我国财政预算执行一向坚持以收定支的原则，因此有必要分析财政收入规模的大小及其变化特点和趋势；二是相对于经济发展的规模和速度，分析财政收入的规模和增长速度是否适度。财政收入反映了国民经济各个主体对政府活动经费的负担水平。仅从财政收入规模大小和增长速度的快慢还不能全面反映财政对国民经济的负担，还要结合国民经济的发展规模和增长速度，分析财政收入增长是否适度。主要的相对指标如下。

财政收入相对于GDP的比率。这一指标反映了在财政年度内国民生产总值当中由政府以财政方式筹集和支配使用的份额，综合体现了政府与微观经济主体之间占有和支配社会资源的关系，体现了政府介入社会再生产分配环节调控国内生产总值分配结构，进而影响经济运行和资源配置的力度、方式和地位等。从另一个角度看，也反映了国民经济对财政的负担。

税收收入相对于GDP的比例。税收已成为现代财政收入中的最主要、最稳定和最可靠的来源，税收收入通常占财政总收入的90%左右。因此，财政收入的相对规模在很大程度上可由税收收入相对于GDP的比例体现出来。税收收入相对于GDP的比例又称宏观税负率，它是衡量一国（地区）宏观税负水平高低的基本指标。

财政收入增长弹性系数，即财政收入增长速度与GDP名义增长速度的比值。财政收入增长弹性系数的大小说明财政收入增长与GDP同比的相对变化。比值大于、等于和小于1，分别表明财政收入的增长快于、等于和低于GDP的增长。

财政收入增长边际倾向，即GDP每增加一个单位的同时财政收入增加多少。表示GDP多增一个单位的同时，财政收入多增多少。

(二) 财政收入结构分析

前面在讨论财政收入统计时，已经讨论过分类问题。财政收入可以按项目构成进行结构分析，也可以按所有制构成、部门构成等进行结构分析，计算各类收入构成占全部财政收入的比重。同时，根据政府收入权限的不同，可以对中央财政收入和地方财政收入在总收入中的结构进行分析。

二、中国财政收入规模的分析

财政收入是政府履行公共职能的资金来源。2011年以前，预算外收支尚未纳入预算内管理。1997—2010年，预算内财政收入占国内生产总值的比重整体呈快速上升趋势，13年来，该比率上升了9.3个百分点（见图16-3），说明政府在整个国民收入中控制资源的份额明显提升。从增长弹性看，13年来都超过了1，这意味着预算内收入增长速度持续高于GDP的增长速度。预算外财政收入占GDP的比重在2001年之前持续上升，2001年国务院办公厅转发《财政部关于深化收支两条线改革进一步加强财政管理意见的通知》（国办发〔2001〕93号）要求把全部财政支

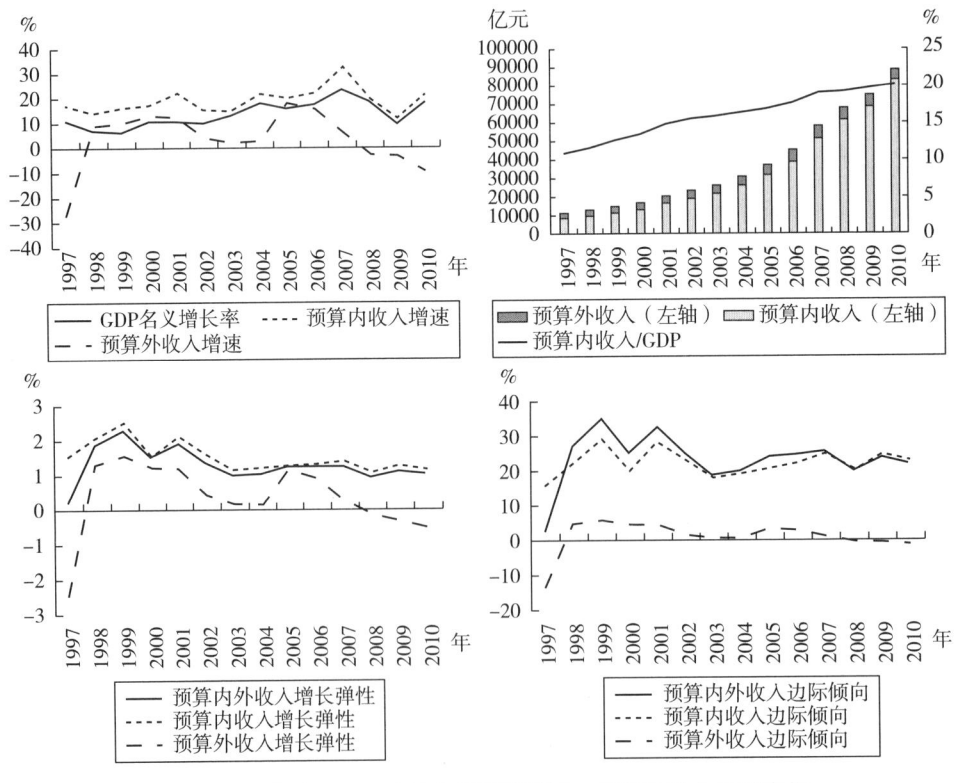

图16-3　中国1997—2010年财政预算内、预算外收入及其变化

（资料来源：《中国统计年鉴》）

纳入预算管理，逐步淡化并最终取消预算外收支。之后，预算外收入占 GDP 的比重逐年下降。自 2011 年起，预算外收支逐渐纳入预算内管理，相关指标不再单独列示。

2011—2015 年，一般公共预算收入占国内生产总值的比重继续上升，并于 2015 年达到峰值 22.2%。2016—2019 年，在全面实施营改增和减税降费诸项政策的作用下，一般公共预算收入占国内生产总值的比重逐年下降，2019 年比重下降至 19.2%。2016—2019 年，财政预算收入的增长弹性低于 1，一般公共预算收入增长速度持续低于 GDP 的增长速度如表 16 – 3 所示。

表 16 – 3　　　　　　　中国 2011—2019 年财政预算收入及其变化

年份	GDP（亿元）	GDP 名义增长率（%）	一般公共预算收入（亿元）	一般公共预算收入/GDP（%）	一般公共预算收入增速（%）	一般公共预算收入增长弹性（%）	ΔGDP（亿元）	Δ一般公共预算收入（亿元）	一般公共预算收入边际倾向（%）
	(1)	(2)	(3)	(4) = (3)/(1)	(5)	(6) = (5)/(2)	(7)	(8)	(9) = (8)/(7)
2011	487940	18.4	103874	21.3	25.0	1.4	75821	20773	27.4
2012	538580	10.4	117254	21.8	12.9	1.2	50640	13379	26.4
2013	592963	10.1	129210	21.8	10.2	1.0	54383	11956	22.0
2014	641281	8.1	140370	21.9	8.6	1.1	48317	11160	23.1
2015	685993	7.0	152269	22.2	8.5	1.2	44712	11899	26.6
2016	740061	7.9	159605	21.6	4.8	0.6	54068	7336	13.6
2017	820754	10.9	172593	21.0	8.1	0.7	80694	12988	16.1
2018	900310	9.7	183360	20.4	6.2	0.6	79555	10767	13.5
2019	990865	10.1	190382	19.2	3.8	0.4	90556	7022	7.8

资料来源：2019 年《中国统计年鉴》《关于 2019 年中央和地方预算执行情况与 2020 年中央和地方预算草案的报告》。

专栏 16 – 5　财政收入规模的国际比较

财政收入规模反映了政府可支配资源的多寡。从历史上看，保证财政收入持续稳定增长是世界各国主要的财政目标。在财政赤字笼罩的现代社会，各国政府对财政收入增长更加重视。财政收入规模涉及国家发展建设、政府与市场的关系、居民负担的战略决策，是各国理论界长期探讨和争论不休的问题。

一个国家财政收入占 GDP 的比重的高低受多种因素影响。经济影响因素主要包括经济发展水平、收入分配政策、经济体制类型、价格水平和财政政策等。除经济因素外，财政收入规模与政府事权范围密不可分，反映政府"以支定收"的理财思想所带来的规律性认识。从工业革命后各国实际情况看,由于经济社会公共事务趋于复杂和服务升级,政府公共职能对应的事权范围不断扩大,政府支出占 GDP 的比重呈现上升趋势(瓦格纳法则)。因此,影响财政收入规模最根本的因素还是取决于经济发展水平和政府职能范围的大小,并没有一个统一公认的标准判断财政收入规模多少是适度的。

从世界各国的实际情况看,发达国家财政收入的绝对规模和相对规模普遍高于发展中国家。依相对指标衡量,发达经济体中,2019 年新加坡财政收入占 GDP 的比例最低(18.2%),挪威最高(58.6%),美国、日本、英国等主要发达经济体则分别为 29.4%、34.4%、36.4%。新兴市场及中等收入经济体中,2019 年委内瑞拉财政收入占 GDP 的比例最低(11.4%),利比亚最高(104.0%),但两者指标均不稳定,相对于 2011 年变化较大。中国、俄罗斯和印度的这一比例较稳定,2019 年分别为 27.7%、35.5%、19.3%。在低收入经济体中,2019 年尼日利亚财政收入占 GDP 的比例最低(7.9%),东帝汶最高(56.4%),两者指标较 2011 年变化也较大。

表 1　　　　　　　　财政收入占 GDP 比重的国际比较　　　　　　　单位:%

经济体	国别	2011 年	2015 年	2019 年
发达经济体部分国家	新加坡	17.6	17.3	18.2
	美国	29.2	31.6	29.4
	日本	30.0	34.2	34.4
	英国	36.0	35.7	36.4
	德国	44.4	45.1	46.7
	法国	51.1	53.2	52.6
	挪威	56.9	54.5	58.6
新兴市场及中等收入经济体部分国家	委内瑞拉	31.1	19.7	11.4
	印度	19.3	19.9	19.3
	中国	27.0	28.8	27.7
	俄罗斯	34.7	31.9	35.5
	利比亚	42.4	51.2	104.0
低收入经济体部分国家	尼日利亚	17.7	7.9	7.9
	越南	20.3	19.2	19.5
	吉尔吉斯斯坦	32.7	35.6	34.0
	东帝汶	106.6	64.6	56.4

注:根据国际货币基金组织口径,中国政府收入是指一般公共预算收入、政府性基金收入(不含国有土地使用权出让收入)、国有资本经营收入、社会保险基金收入的合并数据,并剔除重复计算部分。

资料来源:国际货币基金组织财政监测报告。

三、中国财政收入结构的分析

我国一般公共预算收入中,80%以上来源于各项税收(见表16-4)。因此,分析一般公共预算收入项目结构的关键是分析税收收入的结构。

表16-4　　　　　　　中国1997—2019年税收收入与非税收入　　　　　单位:%

年份	预算收入(亿元)	税收收入(亿元)	税收收入占比(%)	非税收入(亿元)	非税收入占比(%)
1997	8651	8234	95.2	417	4.8
1998	9876	9263	93.8	613	6.2
1999	11444	10683	93.3	762	6.7
2000	13395	12582	93.9	814	6.1
2001	16386	15301	93.4	1085	6.6
2002	18904	17636	93.3	1267	6.7
2003	21715	20017	92.2	1698	7.8
2004	26396	24166	91.5	2231	8.5
2005	31649	28779	90.9	2871	9.1
2006	38760	34804	89.8	3956	10.2
2007	51322	45622	88.9	5700	11.1
2008	61330	54224	88.4	7107	11.6
2009	68518	59522	86.9	8997	13.1
2010	83102	73211	88.1	9891	11.9
2011	103874	89738	86.4	14136	13.6
2012	117254	100614	85.8	16639	14.2
2013	129210	110531	85.5	18679	14.5
2014	140370	119175	84.9	21195	15.1
2015	152269	124922	82.0	27347	18.0
2016	159605	130361	81.7	29244	18.3
2017	172593	144370	83.6	28223	16.4
2018	183360	156403	85.3	26957	14.7
2019	190382	157992	83.0	32390	17.0

资料来源:《2019年中国统计年鉴》《关于2019年中央和地方预算执行情况与2020年中央和地方预算草案的报告》。

当前我国税收的主体是流转税和所得税,其中流转税主要包括增值税、消费税和关税。2019年国内增值税、消费税和关税共完成7.8万亿元,占全部税收的49.2%。企业所得税和个人所得税共完成4.8万亿元,占全部税收的30.2%。从变化趋势看,1997—2019年,企业所得税占比和关税占比呈现较为清晰的走势,前者上升,后者下降。

表16-5   中国1997—2019年各项税收

年份	税收合计（亿元）	增值税（亿元）	增值税占比（%）	消费税（亿元）	消费税占比（%）	营业税（亿元）	营业税占比（%）
1997	8234	3284	39.9	679	8.2	1324	16.1
1998	9263	3628	39.2	815	8.8	1575	17.0
1999	10683	3882	36.3	821	7.7	1669	15.6
2000	12582	4553	36.2	858	6.8	1869	14.9
2001	15301	5357	35.0	930	6.1	2064	13.5
2002	17636	6178	35.0	1046	5.9	2450	13.9
2003	20017	7237	36.2	1182	5.9	2844	14.2
2004	24166	9018	37.3	1502	6.2	3582	14.8
2005	28779	10792	37.5	1634	5.7	4232	14.7
2006	34804	12785	36.7	1886	5.4	5129	14.7
2007	45622	15470	33.9	2207	4.8	6582	14.4
2008	54224	17997	33.2	2568	4.7	7626	14.1
2009	59522	18481	31.0	4761	8.0	9014	15.1
2010	73211	21093	28.8	6072	8.3	11158	15.2
2011	89738	24267	27.0	6936	7.7	13679	15.2
2012	100614	26416	26.3	7876	7.8	15748	15.7
2013	110531	28810	26.1	8231	7.4	17233	15.6
2014	119175	30855	25.9	8907	7.5	17782	14.9
2015	124922	31109	24.9	10542	8.4	19313	15.5
2016	130361	40712	31.2	10217	7.8	11502	8.8
2017	144370	56378	39.1	10225	7.1		
2018	156403	61531	39.3	10632	6.8		
2019	157992	62346	39.5	12562	8.0		

续表

年份	企业所得税（亿元）	企业所得税占比（%）	个人所得税（亿元）	个人所得税占比（%）	关税（亿元）	关税占比（%）	其他税收（亿元）	其他税收占比（%）
1997	963	11.7			319	3.9	1664	20.2
1998	926	10.0			313	3.4	2006	21.7
1999	811	7.6	414	3.9	562	5.3	2524	23.6
2000	1000	7.9	660	5.2	750	6.0	2892	23.0
2001	2631	17.2	995	6.5	841	5.5	2484	16.2
2002	3083	17.5	1212	6.9	704	4.0	2963	16.8
2003	2920	14.6	1418	7.1	923	4.6	3493	17.5
2004	3957	16.4	1737	7.2	1044	4.3	3326	13.8
2005	5344	18.6	2095	7.3	1066	3.7	3615	12.6
2006	7040	20.2	2454	7.1	1142	3.3	4370	12.6
2007	8779	19.2	3186	7.0	1433	3.1	7965	17.5
2008	11176	20.6	3722	6.9	1770	3.3	9364	17.3
2009	11537	19.4	3949	6.6	1484	2.5	10295	17.3
2010	12844	17.5	4837	6.6	2028	2.8	15179	20.7
2011	16770	18.7	6054	6.7	2559	2.9	19474	21.7
2012	19655	19.5	5820	5.8	2784	2.8	22317	22.2
2013	22427	20.3	6532	5.9	2631	2.4	24667	22.3
2014	24642	20.7	7377	6.2	2843	2.4	26769	22.5
2015	27134	21.7	8617	6.9	2561	2.0	25646	20.5
2016	28851	22.1	10089	7.7	2604	2.0	26385	20.2
2017	32117	22.2	11966	8.3	2998	2.1	30685	21.3
2018	35324	22.6	13872	8.9	2848	1.8	32197	20.6
2019	37300	23.6	10389	6.6	2889	1.8	32507	20.6

资料来源：《中国统计年鉴》。

专栏 16-6 "营改增"改革

我国1994年的税制改革后，制造业实行增值税，但交通运输业、现代服务业以及餐饮、旅店等第三产业仍实行营业税。随着产业结构的调整，服务业发展的提速，营业税重复征税的弊端越来越明显，有必要进一步改革，降低税负、提高经济活力。

2012年1月1日，我国在上海交通运输业和部分现代服务业开展营业税改增值税（以下简称"营改增"）试点。2012年8月1日至2012年12月1日，国务院将试点扩大至北京、江苏、安徽、福建、广东、天津、浙江、湖北8省（市）。2013

年8月1日,"营改增"在全国试行,并将广播影视服务业纳入试点范围。2014年1月1日,铁路运输和邮政服务业被纳入试点。至此,交通运输业全部纳入"营改增"范围。2014年6月1日,电信业在全国范围实施"营改增"。2016年5月1日,中国全面推开"营改增"改革,对建筑业、房地产业、金融业、生活服务业均实行增值税。自此,营业税退出历史舞台。

几年来的运行证明,"营改增"成效显著:第一,统一了货物和服务税制,优化了税制结构;第二,降低了企业税负,增强了企业经营活力;第三,促进企业转变经营模式,规范和提高管理水平;第四,拓展了企业发展空间,促进了创新、创业和就业;第五,有利于促进产业结构优化和新业态融合发展,培育经济新动能;第六,增强了服务的出口竞争力,优化了出口贸易结构;第七,提供增值税改革样本,推动了财税体制改革。

第三节 中国财政支出分析

一、财政支出分析主要指标

(一)财政支出规模分析

财政支出规模分析主要有两个方面。第一,财政支出是政府为整个经济社会有序运行提供必要的公共产品和服务,财政支出的绝对量和增长速度反映了政府公共产品提供的数量和增长变化。第二,考察政府提供的公共产品和服务数量是否满足社会要求,还必须要在国民经济发展的水平和速度的前提背景下分析,因此还要用相对指标反映财政支出与国民经济发展的关系。一是随着人均收入水平的提高,政府在经济、文化、社会发展方面的作为越来越大,财政支出与GDP的比率也应提高。在财政学中将此规律称为"瓦格纳法则"。在统计上,可比较人均GDP与"财政支出相对于GDP的比重"之间的关系。二是计算财政支出增长的弹性系数,即财政支出增长速度与GDP名义增长速度的比值。弹性系数大于、等于、小于1,分别表示财政支出大于、等于和小于GDP的增长速度。三是计算财政支出增长的边际倾向,即财政支出比上年多增的数量与GDP比上年多增数量的比值,反映GDP每多增一单位,财政支出增加多少。

(二)财政支出结构分析

从结构上分析财政支出,主要说明政府履职的基本情况和重点。

前面在讨论财政支出统计时,已经讨论过分类问题。财政支出可以按政府职能、支出的经济性质等进行分类，计算各类构成占全部财政收入的比重。同时，根据支出的政府级次，可划分为中央财政支出和地方财政支出。

政府可通过调整财政支出结构对产业结构优化升级进行正向引导。比如，在转型经济时期，政府消费性支出对经济增长有显著的正向作用；通过投资性支出，保持基础设施资本存量的增长率是我国经济增长的重要保障；教育支出、科技支出和社会保障支出与经济发展存在正相关关系。另外，通过对具体支出项目的资源合理配置可以改变财政支出比重扩大对经济带来的不利影响。

（三）财政支出效益分析

政府通过财政支出向社会公众提供公共产品可有多种计划选择。如何评价各种选择的优缺点，以最有效运用公共资源，提高财政资金使用效率也是财政支出分析的重要领域。

简单地说，财政计划支出项目的效益高低可以通过计算各类计划项目的净收益和收益率加以评价。

$$项目净收益 = 项目收益 - 项目成本$$
$$项目净收益率 = 项目净收益/项目成本 \times 100\%$$

2007 年改革后的财政收支分类中增加支出功能分类，为评价各类财政支出的效益提供了良好的基础数据。但是，收益的计算和比较存在很大的困难。主要是因为计划项目的许多间接收益和成本不是都可以量化的，例如，修建高速公路、增加农作物产量等的直接收益是可以量化的，但提升本国国际地位、美化环境、保护传统文化等收益却难以衡量。劳务费、办公消耗等是能计量的，但水土流失、野生动植物生存环境恶化、风土人情的消失等则是不能计量的成本。当前财政支出项目效益评价主要有以下方法。

1. 按价值量计算的成本效益分析法

这个方法广泛用于成本和收益都能计量的项目，通过计算不同项目未来收益现值，选择同等条件下现值高的项目。折现计算公式如下：

$$NPV = \sum_{i=0}^{n} \frac{B_i - C_i}{(1+r)^i}$$

式中，B 表示项目收益，C 表示项目成本，r 表示折现率，NPV 表示未来净收益的现值，n 表示项目寿命，$i = 0, 1, 2, \cdots, n$。

采用这个方法要注意两点。一是要站在国家宏观经济角度，选择合适的折现率。一般情况下，这个折现率高于私人部门的投资收益率，因为财政投资项目往往关系到几代人的利益，而且可能会对项目以外的某些领域产生间接利益。二是很多项目估价时不宜直接采用市场价格或要素价格，它们在有些时候（如存在市场垄断、存在显著的结构性失业、汇率明显高估等情况时）不能反映出社会对相关商品和劳务价值的真正评价，需要用影子价格加以调整。对于垄断明显的商品和服务，要用影子价格调整市场价格，真实价值会低于市场价格；如果本币高估，出口价值将会被低估，劳动力成本也被相应低估，其结果是鼓励过剩的劳动密集型生产，在做项目评估时使用经过矫正的影子价格对项目成本、收益的衡量更科学。另外，如果政府按市场价购买货物和劳务，价格中已经包含了营业税等间接税，这一部分价格对应的价值已经转移到政府手中，不是社会成本，因此在计算项目成本时要扣除这一部分价值。

2. 按实物量计算的成本效益分析法

财政支出资金并不是越多越好，它也符合边际效用递减规律。不少项目通过调查，可以掌握每多增一定单位的财政资金，项目的边际效用是多少。例如，政府解决农村人口医疗保险问题，有五个方案：一是拿出 5 亿元资金，解决 1000 万农村人口医疗保险问题；二是拿出 10 亿元资金，解决 1500 万农村人口医疗保险问题；三是拿出 15 亿元资金，解决 1800 万农村人口医疗保险问题；四是拿出 20 亿元资金，解决 1900 万农村人口医疗保险问题；五是拿出 25 亿元资金，也是解决 1900 万农村人口医疗保险问题。财政支出每多增 5 亿元，第二种方案比第一种多解决 500 万农村人口医疗保险问题，第三种则比第二种多解决 300 万人，第四种则比第三种多解决 100 万人。到第五种方案，其边际效用已经为零，即使增加财政支出，总效用也不会再扩大。这种计算边际效用的方法，经常用于其效益不能用货币计量支出项目的效益评价。

3. 因素评价分析法

因素评价分析方法是将影响项目投入（财政支出）和产出（效益）的各项因素罗列出来，根据各因素影响程度高低给予权重，比较各种因素组合背景下的项目效益高低，选择优化方案。例如，国家财政拟拿出 100 亿元开办学校，现需要对 100 亿元中的多少用于支持初等教育、多少用于支持高等教育进行评价。一般来说，费用多花在初等教育方面，可提高全社会识字率，提高国民素质；多花在高等教育方面，则有利于提高科学技术水平。如果进行选择，可以考虑识字率和提高科学技术水平二者哪一个更会促进经济增长，以确定基础教育和高等教育的各自权重。根据这个权重可算出不同资金配置方案的项目效益，选择综合效益最好的方案。这个方法的简单公式如下：

$$x_1 = \sum_{i=1}^{n} \alpha_{1i} w_i$$

$$x_2 = \sum_{i=1}^{n} \alpha_{2i} w_i$$

$$\vdots$$
$$x_m = \sum_{i=1}^{n} \alpha_{mi} w_i$$

式中，$i=1, 2, \cdots, n$ 表示有 n 个领域需要配置资金；w_i 表示不同领域对 GDP 增长的贡献；$1, 2, \cdots, m$ 表示第 1 到第 m 种资金配置方案；α_{mi} 表示在不同资金配置方案下，不同领域各自的收益；x_m 表示不同资金配置方案下，整个项目的综合收益。

专栏 16-7 财政支出增长理论

1. 瓦格纳法则

19 世纪德国经济学家阿道夫·瓦格纳最早注意到财政支出增长超过经济增长速度这一现象，他认为工业化经济的发展伴随着公共部门特别是国家活动的扩张。瓦格纳对此的解释是，工业化的发展使社会分工和生产的专业化日益加强，外部性特征的行业越来越多，以及随着人民收入水平的提高，教育和公共福利的需求扩大，从而造成政府社会性支出的增长。

2. "阶梯增长" 理论

英国经济学家皮科克和怀斯曼认为，在一个较长的时期内，财政支出的增长不是直线形的，而是呈现阶梯型增长的特点。皮科克和怀斯曼认为公众心里有一个"可容忍的纳税水平"，在和平时期，受"可容忍的纳税水平"制约，财政支出的增长呈直线形；在战争时期，公众"可容忍的纳税水平"提高，财政支出出现阶梯性跳跃增长（审视效应）。另外，在战争时期，政府为满足大量增加的支出要求，不得不增加税收或举借债务，从而使私人可支配的收入减少、私人部门的支出减少（替代效应）。战争时期过后，公共支出水平即使有所回落，也难回到其原有的水平上，公共支出又从一个新的高度上开始其逐渐增长的趋势。

3. 经济发展阶段论

美国经济学家马斯格雷夫和罗斯托认为，财政支出的规模和结构在社会发展的不同阶段呈现不同的变化。在经济发展的早期阶段，为了启动经济、促进经济尽快地成长，政府往往会大力增加投资，用于改善交通、城市基础设施、教育、卫生和健康、法律和社会秩序等方面的开支，以便为经济发展、为私人投资者提供良好的外部环境。在经济发展的中期阶段，政府仍然会继续增加投资，以期达到既保持经济持续稳定地增长，又弥补市场缺陷的目的。在经济发展达到"发达"阶段以后，公共投资的比重可能会有所下降，但政府财政支出的总额不会减少，财政支出的投向会有所调整和变化，逐渐由对社会基础设施的"硬件"投资，转向更多地用于改善教育、卫生保健、基本生活保障和取得经济、环境与人之间的可持续发展方面，以及其他直接用于国民福利的"软件"项目。这些原因导致财政支出增长速度往往超过经济增长速度。

二、我国财政支出规模的分析

西方发达国家 200 多年经济发展的实践，证明了瓦格纳法则所显示的财政支出规律。但是我国自改革开放以来 1978—1995 年的近 20 年来，人均 GDP 明显提高，财政支出占 GDP 比例却持续下降。这体现了我国当时经济体制转轨初期的重要特征。转轨初期，为调动微观经济主体的积极性，财政必须实行放权让利，财政收入增长放缓，财政支出势必受到限制，占 GDP 的比例下滑。1978—1995 年，财政支出占 GDP 比例共下降近 20 个百分点（见图 16-4）。

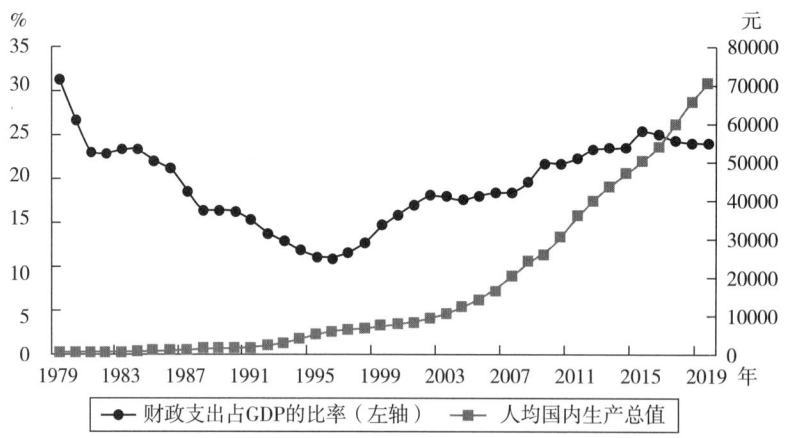

图 16-4　1979—2019 我国财政支出占 GDP 的比率（人均 GDP）

1996 年后财政支出占 GDP 的比例开始逐渐回升。尤其在实行积极财政政策的 1998—2002 年间和 2009—2015 年间，财政支出占 GDP 的比例明显提高。积极财政政策后期的 2003—2004 年、2016—2019 年以及实行稳健财政政策 2005—2008 年上半年，该比例上升的势头明显减缓。

表 16-6 反映了积极财政政策和稳健财政政策转化过程中主要财政支出分析指标的变化。积极财政政策前期，财政支出占 GDP 的比例持续上升；财政支出增长快于 GDP 的增长，弹性系数大于 1，其中，1999 年预算内财政支出增长弹性系数高达 2.87；预算内财政支出的边际倾向也急剧上升，1999 年每增加 100 元 GDP，就增加 44.5 元的预算内财政支出。由此可以判断积极财政政策在当时的影响和力度。到了积极财政政策后期（2003—2004 年），财政支出的弹性系数开始下降，增长的边际倾向也明显减弱，显示出财政淡出的决心。2005—2008 年上半年实行稳健财政政策

期间，预算内外财政支出增长弹性系数保持稳定。2008年第四季度开始实施4万亿元刺激经济计划，并从2009年起重新实行积极财政政策，2008年和2009年预算内财政支出增长弹性系数升高至2.65和2.33。随后，财政支出增长弹性逐步下降，最低降至2016年的0.93，2019年财政支出增长弹性为1.33。

表16-6　　　　　　　　2010—2019年中国财政支出及其变化

年份	GDP（亿元）	GDP名义增长率（%）	财政支出（亿元）	财政支出/GDP（%）	财政支出增速（%）	财政支出增长弹性	ΔGDP（亿元）	Δ财政支出（亿元）	财政支出边际倾向（%）
	(1)	(2)	(3)	(4)=(3)/(1)	(5)	(6)=(5)/(2)	(7)	(8)	(9)=(8)/(7)
1997	79715	9.2	9234	11.6	16.3	1.77	7901	1296	16.4
1998	85196	7.8	10798	12.7	16.9	2.17	5481	1564	28.5
1999	90564	7.7	13188	14.6	22.1	2.87	5369	2390	44.5
2000	100280	8.5	15887	15.8	20.5	2.41	9716	2699	27.8
2001	110863	8.3	18903	17.1	19	2.29	10583	3016	28.5
2002	121717	9.1	22053	18.1	16.7	1.84	10854	3150	29.0
2003	137422	10	24650	17.9	11.8	1.18	15705	2597	16.5
2004	161840	10.1	28487	17.6	15.6	1.54	24418	3837	15.7
2005	187319	11.4	33930	18.1	19.1	1.68	25479	5443	21.4
2006	219439	12.7	40423	18.4	19.1	1.50	32120	6492	20.2
2007	270092	14.2	49781	18.4	23.2	1.63	50654	9359	18.5
2008	319245	9.7	62593	19.6	25.7	2.65	49152	12811	26.1
2009	348518	9.4	76300	21.9	21.9	2.33	29273	13707	46.8
2010	412119	10.6	89874	21.8	17.8	1.68	63602	13574	21.3
2011	487940	9.6	109248	22.4	21.6	2.25	75821	19374	25.6
2012	538580	7.9	125953	23.4	15.3	1.94	50640	16705	33.0
2013	592963	7.8	140212	23.6	11.3	1.45	54383	14259	26.2
2014	643563	7.4	151786	23.6	8.3	1.12	50600	11573	22.9
2015	688858	7	175878	25.5	13.2	1.89	45295	24092	53.2
2016	746395	6.8	187755	25.2	6.3	0.93	57537	11877	20.6
2017	832036	6.9	203085	24.4	7.6	1.10	85641	15330	17.9
2018	919281	6.7	220904	24.0	8.7	1.30	87245	17819	20.4
2019	990865	6.1	238874	24.1	8.1	1.33	71584	17970	25.1

注：表中2010年之前财政支出为预算内支出口径，之后为一般公共预算支出口径。

三、财政支出结构的分析

财政支出结构的形成和发展变化，应以国民经济长期发展战略和政策目标为依据。调整和优化财政支出的职能结构和用途结构，有利于进一步推动全社会劳动生产率和人民生活水平的提高,有利于建设和谐社会。

表16-7反映了从"五五"时期到2006年,我国财政预算支出按功能分类占比变化的情况。与过去相比,经济建设费、国防费支出明显下降,社会文教费、行政管理费和其他支出则明显上升。财政经济建设支出占比下降,从更为具体的项目看,财政用于经济建设支出费用占比的下降主要是基本建设支出占比下降。这主要与改革开放以来我国投资政策发生了由国家单一投资到投资主体多元化的根本性转变。2006年经济建设支出占比为26.6%,比"五五"时期低33.3个百分点。与此同时,社会文教费和行政管理费的占比大幅上升。2006年社会文教支出占比为26.8%,比"五五"时期高12.4个百分点;行政管理支出占比为18.7%,比"五五"时期高13.4个百分点。这表明,国家不断加大对科学、教育、文化等方面的投入,同时,社会活动日趋复杂,管理成本也不断提高。另外,随着改革措施的逐渐到位,社会主义市场经济体系的不断健全,财政的各类政策性补贴明显下降,2006年政策性补贴占比为3.4%,比"六五"时期低11.1个百分点(见表16-8)。

表16-7 "五五"时期至2006年财政预算支出按功能分类的占比　　　　单位:%

时期	经济建设费	社会文教费	国防费	行政管理费	其他支出	支出合计
"五五"时期	59.9	14.4	16.4	5.3	4	100
"六五"时期	56.1	19.7	11.9	7.8	4.4	100
"七五"时期	48.4	23.1	9.1	11.8	7.5	100
"八五"时期	41.5	25.7	9.5	13.8	9.5	100
"九五"时期	38.3	27.2	8.3	15.7	10.5	100
"十五"时期	29.1	26.6	7.6	19	17.6	100
2006年	26.6	26.8	7.4	18.7	20.5	100

表16-8 "五五"时期至2006年财政预算支出主要项目占比　　　　单位:%

时期	基本建设支出	增拨企业流动资金	挖潜改造资金和科技三项费用	地质勘探费	工、交、商业部门事业费	支援农村生产支出和各项农业事业费	文教、科学、卫生事业费	抚恤和社会福利救济费	国防支出	行政管理费	政策性补贴支出
"五五"时期	35.1	5	5.5	1.8	1.7	6.5	10.9	2	16.4	4.9	3.9
"六五"时期	25.1	3.6	5.7	1.7	1.9	5.8	15.7	1.7	11.9	6.8	13.5
"七五"时期	20.5	0.6	5.5	1.3	1.6	6.5	19	1.7	9.1	8.8	12.6
"八五"时期	12.9	0.2	7.1	1.1	1.6	6.8	21.3	1.7	9.5	11.9	6.9
"九五"时期	13.2	0.2	6	0.7	1.2	5.5	19.1	1.5	8.3	12	6.1
"十五"时期	12.9	0.2	4.5	0.4	1.2	5.2	18	1.9	7.6	13.7	3
2006年	10.9	0	4.3	0.4	1.4	5.3	18.4	10.8	7.4	14	3.4

注:2006年以后,财政支出统计指标有变化,见表16-9。

2007—2019年，我国支出结构继续优化。在全国财政支出中，民生类支出占比不断提高。其中，社保和就业支出提升1.5个百分点，占比达12.4%；医疗卫生支出提升3个百分点，占比达7%；教育支出提高0.3个百分点，占比达14.6%。

财政支出结构更好地支持了经济高质量发展。城乡社区事务支出提高4.3个百分点，占比达10.8%；农林水事务支出提升2.6个百分点，占比达9.4%；环境保护支出提升1.1个百分点，占比达3.1%。体现出支持城乡区域协调发展，提升人居环境质量的支出结构转变趋势。

同时，政府一般性支出不断压缩。一般性支出主要是政府为了维持自身运转所需要的支出。近年来，严格压缩"三公经费"已经取得实效，一般公共服务支出十二年来下降8.4个百分点，2019年占比降至8.7%。

表16-9　　　　　　　　2007—2019年财政支出主要项目占比　　　　　单位：%

年份	一般公共服务支出	国防支出	公共安全支出	教育支出	科学技术支出	文化体育与传媒支出	社会保障和就业支出	医疗卫生支出	环境保护支出	城乡社区事务支出	农林水事务支出	交通运输支出
2007	17.1	7.1	7	14.3	4.3	1.8	10.9	4	2	6.5	6.8	3.8
2008	15.7	6.7	6.5	14.4	4.2	1.8	10.9	4.4	2.3	6.7	7.3	3.8
2009	12	6.5	6.2	13.7	4.3	1.8	10	5.2	2.5	6.7	8.8	6.1
2010	10.4	5.9	6.1	14	4.7	1.7	10.2	5.3	2.7	6.7	9	6.1
2011	10.1	5.5	5.8	15.1	3.5	1.7	10.2	5.9	2.4	7	9.1	6.9
2012	10.1	5.3	5.6	16.9	3.5	1.8	10	5.8	2.4	7.2	9.5	6.5
2013	9.8	5.3	5.6	15.7	3.6	1.8	10.3	5.9	2.4	8	9.5	6.7
2014	8.7	5.5	5.5	15.2	3.5	1.8	10.5	6.7	2.5	8.5	9.3	6.9
2015	7.7	5.2	5.3	14.9	3.3	1.7	10.8	6.8	2.7	9	9.9	7
2016	7.9	5.2	5.9	15	3.5	1.7	11.5	7	2.5	9.8	9.9	5.6
2017	8.1	5.1	6.1	14.8	3.6	1.7	12.1	7.1	2.8	10.1	9.4	5.3
2018	8.3	5.1	6.2	14.6	3.8	1.7	12.2	7.1	2.9	10	9.5	5.1
2019	8.7	5.1	5.8	14.6	4.0	1.7	12.4	7.0	3.1	10.8	9.4	4.8

第四节　中国财政政策分析

一、财政政策的主体、工具和目标

财政政策是指一国政府为实现一定的宏观经济目标，而调整财政收支规模和收支平衡的指导原则及其相应的措施。我国财政主体是各级政府，主要是中央政府，但地方政府也有较大自主权。我国财政政策的主要工具有税收、国债、公共支出、政府投资。

政府设计财政政策首先遇到的一个问题就是设定政策目标。只有正确设定政策目标，才能真正达到政策目的。诺贝尔奖得主丁伯根在其《经济与政策：原理与设计》一书中指出：政策目标的设定取决于政策目的，财政政策的目的可分为直接目的和最终目的。直接目的是稳定经济，常用充分就业、物价稳定、经济增长、国际收支平衡四个目标来表示。最终目的则是促进社会进步和发展，可用体现社会总目标的自由、公正、安定、富裕四个方面来表示。如何通过财政政策调控进一步调控全社会总需求水平，有效引导储蓄转化为投资，促进产业结构升级换代，推动国民经济持续增长，是财政政策在政策取向选择上首要考虑的因素。由于财政政策参与和引导社会分配，负有协调收入分配的公平和效率问题，因此，财政政策要合理分配税负负担，建立完善的社会保障体系。政府为弥补市场在提供公共产品和服务方面的不足，通过财政筹集经费和资金，力求向全社会提供足够高质量的社会公共用品。因此，提高社会公共需要的满足水平也是财政的主要目标之一。

二、改革开放以来我国财政政策的简要回顾

改革开放以来，我国财政政策基本上经历了以下六个阶段。

第一，1978—1993年是我国经济体制从计划经济迈向市场经济运行轨道的初期。在此期间，经济发展的突出问题就是不断受到通货膨胀的干扰，1980年、1985年、1988—1989年、1993—1994年我国发生过四次通货膨胀。在从计划经济向市场经济转换的背景下，财政彻底改变了过去在经济发展中扮演的"统收统支"角色。为提高微观经济主体的活力，财政在国民收入分配中主动降低分配比例，对企业减税让利，促进居民收入水平提高，财政收入增长明显减缓。财政收入占GDP的比例从1978年的31.1%下降到1993年的12.3%。由于财政收入增长乏力，财政支出增长随之减缓，财政支出对于经济建设的影响力明显下降。1978年财政用于经济建设的支出在全部财政支出中的占比为64.1%，1993年下降到39.5%。由于预算内财政收支安排非常困难，财政赤字和债务规模不断加大，地方政府和各个部门纷纷出台各种收费和基金项目。这一阶段财政政策总体趋向是扩张的。

第二，1994—1997年针对当时的通货膨胀以及经济过热，我国实行适度从紧的宏观调控政策，即财政政策和货币政策"双紧"。财政赤字占GDP的比例由1994年的1.2%下降到0.7%。1994年我国实行分税制改革，初步形成具有中国特色的多级预算体制。到了1996年宏观调控成功实现了"软着陆"。"软着陆"后的我国经

济出现一个巨大的转变，即 1998 年后，我国告别长期存在的短缺经济，商品供应极大丰富，标志着改革初期的剧烈调整阶段基本过去，经济增长进入相对稳定时期。

第三，1998—2004 年面对亚洲金融危机爆发后，国际经济环境急剧恶化、国内经济运行受到拖累。我国开始实行积极的财政政策。七年共发行长期建设国债 9100 亿元。财政赤字与 GDP 的比率从 1997 年的 0.7%，最高上升到 2002 年的 2.6%，这也是改革开放以来财政赤字与 GDP 比率的最高水平。财政资金大量投入基础设施建设（见图 16-5）。在实施积极财政政策期间，我国的交通、通信、水利、生态环境、城市基础设施等方面的建设以及西部开发、重点企业改革等得到了极大地推进。在税收政策方面，提高出口退税率，对涉及房地产的营业税、契税、土地增值税给予一定减免，对符合国家产业投资政策的固定资产投资企业所得税给予一定比例的减免，下调金融保险业的营业税率，对西部地区加大税收优惠力度，降低证券交易印花税率，进行税费改革，取消大量收费等。

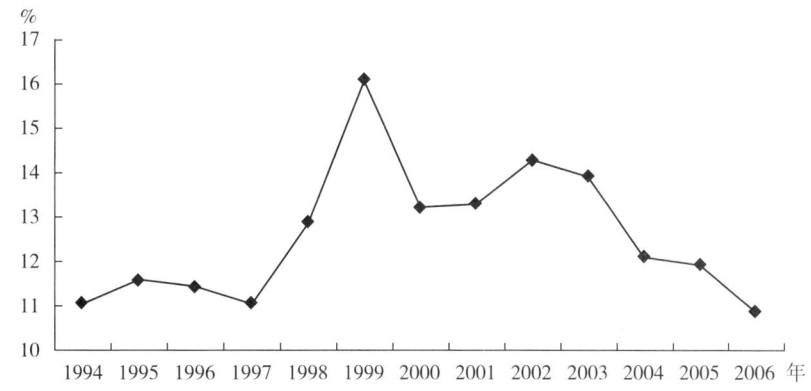

注：2006 年以后统计指标变化，不再统计"基本建设支出"。

图 16-5 基本建设支出占财政支出的比例

实践证明，实行了七年的积极财政政策成效显著。它不仅短期内拉动了需求，保持国民经济的稳定增长，而且提高了经济内在的能力，协调了改革、稳定和发展的关系。经济学家运用计量方法对国债项目拉动经济增长做了相关测算。丛明（2003）测算结果是：1998—2002 年，国债投资对经济增长的贡献率分别为 1.5 个、2 个、1.7 个、1.8 个和 2 个百分点。郭庆旺（2003）测算结果是：1998—2002 年，国债投资对经济增长的贡献率分别为 2.22 个、2.22 个、2.67 个、2.45 个和 2 个百分点。

2003 年后，国民经济强劲增长使财政收入快速提高，财政收入增幅明显大于财政支出增幅，财政赤字规模有所下降；财政建设国债增发规模有所下降，项目资金使用明显减少。积极财政政策开始淡出。

第四,2005—2008年上半年,经济增长速度加快,企业效益提高,消费品市场稳中趋旺,物价总水平基本稳定,固定资产投资加快增长,房地产投资出现局部过热,贸易顺差继续扩大。针对经济运行已经发生的明显变化,财政部门明确表明,财政政策的取向由"积极"转变为"稳健"。稳健财政政策的核心内容是控制赤字、调整结构、推进改革、增收节支。

第五,2008年下半年,受到美国次贷危机引发的国际金融危机的影响,我国经济骤然降温,经济增长过快回落的风险开始显现。从2008年第四季度我国开始实施4万亿元刺激经济计划,并决定从2009年起重新实行积极财政政策。在总计4万亿元的投资规模中,中央出资1.18万亿元,其余由地方政府筹措。地方政府利用地方国有企业、国有资产、国有资源,组建了大量地方融资平台进行贷款、扩张及投资,地方债的问题就在此次实行积极财政政策的过程中出现。此外,此次积极财政政策的另一个特点是实行了结构性减税。

第六,2012年以来,财政政策仍然保持了积极的基调,但在具体做法上发生改变,从单纯的需求管理向推动供给侧结构性改革转变。2009年的积极财政政策关注管理需求。2018年的减税降费和2019年的加力提效,更加注重对供给侧的管理。其间,深化增值税改革、下调增值税税率、小微企业普惠性税收减免、个人所得税改革、降低社会保险费率等政策陆续发布实施,两年间减税降费分别达到1.3万亿元和2.36万亿元。

专栏16-8 下调增值税税率对宏观经济指标的影响

2019年4月1日起,我国进一步下调增值税税率。原适用16%税率的,税率调整为13%,主要涉及制造业、采矿业、批发零售业;原适用10%税率的,税率调整为9%,主要涉及交通运输业、邮政业、建筑业、房地产业、基础电信服务和农产品等;原适用6%税率的,税率保持不变,主要涉及现代服务业、生活服务业和增值电信服务等。

分行业看,税率由16%降至13%的行业增加值合计占GDP的42%;税率由10%降至9%的行业增加值合计占GDP的20%;税率维持6%不变的行业增加值合计占GDP的31%。若以增值税率下调的行业增加值为权重,整体来看,此次增值税下调将使全部行业平均降税1.45%。

人民银行调查统计司应用金融CGE(可计算一般均衡)模型,对下调增值税税率的宏观经济影响进行了定量测算。主要结论如下:

(1) 减税将使实际GDP增加0.73个百分点。增值税平均税率下调1.45个百分点,最终将促进我国实际GDP增长0.73%,其中总消费增长0.72%,总投资增长

1.17%，出口下降 1.27%，进口下降 0.41%，净出口减少 7.40%。

（2）减税将使国内主要价格水平下降 1.02~1.24 个百分点。作为一种间接税，增值税税率调整对物价的直接影响，反映在生产者价格加成的改变（"成本推动"效应），即

含税价 = 税前价 × （1 + 增值税税率）

增值税税率下调后，在完全竞争市场条件下，生产者的出厂含税价格将直接下降相应幅度。上游价格下降后，其他受到影响的中下游市场价格将全面下降，包括进口商品为保持竞争力，价格也将存在下降压力（替代效应）。在新的均衡状态下，终端消费价格 CPI 下降 1.19%，GDP 平减指数下降 1.03%。

（3）减税后国民收入分配向住户和企业部门倾斜。从收入分配结构来看，增值税税率下调后生产税净额下降 3.35%，在 GDP 中的占比下降 0.36 个百分点；营业盈余和劳动报酬小幅增加，在 GDP 中的占比分别上升 0.20 个和 0.16 个百分点。

分部门看，减税后政府部门收入下降 2.49%，占比将降低 0.35 个百分点。其他部门中，住户部门和企业部门的收入和占比分别提高 0.25 个和 0.11 个百分点。

（4）减税促进信贷扩张，将推升宏观杠杆率 1 个百分点。在收入效应作用下，总的消费和投资支出增加，资金需求增加，信贷需求也相应增加。模型测算结果显示，最终长期均衡状态下，减税将带动各项贷款增长 0.1%，企业债券增长 0.2%，政府债券增长 0.2%。各项存款和 M_2 均增长 0.1%，推动宏观杠杆率将上升 1 个百分点。

同时，受资金供需关系变化的影响，政府债券利率将略有上升，企业债券利率基本持平，存款、贷款和理财产品的名义利率水平略有下降。但如果考虑到物价水平降幅较大，实际的利率水平仍是上升的，这也反映了投资需求较为旺盛。

三、政府部门资产负债分析

对财政收支的分析侧重于流量。要全面了解政府部门财务状况，防范政府运行风险，促进财政体制改革，提高财政效率，还需分析政府存量资产的规模和结构。因此，有必要参照国民经济核算方法编制政府资产负债表。

编制政府资产负债表首先需要界定政府部门的核算范围和层次。按照国民经济核算体系的分类，政府部门通常分为狭义政府、广义政府部门和公共部门等层次。这主要是因为公共产品往往具有免费或价格不具有显著经济意义的特征。对于我国，狭义政府包括中央政府、省级政府和地方政府三个层次。这与国家财政收支的核算范围比较贴近。因此，我们重点分析狭义政府的资产负债表。

按照《中国政府资产负债表（2008—2016）》的测算，我国狭义政府资产从

2008 年的 25.4 万亿元增长至 2016 年的 69.7 万亿元，年均增长 13.7%，比同期 GDP 增速高 5.4 个百分点；负债从 2008 年的 7.7 万亿元增长至 2016 年的 33 万亿元，年均增长 20.2%，比同期 GDP 增速高 11.9 个百分点，比资产增速高 6.5 个百分点；资产负债率由 2008 年的 30.3% 增长至 2016 年的 47.4%，年均增长 2.1 个百分点。

2008—2016 年，在狭义政府的资产中，金融资产占 60.6%，非金融资产占比 39.4%。其中，非金融资产中主要是固定资产和土地。狭义政府的负债中，政府债券占 60.1%，社会保障保险基金占 30.1%。

从资产负债表的变化可以看到财政政策对政府财务状况的影响。为应对 2008 年国际金融危机对经济的冲击，2009—2010 年我国实施了 4 万亿元刺激经济计划和积极的财政政策，两年间狭义政府负债增速分别为 19% 和 18%；而资产增速为 23.5% 和 21.2%。其中，固定资产分别增长 24.3% 和 13%，土地分别增长 67.4% 和 59.9%。2010—2015 年，土地成为我国狭义政府的主要非金融资产。其间，我国土地财政问题逐渐凸显。2015 年新《中华人民共和国预算法》实施后，2015—2016 年地方政府债券发行量大幅增加，这两年我国狭义政府负债增速分别为 32.5% 和 31.2%，而资产增长 8.5% 和 11%。2016 年狭义政府资产负债率提高至 47.4%。

表 16 – 10　　　　狭义政府部门资产负债表（2008—2016 年）　　　　单位：亿元

年份	2008	2009	2010	2011	2012	2013	2014	2015	2016
一、资产	254145	313903	380313	427958	445180	554481	578280	627438	696654
（一）金融资产	166281	190625	215988	240732	263792	312435	356162	403546	453127
现金和存款	36645	45336	53300	58664	64634	80744	91623	95348	101372
借出款项	359	530	1105	1616	2354	2884	3538	4142	4675
有价证券	5404	7225	8890	9073	8443	13032	15876	19827	21142
应收转贷款	862	0	0	0	0	0	0	0	0
应收预付款	4653	5720	7051	8621	9641	11172	14319	17781	19230
出资额	118108	131221	145204	162075	177685	203450	229455	265029	305087
其他金融资产	250	593	438	683	1035	1153	1351	1419	1621
（二）非金融资产	87864	123278	164325	187226	181388	242046	222118	223892	243527
固定资产	52661	65468	73992	81863	86586	98634	102647	111177	115557
在建工程	2687	3416	3429	3621	5784	4649	8113	10135	11827
公共基础设施	0	0	0	0	0	0	739	1217	1534
存货	147	194	256	387	547	751	953	1299	1696
土地	32369	54200	86648	101355	88471	138012	108457	98498	112314
无形资产	0	0	0	0	0	0	152	250	429
其他非金融资产	0	0	0	0	0	1057	1316	170	

续表

年份	2008	2009	2010	2011	2012	2013	2014	2015	2016
二、负债	76903	91552	108050	124499	143496	164055	189850	251542	330014
应付政府债券	48753	57411	66628	73839	82522	91780	103075	149758	219043
应付政府转贷款	862	0	0	0	0	0	0	0	0
社会保障保险基金	20082	25599	31073	38542	47643	56400	65254	75082	82908
应缴款	74	56	68	78	63	60	93	122	140
应付预收款	6640	8087	10090	11737	12961	15327	19534	24042	26801
有价证券	416	315	97	207	203	384	533	1023	791
其他负债	76	84	94	96	104	104	1361	1515	331
三、净值	177242	222351	272263	303459	301684	390426	388430	375896	366640

四、财政政策对经济影响的效应分析

从国民收入决定方程出发,可以从理论上推导财政乘数,说明财政是如何作用于经济的。

国民收入的决定公式是

$$Y = C + I + G + X - M \tag{1}$$

式中,Y 表示国民收入,C 表示消费支出,I 表示私人投资支出,G 表示政府购买性支出,X 表示出口,M 表示进口。

根据消费函数:

$$C = c + bY_d \tag{2}$$

式中,c 表示消费函数中的常数项;b 表示边际消费倾向;Y_d 为可支配收入,也可以理解为扣除税收(T)后的收入,即

$$Y_d = Y - T \tag{3}$$

将式(2)和式(3)代入式(1),有

$$Y = c + b(Y - T) + I + G + (X - M)$$
$$= c + bY - bT + I + G + (X - M)$$
$$(1 - b)Y = c - bT + I + G + (X - M)$$
$$Y = \frac{c - bT + I + G + (X - M)}{1 - b}$$

对税收 T 求偏导,可得税收乘数:

$$\frac{\partial Y}{\partial T} = \frac{-b}{1 - b}$$

税收乘数表明税收变动对国民收入的影响。第一,由于一般情况下边际消费倾

向大于 0，小于 1，因此税收乘数是负数，也就是说税收与国民收入呈反向变动关系。第二，政府增税时，国民收入的减少量为税收收入增加量的 $\frac{-b}{1-b}$ 倍；政府减税时，国民收入的增加量为税收收入减少量的 $\frac{-b}{1-b}$ 倍。第三，边际消费倾向越高，税收乘数作用越明显；反之，则税收乘数作用越弱。

对政府购买性支出 G 求偏导，可得政府购买性支出乘数：

$$\frac{\partial Y}{\partial G} = \frac{1}{1-b}$$

政府购买性支出乘数表明，政府购买性支出变动对国民收入的影响。第一，购买性支出乘数是正数，也就是说购买性支出与国民收入呈同向变动关系。第二，政府增加购买性支出时，国民收入的增加量为购买性支出增加量的 $\frac{1}{1-b}$ 倍；政府减少购买性支出时，国民收入的减少量为政府购买性支出减少量的 $\frac{1}{1-b}$ 倍。第三，边际消费倾向越低，购买性支出乘数作用越明显；反之，则购买性支出乘数作用越弱。第四，同税收乘数相比，购买性支出乘数大于税收乘数，也就是说，增加财政支出对经济增长的促进作用大于减税，同样，减少财政支出对经济增长的抑制作用大于增税。

税收乘数和购买性支出乘数清晰简要地说明了税收和政府支出政策变动对国民收入的影响。关于财政乘数的实证测定，是分析财政政策效应的重要方法之一。

在实际运用中，财政乘数的测定比较复杂。第一，实证测定财政乘数还存在很多技术性问题要解决。例如，式（2）仅仅是消费函数的一种基本表达式，在实际中，除可支配收入外，物价、利率水平、资产存量水平等都会成为消费函数中的因变量。第二，考虑进出口时还会涉及汇率，考虑投资时还会涉及利率，考虑居民可支配收入时还要考虑居民与政府之间的转移收支等。第三，必须有完整的国民收入账户，以及与国民收入账户相衔接的财政账户，才能保证模型中使用的数据完整可靠。

经济学家曾经测定（郭庆旺，2003），1998—2002 年我国财政支出乘数分别为 1.74、1.66、1.59、1.57、1.56，税收乘数分别为 -0.68、-0.65、-0.62、-0.61、-0.61。这阶段正是我国实行积极财政政策期间，以 1998 年为例，财政支出多增 1 元，国民收入能够多增 1.74 元；税费少增 1 元，国民收入多增 0.68 元。2004 年以后，中国的财政支出乘数整体上经历了"先上升、后下降"的波动过程，财政支出乘数最大的时期是 2007—2011 年，随后逐渐下降。2011 年之后，财政支出的即期乘数缩减至 1 以下，单位财政支出对经济增长的贡献效率大幅下降（王燕武，2018）。

五、财政政策与货币政策的配合分析

各国政府调控宏观经济，都是财政与货币政策并用。二者的最终目标都是要实现充分就业、物价稳定和可持续的经济增长。因此，财政政策与货币政策的协调配合非常重要。二者协调配合的效率和效果取决于对它们各自作用机制、运作特点、相互影响以及各自政策局限性的认识。

（一）财政政策和货币政策作用机制的差异

财政调控的主体是政府，其收支活动均以政权为依托，具有较强的行政性，它往往是通过行政权力分配资源，因此调控范围相对较窄，主要是针对经济增量部分进行分配性调节，在目标上更强调社会效益。金融调控主体是中央银行，更多地基于市场机制调控全社会的货币信贷，影响范围广泛。总体上看，财政政策主要是担负结构调整任务，货币政策主要是担负总量调整任务。

从中央银行资产负债表上可以看到，财政收支变动对中央银行基础货币供给的直接影响（见表 16-11）。在其他条件都不变的前提下，财政收支变化对基础货币的影响如下：如果财政收支平衡，财政在中央银行存款基本不变，对基础货币影响不大；如果财政收入大于支出，财政存款明显增加，基础货币将会减少，从而引起货币供应量的倍数收缩；如果财政支出大于收入，财政存款明显减少，基础货币将会增加，从而引起货币供应量的倍数扩张。

表 16-11　　　　　　　　　　中央银行资产负债简表

资　　产	负　　债
再贷款	基础货币：
再贴现	金融机构缴存的准备金存款
外汇、金银占款	非金融机构在中央银行的存款
证券类资产	货币发行
	财政存款
	证券类负债
	其他

从货币政策对财政的影响看，如果中央银行实行中性的货币政策，对财政收支总体影响不大。如果实施扩张的货币政策，价格水平的变动可能会影响到财政收支状况。因为价格上涨导致企业生产成本增加，利润减少，财政流转税增加，企业所

得税减少，增值税可能增加也可能减少。财政支出会因价格原因追加预算。收入支出二者相抵，支出增加的可能性大一些。如果实施紧缩的货币政策，因为价格下跌减少流转税收入，同时，财政支出也会减轻压力，但公共支出的刚性使财政支出难以有下降的可能。紧缩货币政策综合的结果是财政减收的可能性大一些。

在开放经济的条件下，财政政策与货币政策的关系更为复杂。财政对外举债，会引起中央银行储备资产的增加，增加基础货币供给。中央银行为消除财政对外举债对货币供给的影响，则进行公开市场销售收回基础货币，国内市场利率则会上升，引起本币升值，扩大资本内流。

另外，中央银行公开市场操作使用的重要工具之一就是国债。国债发行兑付的数量、期限、节奏等都会影响央行的公开市场操作。反之，中央银行货币政策引导市场利率的变动，也会影响到国债发行利率和数量。

从决策时滞看，财政政策的决策时滞较长，因为财政政策措施要通过立法机构，经过立法程序，比较费时。相比之下，货币政策可由中央银行公开市场操作直接影响货币供应量，时滞较短。从政策执行时滞看，财政政策措施在通过立法之后，还要交付给有关执行单位具体落实实施。货币政策在中央银行决策后，可立即实行，所以财政政策的执行时滞也比较长。从效果时滞看，财政政策优于货币政策。财政政策工具直接影响全社会的有效需求，从而使经济活动迅速作出明显反应。而货币政策主要通过利率水平的变化引导全社会经济活动的改变，不能直接影响总需求。

(二) 货币政策与财政政策协调配合的四种模式

根据不同背景下社会总供求的情况，财政政策和货币政策有不同的搭配模式，各有不同的调节效应。具有代表性的观点是四种配合模式。

一是"双松"搭配。财政减税增支，货币政策降低存款准备金率和利率水平，增加货币供给。这是在社会总需求严重不足的情况下使用的搭配。利用这种搭配，能够刺激经济增长、扩大就业，但是搭配不当也可能导致通货膨胀。

二是"双紧"搭配。财政增收减支，中央银行提高准备金率和利率，减少货币供给。这是在发生恶性通货膨胀下的搭配，能在短时间内收缩社会总需求，但也有导致经济萎缩的风险。

三是"松"的财政政策和"紧"的货币政策的搭配。财政减税增支，中央银行提高准备金率和利率，减少货币供给。这种搭配力求使经济稳定增长，促进经济结构调整、增加消费的同时防止发生通货膨胀。

四是"松"的货币政策和"紧"的财政政策的搭配。财政增收减支，货币政策降低存款准备金率和利率水平，增加货币供给。这种搭配主要是降低消费，提高投资,调整全社会储蓄、消费和投资的关系。

(三)我国财政政策和货币政策的搭配使用

1992年以前,财政政策和货币政策的搭配模式多为"双松"和"双紧"。这样的搭配结果是宏观调控容易出现一放就松、一管就死的现象。1980年、1983—1984年、1987—1988年我国发生的几次严重的通货膨胀均与财政政策和货币政策"双松"有关。随之而来的几次治理整顿则是"双紧"政策搭配,均有明显的"急刹车"特色。1992—1993年上半年由于实行"双松"政策,又一次发生经济过热、通货膨胀的现象。1993年下半年至1997年实行适度从紧的财政政策和货币政策,成功实现了"软着陆"。

图16-6　1993年以来我国财政政策和货币政策组合的演变过程

1998年至2004年,积极财政政策与稳健货币政策相搭配,使我国成功摆脱了亚洲金融危机和通货紧缩的双重压力,国民经济进入平稳较快发展的新阶段。

2005年至2008年上半年,在保持货币政策"稳健"的前提下,我国财政政策取向由"积极"转向"稳健",财政部门开始削减赤字,减少对竞争性和经营性领域直接投资,增加公共产品和服务投资。

2008年下半年至2010年,我国实施"积极+适度宽松"的财政货币政策缓和了外部金融危机冲击和内部自然灾害的负向效应,但因2009年货币信贷快速增长、经济迅速回升,一些推动价格上涨的因素逐步显现,增加了通胀压力。

2010年12月召开的中央经济工作会议提出"把稳定价格总水平放在更加突出的位置",开始实施"积极"财政政策和"稳健"货币政策,旨在实现保增长的同时,调整经济结构和管理通货膨胀预期的关系。

2018年以来,我国的财政政策与货币政策搭配依然为"积极+稳健"的取向组合,但是配合方式愈显灵活。面临我国经济的"L"形拖平长尾走势,货币政策坚持用更加灵活的方法实现逆周期调节,在"保增长"的同时注重金融系统"防风险"。财政政策更加积极,强调通过减税降费、加力提效实现稳就业、稳金融、稳外贸、稳外资、稳投资、稳预期。

本章小结

1. 计算财政赤字的几种方法：

财政赤字 =（经常收入＋债务收入）－（经常支出＋债务支出）

财政赤字 = 经常收入 － 经常支出

财政赤字 =（一般公共预算收入＋从预算稳定调节基金调入收入＋其他预算资金）－（一般公共预算支出＋补充预算稳定调节基金支出＋其他预算支出）

2. 政府债券融资对经济影响主要体现在三个方面：政府债券的需求效应，政府债券的供给效应，国债收益率在金融市场的基准效应。

3. 财政收入规模分析主要有两个方面：一是分析财政收入规模的大小及其变化特点和趋势，二是相对于经济发展的规模和速度，分析财政收入的规模和增长速度是否适度。后者主要指标有财政收入与 GDP 的比率、税收收入与 GDP 的比率、财政收入增长弹性系数、财政收入增长边际倾向。财政收入可以按项目构成进行结构分析，计算各类构成占全部财政收入的比重。

4. 财政支出分析主要有三个方面：规模分析、结构分析和效益分析。(1) 规模分析主要有两个方面：一是财政支出的绝对量和增长速度反映了政府公共产品提供的数量和增长快慢，二是用相对指标反映财政支出与国民经济发展的关系，具体有比较人均 GDP 与"财政支出相对于 GDP 的比重"之间的关系、财政支出增长的弹性系数、财政支出增长的边际倾向。(2) 财政支出的结构分析可计算各类财政支出资金的占比，用于分析财政支出结构的调整和变化。(3) 财政支出的效益分析是指通过计算各类计划项目的净收益和收益率，评价财政资金的使用效率。

5. 财政政策是指一国政府为实现一定的宏观经济目标，而调整财政收支规模和收支平衡的指导原则及其相应的措施。我国财政主体是各级政府，主要是中央政府，但地方政府也有较大自主权。我国财政政策的主要工具有税收、国债、公共支出、政府投资。

6. 改革开放以来，我国财政政策基本上经历了以下六个阶段。第一，1978—1993 年是我国经济体制从计划经济迈向市场经济运行轨道的初期。财政对企业减税让利，赤字和债务规模不断加大，财政政策总体趋向是扩张的。第二，1994—1997 年针对当时的通货膨胀以及经济过热，我国实行"双紧"的财政政策和货币政策。第三，1998—2004 年面对亚洲金融危机爆发后，国际经济环境急剧恶化、国内出现通货紧缩趋势的严峻局势。我国开始实行积极的财政政策。实践证明，实行了七年的积极财政政策成效显著。第四，2005 年至 2008 年上半年经济增长速度加快，财政政策的取向由"积极"转变为"稳健"。第五，2008 年下半年至 2011 年，我国实施"积极+适度宽松"的财政货币政策缓和了外部金融危机冲击和内部自然灾害的负向效应。第六，2012年以来财政政策延续了积极的基调，但在具体运作上有较多改变，从单纯的需求管理向推动供给侧结构性改革转型。

7. 财政乘数主要是税收乘数和购买性支出乘数。前者说明税收变动对国民收入的影响，后者说明政府购买性支出变动对国民收入的影响。一般情况下，税收与国民收入呈反向变动关系，而购买性支出与国民收入呈同向变动关系。测定财政乘数，是分析财政政策效应的重要方法之一。

8. 财政政策与货币政策的协调配合非常重要。二者协调配合的效率和效果取决于对它们各自作用机制、运作特点、相互影响以及各自政策局限性的认识。

本章重要概念

财政收支平衡　财政赤字　一般公共预算　预算稳定调节基金　政府债务余额
债务负担率　政府债券的需求效应　政府债券的供给效应
国债收益率在金融市场的基准效应　财政收入与GDP的比率
财政收入增长弹性系数　财政收入增长边际倾向　瓦格纳法则
财政支出增长弹性系数　财政支出增长边际倾向　财政支出效益　税收乘数
购买性支出乘数　财政政策与货币政策的协调配合

复习思考题

1. 简述政府债券对经济的影响效应。
2. 如何衡量和分析财政收入是否适度增长？
3. 如何衡量和分析财政支出对经济的影响？
4. 简述财政政策的主要内容。
5. 简述宏观调控中财政政策与货币政策的关系。

参考文献

[1] 让-吕克·阿尔贝. 公共财政学 [M]. 彭捷, 等, 译. 北京: 经济科学出版社, 2017.

[2] 大卫·N. 海曼. 财政学: 理论政策与实践 [M]. 张进昌, 译. 北京: 北京大学出版社, 2014.

[3] 罗森, 盖亚. 财政学（第10版）[M]. 郭庆旺, 译. 北京: 中国人民大学出版社, 2015.

[4] 财政部. 2007年政府收支分类科目 [M]. 北京: 中国财政经济出版社, 2006.

[5] 财政部. 2020年政府收支分类科目 [M]. 上海: 立信会计出版社, 2019.

[6] 财政部. 关于2019年中央和地方预算执行情况与2020年中央和地方预算草案的报告 [Z]. 2020.

[7] 财政部. 中国财政年鉴2006 [M]. 北京: 中国财政杂志社, 2006.

[8] 财政部. 中国财政年鉴2018 [M]. 北京: 中国财政杂志社, 2018.

[9] 财政部预算司. 政府收支分类改革问题解答 [M]. 北京: 中国财政经济出版社, 2006.

[10] 陈共. 财政学 [M]. 北京: 中国人民大学出版社, 2001.

[11] 杜金富. 货币与金融统计学（第四版）[M]. 北京: 中国金融出版社, 2018.

[12] 杜金富. 政府财政统计学 [M]. 北京: 中国金融出版社, 2008.

[13] 杜金富. 中国政府资产负债表编制研究 [M]. 北京: 中国金融出版社, 2018.

[14] 郭庆旺, 等. 积极财政政策及其与货币政策配合研究 [M]. 北京: 中国人民大学出版社, 2003.

[15] 国际货币基金组织. 2001年政府财政统计手册 [EB/OL]. 2001. http://www.imf.org.

[16] 国际货币基金组织. 2014年政府财政统计手册 [EB/OL]. 2014. http://www.imf.org.

[17] 国家统计局. 中国国民经济核算体系（2016）[M]. 北京: 中国统计出版社, 2017.

[18] 国家统计局. 中国统计年鉴2011 [M]. 北京: 中国统计出版社, 2011.

[19] 国家统计局. 中国统计年鉴2019 [M]. 北京: 中国统计出版社, 2019.

[20] 国务院. 国务院办公厅转发财政部关于深化收支两条线改革进一步加强财政管理意见的通知 [Z]. 2001.

[21] 贾康. 地方财政问题研究 [M]. 北京: 经济科学出版社, 2004.

［22］贾康，等．我国财政收入高速增长的原因分析［J］．经济纵横，2008．

［23］贾康，等．财政学通论［M］．上海：东方出版中心，2019．

［24］李克强，等．财政政策理论与中国财政政策实践［M］．北京：中国经济出版社，2019．

［25］李兰英．政府预算管理［M］．西安：西安交通大学出版社，2007．

［26］李燕等．基于财政赤字统计口径差异对我国赤字率的思考［J］．中央财经大学学报，2018．

［27］李一民，等．关于政府赤字率和债务率的几种计算方法比较——财政系列报告之一［Z］．申万宏源微信公众号，2018．

［28］理查德．A．马斯格雷夫，等．财政理论与实践［M］．北京：中国财政经济出版社，2003．

［29］联合国，等．国民经济核算体系1993［M］．北京：中国统计出版社，1995．

［30］联合国，等．国民经济核算体系2008［M］．北京：中国统计出版社，2012．

［31］刘金全．新中国70年财政货币政策协调范式：总结与展望［J］．财贸经济，2019．

［32］刘尚希，傅志华．新型城镇化中的财政支出责任［M］．北京：经济科学出版社，2015．

［33］刘尚希．积极财政政策的变迁［M］//新金融评论．北京：中国金融出版社，2018．

［34］刘佐．中国税制概览［M］．北京：经济科学出版社，2007．

［35］楼继伟．中国公共财政［M］．北京：人民出版社，2006．

［36］上海财经大学公共政策研究中心．2006中国财政发展报告［M］．上海：上海财经大学出版社，2006．

［37］田成平．社会保障制度建设［M］．北京：人民出版社，2006．

［38］外国政府预算编制研究课题组．美国政府预算编制［M］．北京：中国财政经济出版社，2002．

［39］汪利锬．基于可持续经济增长下中国财政支出结构分析与优化管理［M］．上海：立信会计出版社，2016．

［40］王敏，等．发展国债期货市场 健全国债收益率曲线［J］．中国资产评估，2020．

［41］王燕武．中国财政支出乘数的省际及时期差异研究［J］．经济研究参考，2018．

［42］项怀诚．中国财政［M］．北京：中国财政经济出版社，2001．

［43］谢旭人．中国财政改革三十年［M］．北京：中国财政经济出版社，2008．

［44］许金柜．我国政府预算制度的历史演进与改革模式研究［D］．福州：福建师范大学，2014．

［45］于国安．政府预算管理与改革［M］．北京：经济科学出版社，2006．

［46］张红地，张欣怡，刘智媛．财政学［M］．中国金融出版社，2019．

［47］张沙沙．财政支出与经济增长研究综述［J］．财会研究，2019．

［48］张屹山，等．国债发行对居民消费影响的动态弹性分析——基于可变参数模型的实证

研究 [J]. 吉林大学社会科学学报，2014.

[49] 赵谦. 我国国债风险及其对策研究 [J]. 学术交流，2005.

[50] 赵宇，李冰. 新编西方财政学 [M]. 北京：经济科学出版社，2002.

[51] 中国财政学会绩效管理研究专业委员会课题组. 中国财政绩效报告（2019）：地方经验 [M]. 北京：经济科学出版社，2019.

[52] 中央政府门户网站. 胡静林详解我国 2009 年预算安排中 9500 亿元财政赤字计算方法 [EB/OL]. 2009. http：//www.gov.cn/zxft/ft166/content_ 1253060. htm.

[53] IMF. Macroeconomic Accounting and Analysis in Transition Economies [EB/OL]. 1997. http：//www.imf.con.

[54] IMF. Macroeconomic Management for Senior Officials [EB/OL]. 2006. http：//www.imf.con.

[55] IMF. World Economic Outlook Database [EB/OL]. 2019. http：//www.imf.con.